本书受2021年度秦皇岛市社会科学发展研究课题《革命时期秦皇岛文艺工作研究》、2023年度河北省文化艺术科学规划和旅游研究项目《滦东地区文艺历史研究》支持。

滦东壮歌

陈厉辞　曹明迪 ◎ 著

光明日报出版社

图书在版编目（CIP）数据

滦东壮歌 / 陈厉辞，曹明迪著. -- 北京：光明日报出版社，2022.8

ISBN 978-7-5194-6768-5

Ⅰ.①滦… Ⅱ.①陈… ②曹… Ⅲ.①文艺工作者—生平事迹—河北 Ⅳ.①K825.7

中国版本图书馆 CIP 数据核字（2022）第 162057 号

滦东壮歌

LUANDONG ZHUANGGE

著　　者：陈厉辞　曹明迪	
责任编辑：杜春荣	责任校对：房　蓉　张彩霞
封面设计：中联华文	责任印制：曹　净

出版发行：光明日报出版社
地　　址：北京市西城区永安路 106 号，100050
电　　话：010-63169890（咨询），010-63131930（邮购）
传　　真：010-63131930
网　　址：http://book.gmw.cn
E - mail：gmrbcbs@gmw.cn
法律顾问：北京市兰台律师事务所龚柳方律师
印　　刷：三河市华东印刷有限公司
装　　订：三河市华东印刷有限公司
本书如有破损、缺页、装订错误，请与本社联系调换，电话：010-63131930

开　　本：170mm×240mm	
字　　数：368 千字	印　　张：20.5
版　　次：2023 年 8 月第 1 版	印　　次：2023 年 8 月第 1 次印刷
书　　号：ISBN 978-7-5194-6768-5	
定　　价：99.00 元	

版权所有　　翻印必究

作者走访中国人民革命军事博物馆原馆长、原滦东十二团文工团音乐队队长秦兴汉。

秦兴汉馆长为书赋名

序一

一

  2017年2月某日，时任中共秦皇岛市委党史研究室副主任吕洪文同志提出写作滦东抗战历史的想法，并邀请我作为特邀党史研究员走访在秦皇岛战斗过的抗战老兵。

  当时我正在东北大学中国近现代史研究所攻读硕士研究生，抗战史是研究方向之一，受导师王莲英、董劭伟老师的影响，对东北抗联、冀东抗战史一直保持关注，并开展了近五年的走访与研究。

  为了丰富史料，我和中国人民革命军事博物馆馆员曹明迪同志组成课题组。开始有意识的走访杨思禄将军、董占林将军等近百位在滦东参加过抗战的老兵与他们的家属，并联系了李金铮先生、高士华先生等国内抗战史研究的权威专家。在军事博物馆原馆长、八路军冀东十二团音乐队队长秦兴汉老先生家中，我们以滦东为中心，虚心请教十二团抗战的故事，却又不时涉及晋察冀、冀热辽、东北的抗日战场。滦东抗战的历史不时地穿梭在不同地域的抗战逻辑，在对比参照中，我们领悟着滦东抗日根据地的重要意义。

  滦东扼守华北、东北主要通道辽西走廊，东通辽沈，西屏京津，自古即为战略重地。鸦片战争，列强军舰游弋海上，虎视眈眈。1900年，六国列强横行施暴，建营驻兵。1933年，长城抗战失利，滦东地区长城以北划入伪满，长城以南沦为伪冀东政府统治。军事镇压、经济掠夺、文化侵蚀、设保甲搞连坐，强化殖民统治；蚕食、扫荡、搞"无人区"，制造一桩桩惨案。滦东人民在暗无天日的日伪统治下苦苦挣扎，祈盼黎明的曙光。"七七事变"，进入全民族抗战阶段。党中央布局冀热边，创建抗日游击根据地。冀东暴动，席卷冀东22县，震动中外，播下革命火种。冀东抗日联军和八路军第四纵队余部孤悬敌后，坚持斗争，站稳冀东，开辟热南、滦东。1942年春，党中央高瞻远瞩，布局东北，为全面抗战大反攻创建前哨基地。1942年12月，组建东工委，兵分两路东、北并进。北路过长城深入热河腹地，开辟承平宁。东路渡滦河开辟滦东、凌青绥。以临抚昌、凌青绥联合县成立为标志，立足滦东、挺进东北工作全面开启。1945年1月，冀热边特委、行署改称冀热辽区党委、行署，建立冀热辽军区，标志着冀热辽根据地作为全国十九个抗日根据地之一列入中华史册。滦东归属冀热辽军区十六军分区，根据地的创建和发展，进一步扩大了冀东抗日根据地，有效地拓展了抗日武装回旋活动区域，为进一步开辟辽西与热南奠定了基础，成为我党我军挺进东北的前沿阵地，为抗战胜利之后我军能够迅速出关挺进东北创造了有利条件，也为我党确立"向北发展，向南防御"的战略方针做出了重要贡献。

在了解滦东抗战军事、政治的同时，我们关注到这样一个默默无闻的群体——滦东抗战文艺兵。抗战时期，大量无畏的文艺青年，作为党的文艺战士，深入敌后，涌现了许多令人感动的故事，勾勒出一个滦东抗战背景下令人感慨的英雄团体。同时，我们也深感滦东抗战文艺研究的薄弱，不但缺乏完整的案例库、资料库和可采信的数据系统，甚至连一本系统化的官方著作都没有。关于滦东抗战文艺所有的判断与结论往往建立在一些感性的、个人回忆的，甚至是灵感性的基础之上，这已经成为此类研究最巨大的障碍。于是，如何为零碎的滦东抗战文艺史料留下一些东西，成为一个骤然显现的课题。

当这个念头在万千思绪中萌生，我自己也吓了一跳。基层文博工作已经烦冗，抗战史早就占据研究工作的许多时间。凭借一腔热血，勉为其难的编写这样一本毫不功利的著作，意味着继续压缩仅剩无几的睡眠。从个人能力而言，也是空前考验。从史多年，受孙继胜先生、董劲伟先生、王莲英先生、吕洪文先生点拨，虽有所小成，合著了数本著作，撰写了二十余篇论文，但要完成跨度如此之长、走访人数如此之多，又缺乏史料的宏大叙事是一次前所未有的挑战。

但是，毕竟要有人去完成这件事。地域历史研究人数不多，老先生们几乎倾尽资源栽培一两后辈。受其利而不为其事，可乎？在一次追悼会后，我烧掉刚刚编写的、老兵未及过目的回忆录。我知道已无处回避，未来数年的辛劳已经命中注定。那一刻，我深刻感受到前辈学者舍我其谁的使命感、荣誉感与矢志史学的满足。

二

毛泽东同志指出："革命文化，在革命前是革命的思想准备；在革命中，是革命总路线的一条必要和重要的战线。"① 滦东抗战文化在全国文化抗战史中占有重要的历史地位，对促进习近平新时代中国特色社会主义文化的发展有着理论与现实的意义。对唤醒群众，激励抗战军民，推动抗战思想深入人心有深远影响。九一八事变后，滦东是长城线以南最早遭受日军侵略且奋起反抗的地区；1933年1月1日长城抗战第一枪在山海关打响，滦东的董家口、冷口、喜峰口都是二十九军将士与日军战斗的关隘；七七事变后，这里是武装反抗日军侵略的重要阵地，滦东的昌黎、卢龙、抚宁、青龙等各县区还是1938年冀东大暴动的重要发生地。滦东以特殊的地理位置与历史环境成为敌后前哨的同时，也成了全国文化抗战的前沿。特别是1942年延安文艺座谈会后，一批又一批党的文化工作者来到这里，丰富、壮大了滦东抗战的力量。

（一）日军的文化侵略与滦东"文化"战场

日军侵占滦东后，在长城以南"冀东防共自治政府"统治地区与长城以北的伪满洲国统治的青龙县境内，日伪政权制定各类"奴化"文化教育政策，并与军事、政治进攻密切配合，推行改化教育和反共以及各种欺骗宣传，达到其"掌握民心"的政治目的。伪满学校对学生的思想侵蚀尤为严重。"集家并村"前后，青龙县有国民高等学校1所，国民优级学校6所，国民小学162所，而中等学校和城镇小学都要有一日本人员掌握实权，校长、主任都安排亲日人员充任。学校要挂日、伪满国旗，学生唱日满两国国歌。每日课前，要集体背诵"国民训"，还要向天皇"遥拜"，向在侵华战争中残废的日军默哀，并由校长、主任大讲"一德一心""共存共荣"等谬论。在教学上，大肆充斥奴化内容，大量增加日语授课时间。要求学生讲日语，强调阶级服从，实行棍棒教育，还要统一服装，统一鞋帽。在学校只许提满洲，不许说中国，否则会受到处罚。②

因此，在滦东的战斗不光是单纯地打据点、拔钉子，消灭日军汉奸的军事力量。更是换发民族精神，教育群众，组织群众，从意识上改造群众的价值观

---

① 毛泽东：《毛泽东选集》第二卷，人民出版社，1991，第708页。
② 中共秦皇岛市委宣传部、秦皇岛市地方志办公室：《秦皇岛地区全面抗战志》，中共党史出版社，2005，第163页。

之战。"第二战场",没有硝烟,人心向背,影响更为深远。

(二) 1942年前滦东地区的文化抗战

1. 冀东大暴动时期的文化抗战活动

冀东大暴动时期,在抗日军民自发地唱着许多首抗战歌曲。暴动部队因没有适合当时形势的歌曲,曾唱《三国战将勇》《满江红》以及《射击军纪》等旧军歌;有的暴动部队因有红军骨干,也教了几首《三大纪律,八项注意》等红军歌曲;参加暴动的学生则唱《在松花江上》等救亡歌曲。

总之,那时的歌曲不论内容和曲调都不能满足抗日部队的需要。1939年,去后方整训的部队,返回冀东带回《大刀进行曲》《在太行山上》《救国军歌》《救亡进行曲》《中华民族不会亡》《青年进行曲》《五月的鲜花》《新编九·一八小调》《五家庄》《十杯茶》《牺牲已到最后关头》《长城谣》《义勇军进行曲》等歌曲;还有苏联歌曲《工人歌》《沿着高山,沿着平原》很快在冀东军民中传唱。

2. 1939年至1942年宣传队时期

滦东位于冀东最东侧。从组织建设方面讲,滦东的文艺工作是随着冀东根据地(冀热辽抗日根据地)的不断向滦东的渗透、拓展过程中发展而来的。由于滦东地区根据地开辟相对较晚,最早踏上这片土地的冀东十二团、十三团的宣传队。

1939年底1940年初,晋察冀十二团,十三团先后成立了宣传队,功能较为单一,开展歌咏活动是他们主要任务之一。此时从后方传过来的创作歌曲,已满足不了需求,于是,他们就自己用旧调填新词,用小放牛、锯大缸、打新春、秧歌调等十几种民歌小调填了新词。有的一种调子填几种,十几种词,其中《小日本真毒辣》唱遍了整个冀东,男女老少,军队,地方都会唱。秧歌调填词也很多,像《长眼睫毛、大肚皮》流传也很普遍。内容不仅有配合各项抗日任务的,也有反映青年、妇女、儿童生活的,甚至还有瓦解敌军,教育敌占区落后群众的。这些作者有的是部队的,也有地方干部。大量是群众自己编,自己唱。这些歌曲由于是冀东的曲调,冀东的语言,配合形势任务又很紧密,战士与群众都非常喜欢。一个地方编出来,其他地方很快学会,作品之多,流传之广都达到了高潮。

冀东军分区第十二团、十三团的两支宣传队就是冀东部队多个文工团,与唐、秦等市解放时组建的宣传队伍的前身。宣传队以从晋察冀军区派来冀东的文艺干部为骨干,动员吸收青年学生参加组成,每队编制12人。他们一方面用各种文艺形式,宣传动员群众抗日救国;一方面鼓舞部队勇敢作战杀敌,兼做战勤工作。这两支精干的文艺队伍，随部队转战游击于滦东的迁（安）青（龙）兴（隆），昌（黎）滦（县）乐（亭）等广大地区。

（三）1942年-1945年滦东抗战文化的发展成熟

1. 尖兵剧社组建文工组挺进滦东

由于缺乏有效的思想指导与专业人才支持，直到1942年末，冀东（滦东）都未能建立文艺团体。随着毛泽东主席《在延安文艺座谈会上的讲话》（下称《讲话》）发表，根据地对文艺工作的认识清晰了，才诞生了第一个专业的文艺团体——尖兵剧社。该剧社于1943年挺进滦东，播撒抗战文艺的火种。短短两年间，滦东地区涌现了前锋剧社、七月剧社、海滨剧社、抗日影社、路南影社、救国报社、大众报社等大量革命的文化团体。在党组织的统筹安排下，大量抗大、鲁艺、陕公的知名艺术家如黄天、今歌、黄河、劫夫等；知名摄影家雷烨、张进学、罗光达、齐观山等被派往滦东，开辟抗日文艺战线，还培养了管桦、刘大为、陈大远、周方等一大批本地杰出的词、曲作家，文学家等革命文艺工作者，使滦东的文艺工作得到了前所未有的启蒙与发展。

1943年，尖兵剧社派管桦、黄河、刘大为等人到昌黎路南地区开展革命文艺工作，常驻在苟家套村。刘大为、黄河、管桦等同志来到这里后，生活在一起，战斗在一起，共同从事文艺创作。他们一起写歌、写诗、编剧，成绩显著。他们用革命文艺向群众宣传抗日，协助建立村剧团，召开教师座谈会，给学生讲抗日课，教唱抗日歌曲，通过文艺活动，激励了很多教师和具有爱国主义思想的年轻人奋起抗日。同时，他们还自办《大众报》，以此鼓励民众与日本鬼子抗争。著名红色小说《小英雄雨来》最初的蓝本就是管桦在昌黎抗战时创作的，后来他创作的脍炙人口的歌曲《我们的田野》描述的也是冀东沿海平原的美景。

此后，尖兵剧社多次来到滦东组织文艺工作，并帮助滦东根据地建立剧社，对滦东的文化抗战起到教育与推动作用。

2. 滦东地区文艺团体的壮大

在毛泽东主席《在延安文艺座谈会上的讲话》的号召下，冀东的文艺战士们组建了各类文化、艺术团体，发挥各自特长，成为根据地文化建设中的骨干。这些文艺团体有的活跃在广阔冀东，有的扎根在较晚开辟、更为艰险的滦东地区。如尖兵剧社在黄天、今歌同志的带领下转战冀东、滦东多县；长城剧社则活跃在长城以北；前锋剧社长期扎根在滦河东岸，跟随曾克林率领的十二团率先出关；海滨剧社社如其名，战斗在昌黎、乐亭、抚宁等县北宁铁路以南的海滨地区；《救国报》社在滦东、滦西与热南的山区游击作战，编辑孔祥均、陈大远等十余名同志曾在敌军重围下，在碣石山区坚持出版刊物；《大众报》报社不惧日军扫荡，在管桦与刘大为的带领下，扎根新开辟的路南地区开展抗日宣传。此外还有大量的报社、影社、文工团，共同组建成滦东与冀东地区的"文艺长城"。

滦河两岸这片肥沃土地，是音乐家的摇篮。冀东"文艺三剑客""乐坛四杰"等全国知名的词作家、曲作家都是从这里走出去的。"三剑客"参加革命最早的音乐家黄河，新中国成立后任空政文工团团长，他慧眼识阎肃，才有《江姐》不朽之作；管桦，他是脍炙人口歌曲《我们的田野》与著名小说《小英雄雨来》的作者；刘大为，一曲《我们的国旗到处飘扬》唱遍长城内外；冀东军区文工团团长劫夫，也在滦河两岸留下奋斗身影，他一生佳作良多，最出名的当属《歌唱二小放牛郎》《革命人永远是年轻》《我们走在大路上》。

在滦东活动的文艺兵，既有像尖兵剧社、救国报社这样常年转战冀东各地，曾在滦东临时驻扎或执行任务的文化团体，也有长期坚持在滦东大地上战斗生活的海滨剧社、前锋剧社的同志们。秦皇岛市新中国成立后组建的第一个文艺团体-秦皇岛市文工团，前身是1945年成立的冀热辽军区第十七军分区海滨剧社。海滨剧社是诞生于昌黎、乐亭沿海地区，北宁路以南的文艺团体。他们在极为困苦的环境下筹建而成，缺钱少物，连个像样的乐器都没有。剧社成立时，得到的唯一物资是一根红军的皮带。这是一位老连长长征过草地时，吃光了粮食，吃光了野菜、草根、树皮，本想将皮带煮一煮让战士分食，但濒临绝境的战士们硬是留下来了一条皮带，扎在了指导员身上。因为大家认定指导员是党的代表，跟着党必定胜利！北上抗日，建立工农当家做主的新中国的崇高理想，激励着战士们义无反顾跟着党走下去！海滨剧社就是在这样精神的鼓舞下，在血与火的洗礼中诞生、发展、壮大的。剧社成立那天，军分区副政委曾辉，扎着这条皮带出现在剧社同志们的面前。他将这条皮带交给了剧社。一条凝聚着长征精神与延安精神的皮带，成了秦皇岛现代文艺工作起步时的所有家当。

滦东大地上另一支文艺队伍-前锋剧社。它是我军活动在滦东地区的重要宣传力量。该剧社于1945年1月成立，脱胎于冀东十二团宣传队，承担了冀热辽十六军分区的文艺演出、政策宣传、群众动员等主要工作。1945年8月，前锋剧社随冀热辽十二、十八团出关，先后参与解放山海关、大连、沈阳、本溪、临江、安东等地的战斗，并起到重要作用。

滦东抗战形势紧张，宣传工作有自己的特点。形势缓和些，周边兄弟部队的剧社、宣传队文艺战士聚在一起，一同练音、识谱、唱歌。主要剧目有吴宝光（前锋剧社编剧，后于抗美援朝牺牲）根据苏联小说改编的《第四十一个》（此剧曾于尖兵剧社演出，在冀东有一定影响力）、《亲家母探亲》（歌剧）、《打倒汉奸姜鹏飞》等。敌人扫荡时，宣传队化整为零，有的到连队继续开展宣传工作，有的随区政府行动，有的潜伏到秦皇岛，新队员回家待命，年底再集中起来排练、演出。1944年秋，反扫荡还未结束，十二团机炮连转战路南。政治指导员卜雨和区队长黄宾从区政府转回侦察排，又返回机炮连教歌、上党课，并以十二团政治处名义，出版《群众画报》（路南版）。画报题材多取自本地抗日活动，容易引起战士与群众的共鸣。第一期，由卜雨创作的《如此王道乐土》和连环画《哭哭哭！糊涂的婆婆》，黄宾刻好蜡版，油印出版。第二期刊载了卜雨刻板的版画《一个日特的下场》与黄宾刻板的《民兵击毙坦克手》。12月，宣传队集中在一起，队员们共同拓印版画。第三期专刊主要揭露日军集家并村、建立人圈等罪行。

随着前锋剧社的不断成熟、发展，在战争中起到的作用也越来越大。1945年8月10日，日本宣布无条件投降，八路军总司令朱德立即发布受降及配合苏军作战的一号命令。11日，发布第二号命令："驻河北、热河、辽宁边境的李运昌部即日向辽宁、吉林进发。"滦河东岸，长城内外的冀热辽十六军分区的八路军，在李运昌的直接指挥下，司令员曾克林、副政委唐凯率军出关东进，收复失地。前锋剧社跟随十六军分区的八路军一同出关。一路行军，一路作战。8月28日上午，部队与苏联红军先遣小分队在前所会师，前锋剧社再次发挥奇效。由于日军刚刚投降，各地日伪军摇身一变成为国民党部队，还有大量土匪武装。中苏语言不通，苏军不相信眼前的部队是中国共产党领导的八路军，双方形成僵持。这时，唐凯副政委急中生智，让前锋剧社音乐队长秦兴汉带领全体官兵高声唱《国际歌》。虽然苏联红军听不明白中文歌词，但这熟悉的旋律显然消除了语言的隔阂。知道彼此都是布尔什维克的同志，激动地拥抱在了一起。

日军投降后，冀热辽军区尖兵剧社、十六军分区前锋剧社随冀热辽三路大军挺进东北。前锋剧社北上后，成立辽东军区文工团，后改为12兵团文工团。1946年初，军区决定从十七军分区海滨剧社、长城剧社等文艺单位，抽调力量，组建冀东军区政治部文艺工作团，并成立冀东军区政治部文艺工作团辽西纵队工作队。同年5月，随着冀东区划的变动，冀东军区所属各军分区也作了相应调整：将第十六军分区改称第十二军分区，第十七军分区改称第十三军分区。由于位于滦东的海滨剧社、前锋剧社都已外派，第十三军分区将海滨剧社留守人员与爱国师生组成的七月剧社合并，组建新的海滨剧社。军区文工团辽西工作队于1946年6月奉命到燕河营十二军分区机关驻地，与新扩编的力量一起，组成了冀东军区十二军分区政治部文艺工作队。至此，滦东地区的文艺工作进入到相对成熟、稳定的阶段。

随着解放战争局势的变化，滦东文艺战士随大军先出关、再入关，打辽沈、战平津，南下两广，最后散居在祖国大地。留在滦东的文艺战士也成了唐山、秦皇岛两市新成立文化团体的骨干，相继走上领导岗位。如今，这些文艺兵最年轻的都过了耄耋之年。他们讲述革命的故事，就像回到那个激情燃烧的岁月。战斗在长城线上，山海关内外，渤海边上，滦河两岸；一手拿着枪，一手拿着笔和乐器，一面高喊着冲锋，一面又放声歌唱。我想，这些人的名字不应该被遗忘，他们的歌声不应该被遗忘，英烈们的热血、播撒的真理、那战无不胜的力量更不应该被遗忘。这就是本书编写的初衷，在这片他们浴血奋战过的地方，由家乡人记录他们的英姿，不朽的功绩，崇高的荣誉与使命。这是对牺牲在这里，为滦东解放事业献出生命英烈的祭奠，也是后辈滦东文化工作者对前辈的崇高礼敬。

三

撰写滦东抗战文艺史，有几个不能回避的逻辑。一是延安与滦东的关系。即党中央与距延安最远，楔入日军统治腹地，被誉为敌后前哨的滦东抗日根据地关系。滦东抗日根据地的开辟，离不开党中央的领导与支持。既有理论方面的，也有军事方面的，还有组织、干部、宣传等方方面面。反映到滦东抗战文艺，就是毛泽东同志《在延安文艺座谈会上的讲话》对滦东抗战文艺团体从无到有的关键意义所在；在干部上，党中央派遣至滦东的黄河、今歌、雷烨、秦世杰、李时、连衡等文化干部都是抗大、陕公的优秀学员，之后成为冀东、滦东文艺团体建设的骨干力量。

二是抗战文化与抗日斗争的关系。首先，抗战文化是抗日斗争的一部分，文化军队是中国共产党领导的抗日斗争中"团结自己、战胜敌人必不可少的一支军队。"最关键的是，抗战文化区分了根据地"教化"与日军"奴化"的根本不同。抗战文化不仅是一张报纸、一支歌曲、一场演出，不单是起到战斗与生产的辅助作用，而是在党的带领下人民军队与人民群众一同实现我们的共同目的，即以"教化"的文艺战胜"奴化"的文艺，传播与捍卫革命的、先进的、民族的、社会主义的先进文化与价值体系。这是一般军事斗争难以达到的。只有文化建设，才能使抗战军民明白为何而战，坚持斗争的意义，解释我们的工作与敌人的工作本质上的不同。从而，凝聚军心，得到人民群众真心支持与拥戴。

三是文艺理论与具体创作的对立统一。具体体现在具有一定文化素养的高素质人才，在战火纷飞的敌后腹地，缺衣少食的生存环境，没有资金、乐器、演员、相机、纸张、油印设备，甚至没有工作人员的情况下，怎样坚持抗战文化工作。如何建立文艺团体；结合当地文化特点，斗争情况，创作原创文艺作品；拍摄斗争影像；出版革命刊物；举办抗日会演。其本质是，如何根据客观现实，将先进的、抗战的文化同文艺创作的基本规律相结合，将毛泽东主席延安文艺座谈会的讲话精神活学活用，"为工农兵服务"。这就要求滦东文艺战士要"学习群众的语言"，"要使自己的作品为群众所欢迎，就得把自己的思想感情来一个变化，来一番改造"。滦东抗战文化工作也使《讲话》揭示的文艺创作的基本规律得到验证。将民俗文化、民间音乐与革命文化相结合，是滦东文艺工作的优势与特点。

此外，抗日工作的严肃性与文艺战士的活泼性是对立统一的。一方面中国共产党领导的抗日战士是光荣的、高尚的，经得住考验与战火洗礼的。另一方面他们也是普通人，有战友、有爱人、有家人，有喜怒哀乐，有悲欢离合。滦东抗战文艺史也应该是有温度的，有血肉的，有感情的。基于这个考虑，我虽积累了大量的素材，却迟迟不知如何动笔。在一次同董劲伟先生闲聊时，他告诉我："亲历者、叙述者的态度、对事情的感悟本身就是一种历史，我们应该记录下来。"那时先生在指导一篇约稿《因感召而汇聚：叶圣陶1945-1949年日记所见党外知识分子统战工作》。其中，提及叶圣陶在延安观看《兄妹开荒》后，对比国共在文化教育、军队作风之不同，在日记中写中共："彼处确有生气"。这句话成为文章的点睛之笔，也启发了我。从那时起，我就决定本书的体例不是志书、回忆录或是学术论文，我不想用冰冷的文字或框架淹没那些鲜活的文艺战士，与他们的欢笑、苦闷、乐观与呐喊。其实，抗战文艺史也是人的历史，重视对人的描述，太史公《史记》纪传体就是很好的借鉴。

我想在前后七年的走访、调查、整理和日以继夜创作的忙碌中，我是快乐的。它消耗了我二十八岁到三十五岁，最活跃、最旺盛的一段人生。在走访老同志，共同回忆滦东抗日斗争的同时，我似乎也亲身经历了那段不平凡的历史，陪同他们过滦河、越长城、出塞北，在激战中创作，在战斗中成长。这是生命的另一种延续。让一个年轻人充实而快乐很容易，有一个目标，按部就班的接近它，实现它。结局如何已不再重要，重要的是，一个文化工作者的青春没有虚度，天职与责任没有荒废，与过程中产生的单纯的自豪与满足。

序二　《讲话》精神谱新章　战地黄花分外香

论毛泽东《在延安文艺座谈会上的讲话》对滦东文艺工作的意义

1942年5月，毛泽东在杨家岭中共中央办公厅一楼平时兼作餐厅的不足120平方米的会议室里，向100多位文艺工作者、中央各部门负责人发表谈话。据回忆：中午时刻，毛泽东来到会场，他上前和与会者逐一握手，相互问候。毛主席两条肥大的裤子打着明显的补丁，上身薄薄的灰布棉袄的肘弯处露出棉絮。问候完毕，毛主席走向讲台开始讲话。半个多小时后，他的讲话赢得了与会者雷鸣般的掌声，并于1943年10月19日发表在《解放日报》上，后收入《毛泽东选集》第三卷。这就是对后来党的文艺政策的制定和文艺工作的健康发展产生了非常深远的影响的《在延安文艺座谈会上的讲话》。

如果说《讲话》对敌后根据地的文艺工作起到引领和促进作用，那么对同年开辟的滦东抗日根据地文艺工作则有着"从无到有"更加关键性意义。

滦东群众具有丰厚的文艺传统与文化基础。在地理位置上滦东位于滦河以东，长城沿线，幽燕之地。农耕文化与游牧文化的交锋，黄土地与黑土地的交界，南北文化的交融，使这里的群众受"感慨悲歌"的历史风物濡染，有丰厚的文艺基因。历史上几次民族迁徙，明代戍边，清代的闯关东移民潮，这些都造成滦东文化的多元化，也形成很多群众喜闻乐见的艺术形式。

滦东地处畿辅，既是津榆铁路腹地，也是北方沿海自开重港。近代以来，滦东地区较早受到西方文化影响，北戴河首开中国旅游城市之先，各国人士广建别墅，在此避暑度假。

同时，滦东也受到"殖民文化"侵害。甲午战争、庚子赔款等近代重大历史事件对滦东都产生极大影响。山海关城内仍保存着中国现存最大、最完整的八国联军军营旧址。八国联军侵华后，美国利用"庚子赔款"在昌黎县建立广济医院、成美学馆、贵贞学馆等，至今遗址仍存。

全面抗战爆发后，深受中国共产党影响的左翼作家创作了大量与滦东息息相关的爱国文艺作品。"九一八"事变后，东北军民流亡入关，滦东民众最先听到《松花江上》《流亡曲》等流亡者的歌声。1933年长城抗战从山海关打响，东北军在滦东浴血阻击日军。二十九军的《大刀进行曲》最早闻声于喜峰口、冷口、界岭口等滦东长城各口。此时此刻，东北义勇军、东北抗日联军也正在白山黑水间坚持抗战，长城内外的民众唱遍"用我们的血肉筑起我们新的长城"。有了这些根植群众的文化基础，文艺工作才能在滦东抗战与革命中发挥更大作用，群众的抗战热情才会在中国共产党的引导下爆发。

延安文艺讲话前，我党建立的敌后抗日根据地广布华北，不同根据地的文艺工作有着这样、那样不同的问题。正如《讲话》提道："革命的文艺工作者来到延安和各个抗日根据地的多起来了，这是很好的事。但是到了根据地，并不是说就已经和根据地的人民群众完全结合了。"以冀东抗日根据地为例（滦东抗日根据地尚未建设），其地处伪满洲国与冀东伪政府统治交错地带，冀东大暴动失败后，大片基本区又遭到日军多次"治安强化运动"的袭扰。在这样的恶劣条件下，许多同志认为冀东的人民军队与民主政权没有精力与必要建立文艺团体，甚至认为即使建立了也坚持不了。这样的想法十分普遍，在李运昌、李中权等人的回忆录中都有提及。即使在领导同志的肯定与推动下，冀东的文艺工作仍面临着主观与客观两方面的难题。

主观问题是，在敌强我弱的敌后艰苦环境下，坚持与战斗没有直接关系的文艺工作是否存在必要性，也就是"办不办"的问题。如果根据地指战员没有意识到文艺工作不但是人民军队的娱乐、休闲与宣传工具，更是"整个革命机器的一个组成部分，作为团结人民、教育人民、打击敌人、消灭敌人的有力的武器"；文艺工作者不单是专业领域的艺术家，还是"团结自己、战胜敌人必不可少的一支军队"，就很容易对文艺工作的意义产生疑问。

客观问题是敌后根据地的文艺团体如何建设，如何存活，如何发展？也就是"怎么办"的问题。其本质是敌后的文艺工作依靠谁，服务谁？这是党的文艺政策和文艺工作专业性的矛盾，鲜明地表现为政治与文艺的矛盾。

这些问题是敌后抗日根据地的共性问题，也是抗战时期我国文艺的共性问题。但由于冀东（滦东）特殊的地理位置，艰苦的作战环境，滞后的文艺工作，表现得相对突出。

解决主、客观问题的手段，正是《讲话》在方法论上的高明之处。我们必须知道《讲话》并不是一篇完整的讲话稿，或是政策说明。它分为两个部分。"引言"部分是毛泽东在会议开始一天的发言，或是议题"提纲"。"结论"部分则是他最后一天的发言，是经过所有延安文艺工作者漫长的讨论，通过"民主集中"讨论协商程序而形成的观点。这是因为"党的文艺政策"与"文艺作品创作"等特殊性问题,是无法用强调特殊性的方法解决的,只有放入到普遍性理论框架中,通过提高全党和全体文艺家的理论视野和理论水平,进行一场全面的"马克思主义思想理论启蒙"。

郭沫若曾经将《讲话》表述为"有经有权",在诸多的阐释中,这一说法也得到了毛泽东的首肯。"有经有权","经"指的是"不变的",即《讲话》的哲学框架,即"普遍性与特殊性及其矛盾关系"。"权"指的是"权变",即具体行为,即文艺工作者需要的思想启蒙。因此《讲话》之高屋建瓴,首先在于它是一篇哲学文献,如果抛开哲学视野,把它仅仅理解为政策性的讲话,那就难以理解《讲话》所依托的民主集中的讨论机制,甚至难以理解《讲话》为什么能够做到既解决了不同根据地文艺工作者面临的难题,又不空泛脱离实际。

根据地文艺发展,首先要解决主观问题。以冀东(滦东)为例,党在冀东的工作需要文艺,文艺不是可有可无,更不是累赘。正如毛泽东在《讲话》第一部分"引言",首先肯定文艺工作的正面意义,"总的方向上是一致的",只是"实际工作上却没有互相结合起来"。

他认为:"中国人民解放的斗争中,有各种的战线,其中也可以说有文武两个战线,这就是文化战线和军事战线。"在毛泽东看来,中国革命的目标不仅仅是一个政治经济上的新中国,而且更是一个文化上的新中国;军事建设和经济建设固然重要,但是,文化的建设更加重要,更加漫长,也更加具有决定意义,因为只有文化建设,才能说明我们为什么要砸碎旧世界,才能说明我们究竟要建设一个什么样的新世界。否则,正如战争年代我们仅仅靠统计消灭了多少敌人,和平时代我们创造了多少经济产值,是并不能说明我们工作的真正意义的,甚至是不能说明我们的工作与敌人的工作究竟有什么不同的,它更是不能回答我们究竟从哪里来,要到哪里去这样的问题的。在这个意义上讲,我们的文艺工作与敌人的文艺工作的根本区别不是文艺团体与文艺作品数量的多寡,而是在文艺工作性质上"教化"与"奴化"的根本不同。根据地文艺工作存在的意义,不单是起到战斗与生产的辅助作用,而是在党的带领下人民军队与人民群众一同实现我们的共同目的,即以"教化"的文艺战胜"奴化"的文艺,传播与捍卫革命的、先进的、民族的、社会主义的先进文化与价值体系。

因此,"我们还要有文化的军队,这是团结自己、战胜敌人必不可少的一支军队。"

"有经"与"有权"是统一的。有了理论体系,也要有现实中的政治活动。认识到"根据地文艺工作是必要的"是文艺工作者思想的第一次飞跃,第二次飞跃是"加入艰苦的敌后文艺工作当中"。毛泽东在"引言中"提出的多个问题，"即文艺工作者的立场问题、态度问题、工作对象问题、工作问题和学习问题"就是希望通过民主讨论，找到解决客观问题"经权"的关键，实现思想的启蒙与飞跃。

　　结论就是，为了实现"经"，就必须运用"权"，为了民族生存、人类解放，有觉悟的文艺工作者首先要做一个战士，一个文艺士兵，汇入改造旧世界的人民运动中去，成为一个真实的力量。当然，所谓"权"既是对理想的牺牲，也是理想者的自我牺牲，在这个意义上，这种牺牲便是高尚的行为。抗战爆发后，无数青年学生、文艺工作者辗转来到延安，来到各大敌后根据地，就是"行权"。这就意味着，这些全国各地来到根据地参加抗战的文艺青年，需要实现一个"马克思主义的升华"，从一个进步的爱国者转变成一位"为人民服务"的"马克思主义战士"。

　　哲学范畴的问题解决了，现实的问题也迎刃而解。由于缺乏有效的思想指导与专业人才支持，直到1942年末，冀东（滦东）都未能建立文艺团体。时任冀东军区政治委员的李中权在回忆录中记载，随着《讲话》发表，对冀东的人才支持加强了，根据地对文艺工作的认识也清晰了，冀东才诞生了第一个专业的文艺团体——尖兵剧社。该剧社于1943年挺进滦东，播撒抗战文艺的火种。短短两年间，滦东地区涌现了前锋剧社、七月剧社、海滨剧社、抗日影社、路南影社、救国报社、大众报社等大量革命的文化团体。在党组织的统筹安排下，大量抗大、鲁艺、陕公的知名艺术家如黄天、今歌、黄河、劫夫等；知名摄影家雷烨、张进学、罗光达、齐观山等被派往滦东，开辟抗日文艺战线，还培养了管桦、刘大为、陈大远、周方等一大批本地杰出的词、曲作家，文学家等革命文艺工作者，使滦东的文艺工作得到了前所未有的启蒙与发展。

　　因此，不论是思想领导，还是组织领导，滦东的文艺工作与延安的联系非常紧密，这一点与滦东的抗日武装斗争是相同的，也正体现了党中央对散布敌后根据地的领导与影响是全面的。中华人民共和国成立后，秦皇岛市组建的第一个文艺团体——秦皇岛市文工团，前身是1945年成立的冀热辽军区第十七军分区海滨剧社。剧社成立时一穷二白，军分区既没有钱财，也没有粮食，甚至连乐器都凑不全，只得到一条珍贵的"红军的皮带"。这是一个红军老连长长征时留下的。那时同志们吃光了粮食，吃光了野菜、草根、树皮，把大家的皮带都煮了分食。但濒临绝境的同志们硬是留下了一条皮带，扎在指导员腰上。这是因为指导员是党代表，跟着党必定胜利。剧社成立那天，军分区副政委曾辉，扎着这条皮带出现在剧社同志们的面前。他将这条皮带交给了剧社。一条凝聚着长征精神与延安精神的皮带，成了秦皇岛现代文艺工作起步时的所有家当。

建设文艺团体是第一步，更重要的是创造出符合滦东工作需要，群众喜闻乐见的文艺作品。就是《讲话》中所说："为什么人服务的问题解决了，接着的问题就是如何去服务。"答案是"我们知识分子出身的文艺工作者，要使自己的作品为群众所欢迎，就得把自己的思想感情来一个变化，来一番改造。没有这个变化，没有这个改造，什么事情都是做不好的，都是格格不入的"。

《讲话》明确指出了文艺为人民大众，首先为工农兵服务的方向；同时，根据文学艺术的规律和特点，提出了"革命的文艺，则是人民生活在革命作家头脑中的反映的产物。人民生活中本来存在着文学艺术原料的矿藏，这是自然形态的东西，是粗糙的东西，但也是最生动、最丰富、最基本的东西。它们是一切文学艺术的取之不尽、用之不竭的唯一的源泉"的著名论断。

简而概之，文艺创作源于社会现实，是对社会现实的升华。文艺工作者从人民群众中来，要为人民群众服务。"艺术为人民服务"不单单是一种指向性的口号，更是一种文艺家对于"众生苦"的觉悟，折射于现实就是推翻三座大山，消灭三大差别，此乃发数千年未有之大宏愿，生无穷之菩提心，这就是漫长的中国革命，是历史的奇迹，是思想启蒙对人类先天的"受苦性"解放的召唤，是无数过去对无穷未来的祝福。

实际上，也只有具备了这样的情怀，我们才能真正读得懂毛主席《讲话》中的内容："例如一方面是人们受饿、受冻、受压迫，一方面是人剥削人、人压迫人，这个事实到处存在着，人们也看得很平淡；文艺就把这种日常的现象集中起来，把其中的矛盾和斗争典型化，造成文学作品或艺术作品，就能使人民群众惊醒起来，兴奋起来，推动人民群众走向团结和斗争，实行改造自己的环境。如果没有这样的文艺，那么这个任务就不能完成，或者不能有力地迅速地完成。"

延安文艺座谈会对冀东（滦东）文艺工作作用之快重要原因是大量来自延安，并且已经有一定艺术成就的艺术家成为根据地的文艺骨干。如黄天、今歌、黄河、劫夫、李时、连衡等，他们与参加延安文艺座谈会的艺术家关系紧密，如八路军总政治部电影团团长吴印咸、鲁艺音乐系主任吕骥、音乐教师郑律成等。也因此对座谈会与《讲话》的理解更加深入，对工作的开展也更有经验。1943年，尖兵剧社成立后，晋察冀军区政治部派遣历任边区文化界抗日联合会执行委员、陕北公学剧团团长、华北联大文工团团长、晋察冀军区政治部文化科长的黄天到剧社任社长。到任后，黄天传达了《讲话》精神，并组织全体同志学习。

在《讲话》影响与指导下，许多文艺团体与文艺工作者被培养起来，创作和演出了大量反映冀东或滦东军民生活的脍炙人口的文艺作品。如黄天、今歌创作的讴歌军民鱼水情的剧作《夜深人静时》《拥军模范于平》；王舒编导的反映沦陷区人民悲惨生活与英勇斗争的话剧《长城线上》；正值滦东根据地开辟，由黄天作词、今歌作曲的《庆祝第二战场开辟》在滦东迅速传唱开来。八路军战士的艰苦生活与英勇斗争是文艺工作创作的重要素材，冀东文艺三剑客刘大为、管桦利用冀东民兵的真实事迹，编写了话剧《三百人和一支枪》；刘大为编写的《四个英雄的故事》甚至邀请了剧本中四个英雄之一的胡凤岐参加演出；管桦作词、劫夫作曲的《尖刀子连》《常家庄的故事》，管桦作词、纪良作曲的《好村主任》等曲作也能在冀东地区找到创作原型。艺术创作源于现实，高于现实，指导现实。由黄天作词、耿介谱曲的鼓励动员参军的歌曲《歌唱模范王连发》，由管桦作词、劫夫作曲的鼓励军民大生产的歌曲《参加生产》等，这些歌曲对根据地建设也起到促进作用。

延安文艺座谈会会后，滦东摄影艺术创作也迎来了"春天"。一些有着高超技艺的摄影艺术家来到滦东，拍摄了一系列至今家喻户晓的作品。如雷烨的《滦河晓渡》、张进学的《解放山海关》、罗光达的《沙坨塔上的八路军哨兵》、齐观山的《战斗在冀东古长城一带的八路军战士靠吃炒米、野菜坚持抗日斗争》等照片是为数不多的记录滦东抗战的佐证。

在艺术创造领域，毛泽东提倡"学习群众的语言"，认为"要使自己的作品为群众所欢迎，就得把自己的思想感情来一个变化，来一番改造"。《讲话》揭示了文艺创作的基本规律，也在滦东文艺工作中得到验证。将民俗文化、民间音乐与革命文化相结合，是滦东文艺工作的优势与特点。例如曾于延安人民剧社、西北战地服务团工作的著名音乐家劫夫，他是歌曲《歌唱二小放牛郎》《王禾小唱》《我们走在大路上》《革命人永远是年轻》的创作者。初到冀东，他打听到一位盲艺人，熟悉冀东影调儿，特意跑去学艺。这是劫夫的老习惯，在晋察冀边区，就常常向民间艺人请教。后来，他来到冀东创作的第一首歌《四八烈士歌》就吸收运用了当地皮影戏的曲调，一下子就在冀东人民中间流传开来。他说："在冀东地区搞文艺，尤其是音乐创作，要是不熟悉、不研究、不学习、不使用前辈艺术家、民间艺人创造的皮影戏曲调，不接受已为群众批准和喜爱的艺术遗产，就不会受到人民群众的欢迎。"

1944年春节，黄天同志再次组织剧社学习毛主席《在延安文艺座谈会上的讲话》。他特别注意用群众喜闻乐见的形式开展文艺宣传。经过调查研究，他提议：利用当地群众正月里跑旱船、推小车、扭大秧歌的形式，让全社男女老少，连炊事班的同志们也在内，组成大秧歌队，沿村演戏，走街串巷，一面给群众拜年，一面演出。冀东一带传统的秧歌队里有一种"灯官"表演。灯管由丑角扮演，他坐在一根大粗木杆上，由四个人抬着，在秧歌队中穿行，表演观灯、插科打诨，给节目穿针引线，很受欢迎。黄天同志导演了新灯管。还特意糊了四盏漂亮的花灯，四面画了抗日故事，由四个人举着上场。又由今歌同志扮演唱灯老汉，对着花灯唱抗战故事和党的抗日政策。利用"群众的语言"，群众喜闻乐见的形式进行革命宣传得到了群众的支持与好评，客观上也达到了宣传抗日、爱国思想，教育、动员人民群众的目的。

在一些关键的时间节点，滦东文艺战线对社会矛盾变化表现得非常敏感。抗战结束后，驻扎滦东的冀热辽十六军分区部队（老十二团）在曾克林的带领下率先出关，提前布局东北。就在此时，一些传唱至今的经典曲目被创作出来。如刘大为作词、方时谱曲的《朱总司令下命令》，刘大为作词、黄河谱曲的《我们的国旗到处飘扬》，这些歌曲既表现出军民庆祝抗战胜利的喜悦，又表达了进军东北，收复国土的强烈意愿。试想三年前唱着《滦河曲》中的歌句"青春的鹰，勇敢地鹰，冀东年轻的子弟兵"渡过滦河，开辟滦东根据地的老十二团战士，再次唱着《我们的国旗到处飘扬》"军队和人民勇敢向前，我们的国旗到处飘扬在长城上，飘在扬子江，飘在失去的东北，飘在祖国的边疆……"跨越长城。一列列整齐的军旅为了国土的光复，唱着激人奋进的歌曲，兵发滦东，挺进东北，何其雄壮。

延安文艺座谈会历久弥新，毛泽东主席《在延安文艺座谈会上的讲话》已经成为我党思想和理论建设的光辉文献，与无产阶级文艺运动以来重要的中国化的马克思主义文艺理论著作。《讲话》联系延安和各抗日根据地文艺界存在的问题，提出了中国共产党解决这一系列问题的理论和政策，为中国无产阶级文艺运动指出了明确的方向，开辟了广阔的道路。

《讲话》对中国革命文艺的作用是巨大的。不论是从时间或是空间上讲，《讲话》都不应被单纯看作对某项工作的"具体问题具体分析"，而是建立在不同时间维度与根据地矩阵下，在民主集中制框架下讨论形成，对根据地文艺工作与其他工作普遍性启蒙的指导思想。

《讲话》更深层次的哲学框架对我们有更为普遍与现实的意义。经与权、现实世界与理想世界的矛盾和运动逻辑，才是现代中国改革与革命的真实逻辑。怀抱着人类理想，时刻认识到现实变革和自我改造绝不能停止，这才是启蒙的关键。因为这种启蒙、这种改革与革命绝非仅仅关注一个现实的世界，它更呼唤一种创造、想象新世界的能力，才可能对于现实的世界提出不断的反思和批判，也正是这种创造和想象能力，才赋予了"权""物""事实和现实"的世界从根本上的意义。这也是为什么中国共产党能够不断反思，继承传统，纠正错误，深化改革的重要哲学动因。对于今天的我们而言，只有具备想象一个新世界的能力并将其普遍化，才能真正将现实的世界担当起来，并作为特殊性和批判的对象来对待。这也是《讲话》之于今天我们的价值和意义所在。

目 录
CONTENTS

第一章　星星之火　滦东战歌 ·· 1

第二章　理想者的血与歌
　　　　——记孤悬敌后的滦东文艺战士 ·································· 14

第三章　第一个文艺团体
　　　　——尖兵剧社 ·· 19
　一、"尖兵"社歌响彻滦河两岸 ·· 19
　二、艺术源于生活——记尖兵剧社社长黄天 ································ 23
　三、冼星海、周巍峙授业的音乐家——今歌 ································ 33
　四、杨家峪突围战——酾酒祭黄天、今歌 ··································· 37

第四章　冀东文艺三剑客 ··· 41
　一、挺进滦东的"三剑客" ··· 41
　二、"冀东文艺三剑客"之刘大为 ··· 43
　三、"冀东文艺三剑客"之管桦 ·· 63
　四、"冀东文艺三剑客"之黄河 ·· 72

第五章　冀东乐坛四杰 ·· 79
　一、冀东"乐坛四杰"之一音乐教员周方 ···································· 79
　二、冀东"乐坛四杰"之曲画双绝耿介 ······································· 89
　三、冀东"乐坛四杰"之走在大路上的音乐家——劫夫 ··················· 95

第六章　尖兵剧社二三事 ... **102**
 一、从"尖兵"到"胜利"——韩大伟 ... 102
 二、文艺战士与军事干部——王舒、舒江 ... 106
 三、从"男扮女"到"女扮男"记尖兵剧社文艺女兵 ... 111
 四、文艺兵的抗粮抗捐斗争 ... 121
 五、滦东文艺兵的"土改宣传" ... 123
 六、咽喉要塞的"对台戏" ... 127

第七章　前锋剧社 ... **132**
 一、孤悬敌后的文艺前锋 ... 132
 二、再走长征路——秦兴汉 ... 140

第八章　海滨剧社 ... **146**
 一、朱燕与"七月剧社" ... 146
 二、从"七月剧社"到"海滨剧社" ... 151
 三、知是故人来——仲先滦东二三事 ... 168

第九章　红色摄影家在滦东 ... **174**
 一、滦东抗战的"光影战场" ... 174
 二、方寸间的山河——雷烨、沙飞、张进学 ... 175
 三、《晋察冀画报》社冀热分社在滦东与热南 ... 188
 四、罗光达的光影滦东 ... 189
 五、风雨际会观河山——齐观山在热南 ... 195
 六、吴群与攻克昌黎城的勇士们 ... 197

第十章　《救国报》风云 ... **200**
 一、全面抗战中的《救国报》 ... 200
 二、像对待"谷壳"一样认真——编辑孔祥均 ... 207
 三、碣石奏响大风歌——编辑陈大远 ... 210
 四、《救国报滦东版》二三事 ... 221

第十一章　滦东的十二军分区文工队 ... **231**
 一、十二军分区文工队溯源 ... 231

二、牺牲在滦东的模范宣传员晓峰 ……………………… 240
三、十二军分区文工队队长、老红军秦世杰 …………… 242

第十二章　群星璀璨
　　——战斗在滦东的文艺工作者 ………………………… 247
一、赤崖抗日中学与大众剧社 …………………………… 247
二、滦东影社与大众影社 ………………………………… 253
三、滦东文工团的创建与发展始末 ……………………… 259
四、昌黎县文艺宣传队的活动 …………………………… 263
五、不慕荣利的文艺兵刘恕 ……………………………… 266
六、冀东区党委文艺工作团与团长李时、连衡 ………… 267
七、中华人民共和国成立后，滦东第一支"文艺轻骑兵" … 273
八、秦皇岛革命诗歌拓荒人王长清、李晋泽 …………… 278

第十三章　新民主主义革命时期，滦东文化工作大事记 … 280

参考书目 ………………………………………………………… 298

跋 ………………………………………………………………… 299

第一章　星星之火　滦东战歌

"滦东"是滦河以东地区的简称，位于冀东东部，北靠燕山山脉，南临渤海海湾、西望京津、东扼东北，地处华北、东北两大区域的接合部，包括滦河以东的卢龙、临榆（今抚宁、海港区、山海关一带）、抚宁、昌黎、青龙县和迁安市（今迁安市）大部、迁西一部，即滦河东岸今秦皇岛地区为主的狭长地域。滦东虽然地域狭小，但地理位置优越，有很高的军事价值，历史上是兵家必争之地。全面抗战时期，此地曾是日本侵略者从东北向华北蚕食，进而发动全面侵华战争的桥梁地带，又是中国共产党领导下的冀热辽根据地的前哨阵地和向东北发展的重要基地。

中国军歌发源之地

滦东历史文化资源丰富，文化艺术史是滦东地区社会进程中浓墨重彩的华章，也是了解滦东文化传承、历史沿革和社会生态的一扇窗口。在古代战争中，文化艺术在滦东地区就起着重要作用。早在春秋战国时期，一代名相管仲就在滦东创作出中国最早的军旅歌曲《上山歌》和《下山歌》。

《上山歌》："山嵬嵬兮路盘盘，木濯濯兮顽石如栏。云薄薄兮日生寒，我驱车兮上巉岏。风伯为奴兮俞儿操竿，如飞鸟兮生羽翰，陟彼山巅兮不为难"。

《下山歌》："上山难兮下山易，轮如环兮蹄如坠。声辚辚兮人吐气，历几盘兮顷刻而平地。捣彼戎庐兮消烽燧，勒勋孤竹兮亿万世"。

周惠王十三年（664），山戎入侵中原，攻打周王朝北部边境燕国。齐桓公出兵助燕，打败了山戎，占领令支国。令支国君密卢逃到孤竹国求助。齐桓公又遣大军伐孤竹，史称："北伐山戎，刺令支，斩孤竹而南归"。孤竹国即位于滦东北部卢龙、迁安山区一带。一路山高且险，车行费力。管仲编写上山下山之歌，让士兵们边唱边行，不时翻越峻岭。桓公感叹不已，问管仲是何原因。管仲回答："凡人劳其形者疲其神，悦其神者忘其形。"士兵们一唱歌就感到快乐并且能忘记了疲倦，就有兼程之功。此两首军歌早于公众耳熟能详的秦国军歌《秦风》260年，是我国最早的军旅歌曲。

文艺具有形象、直观和感染力强等特点，宣传效果好。皮影、评剧、落子、秧歌等众多的文艺形式在冀东拥有广泛的群众基础。文艺也成为抗日救亡的重要宣传手段。滦东根据地建立后，各类文艺团体纷纷组建，深入偏僻落后的农村地区，以群众喜闻乐见的艺术形式开展形式多样的文艺活动，为抗日宣传发挥积极的作用。

滦东沦陷与文化侵蚀

1931年"九一八"事变后，滦东地区成为日军由东北入侵华北的咽喉。华北首冲山海关，又称榆关，位于燕山山脉及万里长城的东端，枕山襟海，地势险要。1933年1月，日军入侵山海关，中国军民奋起反抗，史称"榆关抗战"，标志着"长城抗战"的开端。中国军队在界岭口、冷口、喜峰口、古北口等滦东及周边的长城各口，顽强抵抗、浴血奋战。左翼作曲家麦新创作的著名抗战救亡歌曲《大刀进行曲》，又名《大刀向鬼子们的头上砍去！》，就是为歌颂当时在滦东长城关隘与日军近战肉搏的国民革命军第二十九军"大刀队"而作。蓄谋已久的日军装备精良，训练有素，长城各口相继失守，国民政府被迫与日本签订《塘沽停战协定》，划定冀东二十二县为非武装区，中国军队不得进入。中华民国与伪满洲国也因此事实上以长城为界。大批东北军民在滦东流亡入关，滦东群众最先体味到《松花江上》等流亡歌曲中东北军民失地流亡的悲惨命运。

日军侵占滦东后，在长城内外实行"奴化"统治。在长城以南"冀东防共自治政府"统治地区，日伪政权制定了各类"奴化"文化教育政策，并与军事、政治进攻密切配合，推行奴化教育和反共以及各种欺骗宣传，达到其"掌握民心"的政治目的。日伪教育行政机构和各类学校，教育大权都控制在日本"顾问"手中，使教育为日本侵略政策服务。各级学校，日语被列为必修课，经书和"修身"是主要的课程，历史、地理等课本被肆意篡改歪曲，凡有爱国思想的内容全被删掉。用奴化教育来宣扬封建主义的奴隶道德，进而磨灭学生和民众的反抗意识，使其甘当日本统治下的"顺民"。日本侵略者还提倡"尊孔""祀孔"的活动，堂而皇之地举办祀孔典礼，来欺骗和毒化人民群众。

在长城以北的伪满洲国统治的青龙县境内，日军一面进行屠杀与"集家并村"，一面进行更为露骨、毒辣的精神腐蚀。日军建立协和会，规定年满16岁以上的男女都要加入协和会，并接受"日满协和""日满亲善"教育。作为伪满反动文化的领导枢纽，协和会经常组织各方面的力量成立宣抚班，利用各种形式，到各部落开展反动宣传。宣传内容有三方面，一是大和民族是"优等民族"，是伪满的"祖先、父辈"，要称日本为"亲邦"，称日军为"皇军"，并强迫供奉和祭祀日本天照大神；二是宣扬"中日提携""大东亚共荣"的言论，将日军的侵略美化为对中国的支援、帮助；三是宣传日满"同种同宗""日满一家""共存共荣"的言论，要求满洲必须全力支持"东亚圣战"。对于共产党、八路军，则竭尽全力污蔑、诽谤，利用漫画、皮影戏等各类手段进行反动宣传。

伪满学校对学生的思想侵蚀尤为严重。集家并村前后，青龙县有国民高等学校1所，国民优级学校6所，国民小学162所，而中等学校和城镇小学都要有一日本人员掌握实权，校长、主任都安排亲日人员充任。学校要挂日、伪满国旗，学生唱日满两国国歌。每日课前，学生要集体背诵"国民训"，还要向天皇"遥拜"，向在侵华战争中残废的日军默哀，并由校长、主任大讲"一德一心""共存共荣"等谬论。在教学上，大肆充斥奴化内容，大量增加日语授课时间。要求学生讲日语，强调阶级服从，实行棍棒教育，还要统一服装，统一鞋帽。在学校只许提满洲，不许说中国，否则就会受到处罚。

冀东大暴动与根据地的建立

1937年7月，全面抗战爆发。中央决定在冀热边区开展游击战争，创建抗日根据地。中共冀热边特别区委员会通过统一战线组织，广泛发动冀东人民，在李运昌等主要领导的带领下准备举行抗日武装起义。1938年年初，晋察冀军区按照中央要求派出邓华支队向北平以西地区发展，活动在晋西北的宋时轮支队也转调平西，尔后同邓华支队合并，组成八路军第四纵队。6月，以宋时轮为司令员、邓华为政委、林铁为政治部主任的八路军第四纵队挺进冀东，为起义创造了有利的条件。

1938年7月冀东大暴动爆发，起义浪潮很快波及包括昌黎、卢龙、青龙、抚宁等滦东多县在内的20多个县，参加起义的人数达20余万，抗日联军发展到7万余人，其他抗日武装近3万人。

在滦东，高敬之举义沈官营，从者三千余人，打联庄会，打土匪，"骂开卢龙县城"，义旗飘扬于卢龙上空。他主动接触抗联，将起义武装编为抗联第23总队，并任队长。他又请求组织将共产党员阮务德（山海关人，第二批600名著名抗日英烈和英雄群体名录）调任政治部主任。在渤海之滨的昌黎，张其羽在赤崖举行武装抗日暴动，之后与丁万有部队会合，率数千武装，攻占昌黎县路南多地。昌黎陈宇环率起义部队到滦县，编入抗联第九总队。抚宁齐家寨也爆发了百余人的起义。此外，有着光荣革命传统的秦皇岛、山海关、柳江煤矿等地的工人阶级进行了各种形式的斗争。在冀东大暴动的影响下，秦港工人举行了群众大会、游行示威，冲破日本宪兵的拦截，粉碎了英国资本家破坏谈判的阴谋。

起义部队曾收复平谷、蓟州区、玉田、迁安、卢龙、乐亭等县城，建立抗日民主政权；跨越长城，进入伪满洲国控制下的青龙县清河沿与都山地区；还一度切断了北平至山海关的铁路交通；10月下旬，抗日联军5万余人在向平西转移途中受挫，仅数千人返回冀东，继续坚持抗战。轰轰烈烈的冀东大暴动虽然失败了，但显示了中国军民的抗日意愿和巨大力量，为尔后建立冀热辽抗日根据地保留了星星火种。

1939年1月，中共中央北方局会同晋察冀军区，组建八路军冀热察挺进军，"坚持冀东"是重要任务之一。1939年秋，去平西整训的抗联队伍和第一游击支队在平西根据地按八路军序列编成第十二团，并于1940年夏由团长陈群、冀东区党分委书记兼政委李楚离合挺进军十三支队参谋长曾克林率领开赴冀东，投入反"扫荡"斗争。7月25日，晋察冀军区冀东军分区成立。李运昌为司令员，包森为副司令员，李楚离为政治委员，曾克林为参谋长，刘诚光为政治部主任。1942年8月，曾克林率领十二团向东挺进，东渡滦河，建立了滦东抗日根据地。数年间，十二团打击"人圈"，转战临（榆）抚（宁）昌（黎）、凌（源）青（龙）绥（中）多地。1945年8月，曾克林率领冀热辽十六军分区部队（老十二团）率先出关，布局东北。

冀东早期抗日战歌

1938年至1942年是冀东全面抗战最艰苦的阶段。这个时期在抗日军民中唱着许多首抗战歌曲。1938年冀东暴动部队，因没有适合当时形势的歌曲，曾唱《三国战将勇》《满江红》以及《射击军纪》等旧军歌；有的暴动部队因有红军骨干，也教了几首《三大纪律，八项注意》等红军歌曲；山海关人阮务德创造了冀东第一首原创抗日歌曲《扩军歌》；参加暴动的学生则唱《在松花江上》等救亡歌曲。

总之，那时的歌曲，不论内容和曲调都不能满足抗日部队的需要。1939年，去后方整训的部队，返回冀东带回《大刀进行曲》《在太行山上》《救国军歌》《救亡进行曲》《中华民族不会亡》《青年进行曲》《五月的鲜花》《新编九一八小调》《五家庄》《十杯茶》《牺牲已到最后关头》《长城谣》《义勇军进行曲》等歌曲；还有苏联歌曲《工人歌》《沿着高山，沿着平原》很快在冀东军民中传唱。

　　1939年年底到1940年年初，冀东十二团、十三团先后成立了宣传队，开展歌咏活动是他们的主要任务之一。从延安、晋察冀带来的抗战歌曲首先在宣传队中传唱，而后教给部队和群众，这使冀东歌咏活动有了一支骨干，他们不断唱新歌、教新歌，歌咏活动在部队和群众中形成高潮。部队群众之间，以会唱多少革命歌曲，会不会唱新歌，作为抗日热情高涨与否的一个主要标志。这时部队集合唱、群众开会唱、青年唱、妇女唱、儿童和老年也唱，在冀东大地上不论山区和平原，不论男女老少，到处都是抗战歌声。从后方传过来的创作歌曲已满足不了需要，于是，他们就自己用旧调填新词，用小放牛、锯大缸、打新春、秧歌调等十几种民歌小调填了新词。有的一种调子填几种、十几种词，其中《小日本真毒辣》唱遍了整个冀东，无论男女老少，军队和地方都会唱。秧歌调填词也很多，像《长眼睫毛、大肚皮》流传得也很普遍。内容不仅有配合各项抗日任务的，而且也有反映青年、妇女、儿童生活的，甚至还有瓦解敌军，教育敌占区落后群众的。这些作者有的是部队的，有的是地方干部。大量歌曲由群众自己编、自己唱。由于这些歌曲是冀东的曲调，冀东的语言，配合形势任务又很紧密，战士与群众都非常喜欢。一个地方编出来，其他地方很快学会，作品之多、流传之广都达到了高潮。1940年和1941年，挺进军政治部从挺进剧社选调两批文艺骨干到冀东，有力地促进了这个高潮，可惜这些同志大部分为时不长即先后牺牲。这时十三团总支书记娄平同志写出了《寒夜曲》，这是冀东军民创作较早的抗战歌曲。这些歌曲的传唱，对于团结人民，教育人民，打击敌人，消灭敌人，取得全面抗战的最后胜利，的确发挥了难以估量的战斗作用。这些歌曲至今仍然被一些老同志或年逾耄耋的群众所思念，时不时地哼上一曲，引起当年战斗生活的向往和军民深情。

冀东抗日部队最早的宣传队

　　在中国共产党领导下，滦东人民经历了长期艰苦的革命斗争。在每一革命历史时期，文化艺术作为革命战线的重要组成，都发挥着积极的作用。无数文艺战士用笔、用歌声、用戏剧、用绘画作为尖锐武器，对敌作战，团结教育群众，留下了无数的光荣事迹与不朽功勋。

　　滦东位于冀东最东侧。从组织建设方面讲，滦东的文艺工作是随着冀东根据地（冀热辽抗日根据地）不断向滦东渗透、拓展的过程中发展而来的。由于滦东地区根据地开辟相对较晚，最早踏上这片土地的冀东十二团、十三团的宣传队，与冀东宋邓支队有着莫大的联系。挺进支队的宣传工作有光荣传统。早在1939年5月1日，第十一军分区政治部就以挺进支队宣传队为基础，在涞水县山南村正式成立挺进剧社，社长陈靖，下设戏剧、歌舞两队，后多名主要成员远赴冀东成为文艺骨干。

冀东部队开辟敌后根据地后，向群众宣传抗日，鼓舞士气。1939年年底，冀东军分区第十二团、十三团先后组建宣传队，这两支宣传队就是冀东部队多个文工团与唐、秦等市解放时组建的宣传队伍的前身。宣传队以从晋察冀军区派来冀东的文艺干部为骨干，动员吸收青年学生参加组成，每队编制12人。他们一方面用各种文艺形式，宣传动员群众抗日救国；一方面鼓舞部队勇敢作战杀敌，兼做战勤工作。这两支精干的文艺队伍，随部队转战游击于滦东的迁（安）青（龙）兴（隆）、昌（黎）滦（县）乐（亭）等广大地区。

两支文艺队伍利用群众喜闻乐见、易于普及的双簧、快板等文艺形式，经常编演一些小节目，然后为部队和群众演出。也正是因为这样的文艺形式，这一时期的冀东地区文艺工作专业性较差，但参与度高。当宣传队演出时，有一些喜爱文艺的战士、干部、群众也来参加，形成了军民同乐、官兵同乐、活跃热烈的文化生活气氛。由于极度缺乏专业演员，十三团宣传队将包森司令的小司号员徐得茂临时借用演小姑娘。后来在某次作战中，包森司令真的让徐得茂化装成青年妇女，坐大车进入据点，打了胜仗后，包森司令说："是宣传队的演剧启发了我……"

从目前掌握的史料来看，冀东第一首原创抗日歌曲的作者并非专业的文艺工作者。冀东大暴动后，来自天津的大学生山海关人阮务德，在冀东抗日联军第五总队开展政治工作。为了扩大充实抗日联军的力量，号召广大群众参加革命队伍，阮务德带领抗日联军文艺宣传队，踏遍了燕山深处的山山岭岭，到处演唱他编写的《扩军歌》：

> 老乡们，听我言，人穷胆大志不短；
> 不怕死，当好汉，跟着联军去造反。
> 老乡们，听我劝，拿起梭镖保家园；
> 打日军，斗汉奸，当家做主建政权。

不久后，阮务德同志加入高敬之率领的冀东抗日联军第二十三总队，担任政治委员。部队一度光复卢龙，后在滦县被日伪军包围，阮务德于激战中牺牲，时年24岁。2015年8月，阮务德名列第二批600名著名抗日英烈和英雄群体名录。阮务德虽然牺牲了，但在长城内外，在操场、课堂或在行军路上，哪里有抗日联军，哪里就有阮务德编的歌声。在抗日联军的带动下，广大人民群众扬眉吐气，好多青壮年参加了抗日队伍。

抗日联军队伍不断扩大。为了宣传党的方针政策，阮务德还创作了一首歌曲《工人当主人》，在抗日联军队伍中教唱，时隔不久，歌声响遍了冀东地区。歌词是这样的：

（一）
工和农，世界主人翁。
衣和食，我们所造成。
吃和用，倒归寄生虫。
世界创造者，工做穷罪人。
地主资本家，全要一扫清。
高举革命旗，奋起做斗争。
工厂为工友，土地为农民。
工农团结紧，革命大功告成。

（二）
日本鬼，霸我东三省。
侵热河，接着占平津。
烧和杀，心狠不留情。
可恨蒋介石，与鬼结成亲。
作为中国人，怎能不痛心？
不当亡国奴，起来打日军，
消灭侵略者，夺回我江山，
团结向前进，胜利是联军。

为了瓦解敌军，阮务德还编写了一首名为《嘴巴仗》的歌曲，用蜡纸刻写之后，油印成战场传单，在抗日联军中广为传诵：

嘴巴仗，很重要，
能顶几门迫击炮。
敌人怕枪也怕炮，
喊话争取也有效。
军事打，政治拉，
办法也有一大套：
利用俘官写信劝，

　　　　督促俘兵喊话叫，
　　　　唱歌子，喊口号，
　　　　用新词，配老套，
　　　　评剧皮影唱一套。
　　　　今后嘴仗要重视，
　　　　一本万利真叫妙。

　　由于阮务德编的歌曲寓意深刻，主题明确，文字浅显，通俗易懂，唱起来朗朗上口，深受抗联广大指战员的欢迎。

　　1939年冬，另一位来自北平的大学生，十三团总支书记娄平，在长城外的"无人区"，目睹了人民群众无家可归的惨状，悲愤难当的局面下写下《寒夜曲》。

　　　　雪盖满山岗，
　　　　西风吹来透骨凉。
　　　　鬼子烧了孤房，
　　　　数九里露天的寒夜谁能搪？
　　　　吃穿住都葬送在火场，
　　　　肚子饿得难当，
　　　　扒一把米炭且充饥肠。
　　　　说什么"并乡"？
　　　　中国人的死活哪干鬼子半寸心肠！
　　　　泪眼望着火场，
　　　　热泪流在白须上成冰桩。
　　　　哪里还是家乡？
　　　　哪里再找到住房？
　　　　今夜且在这草堆上睡一场，
　　　　且在这草堆上睡一场！

　　在小宣传队员眼中，娄平这位大学生，是个才子，是个大文化人，唱起歌来也好听，纷纷追着他说："总支书，老百姓最爱听歌，你多教几个嘛！"

　　娄平脑子转得快，转眼就用儿歌《两只老虎》的调门改写了几句词。

　　　　打倒汉奸，打倒汉奸，汪精卫，汪精卫！
　　　　他是头号汉奸，他是头号汉奸，打倒他！打倒他！

　　这首歌简单好记，一下子就在冀东传遍了。

　　宣传队在战士和群众中，首先开展起来的是简便易从，群众容易听懂与接受，便于推广的歌咏活动。利用一切时机向战士、群众教唱革命歌曲。随着冀东根据地的建立，农村中青年报国会、妇女救国会、抗日儿童团等群众组织相继发展了起来，歌咏活动日趋活跃。部队每到一地，傍晚歌声四起，部队与群众互相拉歌比赛，男女老少众乡亲围观聆听，群情振奋，热烈昂扬。所唱之歌，多是根据当地民歌和群众熟悉的曲调谱写的。歌词通俗，容易上口。如《参军歌》：

石榴花开一枝红，二十青年去当兵，
一杯茶敬我的妈，儿去当兵为国家，
二杯茶敬我的妻，夫去当兵别哭泣，
三杯茶敬我的妹，哥去当兵陪嫂睡。

还有口语化的歌曲《叫老乡》：

叫老乡，你快去把战场上，快去把兵当，莫等到日本鬼子来到家乡，老婆孩子遭了殃，你才去把兵当。

你不要说，日本鬼子难找我，我就享快活。你不当兵，我不出钱，想着法儿躲，没人打仗亡了国，我看你怎么活。

你不要说，谁来给谁的粮，拿粮自在王。日本鬼子奸淫烧杀，还要抢掠，一家大小杀个光，我的好老乡！

战士用熟悉的苏联歌曲填词："有钱出钱，有枪的出枪，出人出力上战场，万众一心团结起来，日本强盗难逞强。"

此类歌曲数不胜数，在部队、在根据地的群众中，几乎人人会唱，家喻户晓，歌声遍地。革命歌曲的传播流行，对于唤起民众抗日救国，鼓舞部队战斗士气，起到了不可估量的作用。

每当取得重大胜利，召开祝捷大会和重大节日在分区政治部的指挥下，宣传队全部出动演出，同时发动群众组成十几道秧歌、旱船、加官、高脚、托杆等民间花会，锣鼓喧天，喇叭齐鸣，万民参加，就连敌人据点里的群众也跑出来与之同庆，显示了八路军广大军民扬眉吐气的宏伟气魄，有力地震慑了敌人，增长了军民的战斗意志。

在斗争与牺牲中成长

谈起冀东老十二团、老十三团宣传队，就不得不提起时任冀东军分区政治部主任的刘诚光。冀东军分区刚刚建立，大暴动留下的起义队伍打仗虽不含糊，却多少缺乏政治宣传的意识。由于孤悬敌后，战斗频繁，环境异常艰苦。许多同志认为不具备建立宣传队的条件与必要。刘诚光力排众议，坚定地推进军分区的文艺宣传工作。在得到李运昌同志的肯定与支持后，冀东军分区两个宣传队开始筹建。

1940年秋，在刘诚光的主持下，从两个宣传队选调了王梅津、佟木舟、王维汉、贾如山、金某5人，送到平西挺进剧社学习。挺进军政治部先后派来三批文艺干部，到冀东工作。1941年3月，挺进军政治部派来挺进剧社指导员张茵青同志，任分区政治部文娱股长，从此，部队文艺工作有了组织领导机构。

1941年秋，调往挺进剧社学习的5名同志回到冀东。年底，挺进军政治部又派来朱宝仓、花宝书、张景福、张月仿、马万增、聂某等文艺干部来冀东。这些同志的先后来到，扩大了冀东的文艺队伍，增加了骨干力量，使冀东部队的文艺工作蓬勃展开。

在残酷的战争环境中，文艺干部不断阵亡，特别是1942年4月，日军将各个战场精锐部队调到冀东，实行了惨绝人寰的"第五次强化治安"，清乡扫荡，战斗不断。赵刚、佟木舟、贾如山、冯广泰、何贵友、孟庆海等文艺骨干先后牺牲。遵化市铁厂战斗中，刘诚光主任和张月仿、马万增等同志也光荣牺牲，冀东文艺部队损失严重。

刘诚光同志牺牲后，接替他的是另一位曾在红四方面军任职，并参加过长征的老红军李中权。他同样重视部队的文艺工作。适逢毛泽东同志发表《在延安文艺座谈会上的讲话》，在李中权的倡导和支持下，1942年底，张茵青、邓子如、刘大为、张景福、王维汉等文艺骨干来到分区。冀东地区的文艺队伍不断发展壮大，并开始筹建隶属于冀东军分区的尖兵剧社。剧社成立后，跨越滦河在东岸频繁活动，这被视为冀东文艺工作者的重大胜利，标志着党在冀东的宣传工作取得开拓性进展。

冀东早期宣传工作牺牲人物小传

刘诚光

创建宣传队并非军分区政治部主任刘诚光的临时起意，早在苏区时期，他就展现了出色的宣传与政治才能。

刘诚光能文能武。1931年，不满16岁的刘诚光，投笔从戎，走上了宣传工作岗位。1933年入党后，他革命热情更高了，扩军、筹款、编写宣传材料、刻蜡版、印传单、行军打仗搞宣传鼓动、贴标语、出捷报，工作都干得出色。全面抗战进入了相持阶段。刘诚光随军开赴平西抗日根据地。在行军中，刘诚光除了背包外，还背了许多书。一有空，他就看，大家对他这种刻苦学习的精神都很是佩服。1939年，冀东成立了冀热察挺进军第十三支队，任命刘诚光为政治部主任。

刘诚光是优秀的政治工作者。他在红军时期曾经做过组织、宣传、保卫、民运等多方面的政治工作，有较为全面的政治工作经验。担任冀东军分区政治部主任兼十二团政委期间，为了冀东部队的政治思想建设、组织建设及游击根据地的创建作出了重要贡献。

1939年年初，由于冀东抗日部队西撤，中途受挫，军队及群众武装受到了相当大的损失。当时，冀东地区的抗日斗争陷入低潮。在日伪军不断地疯狂进攻与残酷的统治下，能否坚持冀东游击战争，能否创建冀东抗日游击根据地，是冀东党政军民面临的严峻考验。怎样把高度分散的冀东部队的政治工作建立起来，保证部队在残酷的斗争环境中不断成长壮大，是冀东部队急需解决的主要问题。

他重视文化宣传工作与意识形态领域的教育，拍摄了许多部队战斗和训练的照片，对鼓舞军民斗志起了很大的作用。同时，他还撰写一些宣传党的理论和政策的文章。例如，为了整顿和克服游击主义习气，进一步改善内部官兵关系和军民关系，通过调查研究有针对性地写了一篇名为《反思想意识斗争》的文章，刊登在中共冀东区党分委机关刊物《坚持》上，为后来开展的政治整军打下了思想基础。创建宣传队是他的高明之举，事实证明宣传队不但鼓舞了抗日军民的士气，对敌伪更发挥了"不战而屈人之兵"的奇效。

1941年12月15日，刘诚光组织军分区政治部及时向敌人展开了强大的宣传攻势，印发了40余种各式各样专对伪治安军的宣传品和"归顺通行证"，利用各种方法张贴到伪治安军所到之处，传递到伪官兵手中。在其出动的路上、村边、墙上、树上，甚至坟头上，到处贴有"不替日本鬼子卖命""只有反正才是出路""八路军、抗日政府优待俘虏"和"欢迎伪军弟兄们枪口对外"等标语、传单。甚至在伪军据点内、临时驻地也经常出现"归顺通行证"和各种宣传品，给敌伪以很大的震撼。在八路军的沉重打击和强大政治攻势下，伪治安军军心涣散，兵无斗志，逃亡、反正者日增，驻丰润伪治安军一夜之间逃亡数百人。3个月内，伪治安军损失兵力达六七个团，约占总兵力的三分之一。

刘诚光不但是优秀的政治工作者，也是一名优秀的军事指挥员。冀东的许多战斗他都参与研究部署，亲临前线指挥作战，在冀东指挥了多场经典战例。1942年1月2日，刘诚光率八路军十二团部分主力在遵化甲山附近宿营，被十倍敌军包围，突围十分渺茫。打退敌人多次进攻后，敌人又调来增援部队和炮火。由于众寡悬殊,在弹尽粮绝的最后关头,刘诚光率领战士们冲进敌群拉响了手榴弹,与敌人同归于尽,牺牲时年仅27岁。

从事冀东早期宣传工作,活下来的战士多有著作传世,成为部队文艺工作骨干或领导干部。但1942年前牺牲的冀东文艺工作者记载很少,仅能通过走访与翻阅档案,梳理出八位在冀东部队早期从事文艺工作牺牲的战士名单。

佟木舟

蓟州区大漫河人,1923年出生,中学毕业,于1940年8月参加八路军后,到后方学员队,1940年10月到挺进军剧社学习,返回十三团时牺牲。

贾如山

蓟州区山北头人,1925年出生,小学毕业,1940年夏参加十三团宣传队、8月调挺进剧社学习。于1941年夏,返回十三团。在东窝铺战斗中牺牲。

赵刚

涿州三坡人,1925年出生,小学文化,1938年参军,后随一支队来冀东,1940年初,到十三团宣传队工作,1941年在十棵树战斗中牺牲。

马万坤

原河北宛平人,1925年出生,小学文化,1939年参加八路军挺进剧社,在舞蹈队,1940年,随挺进剧社到联大去学习,在五队,于当年返回平西,1941年调到冀东分区,1942年,在铁厂战斗中牺牲。

张月仿

河北坝县人,1926年出生,小学文化,于1940年参加八路军。后调进挺进剧社舞蹈队,1941年调往冀东。1942年在铁厂战斗中牺牲。

冯广泰

蓟州区山北头人,1925年出生,小学毕业,1940年初参加十三团宣传队,1941年在十棵树战斗中牺牲。

何贵友

蓟州区人,1925年出生,小学毕业,1940年参加八路军到十三团宣传队,

1941年在南河战斗中牺牲。

孟庆海

蓟州区人，小学文化，1925年出生，1940年参加八路军到十三团宣传队，1941年在战斗中牺牲。

第二章 理想者的血与歌

——记孤悬敌后的滦东文艺战士

全面抗战开始后，大批怀抱救国理想的文艺青年从全国各地来到了敌后根据地。

他们先是齐聚革命圣地延安，经过抗大、鲁艺或陕北公学紧张、活泼的学习后，分散了到各地，开展了艰苦残酷的敌后游击战争。其中就有大量知识分子从延安来到滦东，在长城内外，在滦河岸边，奏响抗战救国的民族之音。

抗战时期有一句流行很广的话："武有抗大，文有陕公。"毛泽东主席说："中国不会亡，因为有陕公。"这句话道出了抗大和陕北公学这两所学校在中国革命中的重要地位。

1937年10月23日，毛泽东为陕北公学题词道："这些人充满着斗争精神和牺牲精神。这些人是胸怀坦白的，忠诚的，积极的与正直的。这些人不谋私利，唯一的为着民族和社会的解放。这些人不怕困难，在困难面前总是坚定的，勇敢向前的。这些人不是狂妄分子，也不是风头主义者，而是脚踏实地富于实际精神的人们。中国要有一大群这样的先锋分子，中国革命的任务就能够顺利地解决。"

在滦河两岸到山海关的广袤土地上，就有着这样一群从全国各地而来的特殊战士。他们当中有作家、诗人、音乐家、歌唱家、摄像师、画家，也有刚刚走出校门的知识分子。

从宏观上讲，全面抗战爆发，给中国文艺界带来了不可逃避的责任，那就是文艺必须为抗战服务。人民群众是抵抗外敌入侵的主体力量，文艺为抗战服务的首要责任是唤醒民众的民族意识，激发民众参加抗战的勇气和觉悟。

从微观或个人层面讲，文艺工作者可以选择较为安全的后方，也有大量的理想者冒着枪林弹雨深入敌后，在日军残酷扫荡的炮火硝烟特殊条件下，贴近实际、贴近生活、贴近群众，创作了许多反映现实斗争的战斗性很强的戏剧、曲艺、歌曲、美术和文学作品。

在特殊的历史时期，滦东（冀东）涌现了黄天、今歌、雷烨、劫夫、管桦、刘大为、黄河、周方、卜雨、顾城、陈大远、罗光达、齐观山、秦兴汉、孔祥均等一大批优秀的文艺战士。他们放弃了安定富足的生活，将自己置身于背山靠海、四面环敌的绝境，以笔，以相机，以乐器，以歌声为刀剑，战斗在最靠近伪满洲国的滦东抗日游击根据地。

他们是一群带有理想主义的革命者，在那段激情燃烧的岁月里，他们有时齐聚为抗战呼号，时而分散到游击队、学校与田间，用歌声、用文章、用报纸、用照片，动员群众参军抗战。

在毛泽东主席《在延安文艺座谈会上的讲话》的号召下，冀东的文艺战士们组建了各类文化、艺术团体，发挥各自特长，成为根据地文化建设中的骨干成员。这些文艺团体有的活跃在广阔的冀东，有的扎根在较晚开辟、更为艰险的滦东地区。如尖兵剧社在黄天、今歌同志的带领下转战冀东、滦东多县；长城剧社则活跃在长城以北；前锋剧社长期扎根在滦河东岸，跟随曾克林率领的十二团率先出关；海滨剧社社如其名，战斗在昌黎、乐亭、抚宁等县北宁铁路以南的海滨地区；《救国报》社在滦东、滦西与热南的山区游击作战，编辑孔祥均、陈大远等十余名同志曾在敌军重围下，在碣石山区坚持出版刊物；《大众报》社不惧日军扫荡，在管桦与刘大为的带领下，扎根新开辟的路南地区开展抗日宣传。此外还有大量的报社、影社、文工团，共同组建成滦东与冀东地区的"文艺长城"。

广大文艺工作者在《在延安文艺座谈会上的讲话》精神鼓舞下，创造出深受广大群众与指战员欢迎的作品。话剧《合流》、歌剧《地狱与人间》《爱民模范第八连》等，都是在这时期涌现出来的。音乐创作中，文艺战士谱写、传唱了《歌唱二小放牛郎》《准备反扫荡》《从长城到黑龙江》《英雄赞》等许多歌曲。限于敌后斗争的艰苦环境，美术工作者难以从事油画、国画等创作，便致力于漫画、连环画、版画和宣传画，他们深入农村、连队，创作反映现实斗争的作品，在报刊上发表或在途经的村落展览。摄影艺术家在滦东拍摄的大量经典照片被登载在《冀热辽画报》上，如今在国家博物馆、军事博物馆展藏。

滦河两岸这片肥沃的土地，是音乐家的摇篮。冀东"文艺三剑客""乐坛四杰"等全国知名的词作家、曲作家都是从这里走出去的。"三剑客"中参加革命最早的音乐家黄河，中华人民共和国成立后任空政文工团团长，他慧眼识阎肃，才有了《江姐》这一不朽之作；"三剑客"中年纪最长的管桦，是脍炙人口的歌曲《我们的田野》与著名小说《小英雄雨来》的作者；"三剑客"中的刘大为，一曲《我们的国旗到处飘扬》唱遍长城内外；冀东军区文工团团长劫夫，也在滦河两岸留下奋斗身影，他一生佳作良多，最出名的当属《歌唱二小放牛郎》《革命人永远是年轻》《我们走在大路上》；《董存瑞》电影剧本的创作者董晓华，曾在尖兵剧社舞台上扮演劫夫的妻子张洛的孩子。那时，他还头顶着刘海，下着开裆裤，时常在张洛身后哭哭啼啼的呢！

在滦东活动的文艺兵，既有像尖兵剧社、《救国报》社这样常年转战冀东各地，曾在滦东临时驻扎或执行任务的文化团体，也有长期坚持在滦东大地上战斗生活的海滨剧社、前锋剧社的同志们。海滨剧社是诞生于昌黎、乐亭沿海地区，北宁路以南的文艺团体。它在极为困苦的环境下筹建而成，缺钱少物，连个像样的乐器都没有。剧社成立时，得到的唯一物资是一根红军的皮带。这是一位老连长长征过草地时，吃光了粮食、吃光了野菜、草根、树皮，本想将皮带煮一煮让战士分食，但濒临绝境的战士们硬是留下来了一条皮带，扎在了指导员身上。因为大家认定指导员是党的代表，跟着党必定能赢得胜利！北上抗日，建立工农当家做主的新中国的崇高理想，激励着战士们义无反顾跟着党走下去！海滨剧社就是在这样精神的鼓舞下，在血与火的洗礼中诞生、发展、壮大的。

前锋剧社的前身是冀东十二团文工团，在日军"治安强化运动"的危险时期，随部队东渡滦河，驻扎在昌黎县凤凰山山区，也曾转战路南、卢龙、抚宁等地。1945年8月，我军攻克山海关。在攻城战斗中，前锋剧社的同志充分发挥宣传队的光荣传统，参加了战勤、宣传、救护伤员等一系列工作，秦兴汉等部分社员甚至加入进攻山海关火车站的战斗部队当中。战斗胜利结束后，在炮火硝烟未散之际，陈自新社长带领着卜雨、秦兴汉、天明、王善济、李显廷、严林、毓敏等同志在山海关张贴布告，在天下第一关城墙上书写"庆祝我国抗战胜利""建立独立自由民主繁荣富强昌盛的新中国"等标语。直到1948年东北大军入关作战，经过"天下第一关"之时，一人多高的大标语"庆祝全面抗战的伟大胜利！"依旧屹立在城墙。

有理想，有斗争，也有牺牲。1943年冬，滦东《救国报》社转移到抚宁区苏官营村时遇到险情。日伪从三面包围村子，李墨林同志在突围中壮烈牺牲。不久后，报社在五峰山又遭受重大损失。一天夜晚，日伪进山围村，同志们发觉敌情慌忙突围，敌人的机枪用交叉火力向他们射击。担负领导职务的启政（杨玉环）、启新等同志在敌人的枪林弹雨之中壮烈牺牲。

抗战胜利前夕，曾在滦东转战的尖兵剧社，创作排演了反"人圈"斗争的大型歌剧《地狱与人间》，在去往"七七"抗战八周年纪念大会演出宿营途中，遭到日军的突袭包围，编剧黄天、作曲今歌和十几名文艺战士在突围中壮烈牺牲。今歌正是《我是一个兵》歌曲中的原型。数十年后,《我是一个兵》响彻祖国南北,同《中华人民共和国国歌》《中国人民解放军军歌》一起,多次被中央推荐列为全军必唱歌曲。每每忆起自己当年在晋察冀军区尖兵剧社的音乐队长,曲作家岳仑与词作家陆原总是饱含深情。陆原为自己的小孙女取名"陆今歌",来永远怀念这位年轻的革命音乐家。

八路军在滦河两岸、长城内外作战的照片弥足珍贵。为了拍摄、保存这些照片许多同志献出了生命。于 1941 年担任冀东军分区宣传科长的雷烨,曾在滦东拍摄了《熊熊的篝火》《滦河晓渡》等大量优秀战地作品,记录了冀东大暴动、八路军挺进滦东等重大历史事件。由于设备、胶卷奇缺,这些照片成为他贴身携带的"珍宝"。1942 年 4 月 20 日,雷烨在平山县曹家庄被日军包围。他用手枪掩护同志们突围,身负重伤,从容地砸碎照相机和自来水笔,把最后一颗子弹留给自己,尔后为国捐躯。

雷烨遇难后,《晋察冀画报》指导员赵烈将那本带血的相册珍藏在身边,并在上面写下了自己对雷烨的崇敬与悼念之情。8 个月后,赵烈也在日军扫荡中悲壮殉国。日军撤走后,人们找回赵烈的遗体,并从他的身上发现了那本雷烨的相册。这本小小的相册已沾上了两位志士的鲜血。画报编辑章文龙为此特写了一首挽歌——《歌手》:

昨天,黄昏时分,我们散落在院子里,我们又唱歌了。一个起头,大家都放开了喉咙……当我们唱到"光荣牺牲"的时候,我们心里涌出一种说不出的滋味。这支歌,原来为了悼念雷烨,你教给我们的;现在我们唱起来,竟是悼念你,我们的歌手了。

来不及悲伤,血与火仍旧燃烧在滦东的大地。雷烨牺牲后,《晋察冀画报》社相继派遣张进学、陈明才、齐观山、申曙、于舒、钱义等前往冀东,成立《晋察冀画报》社冀热分社,并任命罗光达为分社主任。他挑选了十多位身强力壮的专业人才兵分两路。张进学、齐观山一路,收集八路军挺进塞外,转战青龙县,解放"人圈"收复失地,以及热南人民积极参加抗日斗争的英勇事迹;社长罗光达则来到昌黎、乐亭沿海,北宁路以南地区,收集渤海边军民坚持新解放区、保卫祖国和渔民、盐民的生活等材料。他们为后世留下许多记录滦东、热南等地抗战军民战斗、生活的照片,这段时间也是长城南北、渤海岸边的新闻宣传工作相对活跃的一个时期。

在滦东活动的文艺工作者除演出、创作、办报外,工作量最大的就是政策宣传,发动群众,为群众做好事。男同志为群众做农活,女同志为群众做针线活,到医院、学校进行慰问演出,洗衣服,喂饭等。同志们与群众同吃同住,并坚定党的纪律，践行"三大纪律八项注意"，得到了滦东人民的好评与拥戴。滦东文艺兵和滦东人民有深厚的鱼水感情，文化工作者的血汗和滦东人民的血汗流在一起。同样，这些歌唱家、音乐家、作家、艺术家、诗人、摄影家在滦东军民的心目中，印象是极为深刻的。无数动人的历历往事，至今仍为滦东人民传为佳话。每当老同志们回忆抗日年代的这些往事，也就更加怀念前仆后继的滦东文艺战士和滦东老区可爱的人民群众。

第三章 第一个文艺团体
——尖兵剧社

一、"尖兵"社歌响彻滦河两岸

我们是年轻的文艺战士,挺进在祖国边疆。在那里不管敌人怎样疯狂,我们勇敢地投向抗日战场。把新民主主义的艺术,刺向敌人的胸膛;把新民主主义的艺术,垦殖在连队和村庄。像滦河两岸的松涛,像渤海翻腾的巨浪,越过冀热辽的平原山冈,震响在万里长城上。我们苦战!我们欢唱!在工农兵的队伍里苗壮成长!——尖兵剧社社歌

新的形势,新的考验,刚刚上任的晋察冀军区第十三军分区(后为冀东军区)政治部主任李中权面临新的抉择。1942年5月23日,毛主席《在延安文艺座谈会上的讲话》强调:"干革命要靠枪杆子和笔杆子,两者缺一不可。"《在延安文艺座谈会上的讲话》的精神迅速传到了全国各抗日根据地,冀东抗日根据地的广大文艺工作者深受鼓舞。李中权同志深知建立一支专业文艺队伍,以文艺为武器,宣传抗日,动员军民,对敌斗争的重要性。此时,我党冀东部队虽然建立了宣传队,但其工作比较繁杂,每个宣传队员都是多面手。从战争动员到文字撰写再到敌后宣传,宣传队几乎全能地承担起了所有任务。反观文艺工作,一个偌大的根据地却拉不出一支专业、固定的演出团体。每当演出的时候,时常出现专业演员不足,向部队"借人"的情况。此时,其他根据地文艺工作正如火如荼,反观敌后最前沿的冀东,最需要革命歌声鼓舞的地方,连一首脍炙人口的原创歌曲都没有。

随着部队人数的增多,根据地范围的扩大,建立一个既能号召群众,又能激励军队的专业文艺团体,成为分区政治工作的当务之急。

部队内部反对声音也不少。一些同志不主张成立剧社,甚至成立了也主张

撤销。理由是敌情很严重，剧社是累赘，且目标大，不便活动。李中权坚决主张政治部要有剧社，虽然敌情严重，但是只要组织得当，指挥得当，剧社是可以建立起来的，也是可以在敌后开展活动的。这样的想法得到领导同志李运昌、李楚离的支持。经晋察冀政治部的同意，军分区开始了尖兵剧社的筹建工作。

张茵青与邓子如

专业的事专业人做。这个任务首先落到了张茵青和曾做过剧社工作的邓子如同志的身上。两人相识较早，是莫逆之交。1939 年至 1940 年，在华北联合大学文学院三队（戏剧队）共同学习。邓子如在回忆录中记述着与张茵青相识的场景："一天我回三队见村外小岗，一中等男子汉，着装整齐，长髯被风吹得在胸前飘来飘去好不潇洒。心想这是学院的哪位领导，还是哪位老师？后来才知道他才 25 岁，是挺进剧社的指导员。名叫张茵青，乃山东人氏。"

在冀东再次相见已是 1942 年秋末。张茵青是青年股长，邓子如是文艺干事，同样的信仰，同样的目标，将两个文艺青年的命运交织在一起。在冬天，两人被组织确定为新文艺团体的筹建人，春节后共同投入紧张的筹建工作当中。

白手起家

首要任务是选拔人才。日军正在搞"第五次强化治安"，不时对根据地军民扫荡，部队分散流动性大。此时，张茵青来到冀东已有一段时间，对军、政都有一定了解。动员人才的任务自然落到他的身上。他带着军分区的命令，像穿梭似的，不怕艰险，不怕疲劳，日夜奔忙在冀东大平原、沦陷区周围。与此同时，大批文艺工作者从后方来到冀东。在华北联大文学院和平西根据地学习过的管桦、刘大为同志调来了；在地方坚持工作的罗明、林野、张君如、石更新、田娟等一批女同志调来了；在部队任宣传副科长的舒江同志，以及毕业于北平艺专的美术家安靖同志也调来了。1943 年 4 月，晋察冀军区政治部抗敌剧社经朱良才主任批准，调来了郭东俊、黄河、尤飞虹，以及抗大二分校文工团的田篱、卜雨、韩大伟等专业文艺工作者。汇集到一起的同志，已有四十多名。顿时，"剧社"热闹起来。

有了队伍，却没有"武器"。军队的吃穿来自人民，剧社的所用物品乐器、灯光、化妆用品及舞台装置等，一是来自战利品，二是动员群众支援。冀东经日军反复杀掠，群众生活已经十分艰难。一日，张茵青得讯某专员得到一些战利品，故去寻求支援。结果没找到乐器，却得到了100两鸦片和1头毛驴。鸦片可以到敌占区换取必需品，毛驴可以在行军过程中驮重物或供体弱者骑用。说来有趣，这点烟土和一头小毛驴成为开办剧社的经费。

在敌人的封锁扫荡下，首任社长张茵青白手起家，费尽心血，凝聚了几乎全冀东的文艺精英。他将每一名成员都视为"珍宝"，特别关心小同志与女同志。行军中他跑前跑后，分配身强体健的同志帮助弱者；到达驻地后，让女同志先选择房屋，然后逐屋查看，监督洗脚，告知如何处理脚上的水泡。情况紧急没有住房，他就和同志们一起睡草垛。

为了让刚刚诞生的剧社能够在敌人的扫荡中存活下来，如遇战斗，张茵青指挥隐蔽，让有战斗经验的同志帮助没有上过战场的同志；有时剧社离开部队单独行动，他制定尖兵、后卫的出发序列与发生情况应对措施，被冲散后的第一、第二集合地点以及宿营、布岗、口令。在平时，张茵青与同志们说东道西，说说笑笑，但在工作中严肃认真，说干就干，雷厉风行，与同志们关系非常融洽。每天同志们都已入睡，他却仍忙个不停。

在血与歌中，尖兵剧社的诞生具有重大意义。标志着我党在冀东地区有了专业的文艺团体。后来，随着革命形势的发展，晋察冀第十三军分区提升为独立的军区，下属多个军分区的文艺团体都是在尖兵剧社的帮助、指导下建立的。这些最开始参加尖兵剧社的文艺工作者都成为各军分区的文艺骨干，分散在长城内外、滦河两岸、渤海之滨。

首次演出

1943年7月1日，全面抗战已经进入相持阶段。军分区为庆祝党的第二十二个生日，在滦河一畔的迁西县西水岭村，召开了上千人的大会。最令人难忘的，带有传奇色彩的尖兵剧社在此时此地进行了首次演出。

会上，分区政治部主任李中权同志以"没有共产党就没有今天坚持抗战的新局面"为题，生动地分析和阐述了当时冀东地区全面抗战的复杂形势："从冀东大暴动算起，冀东军民已经过五年的浴血奋战，形势好转了，部队壮大了，全区已经有了三个主力团、十个区队共三万多英勇善战的抗日队伍。这时，建立一支专业文艺部队，开辟文艺战线，配合对敌斗争，就十分必要了。"最终，李中权在党的生日这天，正式宣布了尖兵剧社的成立。这支文艺新军在庆祝大会上进行了首次演出。

剧社有了框架，还要有一个合适的名字。人们自然而然地想到：她是战斗在敌人心脏，坚持敌后游击战的一支文艺新军，因此她的名字应该采用这两个质朴庄严的大字"尖兵"。

发展壮大

七一演出，是在剧社刚刚筹建的情况下开展的，没想到却收到了异常强烈的效果。整个演出情绪热烈，台上台下交织着歌声、掌声、欢笑声。次日，司令部、政治部和政工会领导干部纷纷祝贺演出的成功，有的专程跑来，为看一看扮演角色的演员。十一团政委吴宗鹏同志、十二团政委曾辉同志，热情地邀请剧社到他们所属部队，为战士们演出。仅一个多月的演出准备，不少演员又是头一次登台，演员的水平自然可想而知，但演出却引起了这么强烈的反响。这说明在长期艰难困苦中坚持抗战的冀东军民，需要革命的精神给养。

七一演出后，平原上青纱帐起来了，剧社稍事准备，便跟随部队挺进滦东地区，投入了恢复基本区，开辟新地区的斗争。尖兵剧社在北宁路沿线昌黎、滦县、乐亭、抚宁、迁安一带，配合部队的政治攻势，开展了大规模的宣传活动。召开群众大会，演出文艺节目，帮助建立区县政权。剧社每次演出时，台下总是人山人海，附近村庄，有的坐马车，有的骑毛驴赶来看戏。消息像春风一样迅速传开，乡亲们奔走相告，兴奋地传说："好家伙，八路军上万人，带着大剧团、到处搭台唱歌演戏……"这一年，各处的敌人震动很大，有些孤立的据点，龟缩起来要求增援，有的不得不仓皇撤走。

尖兵剧社的影响所及，不少知识分子、男女青年纷纷要求参军，报名参加剧社。耿介同志就是这个时期来到剧社的。他早期毕业于北平艺专，音乐方面有很深的造诣。他谙熟民族民间音乐，能出色地演奏笙、管、箫、二胡、琵琶等多种乐器。他的到来对剧社的音乐工作，特别是乐队的建设、人才培养，起了积极的重要的作用。

这年秋天，抗敌剧社又为"尖兵"派来了社长黄天、音乐队长今歌，以及康占元、周苏、李碧冰等同志。不久，燕京大学音乐系毕业的周方和来自敌占城市的纪良、詹真辉、刘北鲁等具有艺术专长的同志也先后来到剧社。从此，剧社进入了一个新的日臻成熟的阶段，剧社建设更坚定，工作更活跃，人才更集中。

二、艺术源于生活——记尖兵剧社社长黄天

在冀东，有一位来自延安的出色的文艺工作者。在这里的两年间，他带领尖兵剧社，随执行战斗任务的部队过滦河、跨燕山、越长城，多次参与重大战役行动，他的足迹遍及冀东平原和长城内外。共组织83场舞台演出、105场音乐会，还创作剧本58个，歌曲、器乐曲、宣传画、街头诗120多件，出版《大众报》三期，《尖兵歌集》六集以及连队、乡村学校使用的大量文娱材料。这些产生在碉堡下、战壕里的作品，贴近火热的斗争实际，直接反映了冀热辽抗日军民斗争生活的痛苦和欢乐，并具有群众喜闻乐见的冀东地方特色，广大军民都把观看剧社的演出当作是至高的精神享受。剧社走在哪里，往往一搭台，方圆几十里的老乡便如潮水般涌来。

尖兵剧社第二任社长黄天，原名黄廷权，曾用名黄庭材，1908年生，江苏崇明（今上海市崇明区）人。1931年毕业于上海复旦大学外文系，酷爱戏剧，在校期间曾参加过中外名剧的排演。1935年，在杭州组建"三五剧社"，排演了《雷雨》《湖上的悲剧》等，曾参加抗日救亡活动。全面抗战爆发后，他告别双亲和妻子儿女，抛弃富裕的家庭生活，奔赴延安，进入陕北公学学习。1939年加入中国共产党。历任边区文化界抗日联合会执行委员、陕北公学剧团团长、华北联大文工团团长、晋察冀军区政治部文化科长、"抗敌剧社"副社长等职。

在陕北，黄天再次显露出过人的艺术才能。在陕公期间，黄天执导，把苏联名剧《母亲》搬上了舞台，演出后获得了很大的成功。他率陕公剧团排演了一批地方色彩浓郁、配合当时斗争形势的抗日剧目，深入边区农村、工矿企业、八路军驻地演出，深受观众喜爱。陕公校长成仿吾曾赞誉剧团是"陕北公学的骄傲，是值得载入陕公校史的一颗明珠，在炽热的战斗岁月里，发出耀眼的光辉"。

1943年，为支援冀东文艺建设，黄天被调往冀热辽军区尖兵剧社任社长。在艰苦残酷的战争环境中，他利用战斗间隙或行军途中，与今歌等合作，创作了十几个反映军民浴血抗战和人民群众在日本帝国主义侵略下痛苦生活的歌剧、话剧、活报剧剧本，如《夜深人静时》《拥军模范于萍》《满洲泪》等，热情讴歌抗日军民可歌可泣的英雄事迹，深刻揭露日本侵略者的凶狠与残暴，充满着对祖国人民深沉的爱和对侵略者的恨。

生存与战斗是艺术的前提

自"九一八"事变以来,日军本着"确保冀东才能确立满洲"的战略思想,一直将防御重点放在这里。无论是平原还是热辽山区,都是日军长期统治的殖民化地区。碉堡林立,壕沟纵横,部队几乎天天要转移,天天有战斗。所以,剧社活动与军事活动一样,始终处于高度流动,高度分散的状态,处于特殊残酷的环境中。黄天到任后,不避险,不畏难,踏踏实实而又富于创造性地开始了工作。

初建成的尖兵剧社,成员多数是粗通文艺的青年知识分子,最小的才13岁,这也是在冀东部队中唯一有女同志的单位。许多人连枪都没摸过。为了使剧团迅速适应游击环境,黄天明确指出:第一要学会生存,第二要学会战斗,唯有如此,才能适应战争形势,坚持文艺阵地,并果断抽调剧社中有战斗经验的同志,集中全部武器,组成战斗班,平时演出,战时应急自卫。还规定,所有成员都要最大限度地轻装,每人只带一个挎包,一种乐器。听到号令,全社10分钟必须集合完毕。甚至连洗脚这样的细节,也做了具体规定:宿营洗脚时,洗完一只后,先把鞋袜穿好,绑腿打好,才能洗另一只。这些措施的实施,有效地提高了剧社战斗化、军事化的程度。

艺术与生活密不可分

黄天是尖兵剧社的教导者、组织者、引路人。黄天认为艺术创作最重要的是深入生活,艺术实践。这更加坚定了剧社中来自乡村、连队,没经过专门艺术训练青年的创作信心。

因为剧社成员大多数较为年轻,有的文化水平不高,许多搞剧本创作的同志,信心不足,压力很大。有人讥笑他们:"不懂三一律。"可是,黄天同志不这样看。他鼓励同志们:"你们常年生活在斗争最前线,总跟群众战士在一起,把你们的感受最深地写出来,就会生动感人。三一律是个戏剧名词,用不了一分钟就可以弄懂。可是积累生活材料,非有几年的工夫不可。"

在他的鼓励下,刘大为和管桦合作了一个剧本。剧本取材于两人在遵化活动时听到的一个故事:有三百多民兵,围困敌人一个炮楼,这三百多民兵只有一支枪。于是,他们用这支枪轮流在炮楼四周射击,还把鞭炮放在铁桶里点燃。敌人以为是八路军的机枪响了。再加上民兵喊话,进行政治攻势。结果用一支步枪就攻克了一座炮楼。原来，刘大为想把这个故事写成通讯，受了黄天同志的启发之后，就把这个故事写成了话剧。

黄天看了剧本，非常高兴。他说，"时间——抗战的一九四四年，地点——遵化解放区，事件——三百个民兵用一支步枪，消灭了一座敌人的堡垒。那时间、地点、事件凑在一起，戏剧术语就叫'三一律'，这不很容易吗？可是这三百个民兵的英雄行为、抗战思想，如果你不了解，你再懂得三一律也写不出剧本来。这就叫斗争生活最重要……"

黄天就是这样深入浅出地教剧社同志们写戏，也教给同志们如何重视深入生活。他不但肯定了这个在战斗中写成的剧本，而且动员剧社副社长张茵青导演这出《三百人和一条枪》的话剧。还当场分配了演员。排戏之时，黄天经常到现场参加指导，话剧演出后，受到了广大群众的欢迎。

文艺创作源于生活实践，最终作用于现实，宣传政策精神，号召军民作战。黄天同志到达冀东之后，在两年多的时间里，亲自执笔写了十几个话剧、歌剧，还写了大量的歌词。当时环境艰苦，日夜行军除了作战还要及时排出戏来。黄天同志想出一个办法，改变行军编队，不按行政班组，而是把同一剧组的人编在一起。这样，演员们便可以一边行军一边对词儿。这种方法，不但利用了时间，而且由于集中精力到戏剧情景中去，连行军的疲劳都忘掉了。

有时，环境好一些。剧社可以在一个地方住上三四天。黄天同志就更加珍惜使用这种"黄金季节"。白天，他合理地组织全社人员排戏、练唱、画画。夜晚，大部分同志休息了，他又把有创作能力的同志集中在一起，在明亮的煤油灯下，组织大家写剧本、写歌词。夜深了，他拿自己的保健费，让通讯员买红薯切成薄片，用油煎过，给大家当夜餐。吃过夜餐，他就一直写到天亮。1944年夏天，冀热辽军区成立民兵总指挥部时，黄天同志就这样组织剧社，一夜之间写出了十几件反映民兵生活的作品。有歌曲、说唱，还有短剧，第二天就在成立大会上演出了。

《韩大伟告状》 1944年春节，黄天同志刚刚组织剧社学习毛主席《在延安文艺座谈会上的讲话》。他特别注意用群众喜闻乐见的形式搞文艺宣传。经过调查研究，他提议："利用当地群众正月里跑旱船、推小车、扭大秧歌的形式，让全社男女老少，连炊事班的同志们也在内，组成大秧歌队，沿村演戏，走街串巷，一面给群众拜年，一面演出。"冀东一带传统的秧歌队里有一种"灯官"表演。灯管由丑角扮演，他坐在一根大粗木杆上，由四个人抬着，在秧歌队中穿行，表演观灯、插科打诨，给节目穿针引线，很受欢迎。黄天导演了新灯管。还特意糊了四盏漂亮的花灯，四面画了抗日故事，由四个人举着上场。又由今歌同志扮演唱灯老汉，对着花灯唱抗战故事和党的抗日政策。

灯管正在观灯，忽然，从人群中挤出一个农民来告状，说是地主剥削他。灯管当即升堂，根据"二五减租"的精神，公断了此案，宣传了"二五减租"的政策。告状人是由尖兵剧社社员韩大伟同志扮演的。因此，剧社也给这个节目叫《韩大伟告状》。黄天同志还领导剧社文艺队编辑出了《连队乡村文艺材料》和《我们的歌》，把革命文艺传播到连队和广大群众中去。

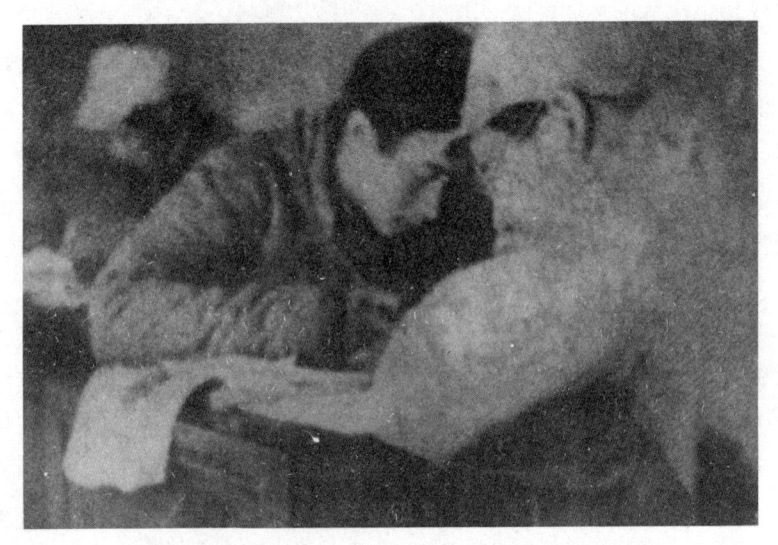

图 3-1 在冀东游击区，尖兵剧社社长黄天（左一），以及刘大为（中）、安靖（右）一起工作。照片拍摄于 1943—1944 年。

《夜深人静时》军民鱼水情 1944 年初冬的一天，时间已是晚上七八点钟了，部队刚进入宿营地，尖兵剧社司务长张沛雨领社长黄天、指导员郭东俊进房，听对面屋里一位老大娘和一年轻妇女吵吵嚷嚷。郭东俊唯恐张沛雨态度不好，硬让人家腾房，急问是怎么回事。张沛雨小声说："没咱们的事，老太太顽固，不愿腾房子，我打算再到别家去看看。那个年轻妇女是她儿媳妇，说了她几句，就叫咱们住下了。"正说着，社部通信员杨子臣已经烧好了洗脚水，端了一盆水放在黄天同志跟前。黄天却把洗脚水端到屋外，坐在门上，面朝着对面那间屋子洗脚。过了一会儿黄天回过头来小声地叫郭东俊："你来听！"那屋里吵的声音小多了。郭东俊侧耳听时，隐约听到那个年轻妇女说："人家披星戴月的，不比我们更难！一天走好几十里地，为的啥！还不是为了打鬼子，替咱们报仇。你老忘了前年我爹是怎样死的了！"老太太说："你妈也不是落后分子，要不是前面那两间屋被日本鬼子烧了，哪一回部队住房子我打过拨回！全家五六口人连大伯子带兄弟媳妇全挤在一个炕上,这像话吗!"儿媳妇说:"我知道你老人家的心思,可这是啥年头?讲不得这么多了,都是一家子嘛。"

黄天和郭东俊听了这段婆媳对话都很受感动。黄天说:"这年头真不容易,老百姓们也真是苦透了。在我们家乡别说大伯子兄弟媳妇不能住个屋子,就是亲兄弟姐妹,大了也不能住在一起。要是明天不走,叫司务长换个房子吧。"

夜已经很深了,两人躺在一个炕上,黄天还在自言自语地说:"能说是老太太顽固吗?不能这么说……这件事太典型了,太有现实意义了。"不久郭东俊便进入了梦乡。半夜里不知为什么郭东俊突然惊醒,睁眼一看,见黄天同志仍点着小油灯,趴在炕沿上写东西。

对此郭东俊已经习以为常。黄天同志白天行军作战,还要忙于排练演出,他的作品大多是夜间写出来的,有时睡到半夜,他突然起来,点上小油灯,在他的小本里记点什么东西。问他写什么?他说想起的事要立即记下来,否则容易忘掉。用了老百姓的油,第二天要给老乡油钱的。剧社同志都知道黄天很少买零食吃,因为公家发的一点零用费几乎都用来还灯油钱了。

从那次宿营以后,大约过了半个多月,黄天告诉郭东俊,他以那天夜晚发生的事为题材,写了一个小剧本,并征求郭东俊的意见,给剧本起个什么名字好。郭东俊说,故事发生在夜间,又是在深夜写成剧本的,就叫"夜深人静时"吧。黄天采纳了这个意见,并建议戏里的司务长这个角色由张沛雨本色出演。

以后很长的一段时间里,每当社员们听到鸟叫时,就会想起《夜深人静时》主题歌中的歌词:"黄莺儿歌唱,绿柳做面纱,哪有个女儿不向娘诉说真心话。"

炊事班的故事　从黄天同志担任剧社社长,直到他壮烈牺牲之前,郭东俊都是他形影不离的战友。宿营时俩人睡在一个炕上。黄天原则性很强。几年来黄天没有一次背着郭东俊跟社员们讲他的坏话,但对他的缺点或错误却又从不放过,总是给予耐心的批评和帮助。有时在行军路上两人将胳膊搭在肩膀,边走边谈心,同志们见了开玩笑说:"你们看黄社长郭指导员俩关系多好,睡在一个炕头不算,连行军时还并着肩膀走啊!"

一次为了跳出敌人的包围圈,剧社整整走了一天一夜,直到东方发白,才进入宿营地。大家一天一夜滴水未进,这时候又饿又累,简直支撑不住了。但直到十点多钟,炊事班才通知大家吃饭,饭里沙子又特别多。好几个同志找到社部来提意见。郭东俊一听就沉不住气了,立即跑到炊事班。当着司务长的面,劈头盖脸地训了他们一顿:"怎么搞的!沙子里不会多掺点小米吗!"一句话惹怒了整个炊事班,产生了不良效果。事也凑巧,军区政治部通知转移,搬到离本村不到二里地的另一个村子去。部队全部集合齐了,唯独剧社的炊事班没来。

总务科长王子月三番两次来找郭东俊，催促赶快集合。郭东俊却因刚刚吵架，不好意思到炊事班去，多亏黄天同志亲自到炊事班去做工作，才完成了转移任务。

到达宿营地后，黄天十分严肃地对郭东俊说："幸亏今天没有敌情，不然的话，问题就严重了。出了这件事你是有责任的。"此时郭东俊心里也感到不安。黄天同志接着问："你说饭里的沙子是他们故意掺的吗？"郭东俊说："我没有那么说，只是说沙子里不会多掺点小米吗！"黄天说："那还不是一样。"郭东俊说："我那么讲不过是形容过头了点。"于是，黄天同志耐心地说："咱们炊事班的同志们多好哇！他们跟咱们一样行军，一天走八十多里地，还得背大锅，拉牲口，既是炊事员又是饲养员。今天村子里驻这么多部队，又找粮，又找料，铡草，喂牲口，容易吗！你不能光关心剧社的社员，同样也要关心炊事班的同志们。应把他们放在第一位。甚至连不会说话的战友（牲口）也要关心啊！"

黄天同志的这番话，深深地打动了郭东俊。他再也控制不住自己的感情，立即向炊事班跑去。一走进炊事班时，炊事班全体同志一下子都向他围了过来。司务长首先发言说："我代表大家向指导员做检讨，我们今天工作没做好。指导员批评我们，完全是为了让全体同志能吃好饭。我们不应该生气，以后保证一定把饭做好。"郭东俊听了这话眼泪夺眶而出，泣不成声地说："今天的事完全是我的错，不怪同志们。"

大家都流泪了。炊事班王凤来抱住郭东俊呜呜地哭起来。后来司务长说："黄社长给我们出了两个题目，叫我们讨论。一个是指导员为什么发脾气？一个是你们为什么顶撞指导员？"最后黄天同志总结说："指导员发火是为了让走了一天一夜又渴又饿的全体同志吃上一顿饱饭；而你们闹情绪是因为指导员批评时态度欠妥，委屈了你们。一个是为大家，一个是为我，你们看谁对呢？"大家一琢磨黄社长说得有道理。郭东俊却说："不，不能怪同志们。我态度太粗暴了，不应该讽刺挖苦同志们。"

郭东俊在日记中回忆，这天的晚饭剧社吃的是黄喷喷的小米豆饭，大白菜豆腐加粉条，另外还特地为社部炒了一盘红辣椒。大家吃得非常高兴。黄天同志边吃边笑嘻嘻地冲着郭东俊说："今天我们吃的是大粒红沙掺小米。"张茵青副社长也凑趣说："大白菜还掺了粉条和豆腐呢！"

最后的总结《一年》 1944年是尖兵剧社的丰收年。剧社在多地成功举办演出，受到广大群众与官兵的好评。还先后帮助昌黎、乐亭沿海，北宁铁路以南的十七军分区建立了滨海剧社；帮助活动在卢龙、昌黎、抚宁一带的十六军分区建立了前锋剧社；帮助长城以北热南地区的十五军分区建立了长城剧社

（曾在冷口、都山附近与冀热辽北部山区活动）。从此，在广袤的渤海之滨、滦河两岸、长城内外，尖兵剧社不再是孤军作战。

夏天，青纱帐刚长起来，剧社在遵化、玉田、丰润联合县政府所在地一连演了三天大戏，最后一天群众特别踊跃，不到天黑，场上就挤得水泄不通了，足有一万多人，演员的情绪也格外高涨。演出结束后，群众久久不散，有的围着看演员，有的帮助拆台。第二天刚吃完早饭，李中权主任就到剧社里来，非常高兴地对郭东俊说："演得不错，以后剧社至少还要扩大一百人。"接着地委、县委领导也相继来到剧社，送来了慰劳品一百斤大米。村子里由村干、妇救会、儿童团组成的慰问团敲锣打鼓，抬着一口大肥猪也来慰劳剧社的同志们。剧社社部顿时像办喜事一样熙熙攘攘热闹极了。社长黄天此时心情很激动，和社员们说："看来这一年咱们的工作还是有些成绩的。眼看剧社成立快满一周年了，咱们该怎样庆祝一下呢？"

张茵青立即说："我早已做好了准备，好好会顿餐。今年春天，我们尽在无人区转，天天吃炒黄豆，菜金剩下不少，上边发的资金也足够买口大肥猪的了。"郭东俊说："是应该庆祝一番。前两天朝鲜义勇队李玉兴队长跟我谈起，咱们这两个组织是去年一起成立的，快一年了。今天在一起开个庆祝会吧！再请上李司令员参加咱们的会好吗？"黄天同志想了想说："我看咱们应该认真总结一下这一年的工作。昨天晚上我一直在考虑这个问题。这一年来我们做了大量的工作。无论在艺术上、思想上都取得了很大进步。"

说到这里，他顺手掏出经常记事的小本子念道："一年来，由于敌人连续不断地扫荡，使我们不得不经常分散到连队工作，总计达7个月之久，行军3600里。在此种情况下，我们组织了83个晚会，165场小型歌曲与器乐演奏会，创作剧本58个，歌曲及伴奏60个，举办街头画展66次，画连环画120幅，出版歌集7集，分散下连组织了6次连队歌咏训练班。下连的男同志直接参加战斗8次，缴获马步枪1支，子弹300余发。另外我们还培养了3个分区剧社。今后我们在这块土地上，再也不是孤军作战了。"

接着，他合上本，意味深长地说："这与冀东的党政军民对我们的支持是分不开的。他们把文艺上有培养条件的青年战士、干部、妇女会干部和地方上有名的民间艺人都送到剧社来。我们的乐器都是地方捐赠的。十一团把从日本劳军队缴获来的手风琴、三弦、大提琴等专程送来给我们。常年至少有一个连保卫着我们。有的战士为了掩护我们而牺牲了。至于广大群众对咱们的支持就更不用说了。今天的情景就是最好的说明。没有他们支持、爱护、保卫我们，剧社就不可能有今天，所以咱们必须认真总结一下，写成一个文件，向冀东的党政军民汇报我们的工作。"

郭东俊和张茵青听了这一番话，都表示同意。接着就开了干部会，分工准备。不到一个月的工夫，在1944年7月1日那天，召开了总结大会，出版了《一年》这本带有总结性的刊物。同时还奖励了一些贡献大、进步快的同志，并为每个同志发了一张卡片，上面记着本人的成绩进步和优点，也指出今后努力的方向。至今有的同志还保留着这一卡片。

1945年春，军区政治部通知剧社，周围据点又增加了敌人，要同志们准备分散活动。黄天同志分析了当时国内外的形势，认为反法西斯战争已接近胜利，敌人必将做垂死挣扎，要加紧对冀东实行"清剿"。为了配合当时作战的形势，决定将剧社分成若干小组，分散到距平、津、唐较近的分区和铁路沿线去，这些地方也正是反扫荡时期敌人兵力薄弱的地区。各小组的主要任务是扩军，为即将到来的大反攻准备力量。分散前召开了动员大会，黄天同志在会上做了极其生动的动员报告，讲解了形势，交代了任务，最后号召大家百倍努力，用更大成绩和更美好的诗句来谱写当年7月的"两年间"。但谁也没料到，就在这年的7月4日杨家峪战斗中，剧社受到空前损失，黄天同志英勇捐躯，和同志们永别了。

图3-2 尖兵剧社公演宣传单

《一年》琐记 由于当年缺少油印蜡纸，《一年》仅出版了200册，经过硝烟战火，中华人民共和国成立后《一年》已经全部遗失了。20世纪60年代，当年的编辑刘大为奉命到开滦煤矿深入生活。一天，老战友、唐山市档案处处长靠山河同志找到他，说是带了个"老朋友"，竟拿出了一本《一年》！

原来，老区修水库，挖土做坝，发现了一个油布纸包，里面是全面抗战时期的《救国报》，还有一本《一年》。一定是抗日群众反扫荡时，为了不让敌人夺走，把它埋藏在这里。刘大为就像在老区邂逅在战火中分离了几十年的战友

图 3-3　尖兵剧社演出掠影

一般高兴，把它带到北京，轮流在老战友处做客。时任唐山文化局局长的景新硬是拿着放大镜，把由于潮湿侵蚀已经看不清了的黄天、今歌同志的文章，一字一句整理好，重新发表。

如今，这本珍贵的《一年》已经被评定为历史文物，在卢沟桥全面抗战纪念馆、唐山冀东烈士陵园等处展出。

图 3-4　尖兵剧社杂志《一年》

《地狱与人间》成绝唱　　1945年春天，黄天、今歌两位同志，跟随冀热辽向东北挺进的部队，东渡滦河，跨过长城去滦东、热南、辽东一带开辟新区。他们目睹了日军暴行给中国人民造成的深重灾难，体会了东北人民对敌人的仇恨和盼求解放的心情。

日军在冀东用极其野蛮的手段把中国百姓赶进重兵把守的"人圈"里，"人圈"中的群众无衣无药，全家只有一条破棉被、一条裤子；10来岁的孩子，冬天吃在火旁，睡在火旁，被火烤得全身起了鳞片，黑得像乌鸦一样。坚决不进"人圈"的群众只能躲入深山、山洞，过着刀耕火种的原始生活。所有这一切，令黄天万分痛恨，人间地狱般的生活被他真实地反映到大型四幕歌剧《地狱与人间》之中。这部剧是冀东人民群众抗日斗争的一部史诗，也是黄天艺术创作的高峰。

为了创作《地狱与人间》，黄天背上米袋和背包，先后两次跟随部队跨过长城去热南、辽东一带，深入荒寂的"无人区"体验生活。他与部队一起露营热南的大山中，跟战士们一起捡松枝做饭。一日，黄天和战士们看到一块向阳的山坡上，有一个盖酱缸的大草帽。揭开一看，下面是一位白发苍苍的老妈妈。她告诉战士们，她的儿子在八路军十二团当机枪班长，她决心与儿子共同坚持抗战到底，誓死不入"人圈"那人间炼狱，宁愿一个人住在山洞。老妈妈一个人过着刀耕火种的生活，那一小块向阳的山坡，是她白天唯一可以取暖的地方，她的大草帽是为了遮挡来不及躲避的风和雨。她一个人留下来等八路军打回来，等解放，再过人间的生活。黄天与当地坚持斗争的群众一起穴居野处，忍饥受冻，回来时只剩下空心棉袄，单衣和干粮都送给了苦难中的乡亲们。从长城外回来后，他以"人圈"中乡亲们的生活为创作素材，用不到两周的时间，完成了歌剧《地狱与人间》。

《地狱与人间》是黄天艺术创作的高峰，也是他的绝笔之作，排练完毕即被军区首长指名要求在军区召开的纪念抗战八周年大会上演出。抗战胜利后，冀热辽军队奉命出关，这个歌剧又搬到大城市的舞台上，强烈震撼着更多观众的心灵。国内研究"无人区"问题的专家认为："《地狱与人间》是无人区斗争的一部史诗，不但具有很高的艺术价值，而且是历史研究难得的资料，具有可贵的学术价值。"该剧"不但记载了从集家并村、人圈惨状，坚持根据地到解放人圈，以至于'无主地带'与'无住禁作地带'的区别，'出荷''奉仕'之类的专用词都准确地记载了无人区的真实生活。"

1945年7月，全面抗战八周年即将到来之际，尖兵剧社带着这部剧，从十五军分区回军区，准备在纪念抗战八周年的军民大会上演出。分散在各个分区的同志们，正在从滦河东岸，从渤海之滨，从接近天津的水乡，从京东盘山等地奔向集合地的路上。可是万万没有想到，杨家峪的枪响了，黄天永远沉睡在了这里，人们的心碎了。

三、冼星海、周巍峙授业的音乐家——今歌

与黄天同志一样，尖兵剧社音乐队长今歌也来自延安陕北公学。今歌原名王宗岳，又名王良、王铁音，1920年出生于四川。

初露峥嵘 1937年7月7日，日本帝国主义发动卢沟桥事变。在这民族生死存亡的紧急关头，今歌与无数热血青年一样，怀着"担负起天下的兴亡"的爱国热情，投入全民族抗战中。中学时期，今歌的音乐才能就崭露头角。他参加歌咏队，负责指挥和教唱救亡歌曲，率领学生歌咏队走出校门，开展轰轰烈烈的救亡宣传活动；参加进步刊物《尚志周刊》的工作；参加进步学生组织"励进学术研究会"，孜孜不倦地深入研读中外革命书刊，认真探索救国之路。

1938年5月，经中共重庆市地下党组织安排，今歌踏上奔赴革命圣地延安的征程。来到延安，担任陕北公学二十七队的歌咏指挥，今歌仿佛走进了一片崭新的天地，一切都是那么新鲜美好。然而，给他印象最深的，不是吃小米、住窑洞的艰苦条件，也不是修校舍、运煤炭的繁重劳动，更不是露天上大课和夜间站岗，而是那"到处传遍抗战的歌声"。

那时候，学校凡是出操点名，课前饭后，列队行军，总是歌声嘹亮、雄伟激昂，激荡着庄严雄伟的延安古城。在这里，他把王良的名字改为王铁音，喻意愿将生命化作钢铁般的音符，融入这震撼山岳的抗日之声。

1938年夏，他加入中国共产党。9月，中组部任命周巍峙为西北战地服务团副主任，率团开赴华北抗日敌后根据地。今歌的音乐才华被这位党内著名音乐家的慧眼所识，随即调入西北战地服务团歌咏队，成为一名革命的专业音乐工作者。在这里今歌接受了冼星海、周巍峙的指导，两人皆为中国当代音乐泰斗级人物，前者代表作《黄河大合唱》、后者代表作《中国人民志愿军战歌》皆为不世名曲。此时两位大师已具时名，他们的指导对今歌此后一直从事的音乐指挥和作曲，产生了受益终生的深远影响。

1937年12月21日，晋察冀军区政治部宣传队在河北阜平成立。1939年春，在平山县李家岸村改为抗敌剧社。不久，为了进一步加强剧社的音乐力量，今歌作为音乐骨干调入抗敌剧社音乐队，尔后任副队长，进一步发挥了他的艺术

才能。每天在清晨出操结束，总是由他带领大家练声，而后教唱新歌。有时也教一些简谱和五线谱方面的乐理知识。

艺术创作源于一种思想上的热情和冲动。从少年时代起便不断地接受抗战救亡歌曲和苏联音乐的熏陶影响，来到边区后抗日军民对新的抗战歌曲的渴望，抗敌剧社良好的艺术创作氛围，促使今歌产生了创作的冲动。尽管当年边区环境动荡，战事频繁，条件艰苦，但今歌一直没有间断对音乐创作执着的追求。从目前能够查找到的资料中看，他以今歌为名最早发表的一首作品《两条道》写于1940年3月，并已达到相当的思想艺术水平。这首歌当时在敌后晋察冀流传很广，通俗易唱，内容明确，深受广大军民的喜爱。此后，他的创作热情便一发而不可收。在抗敌剧社期间，他的作品至少有二三十首。其中的《爱护村》（胡可、陆灯词）与《军民节约四唱》（红羽词），分别在1942年晋察冀军区政治部和边区文联发动的群众性创作运动中，获甲等奖和乙等奖。

尖兵故事 1943年8月，今歌奉调晋察冀军区第十三军分区政治部尖兵剧社，成为尖兵剧社的业务骨干，任尖兵剧社音乐队长兼党支部组织委员。他带领音乐队的同志们，极为艰苦又朝气蓬勃地展开了工作。剧社成立之初，大家演唱的歌曲，多来自延安和晋察冀，或者是根据当时民歌和群众熟悉的曲调填词而成。随着冀东抗日游击根据地军事、政治、文化、生产各项事业的发展，抗日军民如饥似渴地需要更多的音乐作品来反映他们艰苦斗争的生活。今歌深深理解这种企盼，在繁忙的行军、战斗、排练、演出之余，他开始了艰苦创作。白天，为了安静，他端坐在屋子的一角，腿上垫着他那特制的盛满书籍的大挎包，悄声地谱写着鼓舞、振奋士气的歌曲；晚上，别人都休息了，他还戴着700度的眼镜，借着油灯微弱的光线，趴在小炕桌上写个不停，直到困倦难耐时，和衣伏案而眠。

搞音乐创作，今歌没读过音乐学院，更不是科班出身，但他却是公认的"年纪轻轻，才华出众并优质高产的作曲家"。参加抗战以后，由于环境残酷，调动频繁，他也没有得到进修深造的机会。他与当时一些优秀的抗战音乐工作者周巍峙、劫夫、麦新一样，是靠如饥似渴地学习，坚韧不拔的努力，勤奋学习、勇于实践而获得成功的。到冀东后，他身上始终背着一个绿挎包，里面装着普洛特所著的《和声学》以及乐谱和其他书籍，不论情况多么紧张，几次轻装都没舍得丢下。两年来，他以革命音乐家的理想气质和灼人的热情，以常人难以想象的速度，创作了歌剧《满洲泪》《地狱与人间》《前门后户》《夜深人静时》（与黄河合作）和近百首歌曲。这些在战火中诞生的乐符，从整体上把冀东的音乐工作向前推进了一步，结束了过去那种旧曲填新词的局面，结束了冀热辽抗日军民没有属于自己的原创歌曲的时代。

艺术风格 今歌的艺术风格，博采众长，其作品有聂耳、冼星海等当世顶尖作曲家的艺术特点，又融入了地方曲艺的元素，特别是与全面抗战的时代背景紧密契合，受到根据地军民的热烈欢迎。

在这些凝结着年轻歌手心血的精神作品中，始终高扬着爱国主义和革命英雄主义的主旋律，坚持着为工农兵服务，为革命与战争服务的方向，追求和体现了新民主主义民族化科学化大众化的政治标准和艺术标准。而他在1945年春创作的歌剧《地狱与人间》（黄天编剧）则进一步"继承了聂耳、冼星海同志新音乐的表现手法，塑造人物音乐主题鲜明、精练、易懂，是大众化音乐的典型作品"。

在这部反映抗战时期长城线上"无人区"人民苦难与斗争的四幕八场大型歌剧中，他以"老百姓一听挺亲切、挺熟悉、挺喜欢"的音乐语言、比较丰富的调式、多种演唱形式和富于变化的节奏，塑造了忠厚善良的老农民高老头夫妇，勇敢坚强的抗日民兵高大生、春儿，勤劳贤惠的大盛锡福和春儿的未婚妻风姑等一组栩栩如生的舞台形象。在创作他（她）们的音乐主题时，今歌吸收和借鉴了民歌、戏曲等冀东民间艺术形式中的音乐素材，如在第二幕第三场高大娘的唱段中，就"糅进了河北民歌《小白菜》的旋律和节奏"（这点与同期诞生于延安的著名歌剧《白毛女》有相似之处），表现了饥寒交迫、贫病交加中的高大娘凄凉悲惨的心境。这部"具有划时代意义"的作品，是今歌与编剧兼导演黄天社长跟随部队深入长城外"无人区"亲眼看见了日军的残暴和人民不屈不挠的斗争后，在不到两周的时间里一挥而就的。正因为作者深入斗争实际并且本身具有较高的艺术水平，所以首场演出就获得了轰动效应，几千名观众的心被剧情紧紧吸引，"看着戏他们都落下了同情的泪。演到最后，《你们来了》八路军主题曲反复合唱，台下打倒日本帝国主义！坚决不进人圈……的口号声此起彼伏。大幕落下许久，人们才恋恋不舍地离去"。随着冀热辽部队执行八路军总部二号命令东出山海关，该戏又在东北一些大城市的舞台上多次公演，"场上座无虚席"，震撼了敌占区的群众。

风忆云絮 尖兵剧社刘大为回忆刚与今歌相识的情景："刚看到今歌，他正伏在后台化妆组的油灯下，读着一本被大家轮流读烂了的苏联小说《被开垦的处女地》。直到副社长张茵青、指导员郭东俊把他介绍给我们，我们又把刚从北宁路南托关系从敌占区买来的小提琴捧给他看时，他才抬起头来，透过深度的近视镜，两眼睁大，忽闪着光，嘴角也露出了笑纹。他接过提琴，拨弄着琴弦，显出了比过春节孩子们得到花炮还高兴得多的表情，连连说道：'太棒了，太棒了!'"

刘大为在连队当指导员和在团里当宣传干事的时候,也编过小报。为了表扬先进批评后进,有时也写几句快板诗或枪杆诗,可从来没写过歌词。战士们普遍认为简谱下面排列着长短不齐的那种带韵的文字,非常神秘。一般人怎么敢轻易改动这种体式?今歌同志却鼓励刘大为写歌词。他说:"你会写快板、枪杆诗,就可以写歌词。"这时正赶上热辽军区轰轰烈烈地开展创造模范连的运动,并且开展杀敌缴枪大竞赛。刘大为根据这一运动,写了一首《争取竞赛胜利》的歌词,然后交给今歌同志,请他把关。

第二天清晨,尖兵全社集合排练新歌时,今歌同志从衣袋里掏出两首歌词。他说:"我们现在很需要争取竞赛胜利这种歌,用它去鼓舞战士开展杀敌立功运动。大为同志写了一首歌词:胜利的光照耀着黑红的脸,闪亮的好激动着竞赛的心……我用这首词谱了两个曲调,一首有军号过门,恐怕连队难唱,又写了首没有军号过门的,唱给大家听,请大家提意见,用哪一首好。"

这件事出乎刘大为意料,一首处女作歌词,竟然谱成了曲,还叫大家一起唱。今歌同志培养和鼓励年轻人从事艺术创作,在刘大为等许多同志心中播下了文艺的种子。

今歌同志平时沉默寡言,埋头苦干,把一颗火热的心,全部投入抗战的音乐工作中。苏志远,1943年9月参加尖兵剧社的小号手。每当回忆今歌都泪流满面:"队长牺牲前身上总背着一个绿挎包,里面装着两本厚厚的书,一本肖洛霍夫的《被开垦的处女地》,一本普洛特的《和音学》。在当时,这两种译本是很难弄到的。因此,不论情况多么紧急,几次轻装上阵他都没舍得丢下,一直带在身上。战斗结束后,同志们含泪'打扫战场',安葬队长的遗体时发现,他的书包不见了。同志们想,也许是队长牺牲前把它掩埋隐蔽起来。谁料,一个月后,当我们收复失地打开玉田城,直捣日军老巢时,竟在一个小队长家中寻找到了它。战士们冲进屋去,第一眼就看到了放在桌子上的那两本熟悉的书:《被开垦的处女地》和《和音学》。我们终于战败了敌人,并亲手把它们夺了回来。同志们十分小心地拂去了书页上的尘污,又重新把它们带在身上,就好像我们的队长又回到了行军行列,又和我们一起战斗了。"

从1943年秋到1945年夏,今歌在冀东度过了生命旅程中的最后两年。这两年,是他思想、艺术发展的高峰期,也是他工作最忙碌、作品产量最多、对抗战音乐工作贡献最大的时期,是他生命之歌的华彩篇章。两年来,共计有四部歌剧和百余首歌曲问世。在这些凝结着年轻歌手毕生心血的精神作品中,始终高扬着爱国主义和革命英雄主义、革命乐观主义的主旋律,坚持着为工农兵服务，为革命与战争服务的方向，追求和体现着新民主主义民族化、科学化、大众化的政治标准和艺术风格。今歌在冀东这块染血的热土上，走向成熟，走向辉煌，也走向了永恒！

四、杨家峪突围战——酾酒祭黄天、今歌

对冀东文艺战士而言，有两个特别让人悲痛的地方，一个是遵化铁厂，政治部主任刘诚光同志牺牲在了那里。另一个是遵化杨家峪。离全面抗战胜利只剩下一个多月，副参谋长才山、尖兵剧社社长黄天、音乐队长今歌等五位战士牺牲在村子北侧的山坡上。四位同志被俘，一位同志负伤。一下子损失了十位同志，意味着尖兵剧社在冀东军区十五军分区的同志全部被打光了，整个尖兵剧社失去了四分之一。这些同志不乏开辟过滦东文艺战线的老领导、老师与骨干。在整个文化战线上，一下损失这么多同志，在冀热辽异常残酷的十四年抗战中，也是唯一的一次。

杨家峪是冀东丰（润）、玉（田）、遵（化）三县交界处的一个小山村。为庆祝"七七"抗战八周年，尖兵剧社一部与十五军分区长城剧社团体，在军区副参谋长才山同志的率领下，赴军区领导机关驻地，联合出演黄天、今歌同志的新作——大型四幕歌剧《地狱与人间》。1945年7月3日清晨，同志们由十五军分区的腹地出发，晚上九点多宿营在小山村杨家峪。

遇险 7月4日清晨，因汉奸告密，遵化敌人倾巢而出，1700人包围了这个小山村。又利用剧社黎明出发前撤岗的机会，偷偷进村，未放一枪。

晨曦微露，天空飘着淡淡的云雾。两个剧社的人，有的刚到集合场，有的刚走出院门，几个动作慢的女同志还没完全从院子走出来。突然，沙河南沿上喷出了几条火舌，激烈的枪声撕破了黎明前的沉寂。才副参谋长掏出他的"快火"，一梭子射向敌人，接着他一挥手，命令大家撤退，集合场上的人唰地闪到背后的一条胡同里。警卫部队迅速地卧倒在北河沿上还击。密集的子弹飞一般地从四面八方飞来，敌人的嚎叫声和枪声响成一片，警卫部队也被迫撤回胡同里。

同志们意识到被包围了。剧社除了干部有几条短枪和勤杂人员的几条步枪外，其余的人每人仅有两颗手榴弹。这时，才副参谋长指着胡同口命令道："趁天没亮冲出去！""是！"黄天答道。队伍立即组织起来，警卫部队在前，女同志、小同志在中间，轻伤员跟着走，重伤员由男同志背着，有战斗经验的在后

面。黄天同志没有战斗经验，就溜到后面掩护。剧社集中了所有火力，一阵猛打，队伍一起从胡同口冲了出来。这时，天还没亮，加上淡淡晨雾，冲进村里的敌人摸不清剧社的底细，被一排手榴弹，打得一时蒙了头脑，闪开了一条路。同志们乘机冲出了村子。可是万万没有想到，这仅仅是敌人的第一层包围圈。当同志们冲上村西山坡时，山上敌人的机枪，迎头扫射过来，警卫部队的伤亡很大，剧社被迫退回山下。枪声越来越紧。村里、村外、几面山上，几乎响成一片，只有西南方向的山上枪声比较稀疏。

当同志们冲上西南山坡时，敌人突然开火，将人们压制在山脚下的大坝坎下。王维汉是当时被围困的同志之一，他的回忆录详细记录了当时的情况。

王维汉，男，天津市蓟州区人，1926年出生，1940年参加革命，1943年调尖兵剧社为社员。1946年任长城剧社指导员。后任解放军某部军政治部主任。

此时，王维汉同志清点了一下人数，仅剩20多人，大多数是女同志和勤杂人员，还有负伤的同志和警卫班的几个战士。更加紧急的情况是天亮了，突围难上加难。

突围　透过淡淡的晨雾，同志们发现东面大山上，有一面敌人的大旗在摇晃，旗指向哪里，哪里的枪声就会激烈起来。"现在我们必须分兵两路，我们这一路向西，吸引敌人的火力。"副参谋长才山指了指飘着大旗的东山，向王维汉和朱希明（长城剧社的副社长）低声地下了命令："你们带领女同志和小鬼，向东突围！""不……"王维汉一听急了。才山同志是军区首长，黄天同志是剧社的老首长，他们还带着伤员，怎么能让他们吸引敌人的火力呢？

"跟我来！"副参谋长把手一挥，和警卫班的几个战士迅速地向西猛冲猛打。

东山上的大旗又指向了西山。顿时，枪声大作。

被掩护的同志们再也不能犹豫了，王维汉在前，朱希明在后，趁着才山等同志吸引火力，隐蔽地向东冲去。

东山是杨家峪附近最高的一座山。山上岗峦起伏，怪石嶙峋。山下是十几里长的大沟。刚出村东，到葡萄园里，就见到尖兵剧社的马夫王凤来，他牵着驮满道具的骡子，被枪声一吓，卡在葡萄架下，驮子高，葡萄架低，怎么也牵不出来。他打一下，骡子猛跳一下，葡萄架也猛晃一下，急得他满头大汗。王维汉急忙帮他卸下驮子，他牵着骡子跟在大家后面。剧社十几个人，拉开距离，先选好大石头，然后猛跑过去隐蔽起来，一个一个地交替跃进。那面大旗正向西指着，西山上的枪声，一阵紧似一阵。距离高峰还有100多米的时候，同志们在几块巨石的背后隐蔽起来，准备最后突围。王维汉拨开草丛向山上望去，大旗下站立着十几个敌军官，正举着望远镜向西窥望。山峰南的鞍部趴着三个鬼子，目不转睛地望着西方。显然，敌人还没发现突围的战士。大家立即决定从这个鞍部冲出去。"冲啊！"王维汉举起没有子弹的手枪，一边喊，一边和同志们朝鞍部飞快地冲去。战士们突然出现，把敌人吓慌了，以为是来袭击指挥部，顿时惊得面面相觑，张皇失措，丑态百出，指挥官竟然将望远镜从手中滑落下来，摔在地上。有的伸出哆嗦着手，竟连手枪也拨不出来。吓破了胆的那三个鬼子，连滚带爬地边打边往山上逃去。举旗的士兵，不知所措地乱摇晃起来。王维汉回忆那时的情境："真可惜！我们连一颗子弹也没有了，不然是多么好的一次歼敌机会呀！"

战士们顺利地冲过鞍部，快下到山腰时，敌人才醒悟过来。当山上的枪打来的时候，突围的同志已冲出了最后的包围圈，离杨家峪已经10多公里了。

牺牲 才山副参谋长和黄天等十几个同志，为掩护女同志和小同志突围，被围在西山脚下的一片葡萄园里。这时，所有持枪的同志，只剩下最后的一发子弹了。敌兵们的吼叫声，伪军翻译撕破喉咙的劝降声，他们似乎都没听见，只是静静地坐着，谁也不说一句话。

天空灰蒙蒙的，笼罩在山头上的云雾，久久没有散去。

仰卧在葡萄架下的才副参谋长，逐个地看了看周围的每个人，然后和黄天同志交换了一下眼神，向敌人闪过轻蔑的一瞥，举起手枪，用最后一发子弹，射进自己的身体。"参……谋……长……"黄天同志望着倒在血泊中的才山同志，喉咙哽咽了。他收回目光，蓦地端起手枪，把最后的一颗子弹推上了枪膛。受了重伤的通讯员杨斌想爬过去，夺下他的枪，救出这位可亲可敬的首长，可是晚了，只听砰的一声，黄天同志献出了年轻的生命。

黄天一生热爱戏剧，为了文艺队伍的建设，他呕心沥血，奋斗不息。然而，就在黎明将至之时，他却英勇而又从容地牺牲在战场上，以自己的青春和生命之火实践了知识分子报效祖国和人民的信念，为后人，特别是为文艺工作者树立了学习的榜样。

"社……长……"杨斌伏在黄天同志的遗体上，泣不成声。

今歌也想把最后一颗子弹留给自己。但是他的手枪不好使，他呼呼地喘着粗气，吃力地朝前爬了几步，扒开土，把手枪埋好。他是被敌人杀害的。牺牲前的刹那间，今歌同志还设法把他日夜用来谱写歌曲的金星钢笔藏在松枝垛里，想把它留给以后的战友。

人们砸毁了所有的武器，撕毁了文件，等待着最后的时刻。当敌人好久没有听到还击的枪声时，便冲了进来。杨斌怒视着走来的鬼子，用上肢支撑着爬了几步，猛地抱住鬼子的腿，狠狠地咬了一口，疼得敌人嚎叫一声，用刺刀割断了他的喉咙。

年仅十八岁的青年党员杨子臣，腿上负了重伤，不能站立，以惊人的毅力挺立起来，搬起石头向敌人砸去，高呼着"共产党万岁"的口号，扑向了敌人。

身中数枪的朱喻鼎满脸血迹，早已失去了知觉。当他从昏迷中醒来时，所有的同志静静地躺在血泊里。前面还站着凶神恶煞般的敌兵。他看了看身边牺牲的战友，想救他们，但因伤势太重，流血过多，他已经不能动了，只蠕动了几下发白的嘴唇，便又昏厥过去。这是在场的唯一活着的一条生命。他，记下了这个悲壮的场面。

和今歌同志在一起战斗的杨素兰同志，是一名刚入伍的青年女学生，她至死不当俘虏，破口大骂敌人，壮烈地牺牲在了敌人的刺刀之下。这位很有才华的年轻女演员，两天前还和今歌同志一起排练《兄妹开荒》。今歌同志也曾亲自教给她演唱过刚刚谱好的《地狱与人间》插曲。刚刚，她的老师、兄长还深情地用眼光鼓励她继续战斗，并要掩护她冲出去。但敌人封锁得太严了。转眼之间，敌人端着刺刀冲到了眼前。她一面扑向刚倒下去的今歌同志，一面怒斥日军、汉奸，最后也牺牲在今歌同志的身边。同时牺牲的还有一些不屈的同志。

敌人走了，战友们带着负伤的身躯，回到葡萄园内，含着泪把烈士的遗体安葬。不知是谁提议，说今歌生前很喜欢天真活泼的杨素兰。小杨也尊敬、热爱像长兄一样的今歌，他们的感情是真挚的，纯洁的，尽管还没有来得及表露。同志们听了，一致赞美他俩的高尚情操，含着热泪，把他俩并排安葬在一起。

第四章 冀东文艺三剑客

一、挺进滦东的"三剑客"

1942年，冀东八路军一部迅速东渡滦河，在长城内外、铁路南北、山区平原开展游击作战，寻机歼灭日军有生力量，开创并建立了滦东抗日游击根据地。

跨越滦河，兵进滦东，是险棋，也是杀招。在昌黎至山海关一线布局，使得冀东子弟兵有了更大的回旋空间，进可越长城，收复东北三省；退可游击作战，确保根据地基本区。

滦东地区由于紧靠伪满洲国，日伪统治严苛，强制推行汉奸文化，麻醉毒化人民群众。日伪政权在每个乡都设立高小，学校不但教授日语，还讲解"建立大东亚新秩序""支持皇军大东亚圣战"等日本帝国主义的强盗理论，教唱日本侵华的反动歌曲《支那之夜》《大东亚进行曲》等亡国之曲。《何日君再来》《满洲姑娘》《月圆花好》等靡靡之音在学生中泛滥。

因此，在滦东的战斗不光是单纯地打据点、拔钉子，消灭日军汉奸的军事力量，更是焕发民族精神，教育群众，组织群众，从意识上改造群众的价值观之战。第二战场，没有硝烟，人心向背，影响更为深远。

向着五峰山前进

除了战略意义，滦东还是共产党人的"圣地"。党的创始人李大钊同志曾九次登临位于滦东昌黎县的五峰山，写下中国第一篇系统介绍马克思主义的著作《我的马克思主义观》，使马克思主义在中国的传播进入新的阶段。

1944年的中秋，尖兵剧社北过滦河，又过青龙河经卢龙，到抚宁和昌黎两县山区首次为冀东八路军十二团演出，这意味着尖兵剧社在滦东地区开辟了新的文化阵地。这次演出，剧社增加了王舒编导的话剧《长城线上》、耿介的二胡独奏《光明行》、琵琶独奏《十面埋伏》等节目，受到广大指战员的欢迎。

图4-1 昌黎凤凰山位于滦东昌黎县与卢龙县交界处，由三座山峰组成，主峰突兀，两侧山峦平缓，如同向天飞翔的凤凰，故以此命名。这里曾是冀东二十团与尖兵剧社重要的活动地点。

尖兵剧社在演出后连夜出发，到昌黎城西北凤凰山下宿营。

月亮从凤凰山顶悄悄升起，尖兵剧社的队伍行进到一条小河边。娱乐委员提出，尖兵剧社全社在河滩上开赏月晚会，大家兴致勃勃，齐声唱起尖兵社歌。

唱毕，社长黄天走进尖兵剧社围坐在沙滩上的圆圈之中，指着天上的明月说道："同志们，你们看。那明月升起的地方，就是碣石山，山东面有五个山峰，名叫挂月峰，此刻，月亮正挂在挂月峰上。古人说：'古人不见今夜月，今月曾经照古人'，这诗，使我想起革命先烈李大钊同志。大钊同志在创立中国共产党初期，曾经登临过五峰，他非常喜欢五峰的景色，并且在那里写下了宣传马列主义的文章。同志们，今年，尖兵剧社在五峰山下赏月开晚会，等革命成功了，咱们到五峰山上去赏月，缅怀大钊同志。"

后来，尖兵剧社的同志们实现了他的理想，在滦河以东、五峰山上唱遍革命的歌声。黄天同志却已经光荣牺牲多年了。

黄天的即席演说，既现实又浪漫，还带有抒情的鼓动性。接着他说道："同志们！剧社将要派出一个前线文工组，跟敌后武工队一起活动，到铁路南，渤海边，滦河两岸，昌黎县，乐亭县，李大钊同志的故乡去开辟地区……"这一夜，刘大为和管桦、黄河等同志几乎没有睡觉，在凤凰山下老乡的场院里席地而坐，一面品尝着群众慰劳的特产玫瑰香葡萄，一面浮想起尖兵剧社即将去开辟路南的任务，去实现尖兵剧社社歌中所提到的历史使命，但又恐轮不到自己。

管桦、刘大为、黄河他们的家庭情缘始于炮火硝烟的战争年代，历尽艰辛，生死与共，中华人民共和国成立后这三个家庭仍如同至亲，几十年来产生了许多感人而有趣的故事。数十年后，人们为了纪念三人为革命时期文艺事业做出的贡献，为他们起了一个绰号"冀东文艺三剑客"，这个绰号既包含了三人深厚的革命友谊，又恰当地说明了他们在冀东文艺工作中的重要地位。

尖兵剧社人才荟萃，三剑客情同手足。管桦、刘大为、黄河三人，一起战斗，一起创作。在硝烟弥漫的时代，并肩度过了充满浓厚军旅情的岁月。由于大家的共同努力，尖兵剧社的文艺创作空前繁荣，大量脍炙人口的戏剧、音乐、诗歌和美术作品不断问世。这些戏剧和音乐作品形式活泼，内容充实，真实地反映了现实战斗生活。它们质朴的魅力，就像晨光中开出的花朵一样，饱含露珠，散发着奋斗不止的革命气息。

图4-2　昌黎县五峰山美景。中国共产党的主要创始人之一李大钊曾在此山居，并写下与胡适精彩论战的《再论问题与主义》，与我国第一部系统介绍马克思主义理论的著作《我的马克思主义观》。

二、"冀东文艺三剑客"之刘大为

"冀东文艺三剑客"中刘大为出生于1925年，管桦出生于1922年，黄河出生于1923年。刘大为年岁最小，也是参加革命最小的战士。

刘大为，河北唐山人，原名刘全忠，出生于开滦煤矿的一个工人家庭。因为家贫，小学辍学，到林西煤厂工地当童工。政治早熟，在开滦小学读书，受地下党组织影响，萌发革命思想。大为自小具才，12岁将都德的《最后一课》改编为话剧。当童工时，他和同学们自发组织秘密团体，进行抗日活动。1938年夏，刘大为13岁，他参加了冀东20万工农抗日大暴动，成为一名最小的革命战士。

永不忘怀的《渔光曲》 1939年冬季，在冀东八路军五总队五十大队当文书的14岁的刘大为结识了20岁出头当指导员的孟立人。孟立人，安徽人，典型的爱国知识分子。读书时，加入中国共产党，积极从事抗日革命工作，被国民党逮捕入狱。正逢"七七事变"，他出狱后长途跋涉，一路讨饭到了延安。在抗大学习了一期，后来到了艰苦卓绝的冀东抗日游击区开展斗争。

孟立人是刘大为的领导，也是老师与兄长。政治课上，他为刘大为讲述毛泽东的《论持久战》和《中国革命与中国共产党》，课间教唱抗日歌曲。他借电影描绘建立新中国后的幸福生活，给年少的刘大为留下深刻印象。深夜，大为与众学员围坐在热炕的小炕桌上，孟立人如同父亲一样给大家讲述苏联电影《夏伯阳》。讲到夏伯阳在作战会议上，用烟斗代表机枪摆在地图上的场景时，孟立人把煤油灯代替烟斗，像夏伯阳一样再现了电影中的场景。在这种场合下，刘大为第一次听到歌曲《渔光曲》，美妙的旋律使他久久不能忘怀。

后来，在冀东行军途中刘大为与孟立人常常走在一起，一边闲聊一边唱歌，就这样学会了《渔光曲》和《延安颂》等歌曲。部队集结后，两人一同战斗。队伍分散，又一同潜伏在冀东村庄里。敌人下乡"清乡"，借着在山沟、地洞躲避的时机，孟立人小声为刘大为上党课，教会他唱《国际歌》。

1940年，刘大为参加冀东五总队突击队。突击队攻入丰润新庄子敌伪据点，在屋内与敌人交战。大为见伪军藏在衣柜，一枪打过去，子弹是臭的，敌人跑了。他紧追到堂屋，并点燃用罐头盒制造的土手榴弹，扔进鬼子占据的邻院，狠狠地打击了敌伪军。这位少年八路军，在战斗中机智勇敢的表现，受到总队领导的表扬。15岁的刘大为加入了中国共产党，并被选送平西党校和抗大分校四团学习。

刘大为依依不舍地离开了孟立人同志。没想到，这次烽火硝烟中的别离却成了刘大为和孟立人痛彻肺腑、永远难忘的诀别。在冀东敌占区开展抗日活动的孟立人一行10余人，被敌特告密，被数百名日伪包围在民宅中。孟立人顽强反击，战斗了一天。最后，敌人撬开房顶放火焚宅，孟立人烧掉所有文件后，高唱《国际歌》，英勇就义，用自己的行动来实践共产党员的承诺。他的牺牲极大地影响了刘大为，此后刘大为作为一名"文化八路"，东渡滦河、北越长城、率先出关，一直在最前线，同作战部队在一起。

报道潘家峪惨案的八路军记者 从抗大结业后，刘大为任冀东十三团宣传队队长，连政治指导员，《尖兵报》编辑等职。在这期间，刘大为写过一篇题为《魂牵梦系的潘家峪》的报道，文中说："那时，我们经常驻在潘家峪，这个小山村风景优美，村中流淌着潺潺小溪，四面山坡上长满了松林果树，葡萄架像一张张绿色的伞覆盖着山村，而最好的当然是潘家峪的人。全村男女老少，积极参加抗日活动，在冀东监视通报敌人的活动。消息树，就是潘家峪人首创的。"那时，部队在敌后打游击，一天有时连打两三仗，战斗之后，刘大为带着队员回到潘家峪休息。深夜进村，指战员各自回到老房东家中。大娘把炕烧得热热的，大哥跳下地窖把保存得像玛瑙般颗颗闪着红光的葡萄摆在圆桌上。第二天，起床一看，妇救会的姐妹们，已经把同志们的鞋袜洗净烤干了。

有一次，大队得了一挺机枪，扛到潘家峪，男女老幼围着这挺闪着蓝光的歪把子谈笑，一位老机枪射手，神采奕奕地给大伙表演装弹、射击等分解动作，大家像看皮影戏一样认真。潘家峪就是八路军的家，而这个家的所有成员的心上都充满了喜悦。

然而，八路军与村民越是亲近，日军越是憎恨，越是将屠刀伸向老区群众。潘家峪惨案发生在1941年1月25日，农历腊月二十八。虽然兵荒马乱，可临近年节，许多人都回家过年，偶尔传来的几声稀疏的爆竹声，多少带出点喜庆气氛。然而一场灾难正接近四面环山的潘家峪。

这个小村是抗日的堡垒村，冀东军区指挥机关丰滦迁抗日联合政府的活动基地，也是地下兵工厂所在地。日本驻唐山部队指挥官召集丰润日本顾问佐佐木二郎以及遵化、玉田、滦县、迁安、卢龙、抚宁等县日本军官和伪丰润县公署、警备大队、警察所等日伪人员，勾结地方反动地主，策划了血洗潘家峪的阴谋。

黎明前的夜色中，日本侵略者带领几个县的3000多日军和2000多伪军，完成了对潘家峪的包围。群山环抱的小村子，人们还在睡梦中，只有村里的狗最先察觉危险，不安地狂吠。

日本鬼子唯恐跑掉一个潘家峪人，让伪军在四周山上站岗，日军则全部扑进村中。这些全副武装的鬼子用枪托、刺刀把人们全部驱赶到位于村中心的西大坑，老弱病残不能走的，当场即被杀死。日军头目佐佐木还不停地高声逼问八路军物资掩藏处所。

天亮了，日军开始从人群中挑出年轻的姑娘、媳妇和部分男性村民为其做饭，事后将这些妇女全部奸污，并将她们和做饭的男人一齐杀害在村西的场地上，然后又纵火焚烧尸体。

西大坑结了冰，上千的村民被圈在里面，哭喊声不断。鬼子看这里地势开阔，屠杀时不宜控制，遂另选定地主潘惠林的大院，作为杀人场所。日军在道路两边站成人墙，用刺刀将人群驱逐到大院。一小女孩吓得边哭边往后退，被佐佐木一刀砍死。小女孩的爷爷向佐佐木猛扑过去，也被日兵一刀刺死。人们再也沉默不住了，与敌人展开搏斗。一部分人当场被害，但大部分人被赶进潘家大院，日军把大院门锁上，接着点燃了浇洒过煤油的柴草，四周院墙上机枪就嘟嘟地向密集的人群扫射起来，人整排整排地都倒下去了。日军还把未赶进去的小孩，捉起来往院里扔，往石头上摔。撤离宅院时，日军又在院内遍洒煤油，施放硫黄弹，彻底焚尸。接着，日军又在村外南坡搜出32人，其中大部分是妇女儿童，日军把他们赶到南崖上全部杀害，之后又将尸体扔下石崖。

大火从上午一直烧到下午，枪声从早晨一直响到黄昏。到下午七点钟，全村的房屋都着火了，漫天的火焰，熊熊地燃烧着，轰隆轰隆的房屋倒塌的声音，夹杂着悲惨的哭号声，几里外都能听见。

刘大为在著作中回忆："当这块圣土，美丽的家园受到蹂躏之后，我曾跟随着冀东人民子弟兵八路军五总队（后为十二团二营）开赴潘家峪，搭救遭受了极大苦难的乡亲父老。一到潘家峪，我们看到的只是大南街的壁上的《日本军告民众书》大字布告，还有伪新民会：'排共彻底''亲日和平''庆祝华北明朗化'的标语。整个村子一片荒凉，飘荡着烧焦的尸体的味道。村头道边，到处是尸体和血迹。"

潘家大院更是令人惨不忍睹：大门口有大堆尸体，是被日军用机枪射死的；小屋门前的一堆尸体是被日军用刺刀挑死的；院南面有三个大石槽，旁边横躺着4具孕妇尸体，腹内已成形的胎儿都被日军用刺刀挑出腹外；在东墙根下，有40多具十来岁的小孩尸体，他们一个个脑碎骨裂，墙上还粘有斑斑的脑浆和稚发，是日军摔死在墙上的；有30多名妇女在白薯窖中被日军奸污后残杀。

日本侵略者走了，留下了一片焦土的潘家峪，全村1700口人被杀掉1230人，23户被杀绝，96人受伤，800多人烧得无法辨认。全部财物被抢劫一空，1235间房屋全被烧毁。

日本侵略者的暴行首先被一位名叫雷烨的八路军记者拍摄了下来，他写了一篇《冀东潘家峪大惨案》的通讯，登在1942年4月9日的《晋察冀日报》上。相继，刘大为又在当时的八路军《尖兵报》上报道了他所目睹的惨案。由于当时潘家峪为日军、八路军"拉锯"的地区，不久，日本侵略者把潘家峪周围50里划为"无人区"，拆毁房屋，填平水井，驱散居民，多次"清乡""扫荡"。

潘家峪惨案不久，该村20多名青年自发组织起3个"抗日复仇小分队"，附近村庄的子弟纷纷参加，迅速发展到120多人。这些人后来合并组织起来，成立"潘家峪复仇团"。1942年7月18日，复仇团与八路军冀东军分区十二团战士在迁安市甘河槽设伏，与敌激战5个小时，全歼150名日本侵略者，俘虏100余名伪军，潘家峪惨案的直接策划者——驻丰润日军指挥官佐佐木二郎也被潘家峪复仇团的战士亲手击毙。

刘大为记录过一个叫潘春的幸存者，刘大为这样写道：

当年，日本军队站在潘家大院的房上、墙上、猪圈上，有机枪、步枪、手榴弹、掷弹筒，向聚集在大院的1000多名乡亲们轰炸扫射多次之后，乡亲们倒在血泊里，大都已经死去，个别的一息尚存，已经负了重伤流血不止。这时，刽子手佐佐木手握刺刀，一个尸首一个尸首检查，看到还在蠕动的尚未死去的受难者便又恶狠狠的双手举起战刀砍下去，用王八盒子手枪补射。这个杀人魔王眼睛都杀红了，手上沾满了鲜血。这时，十二三岁的小潘春，被打死在猪圈里的许多乡亲们的尸体压在底下，奇迹般地活下来了。过了一阵，他听不到枪声，便用力扒开成堆的尸体，扬起头，出口气，正在这时，突然，他发现一个年轻的日本军人的目光和潘春的目光碰到了一起，刹那间，四目相对，潘春心想，这下再也熬不过去了。可是，在千钧一发的时刻，那个年轻的日本兵没有端起枪来射击，而是把枪横放在猪圈墙上，显露出无可奈何的样子向着潘春轻轻地摇了摇头，长长地叹着气，意思是告诉潘春不要动。此刻，大门外，忽然传来一个日本军官的吼叫，意思是问这个年轻的日本兵，还有活着的中国人没有。年轻的日本兵立即回答着外面的问话，用日语大概说是"没有活的了"。他一面回答一面又对潘春轻轻地点了点头，就又端着上了刺刀的三八式向院外走去……

多少年过去了，潘春经常回忆起这个年轻的日本兵，这个年轻日本兵的那些动作，像电影的慢镜头一样，一直记录在潘春的心中。

1942年春，刘大为在十三团编《生活报》，被调到军区机关报《尖兵报》任编辑。初夏，敌人调集大批兵力，包围"扫荡"在鲁家峪的军区后方机关。他和管桦、舒江、何畏等人，在火石洞里坚持五天五夜，没有任何食物充饥，更没有水喝，又渴又饿，环境异常艰苦，同志们舔干石壁上的水珠，坚持战斗，经受严峻考验。后来，全体人员冒着枪林弹雨冲出，刘大为第一个带头冲锋，大家平安脱险。

1943年，刘大为18岁，任冀热辽军区尖兵剧社创作组组长、文学队队长。全面抗战时期，年轻的尖兵剧社文艺兵不畏难、不怕险，随部队战斗在广袤的冀热辽大地上，在浴血奋战中，足迹踏布了燕山、滦河、长城内外和渤海之滨。

刘大为的滦东记忆 1944年春，尖兵剧社派管桦、黄河、刘大为等人到昌黎路南地区开展革命文艺工作，常驻在苟家套村。该村位于滦东昌黎县新集镇政府驻地西8.5公里处。东与马庄子村相邻，南至滦河大坝，西与王家楼村交界。

明朝前期，山西移民到此落户建村，刚开始村名叫前马庄子，后来因村址坐落在滦河套里的荒地属于苟家，故得名苟家套。到了清道光年间，因滦河发水冲毁了村庄，所以移居到现在的村址，仍沿用原村名苟家套。

图4-3 刘大为同志和黄河同志的照片

刘大为、黄河、管桦等同志来到这里后，生活在一起，战斗在一起，共同从事文艺创作。他们一起写歌、写诗、编剧，成绩显著。他们用革命文艺向群众宣传抗日，协助建立村剧团，召开教师座谈会，给学生讲抗日课，教唱抗日歌曲，通过文艺活动，激励了很多教师和具有爱国主义思想的年轻人奋起抗日。同时，他们还自办《大众报》，以此鼓励民众与日本侵略者抗争。

当时，这三人就居住在村民赵凤祥的房子里。有一次，敌人似乎闻到了尖兵剧社在苟家套活动的气息,来村里抓捕,正巧向赵凤祥的邻居刘凤来打听消息,刘凤来机智地躲避到滦河南岸的乐亭去了,使敌人的抓捕落空。

图4-4 20世纪90年代初,在昌黎苟家套,《大众报》社编辑刘大为、董晓华、张瑞与老房东合影。(董宝瑞摄)

从1943年至1945年短短两年时间里,刘大为和管桦、黄河等同志朝夕相处,并肩战斗,开始了创作活动。同时,尖兵剧社的文艺创作也进入空前繁荣阶段,大量脍炙人口的戏剧、音乐、诗歌和美术作品不断问世。这些作品,有歌颂抗日英雄的颂歌,有揭露敌人暴行的檄文,有反映军民鱼水情的诗章,有的在全国广为流传,大大鼓舞了冀东军民的斗志,极大震撼了敌伪军。如话剧:《四个英雄的故事》(刘大为编剧),《三百人一条枪》(刘大为、管桦编剧),《长城线上》(王舒编剧),《不许敌人抢走一粒粮》《拥军模范于平》《沟线上》(黄天编剧),《凯旋之夜》(田力编剧)等;抗战胜利后的话剧:《合流》(刘大为、管桦、耿介编剧)等;小歌剧:《蔡哑巴捉顽军》《老百姓大翻身》(刘大为编剧,劫夫作曲);戏曲《害人反害己》(郭东俊、昨非编剧)等;歌曲:《尖兵剧社社歌》(黄天词、今歌曲),《准备反"扫荡"》(刘笳词,今歌曲),《创造模范连》《争取竞赛胜利》《朱总司令下命令》《七月进行曲》(胡可词、今歌曲),《我们的旗帜到处飘扬》(刘大为词、黄河曲)等。这些作品,几乎都是在行军路上,在弥漫着硝烟的弹坑里,在月光如水的山顶或老乡家昏暗的油灯下,在战斗间隙,从作者心底泉涌般流淌出来的。这些戏剧和音乐作品形式活泼,内容充实,真实地反映了现实战斗生活。仅从1943年7月到1944年7月,尖兵剧社同志在极其紧张和艰苦条件下,演出了剧本58部;创作军歌、战歌、群众歌曲、器乐曲、宣传画、连环画、街头诗等120多件（幅）；出版《大众报》3期和《尖兵歌集》6集，以及供连队、乡村学校使用和阅读的大量文娱材料；组织了83个舞台演出，105场音乐会。

用歌声唤醒村庄 昌黎靖安镇南边一带的学校饱受日伪汉奸文化迫害，不但教授日语，还教唱日本侵华的反动歌曲。当第一次听到天真的孩子们唱出靡靡之音。刘大为落泪了，为年轻的同胞们的心灵受到毒害而悲哀。

刘大为仔细选出三首经常演出的歌曲：《狼牙山五壮士》《王禾小唱》和《中华民族》。前两首是根据地的英雄故事，为正欲觉醒的人们树立榜样。第三首《中华民族》是充满了爱国主义思想的歌，希望能够用这首歌点燃昌黎、乐亭那时已经做了亡国奴和不甘心做亡国奴的同胞的思想与怒火。就像歌词说的：

中华民族，多么顽强。
黄脸黑发，磊落大方。
几千年来，在黑暗的压迫下，
耕种土地，
放牧牛羊……
卢沟桥上炮声响！
千里万里成战场。
雄兵骑上战马飞！
茅屋拿出红缨枪。
我们都是英雄汉，
绝不屈服投降。
刀子放在脖子上，
不变！英雄模样。

歌曲已经选出，教唱又成了问题。原来，刘大为这个敌后文工组并没有音乐队的职责。主要的任务是写剧本、歌词，出墙报，写街头诗。打起仗来，跟战士们一同冲锋作战，搜集战斗中英雄人物的事迹。演出时，布置舞台，用汽灯制造月亮、星光，用老百姓家中的高桌板凳和布条布置万里长城。几乎能做唱歌以外的一切文化工作。

实在没办法，死马当活马医吧。刘大为思忖着管桦喜欢民族音乐，甚至参加过国乐合奏的演出。表示："希望管桦同志担任教歌的任务。"

管桦马上蒙了："开玩笑吧，演奏乐器和唱歌是两回事，我也没教过啊！"管桦的才华是写歌，却对唱没啥兴趣，他有时连自己谱的曲、写的词都记不住。

刘大为略带幽默地说："歌词是诗，谱上曲后，如长了翅膀。一定要让管桦同志接上翅膀才行！"

另一位同志王世昌高声打断发言，他说："我来教！"王世昌是个小同志，打仗勇猛，不怕死，一直嫌剧社憋得慌，嚷嚷着要到战斗连队。他的确有些音乐天赋，在唐山上学时，在学校乐队敲铜锣，在合唱队演唱"子弟兵进行曲"时，他用军鼓伴奏，分外出色。大概是这些原因，他工作不安心，还有点调皮，领导最后还是动员他做了文艺工作。刘大为万万没想到这个嚷嚷着上战场的小青年竟然还能教歌！

"别小看人，我能识简谱，主要是我听这儿的小学生们唱亡国之音，我受不了！"王世昌义正词严，还向同志们公布了他的音乐才华。这番言语刘大为觉得特别欣慰，因为到了敌占区，他的思想产生了一个"飞跃"。王世昌果然如换了一个人似的，工作主动，对文艺工作也发生了兴趣。每到一地，他主动地到学校去教年轻的教员和学生们唱抗战歌曲。从此以后，文工组的同志也练习着去教群众与战士们唱歌了。管桦常常握着他自制的漂亮烟斗当指挥棒，站在队前指挥大家唱歌。后来，据说有的学校的音乐教师也用烟斗当过指挥棒，大概是向八路军学来的艺术风度吧。

文工组第二次去昌黎县城南的荒佃庄附近的槐各李庄的高等小学去开展工作。在一间大教室给全校师生讲《论持久战》，宣传抗战必胜、日军必败的道理；接着又向他们介绍铁路北卢龙、迁安等县抗日根据地军民团结抗战的生活。最后，又轮到王世昌同志上场了，继续教唱抗日歌曲。

滦河岸边"千里草"　　王世昌用粉笔在黑板上写着歌词和曲谱。坐在后面的年轻女教师，从容而激动地走到刘大为面前，从书包中取出一卷油光纸，轻言慢语但又稍带紧张的口吻说："请看我写得对吗？"

刘大为随即展开纸卷。没想到是一卷刚刚印好的，我们上次教唱过的《中华民族》的歌片儿，还散发着油墨的香味。

"这是您印的？"

她先是微笑，然后又露出庄严的神色点着头，两只大眼睛眨巴着等候回答。

"太好啦！"刘大为代表文工组非常赞赏她的行动，同时，立即把歌片散发给正在学唱的教员和学生。女教师也拿起一张歌片儿，从讲台后面走到旁边，坐在风琴前，把歌片儿放在琴谱架上，熟练地弹奏着抗日歌曲，在她的伴奏下，大家唱得更加整齐、嘹亮，感情充沛，神采飞扬！

这位年轻的女教师，叫董淑寅，刚从昌黎女师毕业，就到这个小学来当教员。她热爱祖国，不甘心做亡国奴，而又报国无门。

她喜欢文学，不愿意昧着良心讲授经过日本人改过的语文课本。因此，她要求担任音乐、美术、体育这小三门功课。在音乐课上，她不教孩子们唱亡国奴的歌，只教授祖父唱过的曲子。找不到教材，就从电影流行歌曲中，选一些她认为正派的歌曲。正在这个时候，文工组来到了学校。照例，在王世昌教唱抗日歌曲之前，文工组向全体师生讲了一次话，从歌曲的阶级性讲到民族尊严，讲到抗日，讲到抗日根据地的歌咏活动。

董淑寅听过演讲，唱了抗日歌曲。当夜，竟激动得不能入睡。她本就是进步青年，阅读过巴金的《家》，并对人物做了精辟的分析，对年轻人应该走的道路有深刻的理解。因此，她对宣讲中的道理深以为然。而那些触及灵魂的歌曲，不论是歌词或是曲调，都是她有生以来听过的最好的诗歌与音乐。她不由自主地将黑板上的歌曲认真地抄录下来。

革命歌曲又唤醒了一位理想者，她勇敢起来，悄悄跑到办公室，把钢板、蜡纸拿回宿舍，俯首埋案，将抗日歌曲刻在蜡纸上。黎明前，她又回到办公室，印了一大卷歌片儿。文工组影响敌占区的青年知识分子走向抗日、走向革命。知识青年也同样鼓舞着文工组的同志们。戏剧队的李碧冰同志说："真是天涯皆芳草，我们的工作没有白做，滦河边就有这么一棵千里草。"文工组物色工作对象，往往把对方的姓氏拆开，于是把"董"隐语为"千里草"。李碧冰还感动地把他从晋察冀军区，跋山涉水背到冀东的至宝——油印的苏联短篇小说选借给董淑寅阅读。

这件事也使文工队受到启发，向每个学校的校长、教务主任布置任务，参与到翻印歌片儿的工作中。这么一来，歌片儿不仅是音乐教材，也变成了抗日的宣传单，如同插上翅膀，化为歌声，飘荡在滦河两岸，五峰山前，渤海边的大平原上。

漂亮的截袭战　文工队随武工队在昌黎县南部平原活动了两三个月，用歌声与行动赢得了群众的拥护。就像毛主席说的，笔杆子要和枪杆子结合起来，文工队的同志们也计划着用步枪、手榴弹、机枪和刺刀去消灭敌人。从分工上讲，这虽然是武工队同志的任务，但文工队的全体同志都要求参加这个战斗行列。

部队从崖上一带，突然隐蔽地开到昌黎城南的泥井附近，寻找战机。侦察员报告：从昌黎城到姜各庄的公路上，经常有日军的汽车队行动。一天夜里，侦察员背着一部缴来的电话机，悄悄将引线，挂在从昌黎到姜各庄的敌人的电话线上。听到两地伪军的对话，得知明天一早有三辆卡车到姜各庄一带抢粮，该次行动有日本兵参与。

文、武工队一合计，这不就是"惊喜"吗！机不可失，部队后半夜马上神不知鬼不觉在泥井镇北设下埋伏圈，架上两挺机枪，瞭望哨设在坟地的大树上，指挥所设在坟地南侧的小村子里。这个村子紧挨公路，一跳出院墙，马上冲到公路消灭敌人。挑好了伏击地点，剩下的事就是以逸待劳，让子弹飞一会儿。

拂晓，敌人果然出现了，坟地大树上的暗哨发出信号。

王世昌乐了，终于可以大显身手了。整个文工队只有刘大为和管桦两人有枪，但丝毫不影响王世昌的战斗热情。他从通信员手中借来两颗手榴弹，准备打个痛快，对刘大为说："先说下啊，一会儿敌人近了，我可得第一个冲锋。"刘大为一听急了："我们的任务是战场宣传，你要做好隐蔽，保证安全。"王世昌狡黠地点点头。

正说着，暗哨发出了紧急信号，一眨眼工夫，从地平线开来三辆卡车。哒，哒，哒，八路军的机枪先发言了。站在车上的伪军和日军像从簸箕里倒出来的黄豆般撒了一地，纷纷下车，挣扎顽抗。

战事胶着，刘大为眼睛都没顾得眨，一回头，王世昌还是不见了。只见，不远处一个战士，高举手榴弹，如离弦之箭，径直冲向日军汽车。那不就是王世昌？他是踩着冲锋号第一个音符冲出去的，敢情这三个月歌儿没白教，点儿踩得太准了。他一面冲一面喊："缴枪不杀！"刘大为眼见着日军卧在车底下向他开枪，赶快喊："王世昌，你快卧倒，这个仗这么打，我心脏可受不了，真是夭寿啊！"刘大为话音未落，王世昌已经将手里仅有的手榴弹甩到敌人卡车上，在爆炸烟雾的掩护下，如三级跳运动员一般干净利索地上了公路。敌人吓蒙了，在赤手空拳的王世昌面前竟然献枪投降了。这时，埋伏的武工队也冲了过来一同收缴敌人的武器。王世昌又巧妙地打开了敌人的油箱，划了根火柴，直接塞了进去。等到刘大为冲到王世昌面前，狠狠地打了他一拳头，用表扬的口吻说："你真是不要命！"

战斗仅仅用了几分钟，文、武工队大获全胜。除了打死的敌人，全都做了俘虏。当大家清点战利品时，远远地望见两个黑点向北逃去。王世昌又沉不住气，抄起一支三八式就是一枪，撂倒了一个。武工队的小队长喊道："别打，捉活的！"他追了出去。

许多年后，刘大为遇到了在唐山陶瓷公司工作的张战城，聊天方知那天追出去的小队长就是他。同时，张战城也说了个奇怪的事儿："战斗结束后，部队撤到槐各李庄一带去宿营，一路上群众看到我们带着俘虏，扛着缴获的武器，情绪高涨。可是，我有一个事儿没弄明白，我们离军分区那么远，怎么刚打完仗，下午军分区政治部印有关于伏击战胜利消息的捷报就在战士和群众中传开了。虽然事隔36年，我还是没弄清楚怎么回事儿！"

刘大为一听乐了:"这事儿,是我们文工队的手笔!"原来,文工队撤到槐各李庄后,刘大为和管桦立即根据在战场上目击的一切写成捷报。将稿子交给王世昌后,他灵机一动,拿着底稿说:"我去找千里草!"王世昌到小学找到董淑寅老师,和她一起用蜡纸刻好。然后,其他老师七手八脚地把捷报印了出来。为了壮大声势迷惑敌人,特意在捷报后落了"冀东军区政治部印制"的款儿。这张小小的捷报,大大地鼓舞了刚刚从战场上胜利归来的战士们。战士们交头接耳:"嘿,真叫快,早上打了胜仗,下午军区就把捷报印了出来,还写得这么详细,你说,这捷报怎么印出来的?"

《大众报》报社的灯光　为了更好地开展滦东的文化工作,发动群众,尤其是知识分子,需要编辑出版一份政治文艺综合性的刊物。创办刊物难度不小,一是文工组常年游击作战,四面日伪林立,连个稍微稳定的办报空间都没有。二是没有设备,先不说轮转机、油印机,连台石印机都没有,更别说油墨、印刷纸等耗材了。最大的困难是缺少工作人员。如今的报社,编辑部、经理部、业务部、办公室动辄上百人。战争年代自然无法比拟,但再精干,也得有一二十人吧。文工组原有八个人,韩大伟带着两名同志留在部队,只剩下刘大为、管桦、李碧冰、王世昌、张鸿斌五名同志,组成文艺轻骑兵,单独活动,最主要的任务是编辑出版这个杂志,还附带着印刷告敌占区同胞和敌伪军的宣传品。

为了办好报纸,五个人设法在昌黎县贴近滦河的岸边小村苟家套建立稳定的"编辑部"。苟家套地利颇佳,位于滦河入海的拐弯处,大家合计:假如乐亭的敌人发现,就凭着滦河天险,迅速转移,跟他唱"空城计";假如昌黎的日军从北面摸过来,就渡过滦河,转移到乐亭;万一乐亭和昌黎敌人联合南北围攻,五个人的文艺轻骑兵就乘坐一叶扁舟,沿滦河东进,驶入大海,同敌"水战"。除具"地利",更具"人和"。苟家套一带群众条件好,自从文工队、武工队从路北过来,常在这一带活动,现在已经开始建立抗日的区政府了。

根据地本就不大,敌人封锁严密,时而疯狂扫荡,没有绝对安全之处。苟家套就是日伪的"灯下黑",敌人如果乘卡车出击,一个多小时就能从昌黎县城到达。如果步行,天亮前正好包围这里。再看那间编辑部小屋,坐北朝南,时刻备战。这里是"不设防的文化机关",随时都可能受到敌袭,也有可能受到敌探、特务、汉奸侦察。杂志社五名同志挤在小屋中,白天不出门,晚上工作,一面办杂志,一面准备战斗。刻蜡纸的王世昌的炕桌底下放着手榴弹,李碧冰裁纸的菜刀也常掖腰间,要是敌人闯入,就先来一刀,进行"挑帘战"。

有杂志编辑部,就是有了根,文艺轻骑兵再也不用一边办刊物,一边天天打仗,夜夜行军了。然而,"巧妇难为无米之炊",刚建设的杂志社,最大的特点就是"一无所有"。刘大为将五个人的财产做了统计，两把小手枪、五支自来水管笔，还有离开部队时，武工队留下的五颗手榴弹。最珍贵的是办刊的文字材料，每人身上挎包里的大大小小的几十本，上面记载着在生活与战斗中积累的素材。除去这些，可以说是真的两手空空。

人不在多，重在精要；居无享乐，安全为上；没有设备，敌人制造。解决两手空空，要靠"妙手空空"。

奇人、奇地、奇报、奇会。为了统一思想，报社召开了第一个编辑会，不论"文"，而论"武"。会上，没怎么讨论编辑方向、创刊号内容等问题，着重研讨了怎么打游击，怎么渗透到敌人据点搞点工具。就像《游击队之歌》唱的那样："没有吃，没有穿，自有敌人送上前；没有枪，没有炮，敌人给我们造。"

日军在华北推行"以华制华"政策，给学校配备了油印机、钢板、蜡纸、印刷纸、油墨。尤其是靠近昌黎县城和据点的学校，物资更为充足。会上决定：五个人分两组，夜间骑上自行车，朝着敌人心脏地区出击，向周边学校教员宣传，让他们将印刷器材交一半出来，剩下一半应付敌人。经过宣传动员，一位家住苟家套，在城区附近教书的小学教员提供了重要情报：他们学校买了一架非常好的油印机，钢板三四块，"掘井"牌蜡纸七八桶，还有一令夹板纸。难点是，每天晚上，昌黎城南关有一个班伪军巡逻，最好是白天去。

这可有点难。光天化日，敌城寻宝，九死一生。夜袭强敌，以卵击石，"十死无生"。不去吧，报社舍不得崭新的油印机和夹板纸，就像是战斗部队舍不得重机枪和弹药。"战前"报社开了个战前诸葛亮会，最后制订了个大胆而又戏剧性的战斗计划，文艺轻骑兵打仗也要打出"文艺味儿"！

编辑们从老乡那借了辆胶皮轮大车，套上骡子；王世昌穿上老乡的衣服，当车把式；其余四人穿上棉袍，表面罩上大褂，打扮成教员；张鸿斌还向老乡借了一条红围巾，往头上一蒙，俨然一位女教员模样。太阳西偏，王世昌手执长鞭，手腕一抖，啪的一声，五人出发。四位"老师"坐在大车上，随随便便，有说有笑，过往行人还以为是新聘来的教员。就这样，王世昌把这些"教员"拉到了要去的学校。然后，分为两组，一组给全校师生讲话，宣传抗日救国的道理；另一个组说服校长和总务主任，将新油印机、钢板蜡纸、油墨和一令夹板纸捐献了出来。然后，编辑们在学校吃了丰盛的美食。蒙黑，拉着"战利品"凯旋。有了这次成功经验，同志们四处出击，没用多少日子，就将所有印刷器材和耗材准备齐了。

天时、地利、人和皆备，编辑社迅速进入状态，五人开始了紧张的写稿、撰稿、刻写、印刷、装订等工作。刘大为和管桦负责整个编辑工作，王世昌负责刻蜡纸，张鸿斌负责印刷，李碧冰除参与写稿，还负责装订。

入夜，点燃两盏煤油灯高高的灯芯。五人挤在一间明晃晃、亮堂堂的房子里，炕上对放着两张桌子，一张是刘、管两人共用，另一张王世昌独用，他一面刻蜡纸，一面与大家商量版式。张鸿斌在两张炕桌上的旁边，把油印机放在炕桌旁边，王世昌刻好一张，他就印一张。李碧冰从老乡家借来两个板凳并在一起，把夹板纸放在上面，又借了一把菜刀，把大纸裁成一沓沓十六开的小纸，供印刷用。他裁完纸，又帮着张鸿斌印刷，时而推油墨辊子，时而又掀开纸。

在这简陋的15平方米的茅屋中，诞生了中国共产党在滦东地区的第一本杂志，第一个编辑部、排字车间、印刷厂和装订房。当然，它还是整个杂志社同志们的"宿舍楼"。

不仅如此，它还充当了报社的大剧院。同志们从晚饭一直干到东方欲晓，整个通宵除了就着咸菜吃小米稀饭外，有时互相说说笑话，讲讲故事，唱唱歌，调剂精神。常来这里的村干部被这种工作精神所感动，从地主家借来留声机，几十张唱片中除有评戏、京东大鼓和流行歌曲外，竟有几张梅、荀、程、尚四大名旦和马连良、余叔岩、言菊朋等知名须生的京剧唱片。深夜，同志们累极了，就将窗户堵得严严实实，把钢板蜡纸推开，将留声机放在桌子上，上紧发条，按上唱针，就像在北京长安大戏院和天津大舞台的剧场里一样，欣赏着余叔岩和言菊朋的唱腔，这真是最高级的享受。

5个人苦心孤诣经营培育着报社，比一个年轻的母亲打扮着她的婴儿还细致耐心。是夜，创刊号印刷装订完成了，报社就像过盛大的节日一般，村干部也来祝贺，带头杀了狗（怕八路军深夜入村犬吠），用狗肉款待编辑们。文章千古事。一位老秀才也知道此事，备下一桌火锅佳肴，请报社半夜三更赴宴，庆祝创刊号问世。

"在世上行走，要有个响亮的名字"，报社觉得刊物的名字贵在通俗，人人都能明白意思，故名《大众报》。《大众报》包含多个板块：新华社的一些社论；根据毛主席著作编写，党和军队政策的通俗解释；介绍根据地军民合作抗日的文章。此外，还有报社自己的专栏"尖兵剧社一日"。

在这个版面里，每名编辑都写了文章。通过尖兵剧社一个工作日的工作，从各个角度，介绍根据地军民生活，八路军的文化艺术活动，人民军队团结、紧张、严肃、活泼的工作作风。重点是知识分子与工农兵的结合，向群众学习，而后写出反映工农兵的作品，以及将这些作品搬上舞台，受到群众欢迎的情形。读者能从文章中感受到炮火连天中军民团结的深厚情谊；战士们在硝烟弥漫的战斗生活中的文化气息；还有那一抹革命浪漫主义的色彩。报社有意为之，为的是吸收和他们一样有灵魂、有理想、有文化的知识分子，参加到剧社的工作。

穷社富刊，穷人家嫁闺女也要风风光光。刊物采用 16 开本，封面和重要的文章标题用红墨套红，封面要有木刻。大家一致推荐刘大为主刀雕刻。原来，尖兵剧社美术组曾合并到文艺队，如此文艺队就成了文学美术队，顾名思义，大家产生错觉，似乎文美队都会作画。有时刘大为将错就错，穿上画服，画了起来，一来二去，就喜欢上了木刻。那时，剧社有三位画家，耿介、安靖是北平读美专的大学生，可谓科班出身。卜雨是从华北联合大学美术系毕业的高才生，也精于木刻。

耿介同志，毕业于北平美术专科学校西洋画系，1935 年曾参加过鲁迅先生指导建立的八一木刻社。1943 年，耿介同志参加尖兵剧社之时，他不但带来了用卖地的钱购置的琵琶、小提琴、二胡等许多高档乐器，还带来一本珍贵的木刻教材《引玉集》。这本带到冀东的好书只刊印了 80 册，是鲁迅先生为了扶持发展中国的木刻创作编印的，花了许多精力。于是，耿介选了数十帧思想性、艺术性都好的苏联木刻作品，自费印刷成精美画集。这本书成了杂志社编辑《一年》的榜样。

有了老师，却缺少工具。卜雨从联大带来一套木刻刀，成了宝贝。既要努力学习，更要爱护工具，卜雨特意规定：每星期只许用两次木刻刀，就像是游击队的战士"每一颗子弹消灭一个敌人"。后来，刘大为奉命随武工队开辟路南。卜雨被派往十二团筹建前锋剧社，临行前急公好义的卜雨，慷慨赠予刘大为两把木刻刀，没想到《大众报》的筹办竟有机会让他展露刀法。

于是，刘大为有了处女作：一个农民坐在草地上正看《大众报》，并印在杂志封面上。后来，看过《大众报》的知识分子纷纷议论："八路军里真有人才，你看这《大众报》编的，不但有文学作品，还有美术作品，封面的木刻多精神。"刘大为俨然像管桦用烟斗指挥歌唱一样，成为既能写词，又能谱曲，还能木刻的多面手了。

刊物出版了，同志们离开日日夜夜穴居一个星期的苟家套小屋，并投入另一个战斗，分头到各个村子、学校去散发《大众报》。不能忘记，敌占区的人民，尤其是那些知识青年，第一次看到共产党、八路军的刊物之时，脸上流露出的惊喜的表情。剧社的同志们真正地体会到精神食粮的伟大作用。发完第一期《大众报》，大家怀着打胜仗般的愉快心情，又在一个半夜，回到苟家套的那间小屋，去编辑、刻印、出版《大众报》的第二、第三期。

在刚刚开辟的新区，又是敌人统治基础严密，被吹嘘为"防共模范区"里，长期扎根在一个村子编辑进步刊物的做法是非常危险的。五位理想者看到敌占区的人民群众如饥似渴地需要抗战文化粮食的急切心情，又被革命乐观主义所鼓舞，置生死于度外，继续坚守这块小小的文化阵地，把《大众报》办了下去。

后马坨的枪声 万般小心，最后还是引起了敌人的注意。某日，董淑寅赴昌黎县城看望同学，同学的父亲是伪教育局局长，昌黎县有名的绅士。同学从父亲手中要过《大众报》，看过后很受教育，希望能了解八路军剧社的事情。日伪局长手中竟然有刚刚刊印的刊物，同志们意识到报社的位置可能已经暴露，他们正处于极为危险的境地。

经多方调查，信息是在传递过程中泄露的。报社在苟家套工作，与路北根据地有书信联系，时常向领导汇报工作。同时，也将《大众报》寄给路北的抗日专员公署和迁卢抚昌联合县政府，以及尖兵剧社。投递方法是通过武工队和区政权刚刚建立的"沿村转送"的通讯路线。但是，由于新开辟的地区不巩固，有些信和印刷品在沿村转送过程中丢失。一些汉奸，假意为八路军送信，半路把汇报信和《大众报》交到了昌黎日本驻屯军司令部去了。

形势更紧迫了。不断有特务化装成收买狗皮的小贩，或利用走亲戚的方式，到昌黎城南、滦河边上来侦察"文化八路"行踪。领导和武工队负责同志了解到这些情况，非常关怀报社，立即派侦察员把编辑们接回部队，于是这支文艺轻骑兵组成的《大众报》社，撤离了苟家套，又回到武工队，跟部队一起开展工作。

昌黎、乐亭两县的敌人果然组织了一次"扫荡"。两县敌人经长时间侦察、布置，兵分两路，从南、北两个方面，夜半突击偷袭崖上、苟家套一带，妄图一举歼灭这支小小的文艺轻骑队，和他们视为眼中钉的《大众报》社。没想到，此时，报社早已随武工队转移到昌黎城东南角，靠近渤海边的后马坨了。

敌人扑了空，怎么善罢甘休，又向东边"扫荡"过来，依靠七八百名兵力和加强火力，拉成一条线，由南往北像一把篦子，一个村子一个村子梳过去。

大雪纷扬，武工队主力头天晚上在后马坨宿营。文艺组住在后马坨东边百米的小村子。村内有在北平上大学的学生，就住在这个大学生家，并想通过这个大学生的家属，让他上大学的儿子，想法儿从北平买回一些书籍和乐器。

后马坨一带离昌黎城很近，部队驻的次数不多，群众一直盼望着八路军。他们好不容易盼来了亲人，一大早杀猪宰羊慰问战士。同志们正在炖肉做饭，结果在后马坨村南以及文艺组驻扎的小村东都发现了敌人，他们形成一个半圆形，从正南和东西两边压了过来。

通信员传达命令，让文艺组向后马坨靠拢，部队准备在后马坨坚守，消灭进犯敌人。这时，敌人先头部队已达小村东头，试探着向西进攻。千钧一发之际，编辑们发现，房子里还有一捆新出版的《大众报》没来得及带走。于是，留下两个同志监视已经进到村东头的敌人，其他同志毅然地又转回院内，从屋里把《大众报》抢回来。同时，把锅里的红烧肉，淘在大盆里，端着跑向后马坨。这时，阻击进村之敌的同志，已经接了火。文艺组跑回后马坨，战士们已经在房上、院墙里做好了掩体，进入了阵地，当看到文艺兵居然在敌人炮火之下，从容地端回红烧肉，再加上传达命令的通信员的一番渲染，大家都开起玩笑来："嘿，剧社的同志真行！敌人都进了村还去端肉。"有的说："够意思，真沉着。"这时，一位年近六旬的老战士风趣地说："嘿嘿！你们把打仗看得跟演戏一样，这可不中啊。小同志！你们想吃肉，等咱们这一仗打胜了，转移到安全的地方，我请你们吃个够。"这话，带着关怀规劝的好意，也幽默地埋怨我们嘴馋。张鸿斌解释道："老同志！我们冒着敌人的炮火冲出来又返回去，主要的是为了抢回《大众报》，顺便把饭菜端来了。"王世昌不服地接茬："再说，群众慰劳咱这么好的猪肉，可不能留给日军和汉奸！要不把肉端回来，日军汉奸准一面吃着肉，一面耻笑我们狼狈地跑了，连饭都顾不上吃。老同志，你说，这肉该不该端来？"这一席话，把大家说笑了，老同志又赞许地点头说："说得对，等以后，再遇到这种情况，我一定还端着枪掩护你们。"

一锅红烧肉，一段趣谈，折射的是革命乐观主义精神。

这位老同志叫崔治善，是有名的神枪手。为了抗日，年已半百，不辞劳苦参了军，任射击教员。这时，十倍以上的敌人，严严实实地包围了后马坨。同志们依托院墙的射击孔、屋顶上的堡垒，阻杀冲进村的敌人。敌人的火力非常强，不但有轻重机枪，还配备有山炮。一开始，敌人的轻重机枪和山炮一齐发射，掩护步兵冲锋，妄图占领后马坨。冲锋的敌人被战士们的排子枪、手榴弹打回去，纷纷倒在雪地上不敢抬头。

刘大为和报社的同志跟崔治善卧倒在屋顶上。老神枪手说："你们捡一些小石块来，仔细地看着，帮我数着点儿，我打倒一个敌人，你们就往帽子里放一个小石头子儿。"说完，这位老神枪手，摘下自己的毡帽，放在身边。

这真是一场充满乐观主义精神，而又异常紧张的战斗。情况是严重的，战况激烈，战士们与老神枪手却打得是相当愉快。刘大为帮他寻找目标，三五秒钟后，砰的一声，他不忙不迭地问："第几个啦？"战士又往毡帽里放了一块石头子儿，说："第九个啦。"老神枪手也看了看毡帽里的九块小石子儿，满有信心地说："看这个样儿，等不到晌午，就可以超过一打啦！"正说着，发现前方不远处，村南边坟地，敌人布置了一挺重机枪，还有小炮，看样子，像一个前沿指挥所，此刻，一个腰里挎着指挥刀，手里举着望远镜的日军，正往村子里观察。指导员见此情况，斩钉截铁地下达命令："看！那个拿望远镜的，一定是日军的指挥官，老同志，把他打倒！"战士们带着兴奋的情绪嚷起来，"打！打！打那个指挥官！"老神枪手却一言不发，沉着地端枪瞄准，咬紧嘴唇，屏住呼吸，又砰的一枪，之后，他蛮有把握的一面敞开枪栓一面说道："第十个！"手执望远镜的日军，正应声倒在雪地上，刘大为则捡了一块大石头子儿，往帽子里一丢，说道："就这么办，打死日军指挥官，放大石头子儿，战后好算账。"

从清晨到黄昏，战事激烈，文艺组到其他阵地去，用老神枪手的战绩，宣传鼓动战士们。然后，回到老神枪手这里。雪越下越大，帽子里的石头子儿也越丢越多，最后，竟20多颗了。战士们一面打，老神枪手一面利用敌人当活靶子，教文艺组同志们实弹射击，同志们也亲手打倒了敌人。值得一提的是，毡帽头里的石头子儿，有3颗石头儿是老神枪手为授课而放。

战斗间隙，剧社的同志把那一锅红烧肉热了热，从屋内端到房顶，特地给老神枪手盛了一大碗。他一面高兴地在大雪里津津有味地吃着，一面在枪声中说："不赖，剧社的同志们做得对。以后，咱们还一块儿打敌人。"同志们也高兴地回答他："对。战斗中，你打，我们给你数着，丢石头子儿，给你做饭吃，战斗之后，我们把你的事迹编成戏，我们在台上演，请你坐在台下看。"

这一天，敌人妄图发动了七八次冲锋，都被武工队员给打了回去！没一个人冲进村来，反而在村外留了100多具死尸。夜来临了，鹅毛大雪也下得正紧。整个武工队，冒着风雪突围，从村北头冲出去，一直冲向昌黎城边，然后一个急转弯，从后封台车站东面，越过铁路，从敌人眼皮底下大摇大摆地转移到了根据地。

播火者　传播革命理想，培养红色人才，是我党我军文艺工作者区别于一般艺人的重要特质。刘大为慧眼识珠，在滦河两岸启发大量知识分子参加革命，充实到文艺队伍。为了给文工团和队伍培养文艺骨干，冀东军区鲁迅艺术学校成立了。劫夫兼校长，姚铁任教育长，黄河任组教股股长并主持讲授音乐教程，刘大为任教务副主任并主持讲授文学课程。鲁艺培养了一批文艺人才，还输送了一批人员到军内卫生医务战线。鲁艺的学生经过几十年的革命磨炼，纷纷成为专家、教授和各部门的领导以及我军高级干部。像曹克生，当年最小的学员之一，人们称他"小曹"，曾任原兰州军区政委，上将军衔，中共中央委员。可谓冀东鲁艺成果丰硕，业绩辉煌。

1945年春天，尖兵剧社的刘大为、韩大伟、管桦、李巨川和苏志远等人在路南昌黎、乐亭交界的滦河沿岸，配合敌后武工队，开辟抗日根据地。听说乐亭县何新庄办了远近出名的百善小学。这个小学图书馆有一套商务印书馆出版的《万有书库》。有一位叫武百祥的知名音乐家，此人喜爱音乐，会作曲，会拉小提琴，他演奏的广东音乐《平湖秋月》还被灌制过唱片。在何新庄老家还存放小提琴一类乐器。刘大为喜出望外，立即涉过滦河，昼伏夜行。通过敌占公路，穿过炮楼，直奔何新庄，去寻找《万有文库》。结果，这套书早已流失，武百祥本人也带着小提琴回东北去了。但是，在这里意外的收获是了解到何新庄有一位小提琴演奏家，名叫赵锡中，此人正在北平燕京大学攻读音乐专科，即将毕业。赵锡中早有抗日救国之心，但尚未找到走上革命的道路。

踏破铁鞋无觅处，得来全不费功夫。这时，前线文工队正在乐亭一带活动，遇到了名叫商殷的大学生，是赵锡中的同乡同学，他愿去北平动员赵锡中的同乡同学，他愿去北平动员赵锡中出来抗日。十七军分区肖全夫参谋长对此非常重视，批给了一大捆伪联合票，作为商殷去北平的经费。同时，刘大为又找到了毛主席《论持久战》这本书，武装商殷的头脑，让他去北平做赵锡中的工作，动员赵锡中早日到解放区参加抗日大反攻。

商殷到北平后，赵锡中大为振奋。他不但表示要立即跟着商殷奔赴冀东解放区，而且还动员爱人邓映时共赴征途。于是，在1945年6月下旬，赵锡中肩挎小提琴和爱人邓映时一起，来到了昌黎县赤崖，参加了冀热辽军区政治部尖兵剧社，当上了文艺兵。为了纪念他们的抗日行动，赵锡中一到游击区就化名为周方，邓映时改名为方怡。周方这位有才华的音乐家，就这样从一个灯红酒绿的大都会北平，怀着抗日救国的豪情壮志，毅然决然地来到了穷乡僻壤的冀东乡村，投身革命，参加了八路军成为一名为我军音乐事业做出卓越贡献的部队音乐工作者。

1946年秋天，刘大为等第二次去路南扩军，招收文艺兵，刘大为与管桦负责招生工作。冀东军区文工团在乐亭城里进行宣传演出，向知识分子和青年学生宣传保卫和平，反美蒋进攻解放区，号召青年人参加解放军，在知识界和学生中起了很大作用。同时，由刘大为作词、周方作曲，创作了《乐亭中学校歌》，并在学校教唱，轰动了乐亭城。当时，很快在乐亭中学和各分校招收了一二百文艺兵。

尖刀班的文艺兵 1947年4月15日，中共中央军委决定将冀察热辽军区划归东北军区指挥，拟在5月13日发起夏季攻势，在滦河东岸地区组织一次大规模的破交行动，切断关内外敌军的铁路及公路交通联系，阻滞华北国民党军队援助东北国民党军队，以确保夏季攻势的胜利。

1947年5月，冀东军区司令部在卢龙县北部靠近长城的燕河营村召开军事会议，研究切断北宁路——北平至沈阳的关内外铁路及公路交通的滦东战役。主战场就是位于燕山、渤海间的狭长地带的重镇,人口最为稠密的昌黎。5月17日,刘大为和管桦奉命从冀东军分区尖兵剧社来到人民解放军曾雍雅旅,以文艺战士、战地记者的身份,跟尖刀班一起去攻打昌黎县城。

大地静悄悄,战士们的心在跳。刘大为追随着老社长黄天曾指引的方向,翻越巍峨的五峰山,穿过芳香的果木园,前进到碉堡林立的蚂蚁山下,又沉着巧妙躲过敌人探照灯的搜索,长驱直入,进抵昌黎县城东关大街。

威武之师,倚天出鞘。负责攻城的是曾旅三十四团一营。三连是这个主攻营的尖刀连,三连六班则是尖刀的刀尖——攻城突击班。为了深入作战前线,即时记录战斗,指挥员同意了刘大为的请求,紧跟突击班火力组爬云梯第六个登城。

战前,部署攻城的战术动作会议就已经确定。突击班的具体部署是,最前面两个爆破组的战士,腰里别上集束手榴弹,举着手榴弹爬城开路。后面三名战士组成火力组抱着机枪登城,掩护爆破组继续前进。下半个班立即跟着登城占领西侧,巩固缺口让全连火速突破。参加突击班就意味着直面守城敌军第一波饱和打击,时刻面临牺牲之险,刘大为与管桦却同时申请了这个岗位。

管桦跟随部队攻打玉田时,曾缴获一台照相机。攻打昌黎前,刘大为建议他用这台相机拍摄攻城战斗,不要参加突击班。管桦却以照相机没有闪光灯不能在夜晚拍照拒绝了,意思是还要争一争这次机会。刘大为说,晋察冀军区拍摄科长吴群,也来参加攻城战斗。他有镁粉,却没有反光器。他研究了一个土方法,用搪瓷碗装上镁光粉,用火点燃的同时,摄影师立即打开快门。刘大为用这个亘古未见的火柴搪瓷罐镁光摄影法,赢得了吴群和战士们的支持。

23点50分到0点10分,经过20分钟短暂而激烈的交战,突击队占领东城墙后,从北门、西门又传来了友军攻城的枪炮声和胜利的军号声。

第二天,刘大为和管桦,面对面地坐在昌黎鼓楼东街路北一家商号账房的八仙桌旁,在隆隆的枪炮声中写完了第一篇报道《20分钟——攻占昌黎目击记》。

放下笔,两人又冒着火炮到了炮兵阵地,目击了一场战争奇观。原来这门炮既无瞄准镜,又仅有几发炮弹,还要留给下个据点用。这就意味着,战斗要求这门大炮必须一发入魂。两人亲眼看到一位炮兵,目视纠正角度,然后装上炮弹,只打一发,就将敌人鼓楼工事炸了个稀巴烂!

下午,两人又完成了第二篇报道《昌黎新中国成立以后》。正在写第三篇《战争奇观一发炮弹摧毁蒋军三年的工事》时,忽然接到命令,让他们到城东北五里之遥的一个小山村去完成新的任务,去给昌黎的中学生和他们的教师讲演。

战火中，攻城部队为了保护学校师生，冒着炮火把汇文中学、北关女师、昌黎中学的在校师生，护送到城外的小山村。刘大为接到命令，要趁此机会向敌占区的学生、知识分子进行宣传，讲解国内外形势，解放区人民的生活，并且一起探讨知识分子应该走的道路。

22岁的刘大为，俨然成为革命经历丰富，年轻的知识分子、文艺工作者的导师了。

1947年5月19日清晨，昌黎第一次解放的次日，有近千名师生，集结在昌黎县东北部村头果树林边。当刘大为站在一个小山坡上，向着渤海，向着这么多青年学生讲演时思绪万千。

刘大为在回忆录中写到这段经历："那天，我眼前似乎浮现了滦河岸边的苟家套我们编过《大众报》的那间茅屋，还有许多熟悉的身影，其中有赤崖高小学生、少年共产党员赵郁清和她的同伴刘书媛、李荫秀，槐各庄高小的年轻教师董淑寅，槐各贾庄的知识青年贾玉英、吴光田和贾玉衡，大滩的刘继玉等有良知、反封建、要求抗日救国的青年们。从1943年冬季开始，我和管桦年年都要到昌黎南部滦河岸边做发动知识青年参加抗日的工作，他们当中有的毅然投笔从戎，参加了八路军；有的向我们倾诉衷肠，秘密地帮助我们进行抗日工作；有的甚至到城里去接应我们从北平动员到解放区来抗日的音乐家。那时，我们谈抗日，谈理想，也谈革命胜利之后，我们一起畅游碣石山的打算。如今，我们第一次解放了昌黎城，面对着你们的同辈，我们自然想到你们，也想到我面前这些青年学生也跟你们一样。因此，我的讲演，很自然像和老朋友谈心一般。"

三、"冀东文艺三剑客"之管桦

管桦，原名鲍化普，1922年1月生于河北省丰润区。父亲鲍子菁是抗日名将，冀东大暴动的重要组织者，曾任抗日联军第五总队参谋长。管桦1940年参加革命，毕业于华北联合大学文学系。曾任冀东区党委机关报《救国报》随军记者，冀察热辽军区尖兵剧社文艺队长、文艺工作团副团长。

"人称刘管相偕伴"

管桦与刘大为关系十分紧密。

1942年4月8日，两人在"小延安"鲁家峪，分别担任《尖兵报》和《救国报》的编辑和记者。时逢日军四千余人扫荡鲁家峪，管桦和刘大为隐藏在一个山洞，同日军苦战了五天五夜。刚入山洞，十几位同志还利用洞中修建的隐蔽洞，点燃蜡烛，用山石做桌，改稿编报，一面战斗，一面工作。三天后，干粮吃完了，水也喝光了，饥饿难当，大家用舌头把洞中石壁上渗出的水珠儿都舔干了，稀薄的空气连蜡烛也点燃不着了。人们挤坐在20平方米左右的暗洞中讲故事，相互介绍自己读过的作品。管桦朗诵了高尔基的散文诗《海燕》，又小声唱起高尔基作词的《囚徒歌》。大家轮流唱起自己心中最喜爱的歌，并相约冲出包围后胜利会餐。

　　出洞不久，刘大为与管桦一同调到冀热辽军区新建立的尖兵剧社工作，分别担任了文艺队的正副队长，在漫长的抗日烽火中两人始终没有分离。从1943年直到1946年四年当中，每年两人都一起从燕山长城边，突击到滦河之滨的昌黎、乐亭的三角地带，组成前线文工团和敌后武工队紧密配合，开辟新区，在新解放区编辑出版文艺刊物，给刚刚解放的学生和群众编写抗日课本，教唱抗日歌曲，唤醒了被日军侵占了的城镇乡村，动员了大批知识分子参加抗战当了八路军，被当地群众亲切地称为"文化八路"；驻守在昌黎、山海关的日军头目则惊呼："文化八路大大的厉害！他们编的刊物，教唱的歌曲，和八路大部队的机枪手榴弹一样！"

　　抗战胜利后，战斗更加频繁，几乎三天一小仗，五天一大仗。打埋伏时两人趴在一个堑壕里，夜晚突围冒着漫天大雪迎着呼啸的子弹，两人紧密配合，一步不离。在攻占昌黎的战斗中，刘大为跟随突击队一起从东门北侧云梯登上城墙，管桦则冒着弹雨在城根下为刘大为和突击队拍照。

　　在战争中，管桦与刘大为合写过多部剧本和歌曲、战地通讯，曾经演出传唱给冀东军民，由于当时战斗环境残酷，大都没留下底稿，许多老区军民读过两人合作的作品，亲切地把两人的称谓"刘管"视为一人。曾有一位新参军的小同志愣是说文艺队长就一个人，名叫"刘管"。《救国报》主编陈大远开玩笑说，如果让他写一部抗战史记，他会写一篇刘管列传。

　　管桦曾写过一首短诗，并绘了一帧墨竹赠予刘大为。画云："诗虽短，却是多年来得意之作，而竹节根扎大地，乃松梅之友，正好象征我们在斗争中诞生的友谊。"

　　诗云：

　　回首当年，

　　兄弟相偕相伴，

图 4-5　我军突袭昌黎县西门

人称刘管。

足遍燕山八百里，

炮火纷飞谈笑间，

友情如火，

塞外风雨不塞。

诗中所咏吟的"刘管"就是刘大为和管桦的并称。

2001年6月，管桦、刘大为应央视之邀，同赴两人的战斗之处，燕山滦河畔的长城线上，共忆抗日故事。管桦赋诗纪实："白首壮心浮沧海，刘管浩气走山林；脚下云中长城路，犹闻战马啸西风。"

他是文学家、艺术家，也是前辈。

管桦关心战友，更善于鼓励、教导小同志学习进步。1943年春，管桦与王维汉到十二团三连帮助开展文艺工作。管桦大王维汉四岁，就像兄长对待小弟一样关心爱护王维汉，教他怎么帮连队开展文娱活动，怎么进行战时政治工作。一次，部队打完一仗转移到昌黎路北区的山善庄。正逢中秋，管桦用稿费买了两斤牛肉丸子，晚上，两人坐在老乡炕头，月光照进屋子，边吃丸子边赏月，畅谈文艺创作。前几个月管桦曾给刚到尖兵剧社的小同志们讲文学，课文是《海上日出》，课后让小同志每人仿写篇作文，题目自选。王维汉写的是塞外的落日，几个月过去了，管桦还记得清楚，这天晚上，他详细分析了这篇散文，肯定了好的地方，指出不足，一直谈到深夜。在管桦的细心教导和培养下，这些小同志都飞速地成长。因为各个军分区文艺人才都十分紧缺，不久，王维汉就调入长城剧社任领导岗位。

1945年敌人"扫荡"最疯狂的时期，也是尖兵剧社成长最快的时期。这年

图 4-6 昔日生死与共的三个八路军战友，发展成三户通家之好。1957年大年初一，刘大为夫妇、管桦夫妇、黄河夫妇合影。

春天，一支精干的冀热辽军区尖兵剧社派出的小分队，有管桦、刘大为、韩大伟、李巨川、苏志远来到董庄抗日中学，讲述抗日理论、进步文化。当时谷莹也正在抗日中学读书，谷莹的家乡是李大钊同志的故里大黑坨村，她自幼受到革命风气潜移默化的熏陶，很容易接受抗日救国的道理。由于谷莹爱好文艺，喜欢舞蹈，很快被挑选进入尖兵剧社。与此同时，在昌黎、乐亭一带一大批年轻的文艺工作者加入剧社，其中詹真辉、张洛、苗淑云等不久就成了戏剧队的主力。

在这所没有围墙的革命学校，管桦、刘大为等老大哥对这些刚出校门的十四五岁的小姑娘关怀备至。在精神食粮缺乏的游击环境中，千方百计地为她们搜集革命和文艺书籍，为其"进补"。那些珍贵的启蒙教育包括《共产党宣言》《钢铁是怎样炼成的》《铁流》《毁灭》《日日夜夜》等，还有艾青、田间的诗。

一日，管桦为谷莹送来一本《新闻学》，说这是基础素材，对于干文艺这一行也是有用的，可以写通讯，写歌词。谷莹如获至宝，把《新闻学》抄写在纪良为其装订的本子上。在这期间，谷莹还认真阅读了管桦和刘大为合写的挺进东北收复失地的长篇通讯《出关进口》，它强烈的思想性和真实客观的表现手法，对谷莹联系实际学习《新闻学》大有裨益。这些潜移默化的熏陶为谷莹日后进入报社担任编辑打下了基础。谷莹也试着写通讯、写歌词和小诗，有的还居然上了《冀东子弟兵报》。

管桦不但教授小同志书本知识，更难得的是"无字的书"。战争年代，每天行军打仗,疲劳不堪,管桦却边走边打腹稿。到了宿营地,不管炕头上,还是墙角边,在吹拉弹唱的嘈杂环境中,管桦总是分秒必争地埋头写作,许多剧本、小说、歌词就是在这种艰难的条件下问世的。

1945年农历八月十五,在攻打玉田县的炮火声中,准备参加总攻战斗的间隙,管桦与刘大为一会儿提笔写作,一会儿持枪轮流放哨,连夜赶写出揭露蒋敌伪"合流"阴谋的活报剧《合流》,玉田刚刚解放,《合流》就排演了。由郭东俊导演并扮演剧中伪军费团长,刘大为演国特,管桦演"书记官"。经典剧作《合流》迅速在滦东地区传开,成为多个文工团、剧团的保留剧目,并跟随冀热辽大军出关演出。

管桦的乐观精神也感染着身边的小同志。管桦给初参加革命的同志的印象是忠厚、庄重、内向甚至有点严肃。可是,接触不久就发现,他有时十分幽默、风趣。一天,夜行军,管桦边走边打盹,猛然摔了一跤,碰破了鼻子,黄河大笑着说道:"这可真是和大地的亲吻,爱这土地,爱得深沉。"管桦却顺手哼出两句诗:"走没了太阳,又走出了太阳。"协理员郭东俊在一旁加了一句:"天愈黑,愈显星星亮。"有一次,文学美术队集体照相,管桦见到谷莹梳了齐肩的小辫子,便逗乐子说:"谷莹头上两把刷子,可以刷标语了。"小同志们在艰苦的环境中磨炼,在革命大家庭中受到激励和鼓舞,打消想家和怕苦的念头,忘掉双脚打泡的疼痛,日日夜夜风风雨雨行进在革命队伍中。

《我们的田野》

管桦一生作品良多,他讴歌抗战、讴歌胜利、讴歌正义,也赞美生命、赞美孩子、赞美幸福。他是坚定的革命者,是战士,是编辑、作家、艺术家,也是一名浪漫的诗人。

管桦的作品广泛存在于文学、书画、曲艺等各个专业领域,人们可能不记得他的名字,但其作品却被大众熟知。即使对他毫不了解的人,都听过那首动人的歌曲《我们的田野》:

> 我们的田野,
> 美丽的田野,
> 碧绿的河水,
> 流过无边的稻田。
> 无边的稻田,
> 好像起伏的海面。

平静的湖中，
开满了荷花，
金色的鲤鱼，
长得多么的肥大。
湖边的芦苇中，
藏着成群的野鸭。
风吹着森林，
雷一样的轰响，
伐木的工人，
请出一棵棵大树。
去建造楼房，
去建造矿山和工厂。
森林的背后，
有浅蓝色的群山，
在那些山里，
有野鹿和山羊。
人们在勘测，
那里埋藏着多少宝藏。
高高的天空，
雄鹰在飞翔，
好像在守卫，
辽阔美丽的土地。
一会儿在草原，
一会儿又向森林飞去。

大风高歌壮士曲

　　管桦的文学创作，多诞生于真实的战争环境，使人沉浸在当时炮火纷飞的历史之中。那时，连续的行军，连续的战斗，加上东北风雪如刃，非常艰苦。管桦望着北行的军旅，漫天飞雪，即兴写了一首短歌。这首短歌展现的是冀东文艺战士随大军出关作战的情景，后来被收入魏巍主编的《晋察冀诗抄》里。

望不尽的草原，望不尽的大陆，
　　无边的白雪，静静的波浪，

> 长长的行列，钢铁的城墙。
> 炮车隆隆，刀枪儿响亮。
> 战马啸啸，铃环儿叮当。
> 汗水变成冰，鬓结白霜。
> 渴了吞冰雪，大风做衣裳。
> 艰苦的路程，是通往胜利的路程。
> 打了个歼灭战，又打个歼灭战，
> 走没了太阳，又走出太阳。

战事是艰苦的，带来胜利的同时，也暴露一些问题。艰苦的行军作战与生活环境，使一些战士，尤其是参军不久的农民，不了解运动战的意义，思乡情切，开了小差。政委李中权要求尖兵剧社根据这样的情况编写一个剧本演出，教育战士。

战争时代的文学艺术以团结人民、教育人民、打击敌人为前提。毫不含糊，尖兵剧社完美地完成这个紧急任务，派出了最强干的管桦和劫夫，编写剧本。

最大的问题是没有安静的写作环境。尖兵剧社（后为冀热辽军区文艺工作团）随战斗部队，住在战场旁边的一个村庄。这里是火线上最前沿的第一个医务站，尖兵剧社住在这里，是因为剧社的同志，有的做战场宣传鼓动工作，有的运送担架，有的救护伤员，而管桦和劫夫留在村里赶写剧本。增援部队开到村里，两人忙把房间腾出来给战士们住，到村外打谷场的谷垛旁边继续写作。紧靠打谷场北，只隔一个小山头的那边，就是正在厮杀的战场，大炮响雷似的轰鸣。机枪、步枪风暴一般呼啸。如果没有小山头阻挡，这里就会弹雨纷飞。两人在枪炮轰鸣中写作，心情并不紧张，此时，敌人已被我军包围。虽然如此，这也是局外人无法理解的创作生活。有时抬下伤员的人，不知医务站在哪里，管桦放下笔给他们带路。夜晚，管桦和劫夫就睡在柴堆里。秋夜的冷风，狼一样在耳边嗥叫，撕扯着柴堆。因为年轻体壮，他们并不感到艰苦，依然沉沉入睡。

歌剧最终写成并成功演出。写一个冀东新参军的战士王昌明，因不了解运动战的意义，怕吃苦，想家，开了小差，但一路上饱受冷饿的困难和被特务刺伤的危险，路遇冀东民兵，人人引为羞辱，昌明终于打通思想，自动归队坦白，要求杀敌立功，故该剧取名《归队立功》。演到战斗场面时，打开天幕，观众眼前出现的场景是根据自然地形装置的敌人地堡和鹿砦，主人公王昌明和同志们，冒着敌人的炮火和弹雨冲上去。观众响起风暴般的掌声。每次演出，都受到广大战士们的欢迎。

战士归队立了功，冀热辽军区也给尖兵剧社全体同志立了大功，同时给管桦和劫夫同志各立一大功，荣获朱德奖章各一枚，全军通令嘉奖。嘉奖通令上是这样写的："《归队立功》一剧，为我部队战时文艺创作之重要收获……其形式采用小歌剧形式，不用什么布景，音乐带有浓厚的'冀东影戏风'，台词能做到战士化、地方化，特别在演出战争场面时，能打破舞台圈子，利用'自然景'，使战斗动作得以生动的表现，实际解决了'舞台上不好表现战争'的困难。它不仅适宜反映了部队实际问题，有力地积极地配合了政治任务，而且能抓住战时戏剧的特点——尖锐、生动、简便，以战士自己的语言来描写战士的心理与生活；又能从实际出发，大胆创造，所以每次演出都得到广大战士的欢迎，对巩固部队工作做了很大的贡献。"

图4-7　管桦、劫夫与黄河

管桦与《小英雄雨来》

那句不止激励过一代人的名言警句："我们是中国人，我们热爱自己的祖国！"出自中篇小说《小英雄雨来》。该作早在中华人民共和国成立之初就被选入了全国中小学语文教科书，感染和教育了不止一代人。对于作者管桦来说，雨来的形象绝不是凭空想象的。他是全面抗战年代里冀东少年儿童的一个缩影，这其中也包括管桦本人在内。小说中的芦花戏水、星夜攻读、智护交通员的情节，苇丛雏鸭、五谷飘香的田园风光景物，鲜活的方言土语，无一不是数十年前那场波起云涌的民族解放战争中燕赵大地的真实写照。

1940年，管桦离家奔赴抗日战场，长年转战南北，但浓浓的乡情，给他留下了无限的眷恋。他从小亲身经历目睹了年长他几岁的本村儿童团团长，带领一群天真无邪的儿童，站岗放哨，给八路军送鸡毛信，上树瞭望，捕捉敌情。从军后，童年时代的情景，总像演电影似的一幕幕在脑海中浮现。就这样，他创作了以雨来为主人公的《雨来没有死》。这成了管桦创作生涯的开端。

1944年正月，尖兵剧社的管桦同刘大为、李碧冰、王世昌四人到北宁路南的昌黎、滦县、乐亭一带活动。当地的领导委托管桦为小学校编写语文课本。四人便在昌黎县南部的一个小村庄里安顿下来。管桦完成了任务，这就是小英雄雨来最初的蓝本。

1948年，管桦因病离开部队，到东北鲁迅文艺学院研究室做研究员。将抗战中见闻的那些孩子，缩写成一个小册子。初稿写成后，管桦首先请当时任鲁迅文学院研究室主任的周立波审阅。周立波被小说中主人公雨来的精神所吸引、感动，连连称赞这篇小说写得有骨头有肉，非常值得一读，是一篇不可多得的佳作。周立波鼓励并指点管桦继续写下去，要写成一部真实反映冀东人民抗日斗争的中篇或长篇小说。

《雨来没有死》这篇处女作，1948年发表在《人民日报》的前身《晋察冀日报》上，受到了广大读者的一致好评。中华人民共和国成立之初，教育部一位负责语文教科书的编审专程找到管桦，告知他《小英雄雨来》被选进了全国语文课本。从此，小英雄雨来便成了整整一个时代全国少年儿童心目中的英雄。直到如今曾经学着雨来的故事长大的人们和正在学着雨来的故事成长的孩子们，都常常会重温《小英雄雨来》中那句不止激励过一代人的名句："我们是中国人，我们热爱自己的祖国！"

生命与"管家竹"

文学创作之余，管桦喜欢绘画，尤其喜欢画竹。他欣赏竹子那种自然清丽，拔节上长的风韵。"管家竹"不勾勒竹节，节在无节之中，是他对社会对人生的深刻体悟。他觉得"为什么我走进无边竹林的时候，会给我一种新的喜悦和力量。挺拔雄健的气概，覆盖大地的繁枝密叶，冰雪风霜里也不曾褪色的苍翠碧绿，使我想到伟大祖国和她深藏着一切神圣的东西"。

关于"竹之爱"，管桦多次谈道："我在儿童时代听祖母讲，先朝忠臣寇准被奸臣害死后，人们插竹竿挂纸钱跪祭寇准灵车，这些竹竿很快长成一片竹林，人们在竹林里盖了一座'寇准祠'。在我幼小的心灵里，翠竹便成了忠心报国的象征，便成了刚直、忠诚、谦虚、善良、敢同邪恶做斗争等美德的象征。竹子青竿碧叶就像雕饰的美，而它在风刀霜剑之中更显英姿的美。"也正因此，他爱竹、植竹、画竹。管老的墨竹，独创画风，自成一体，为中外行家所称颂，在艺术界有"管竹"之誉。

管桦一生爱竹，在他的住所门口就有他亲手栽植的竹子，刘开渠曾因此为他题写匾额"有竹人家"，管桦的墨竹也被誉为"管竹"。艾青曾在管桦的墨竹上提写"竹如其人，人如其竹，我爱其竹，更爱其人"来赞美这位从战争和苦难中走过来的战士作家。他的画作也被业内所认可，巨幅墨竹《沉雄》《天风海雨》分别被多家博物馆收藏。

图 4-8　"三剑客"与小提琴手

管桦晚年爱好广泛起来，除了谱词、小说、散文，又画起墨竹，留下许多经典诗作。就像那本著作《生命的呐喊与爱》一样，因其时常出现阵痛而呐喊，因这个世界如此令人神往而爱恋。管桦的诗作不多，但每有创作都充满激情，朗朗上口，发出金石之声。在所有诗作中，艾青最欣赏"大风高歌壮士曲，浪花飞写英雄篇"。这是管桦长篇小说《将军河》的"卷头诗"中的最后两句，也是他自己的平生写照。

四、"冀东文艺三剑客"之黄河

"三剑客"中黄河参加革命最早。他在冀东文艺工作者中地位特殊，他是尖兵剧社音乐队长，名列"三剑客"，又跻身"乐坛四杰"。他所谱曲的《唱苏河》《我们的国旗到处飘扬》《拥军爱民对唱》《庆祝党的二十五周年》等歌曲成为那个年代永恒的经典，至今被人传唱。

黄河与延安抗大

黄河，原名刘小波，字静之，1923年生，河北省霸州人。

他在回忆录中这样介绍他的家乡："我出生在天津附近大清河畔一个小小的村庄。哺育我的大清河水，从我家门前缓缓流过，流经天津九河下梢，便滚滚地汇入大海了。幼年时，我常听人们说起天津这童话般的地方。那时，我不认识她，只是在我小学读书之后，才从商务印书馆出版的《小学生文库》中，对她产生了朦胧的认识……这时的我，已不再满足眼前小小的天地，多么希望像大清河水一样，流经她的怀抱，去亲眼看看这大千世界。"

13岁那年，想"亲眼看看这大千世界"的黄河，跟随在北平民国大学任教的舅父，途经天津，前往北平念书。1937年，日军发动卢沟桥事变，北平陷落。初中未毕业的黄河，不得不辍学，离开沦陷的古都，和许多热血青年一起参加了吕正操领导的冀中人民抗日自卫军，在冀中大平原上抗击日军。

1939年1月1日，黄河考入延安抗日军政大学，被编入三大队，在抗战期间，黄河与著名音乐家郑律成相识，结下深厚友谊。郑律成是朝鲜全罗南道光州人，1933年到中国南京，从事秘密抗日活动，并师从俄籍女声乐家克里洛娃学习音乐。1937年冬，郑律成赴延安，先后在陕北公学、延安鲁艺学习。毕业后在抗大、鲁艺任教。抗战胜利后回朝鲜，1950年再度来华。他的代表作有：《延安颂》《中国人民解放军进行曲》《朝鲜人民军进行曲》《中国人民志愿军进行曲》等。也就是说，中国人民解放军、朝鲜人民军、中国人民志愿军军歌曲均由郑律成一人创作。这是一位富有传奇色彩的音乐家。

1976年12月7日，郑律成同志因脑出血逝世。黄河在追忆郑律成同志的文章《一生烽烟里，浩气谱新歌》中回忆了自己在抗大时的火热生活，他写道："我是在全面抗战初期，在延安抗日军政大学认识郑律成的。那时，他作为音乐指导，曾不知疲倦地奔走于各个学员队之间教唱歌曲。我作为抗大的一个大队的歌咏指挥，和他有过不少接触……在延安的宝塔山下，清凉河边，他不过二十出头，我还不到二十岁。他常披着一件缴获来的日本军大衣，来到我们大队教唱歌，包括教唱他自己谱写的战歌。他走到哪里，哪里就爆发出排山倒海的歌声。他曾把在全面抗战时期从敌人手中缴获来的一把日本军刀赠我，我一直挂在墙上……就在前不久，'四人帮'还在猖獗的时候，他到长春来写电影音乐，我去看他，我们躲入个房间，把门反锁上，一倾积愫，彼此把心底的郁闷，翻箱倒柜地吐了个痛快……我没有想到律成同志会过早地离开人世。当噩耗传来时，泪水模糊了我的眼睛，我不相信这会是真的，他怎么会死……直到今天，每当我听到他谱写的解放军军歌时，我依稀觉得律成同志还活着，还在和我们并肩前进，向着一个坚定的方向！"

音乐队长唱苏河

1941年，黄河同志参加晋察冀军区抗战剧社。1942年，赴冀东抗日根据地组建尖兵剧社，并任音乐队长。1942年冬天的一个晚上，尖兵剧社刚刚跳出日伪军的"铁壁合围"，转移到一个村子里。他们在禾场上用苇席和松杆搭起台子，燃起篝火，准备演出。这时候，一位游击队侦察员来到后台，向正在化妆的演员们问候。大家向他打听游击队长李恩良的情况，他沉痛地讲述了李恩良和41位战友壮烈牺牲的经过。在反"扫荡"战斗中，李恩良的游击队完成了牵制任务，撤退到苏河岸边时，被敌人包围。游击队拼杀了一天，打光了子弹，高呼着"八路军万岁！共产党万岁！毛主席万岁！"跳进了苏河，全部壮烈牺牲。

尖兵剧社副团长，后来写出长篇小说《将军河》的著名作家管桦同志听了这一气壮山河的事迹，激情难抑，写下了《唱苏河》的歌词。

苏河岸上的花呀为什么这样的红？
土地的润泽还是血染了它？
你问那涛涛的流水声，
它会对你讲说一件大事情。
一件平凡又动人的故事，
就是那四十一个好英雄。
他们的队长叫李恩良，
带领着四十一个好弟兄，
出没在敌人的心腹地，
一天住在一个小村庄……

这是一首34行的叙事诗，黄河为《唱苏河》谱了曲，全曲共分7段。尖兵剧社将它排练上演，很快《唱苏河》这首歌便在冀东抗日根据地唱开来了。

化整为零进滦东

1945年7月，尖兵剧社化整为零，分为四个小组到冀东各地开展活动。其中，张茵青带领邓子如、刘润甫等一个组去长城下滦河边搞生产；田篱带领刘健夫、李树仁等十多个同志一个组赴十八分区（武清、宝坻、宁河）开展宣传工作；刘大为、韩大伟、李巨川、苏志远、管桦等一个组到十七分区（北宁铁路以南的昌黎、乐亭、丰润南部）一面扩大队伍，一面开展文艺创作与活动；黄河带领康占元、周苏、张君如、张晓韵、贾淑琴、高凤官等为一个小组，到十六军分区与前锋剧社陈自新、秦兴汉等一起在昌黎、滦县、乐亭、抚宁一带开展演出活动。那时，十六军分区前锋剧社刚刚成立不久，而黄河等尖兵剧社的同志们已经是斗争经验丰富、专业娴熟的冀东文艺战线的"老战士"了。在一起的战斗与生活中，自然起到了对兄弟剧社宣传工作的扶持、指导作用。

我们的国旗到处飘扬

在所有黄河谱写的抗战歌曲中，有悲悼牺牲的，也有庆祝胜利的。1945年8月，期盼已久胜利的消息终于到来了。同志们却是悲喜交集，一个月前，社长黄天、音乐队长今歌等同志刚刚牺牲在杨家峪，没能看到黎明的曙光。同志们呼唤着牺牲的战友的名字，失声痛哭。接着，又擦干眼泪，立即投入了创作庆祝胜利的新作品的战斗中。刘大为、管桦、耿介同志连夜赶写一个庆祝抗战胜利的独幕话剧的时候，黄河提出立刻写出首歌唱胜利的歌词。距天黑只有两三个小时了，写得成吗？黄河断然地说："一定要写成！我马上谱曲。明天，我们就让这支歌伴随着冀热辽的军民去夺取新的胜利，挺进东北，收复失地！"

刘大为一个人，走出村外，此时，沐浴在阳光下的冀东大地，已是秋意深浓，他凝望那村前的小河，那布满在大平原上的嵌着整齐的绿色菜畦的一户户院落，思绪万端，脑海里映现出庆祝胜利的不寻常的场面，以及不久前从渤海边开展工作回来时的情景，这时他仿佛又一次看到大海，海也在欢腾着喧闹着和我们一起迎接胜利。于是出现了这开始的两句歌词：

像雷在轰动，海在呼啸，
中华民族战胜了日本强盗！

接下去浮现出黄天、今歌和那无数个为了抗战胜利而牺牲的烈士的身影，歌词很快从心底涌出来：

八年来，我们苦战在敌人的心脏，
　　我们血流在亲爱的土地上。
　　如今啊，苦战八年的土地开了花，
　　血汗换来了伟大的报偿。

在胜利的欢呼声中，有一个最强音，那就是朱总司令代表党中央给冀热辽同志们下达继续向东北进军的命令。向前！向前！向前！于是后来便形成了下列的词句：

　　军队和人民勇敢向前，
　　胜利的旗帜到处飘扬。
　　飘在长城上，
　　飘在扬子江，
　　飘在失去的东北，
　　飘在祖国的边疆。
　　我们的旗帜鲜明，
　　我们的队伍坚强，
　　我们高呼万岁啊，
　　我们的幸福永无疆！

就这样，不到一个小时就完成了这首歌词的创作。这是刘大为一生所作歌词中写得最快的一首，也是流行最广的一首。自然，这和几十分钟之后，黄河为这首歌谱曲，为它插上旋律的翅膀是分不开的。

这首歌的曲调，同歌词一样，是黄河在很短的时间里谱成的。他说，这段火热的战争生活，虽然已是40年前的往事，却始终难以忘怀。回忆起来，仍是那样清晰地浮现于脑际，犹如昨日。

当时，日本投降的消息，如凭空里炸响的惊雷。顿时，人们便沉浸在极度的欢乐之中。战士们、老乡们，欢喜若狂，脸上淌满着泪水，以一切可能的方式表达着前所未有的激动和欢乐。

此刻，人们多么需要一首歌呀，一首歌唱自己、歌唱祖国重见天日的胜利的歌，一首能抒发人们强烈的民族自豪感的歌呀！正是这些情景激动着黄河同志，许多激越的旋律在他的脑海中翻腾、跳跃，终于汇成了雄伟豪壮的曲调。这支歌很快在冀东军民中传唱起来，也在整个东北地区传唱起来。不久，它被收入了直友同志编辑、东北书店发行的《九一八以来中国名歌选集》。

之后，黄河还为话剧《战斗里成长》的主题歌《我们是人民的武装》、歌剧《董存瑞》的序歌《祖国颂歌》谱了曲。

黄河随大军出关，任第四野战军四十六军文工团团长。1948年以后任第四野战军第十三兵团兼广西军区文工团团长、华南军区文工团团长。

图4-9　1946年，尖兵剧社周方、黄河、郭东俊、耿介、管桦

就任空政文工团团长

1953年元旦不久，原总政治部肖华副主任的办公室里，一位三十多岁的年轻人与肖华侃侃而谈。肖华把空政文工团的情况向黄河简单介绍："别回去了！你到空军报到去吧。"就这样，肖华把黄河留在了北京。同年3月，黄河担任空政文工团团长。从此，到1985年离休，黄河在空军文化部门工作了32个春秋，在此期间创作了数不胜数的经典文艺作品。

肖华谈笑留黄河，黄河慧眼识阎肃，都是中国文艺界的一桩美谈。阎肃，1930年生人，1955年随西南军区编入空政文工团。阎肃嗓音颇具感染力，还说过相声，为人幽默。入团不久就被黄河重视，开展各类演出。1958年，中共八大二次会议制定了社会主义建设总路线。6月4日，《人民空军》发表了阎肃作词，黄河、黄歌作曲的歌曲《把总路线的红旗插遍全中国》。

20世纪50年代末60年代初，美蒋间谍飞机接二连三窜犯大陆，人民空军又接二连三将其击落。这期间，黄河所率领的空政文工团推出一系列以空军为主题的军旅歌曲。其中，最出名的是阎肃赋词与羊鸣谱曲的《我爱祖国的蓝天》。羊鸣，原名杨佩兰，1953年考入东北音乐专科学校，授业恩师便是该校校长，与黄河齐名的"冀东乐坛四杰"之一劫夫。青出于蓝而胜于蓝，两位"冀东乐坛四杰"弟子，创作了这首深受空军指战员喜爱的优秀军旅歌曲。

两人第二次合作，便是至今广为传唱的歌剧《江姐》。该剧创作极为严谨，经过反复加工修改。1992年，羊鸣在回忆文章中写道："前后奋斗了两年多，剧本四次更改，音乐反复加工，甚至全部推翻重写，仅《红梅赞》一曲便八易其稿，修改达20多次……"

> 红岩上，红梅开。
> 千里冰霜脚下踩，
> 三九严寒何所惧，
> 一片丹心向阳开，向阳开。
> 红梅花儿开，
> 朵朵放光彩，
> 昂首怒放花万朵，
> 香飘云天外，
> 唤醒百花齐开放，
> 高歌欢庆新春来。

八易其稿，修改达20多次的《红梅赞》，一唱就是30多年，至今仍为广大群众所喜爱。

2012年4月，黄河与世长辞。告别仪式中，白发苍苍的阎肃携夫人一早来到现场。正是在黄河的指引下，阎肃走上了创作的道路。阎肃回忆："黄河不打官腔，让人感觉没有距离。待人特别亲切，并且关心下属。在担任空政文工团团长期间，空政诞生了大量优秀作品，歌剧《江姐》就是在他指导下完成的。同时，他是一位书法家，生前最喜欢写的字是'真水无香'。人如其字，朴实无华，做人做事非常认真，就像水一样清。"

第五章　冀东乐坛四杰

一、冀东"乐坛四杰"之一音乐教员周方

冀东军区文工团有"乐坛四杰"之说，分别是《歌唱二小放牛郎》作曲，团长劫夫；《我们的旗帜到处飘扬》作曲，乐队队长黄河；《歌唱毛主席》作曲，音乐教员耿介。还有就是音乐教员周方，同志们亲切叫他"周教员"。他是燕京大学音乐系毕业，指挥过交响乐，精通西乐，一首《朱总司令下命令》响彻燕山渤海、长城内外，连村庄里十余岁的孩子都耳熟能详。

携艺归乡　夫妻参军

周方，原名赵锡忠，他在政治上成熟很早。1935年，16岁的赵锡忠在北平参加了中国共产党组织的"一二·九"抗日救亡运动。1945年春天，刘大为、韩大伟、管桦、李巨川和苏志远等人在路南昌黎、乐亭交界的滦河沿岸，配合敌后武工队开辟抗日根据地过程中，发现了家住乐亭，在北平燕京大学求学的音乐奇才赵锡忠。千里动员赵锡忠参加抗日前线的尖兵剧社，成就了一时佳话。

为了将赵锡忠从敌占区北平接到解放区，让他和他的小提琴为抗战服务，刘大为、管桦等人委派同村燕京大学历史系的商殷到北平动员赵锡忠。十七军分区参谋长肖全夫还特批了一大捆伪联合票，作为商殷赴北平的活动经费。为保万全，刘大为和管桦又特意找了本《论持久战》，天天陪着商殷研读这本抗战的百科全书，用毛主席的理论武器武装好商殷的头脑。之后，他穿起阴丹士林的蓝布大褂，手提包里装了一大捆钞票，头脑里印记着《论持久战》的真经，从北宁路登上西去的列车，向西北驶去。

到北平后，赵锡忠正在参加果戈理《巡按》的演出，他负责音乐部分，在

京津周边巡演。商殷追到，演了一出戏外戏。在剧场的乐池里、在旅馆里，向赵详细地介绍了冀东抗日游击区，英勇抗战的八路军和《论持久战》，使赵大为振奋，决定跟商殷立即奔赴解放区，还动员了他的夫人邓映时共赴征途。

事实上，赵锡忠与日本人早有过节，国仇家恨，一并清算。1941年，太平洋战争爆发，日本人强行关闭了燕京大学。年轻的赵锡忠不得已把行李从学校取回家里，竟然遭到日本兵的毒打，眼睛也因此被打坏。那时，他已表露出对日本帝国主义深刻的仇恨。

尖兵剧社接到商殷的情报，按约定的时间、地点做好迎接的准备。韩大伟负责后勤接待事宜，管桦和刘大为找到了在昌黎大滩教书的刘继玉。他家在昌黎南关开了一个肥皂厂，这里就是赵锡忠的接头地点。离城不远就是抗日游击区，李巨川带着一支枪，两颗手榴弹，赶着一辆胶皮轱辘大车迎接北平来客。大鞭子一甩，车轮飞转，新的文化战士从北平来到了冀东抗日游击区。

滦河边的昌黎小镇赤崖，周方、刘大为、管桦三人会师了。

当夜，全体前线文工组开了一个欢迎晚会。周方表演了小提琴独奏《波兰舞曲》等。一位小学教员说，你听，他演奏得多棒，敢情这玩意儿还能四根一起拉，有时像千军万马，有时又柔美无比，像《老残游记》的王小玉说书那么好听。为欢迎周方，文工组还特意从镇上小馆买了烙饼和酱肉，看他竟似景阳冈的武松般霎时吃个精光。

为了躲避敌人的扫荡，文工团到了海边的大滩，听到了海边渔人拉网的声音。周方和刘大为住在刘继玉家中。他们共同在大滩村东边沙丘蔚蓝色的渤海岸边流连，向东北方向望去，那片月形的海岸就是北戴河了。

只见海滩上，有数十位拉大网的渔民，排作两行，裸露出古铜色的身躯，拉大网一步步地往岸上拉，唱着极为悲壮高亢的渔歌。数小时之后，大网拉上来了，成千上万只白虾，活跃着、蹦跳着，呈现在人们面前，海鸥在天空飞翔，激昂、欢快，充满战斗风韵的歌声不断传来。

夜晚，渔人在沙滩上点燃渔火，煮鱼汤、烧蟹、做对虾吃。这时，周方激动地为大家演奏小提琴，动人的琴声，使人们感到异常的亲切。

海上生明月，沙滩同徘徊。周方说：“今天听到了渔歌，看到了大海，这才是真正的生活，真正的音乐，令人终生难忘。”随即按照这不平常的旋律，试写了一首小诗，演奏给渔民兄弟们听，这被寓意为新的开端。

凡具大才，不拘小节。刚刚参军，战斗频繁，后勤没及时发军装，周方只好仍穿着那身在敌占区任教时的单领制服。但为了表明革命军人的身份，不知谁给了他一条从战场上缴获的日本皮带，他高高兴兴地扎在腰间。尤为显眼的是他头上那顶"朱德帽"也是别人送的，又小又浅，而他个儿高脑门宽，根本戴不进，大伙正发愁，只见他灵机一动，爽快地说："我来！"从房东大娘那借了把剪刀，在帽边后面正中开了一个口，戴上头去说："这不解决问题了吗？"就这样，他身着大学老师的制服；腰扎鬼子兵的皮带；头戴八路军地开了口的"朱德帽"；肩上背着小提琴。这身独特装束，再加上他一米八的高大笔挺的身材，每当行军走在队列里，非常显眼，引人注目，大家特为他起了个光荣的绰号"我们的区武工队长"。小提琴自然成了"秘密武器"。他毫不尴尬，反而更加自豪地行进着。

高超的技艺，高尚的人格，淳朴的作风。在路南昌、滦、乐一带的招生结束了，周方很快就像一名老八路一样，与刘大为、管桦一同，带着一百多名学生回到军区。行军时，老乡在风沙和队伍踏起的灰尘中凉着的茶水，他端起碗来就喝。还在宿营地为老乡担水、起牲口粪、打扫清洁卫生。睡觉时，借来房东那爬着虱子和有浓烈汗气的被子，盖到身上就睡。他沉稳、快乐、潇洒，常常幽默地、风趣地冒出几句粗野的话，引得同志们发笑。

天晚时，部队在山村过夜。刚刚住进房舍，便立刻响起优美的小提琴声。周方开始教几个小同志练琴了。伴着这琴声的是远处隆隆的炮声和隐约听得见的风一般呼啸的机枪声。周方除了讲课和培养小提琴手，有时也写群众歌曲。作品不多，但每写一首，便立刻在全军传唱起来。比如，日本投降以后，刘大为作词，周方作曲的《朱总司令下命令》，在全军飞快地唱开了。

洋为中用，群众至上

周方在音乐事业上肯于钻研，敢于创新，在弘扬民族文化上狠下功夫。1946年初，他最早将歌剧《白毛女》乐队单旋律伴奏，进行了简明有效的配器，从而增强了歌剧的艺术性和感染力，收到了良好的演出效果。随着把总谱推广到冀东全区，使《白毛女》的演出质量提高到了一个崭新的水平，赢得了广大群众更加强烈的反响。在1948年末，平津战役期间，周方将《白毛女》改成管弦乐队伴奏，除在四十六军文工团外，又进一步发展到四十五军、四十八军和十三兵团文工团、队等兄弟团体。这一创新的成果，对《白毛女》剧的主题，起到了锦上添花、珠联璧合的作用。在冀东原野、在辽沈战地、在平津市内及郊区，文工团及各兄弟团队的无数次演出，那人山人海，那暴风雨般的掌声，无疑也激荡着周方队长心中的浪花。

在艺术上，周方不迷信西方音乐，将群众文化放在很高的地位。在洋为中用，土洋结合的路上，周方迈出了可喜的一步。他突发奇想：把古老民间的唢呐独奏和富有时代精神的管弦乐队结合起来，创作出嘹亮、亲切、雄浑、热烈的，广为流传的《秧歌大会演》。此曲从四十六军传出，传遍了整个华南军区，被各兄弟文工团、队广泛演出，产生了颇深的影响。这也是很成功的艺术实践，使我国音乐增加了一个生机勃勃的新品种。

周方同志在繁忙的乐队工作中，还深入生活，熟悉部队，写出不少歌唱英雄，赞颂中国共产党的歌曲。如《朱总司令下命令》（刘大为、管桦词），《自卫在冀东的原野上》（希依词），《光荣的英雄回来啦！》（希依词），《庆祝建党二十五周年》（与黄河合作、希依词）等。这些作品曾在当时流传于多支部队，被文工团、队普遍演出。中华人民共和国成立后，周方还积极参加了大型革命音乐舞蹈史诗《东方红》的创作。他更常常亲登舞台，发挥炉火纯青的小提琴技艺，给指战员们以高尚的精神享受和强有力的战斗鼓舞。

图 5-1　1946 年，周方与黄河合影。

"教员"之名，实至名归

周方爱护小同志，给予学习者最大的支持。

李原依稀记得第一次看到恩师周方夫妇的情景："1945 年，虽至抗战末期，但各个战场'扫荡'与'反扫荡'仍硝烟弥漫，炮火连天。一天，乐亭姜各庄突然来了两位很不寻常的人。男的高高个儿，长脸庞，戴眼镜，挺拔端正，一表人才！肩上还挎着把小提琴。女的苗条秀丽，眉清目爽，短发素衣，言语神态给人以亲切之感。这两个人是谁呢！就是周方夫妻俩。我当时年小幼稚，新鲜好怪，在听说'周方是北平燕京大学毕业的音乐教师'时，非常惊讶！心想：这么大的知识分子来当八路，可真不简单啊。对他们俩投以赞美和崇敬的目光。一唠家常，才知道周方也是乐亭人，我们是同乡呢！他那在故乡的口音里掺杂着一点北平味儿，那明亮、清新、柔和而亲切的话语，更使我对他贴近了十分。在与他相识的第二天，我们就成熟人了。"

在周队长精心指导下，李原成为出色的小提琴手，甚至升任中南部艺歌剧团乐队副队长兼指挥。后来，由于工作需要，李原做了文化艺术行政领导工作。但对小提琴的酷爱之情，即使到花甲奔古稀之年，仍丝毫未减。

李原回忆："直到最后，他顽强的毅力和斗志都令人难忘。1989年3月，我到广东看他，在即将告别时，他紧紧拽着我的手，深情地说：'李原啊！我的病十分严重了！咱们怕是最后一次见面了，但我有决心同病魔斗争到底，你放心吧。'"

1946年，刚刚调入文工团的董晓华，音乐基础差，周方的启蒙使他念念不忘。他后来回忆："初入剧团是因为嗓子好，后来变声了，给周老师找了不少麻烦。后来学拉小提琴，周教员手把手教识简谱、练弓法。《白毛女》排练时，又培训练习打击乐，就那么几镲锣，也打不好，特别是穆仁智唱段中有几个后半拍起，一直打错，周教员竟是不厌其烦地教，直到学会。"

音乐教员，也不仅仅教音乐，凡是知道的，便倾其所有，诲人不倦。在田庄驻地的还乡河边，周方对董晓华在内的只会狗刨的"小土包子"讲授蛙式、自由式动作，而他示范起来也并不熟练。一次，董晓华与仲先、周方一起去长城罗文口外打柴，见到无人区的老乡一家人一床被，几个人共一条裤，他便默默地脱下里边的所有内衣给老乡，打着"真空管"扛柴回到部队。

南下路上，周方的身边总是围着一群人，白天行军听他讲沿路的历史地理故事，夜间行军听他讲天文，辨认星座。有时周方语带幽默地讲一些通俗的诗文故事给年轻人听："十年九旱逢甘雨，万里他乡遇故知，和尚洞房花烛夜，卷上金榜题名时"，这首诗每句的前二字就是吃了补药的；"清明时节雨纷纷，路上行人欲断魂，借问酒家何处有，牧童遥指杏花村"，这首诗每句的前二字，则是可以吃泻药的；此外，还一路走，一路与同志们一起编一些"九五信南柳，路旁田翻蚪……"之类的打油诗，大家既增长了见闻，又忘掉了疲劳，可谓一举两得。董晓华回忆："在周教员的鼓舞下，居然'胆大妄为'起来，边走边想，编了个南征小唱：尘土飞扬，红旗飘荡，南征的大军多雄壮，打过了黄河，跨过长江……然后居然自己配上曲，刊于自刻的小报上，教连队演唱。周教员见了,试唱一遍说,还挺流畅的。"仅仅一句,虽令董晓华满面羞愧,但创作积极性却大受保护。

革命战争时期,周方利用下部队的机会,举办训练班,为全军区部队培养了一批音乐人才。在教学上,他既严肃认真,又和蔼可亲,关心乐队的每一个同志。每当稍有进步就给予肯定与鼓励,有缺点就及时指出。他教过的学生中,有些很有成就。如苏志远曾参加出国演出,担任过总政歌舞团的首席小提琴;张瑞受周方教导后,赴匈牙利留学深造,成为音乐理论家;詹真辉的二胡与小提琴就是周方教授,成为国内知名的音乐家。

最值得一提的是家喻户晓、传遍天下的《我是一个兵》的作者陆原、岳伦,当年都受到周方同志的热情辅导,手把手地教他们拉提琴、手风琴和基础乐理。陆原回忆周方深有感触:"我从事文艺工作是半路出家,开始只是爱好听、唱革命歌曲。1946年春天,冀东军区文工团来十三旅演出《白毛女》,是周方队长抽空给上了课,从音名、音阶开始,到和声等知识。师父引进门,修行靠个人,周方是我走上文艺之路的启蒙人。"

周方待人真挚,有一种"我为人人"的情怀。1947年寒冬,周方与文工团同志在东北南满行军。詹真辉是从南方来的战士,显得格外的寒冷,只穿了一套棉衣,被凛冽的寒风吹透,如同穿了一件单衣,刺骨难忍,虽把毛巾塞在棉帽里,还是冻得头疼。周方将自己的毛衣递给了詹真辉,并表示自己还有一件。詹真辉毫不推辞地穿在身上。当詹真辉回忆那时的场景时,说:"后来才知道,周教员只有一件毛衣,他一直穿着单衣在冰天雪地里硬撑。"

茅台夜话,赋诗长征

周方少年曾参加"一二·九"运动,参军后历任冀热辽边区尖兵剧社音乐队长,四十六军文工团团长,中南军区部队艺术学院音乐系班主任兼教员、副队长,原广州军区文工团乐队队长,原广州军区战士歌舞团艺术指导、编导等职。

他是革命者、音乐家,也是一名诗人。

1974年,周方踏访长征路,夜宿茅台,举盏畅饮。与一老船工谈当年红军事,感慨良多。是日,周方酣醉,赋诗一首。

你问当年红军的渡口在哪儿?
喏,就在河岸的黄槲树下,
那里绑过浮桥的绳缆,

那里系过红军的战马……

那一年，初交春，雪刚化，
树梢儿苏醒爆嫩芽；
听得一夜枪声响，
麻麻亮，村镇上迎来了红军的人马。

墙壁上贴着大标语，
大坪里响起土喇叭；
红星红旗照心暖，
苦根苦瓜是一家。

啊，麻花花青石沉河底，
硬朗朗门板座上搭，
两根钢索穿河过，
一杆红旗树上插。

任它白匪脚后跟，
管它敌机头顶炸；
红军过了三天又三夜，
就像天兵天将，转眼穿山岔……

说话间，已过去四十个冬夏，
往事常在心中翻浪花，
对儿、对孙常讲红军渡赤水，
在坪上、在河边、在树下……

哎，你看那茅台河边树，
年年绿，岁岁发，
你听那赤水河中水，
日日流，夜夜话……

情真意切，"男女周方"

爱情因纷飞的战火而更加绚烂。在恶劣的战争条件下，人命已如草芥，但有着高尚信仰的战士们彼此爱慕，约定为了共同目标携伴终老。

作为一名毕业于燕京大学的高才生，赵锡忠（周方）本能过着稳定、富足、浪漫、小资的生活，但他毅然投身于舍生忘死的冀东抗战之中。美丽的爱情与残酷的战争在他的生命中产生最强烈的对比。这种对比，常见于敌后文艺工作者中，而在周方身上最为明显。最美艳的理想者之花，从来开自最坚定的爱情与最决绝的斗争之中。

最初，"周方"是赵锡忠妻子邓映时的化名。

1941年9月，燕京大学召开迎新晚会。赵锡忠演奏了二胡名曲《光明曲》，翩翩的风度，纯熟的技巧，浓郁的乐感，悠扬的琴声，赢得满场赞叹与掌声。那时，他是著名二胡演奏家蒋风之、著名小提琴家托洛夫的高足，而她是踢踏舞节目30多位演员中普通的一个。几天后，她与他又在唱片音乐会相遇，由他讲解世界名曲。这不但是学校勤工俭学的工作之一，而且是接触燕园珍藏唱片与音乐书籍的机会。交谈之下，邓映时知道了赵锡忠是哥哥邓映辉在辅仁大学的老师赵锡禹教授的弟弟。这就是邓映时对赵锡忠最初的印象。

"一二•九"运动以后，两人怀抱利器，各自寻学，邓映时转到北大中文系，赵锡忠则转入师大音乐系。

直到一场婚礼的到来，命运又将两人聚在一起。1943年，邓映时的哥哥在公理会礼堂举行婚礼，她为伴娘。好奇的年轻人都追着身穿雪白婚纱的美丽新娘陈鸿书，但赵锡忠却大声说："新娘已有主了，我看伴娘。"没想到一语成谶，他真的闯入了邓映时的生活。

佳人才子，天作之合。他第一次在北大女生宿舍楼寻她时，自行车铃声大作，他大声呼喊："赵锡忠邀邓映时。"邓映时蓦然回头，男生宿舍、女生宿舍，几十个窗口挤满了人，蔚为壮观。少年轻狂，幸福时光。白发之时，回忆此事，两人相视一笑，默契甜蜜。

进步青年，恋爱方式自是不同。两人走遍了北京大学的操场——五四运动与"一二•九"运动的发源地。一有空，他就为她演奏二胡、小提琴、钢琴与口琴，以琴声寄托对祖国、对爱情的呼唤。趁着红楼维护没人看守，他们去看了监禁过燕大被捕师生的地下室。赵锡忠的哥哥赵锡禹就曾被监禁在此。

志同道合，终成眷属。1944年，两人在亚北饭店举行了订婚仪式。1945年春，受尖兵剧社所托，燕京大学历史系的殷宝元（殷商）找到邓映时，说起在家乡遇到八路军尖兵剧社的事，并动员夫妻两人，参加尖兵剧社，从军报国。邓映时决定去保定师专找赵锡忠。6月初，赵锡忠结束了师专的音乐课，傍晚来到邓映时家中。两人对父母说去散散步，两位老人一点没料到接下来会发生什么，还让俩孩子早些回来。殊不知两人当晚乘车离开了北平，去了昌黎，参加了尖兵剧社，做了八路军战士。邓映时后来想起这事儿还觉得挺不好意思，两位老人见他们这么晚不回去一定急坏了吧！

昌黎，刘继玉家，夫妻两人见到了接应的李巨川、苏志远两位同志。他们一同坐上胶皮轱辘大车，向夜色中的乡村驶去。农家夜色，月光流泻，树影迷蒙，听不到一声狗吠，这是因为根据地的村庄将狗都打死了。身边的两位八路，面庞晒得黝黑，微笑着看着夫妻两人。特别是苏志远，只有十五六岁，那双黑亮的大眼睛，一会儿盯着小提琴，一会儿盯着要成为他老师的赵锡忠，一会儿又回头向邓映时笑笑。轻缓的蹄声显得那么悠然深远，这迷人的乡间夜晚，多么令人难忘！

夜行日宿，三天后在目的地，夫妻两人遇到了另两位新加入的大学生北鲁和真辉，并结成了一生的挚友。此后，便是日复一日地转移与反扫荡。为了保证安全，便于工作，邓映时便改名周方，周是她母亲的姓，方是方方正正做人，她喜欢这个字。

为了扩大剧社，招揽人才。刘大为、韩大伟命周方（邓映时）赴北平动员有导演、写剧本、唱歌才干的同学。又是李巨川送她上了火车，临别时说，不久就接她回来。邓映时没有想到，这次与丈夫的分别竟然长达两年之久。

几天后，8月15日，日本投降了。邓映时满心欢喜地等待与丈夫的团聚。但是不久，国民党部队来到北平，共产党的街头标语被撕掉，气氛一下子凝重起来。丈夫赵锡忠时有时无的信件，后来也接不到了。根据地军民与国民党部队战事胶着，尖兵剧社行踪不定，彻底断了消息。

直到1947年，妹妹赵锡明打听到尖兵剧社的消息：革命形势发生变化，他们又在冀东活动了。得知丈夫的消息，邓映时双眼湿润了，恨不得心生双翼，马上飞回丈夫的身边。

暑期将至，邓映时经昌黎下车雇用了一辆胶皮轱辘大车去往乐亭何新庄，那是丈夫赵锡忠的老家。结果半路碰上国民党部队和八路军的遭遇战，霎时间枪声大作，子弹横飞。幸得赶车大哥灵巧，避过危险。邓映时看到了一幅终生难忘的景象：两个骑着高头大马的八路军，雄赳赳地驰骋在青纱帐间，背景是一片红霞，趁着蔚蓝透明的天空，那红色霞光，仿佛给片片油绿、肥壮的高粱叶也镶上了一道道闪光的红边，这场景真是漂亮极了。这大概就是阔别两年的丈夫的样子吧！

到了赵家，没见过面的婆婆一见到邓映时就欢喜得落下泪来，拉着她问这问那，又是割韭菜，又是包饺子。住了三天，逢建国学院招生，几十名学生要到路北去。听说尖兵剧社已改为冀东军区文工团，现亦在路北，于是她也跟着学生一起向路北进发了。

一路艰难，有惊无险。当天黄昏，一行到了路南铁路边，小心地藏在青纱帐里，等到九点多过路。有一个班的战士开路，一个班殿后，学生们在中间。要跨越铁路旁的大沟，跨越铁路，再过那边的大沟才算到了路北。大沟本就难跨，铁路上的探照灯更为危险，几十人过路，谈何容易。果然，在跨越北侧大沟时被国民党的军队发现了。轧道车、炮楼一齐开火，枪声像炒豆般响起来。邓映时也跟着学生们冲了出去，一路快跑。枪声渐远渐疏，大家的脚步慢了下来。清点之后，东西丢了不少，万幸人没有伤亡。

百般打听，千般奔波，她终于在一个四方院找到了他。她敲了敲门，一下子门就打开了，里面走出几名女同志：张洛、真辉、谷莹、小苗……张洛一看是邓映时，第一个大喊起来："女周方来了！男周方快来啊！"这一喊，几间房的门全开了，男女同志出来不少，她看着他，一身灰色军装，帽子拿在手上，他没想到还能见到她，高兴得说不出话来，只是抿着嘴笑。

原来，两年的分隔，形势瞬息万变，他时刻准备牺牲，又日夜思念珍爱的妻子，于是改用妻子的化名——周方。男周方、女周方，太不容易叫了，于是邓映时改名方怡，取意"当了八路才高兴"。第二天，邓映时也穿上灰军装，扎上丈夫给的第一个礼物——一条尚有刺刀捅痕的日本兵皮带。她终于与他一样成为一名革命的理想者，八路军战士了。

图 5-2　1948 年，赵锡忠与邓映时在北平合影

问世间情为何物，直教人生死相许！韶华易逝，岁月难忘。1992年5月29日夜，周方已逝，双鬓已霜的邓映时思绪万千，夜不能寐："哥，永别了，就让一首小诗祭奠这段情感吧！春归何处，望断天涯路。烟雨凄迷，寂寥凭谁诉。堪可告慰，桃李自成蹊。红颜白发，人世沧桑度。传情彩笔，留华章永驻。"

二、冀东"乐坛四杰"之曲画双绝耿介

耿介早具时名。他是尖兵剧社的音乐、美术教员。原名董化羽，丰南区董各庄人。1936年毕业于北平美术专科学校西洋画系，选科雕塑。他酷爱中华民族音乐，由于刻苦钻研，音乐造诣日深，他有很好的提琴演奏技艺。对中国乐器笙、管、笛、箫、琵琶、二胡、古琴尤为精通。由于他广泛求教，向一些民族音乐家、民间艺人追访交流，搜集了许多中国民间音乐史料，他在民族音乐的继承、发展和改革上，有着宏伟的设想，在音乐创作上有个人独特的风格。他创作的歌曲和歌剧在全面抗战中的冀东家乡广为流传。

在美术上，他最为擅长水彩画，画风朴素功力深厚。他是北平组织平津木刻研究会的主要筹建者。1935年参加八一木刻社，在鲁迅先生指导提倡木刻艺术的时期，他的木刻《自画像》等作品参加了1936年鲁迅举办的全国木刻展览会，得到了中国木刻先辈们的赞扬。他从不崇洋媚外。一天他在乐器商店发现一把寄售的小提琴，爱不释手，便顺手演奏了一曲贝多芬的《小夜曲》。一个外国人伫立倾听，《小夜曲》的琴声一停，惊叹着伸出手来向他表示赞赏。耿介看他是个不认识的外国人，高傲地拂袖而去。后待乐器店老板告知他，这个外国人是在北京有名望的提琴大师时。耿介说："我的态度是有些失礼，但外国音乐家也不都是可尊敬的，我们中国人不应向他卑躬屈膝。"

虽具傲骨，奈何国贫。他目睹了日军的残酷统治，常自叹文弱书生，肩不能担，手不能提，报国无门。由于精神上没有出路，他情绪颓丧，生活潦倒，又吸上鸦片，整日居家沉溺在民族音乐的弹奏中。参加革命后，经过锻炼，他变成一个新人，成长为了一名优秀的共产党人。他坚韧的性格，沉稳的姿态，教师般的热心，不声不响默默实干的精神，至今还留在每一名冀东文艺工作者的心中。

尖兵剧社社长张茵青决定动员耿介参加剧社工作，于是到他家拜访，走向他的住宅时，听到悠扬的民族乐的演奏声，待进屋一看坐满了乐器手，其中有和尚，有道士，还有知名的民间艺人。演奏者坐在地下和炕上。耿介正在和同

道们边演奏边讨论。他深入民间采风经常用这样的方式。当然，由于耿介所处的社会历史条件，自我清高使他作为一个知识分子的爱国热忱受到局限，这也是可理解的。

在动员耿介参加尖兵剧社时，张茵青与安靖（耿介的表弟）先见到的是耿介的妻子。她先对安靖说："表弟呀，你们快救救他吧，救了他也是救了我们全家！他活在这个世道，又是一个无用之人，不是被敌人杀了，也会被八路军镇压了。"张茵青对她和耿介讲清了共产党的政策，说明共产党、八路军是爱人民、爱人才的，团结起来打击敌人更需要爱国的知识分子，有缺点的人，党会挽救、教育、培养、改造成为有用的人。耿介在党的政策感召下，毅然参军。入剧社后，军区领导团结教育，放手让他发挥艺术特长，使他很快锻炼成为一个合格的战士。

他培养了许多青年音乐、美术骨干，在冀东地区创作了不少受人民喜爱的歌曲。他的音乐、美术作品变成了团结群众、教育群众、打击敌人、消灭敌人的有力武器。冀热辽地区战争频繁，生活艰苦，他经过革命实践，千百里的行军，通过了战斗的考验。杨家峪突围战，在和日军的战斗拼搏中，耿介同志克服种种困难，勇敢机智地突出敌人的重围，成为幸存者之一。

很多人觉得这个身材瘦弱，有些驼背的年轻人从杨家峪这个敌人重重包围的地方突围不可思议。大家都知道，参军前他是个连自己的生活都不能料理的公子哥，一切等人伺候。参军后，没打过仗，不懂军事，没战斗力，这样一个人，如何突围成功的呢？

经过一段时间的相处，同志们对他能突围脱险也就不感到奇怪了。他自参加八路军那天起，一直跟随部队活动在敌后游击区里，频繁地转移，穿插在敌人的据点之间。艰苦的生活和恶劣的环境，使他经受了各种考验和锻炼。更可贵的是，他有着坚强不屈的意志和遇事冷静思考的头脑。

有一次剧社随着掩护部队，从铁道南向铁道北转移，在通过铁路时，突然被敌人的一辆装甲车发现了，探照灯全部打开，枪炮一齐向部队开火，大队人马迅速往东北方向转移。耿介带着张振环朝偏北方向跑去，始终保持着与大队隐约可见的距离，很快冲出了危险区，进入安全地带，与大队会合。大家发觉，耿介很有心计。凡是有点军事常识的人都会赞成他这种处理。因为，当一个没有战斗力的团体，遇到敌人袭击时，首先是组织人员分散，尽量缩小目标，然后迅速撤离危险区，这是游击战术的一个原则。可见，耿介不仅懂得艺术，而且还懂点军事。不过要叫他说说自己的战斗经验、体会，那可难为他了。因为他不会夸夸其谈，更不是那种能用言语表现自己的人。恰恰相反，他倒是非常善于用行为表现自己的聪明才智。

多才多艺的艺术家

耿介参加革命前是搞美术的,可是他酷爱音乐,并有较深的造诣,精通许多民族乐器。有人说他带眼的会吹,带弦的会拉,此言不虚,他连琵琶都弹得很好。

张振环是耿介的弟子之一。他是河北乐亭人,1930年12月生。1944年参加革命,1945年入尖兵剧社,从事部队文艺工作多年。曾任南京部队前线歌剧团乐队指导员,安徽省军区秘书处长,南京政治学校二队政委等职。

初识耿介是剧社在一个小山村宿营时,忽听一户人家传出悦耳的琴声。张振环不知不觉地寻着这琴声走过去,悄悄地进了屋。只见耿介在炕上抱着琵琶盘腿而坐,眯缝着眼,专心致志地弹奏着乐曲。后来才知道他弹的是一支古曲《十面埋伏》。乐曲描述的是汉高祖刘邦与楚霸王项羽之间的战斗情景。他弹完后轻轻地把乐器放在被子上,转过头来微微一笑,用眼打量着张振环,而后就把目光投向他心爱的烟斗,装好烟点着火抽了两口,略停下,慢慢地抬起头来,若有所思地说:"小环儿,你会什么乐器呀?"张振环说:"会吹笛子。"他哼了一声,回身操起一把小三弦,调好了音,拨弹几下就递过来。同时说:"你弹弹试试。"张振环答应着高兴地把三弦接过来,就试着拨弄起来。可惜,因那时年纪小个子也矮,手指头短,所以有的音按不到把上,弹不准,但还是鼓着勇气把它弹了下去,弹了几天后,感到困难太大,带着遗憾的心情把小三弦还了回去,还是学老本行吹笛子吧。张振环经常往他那跑。两人平时交谈很少,但一见如故,接触逐渐增多。

乐器不白教,耿介画画需要模特,就让张振环坐在椅子上转过来转过去,从各个角度画半身像或全身像。这可是个新鲜事。张振环拿着老百姓的镜子对照着自己,画得可太像啦!耿介还用铅笔画了许多农村的景物。怀着对革命领袖的崇敬心情,妙手巧工,在一个小圆铜锭上刻了一个毛主席头像,把它印在了纸上,大家看后,无不称赞。

不声不响的实干家

尖兵剧社是冀东人民哺育起来的一支文艺子弟兵。从它诞生那天起,就活跃在日伪军占领的平津唐三角地区——敌人的战略咽喉地带。那里斗争比较残酷，生活也很艰苦，战士们着装都很简便。乐队的乐器大部分没有盒子，而是用布袋套装着，背在肩后行军。虽然大家像保护眼睛一样爱护自己的乐器，但也难免在活动中碰坏或丢失零件，不过这些都不怕，有能工巧匠耿介，啥乐器坏了他都会修，啥零件掉了他都会做。

耿介有个百宝囊——一个不离身的小挎包，里面什么宝贝都有。比如圆锉、扁锉、小钢刀、针锥、铅丝、小铜片、松香、火漆、蜡烛头、木板、竹片、芦苇根、铅笔、砂纸、笛子膜等，应有尽有。材料随时补充，工具时常添置，可以说取之不尽、用之不竭。有些别人看不上眼的小玩意儿，到他手里都成了有用的宝物。比如笙的簧片脱落，要用蜡来灌铸，音不准了，要用火漆来点；二胡或三弦码子坏了，要用竹片刻制；琵琶品坏了，要用胶粘上小木板。

耿介刚到剧社，右手留着一把长指甲。大家觉得这是有钱人家小姐和少奶奶们留的玩意儿，是家庭烙印。后来才知道是弹琵琶用的。演奏轮指琵音，指甲更是不可缺少的，同志们暗暗敬佩起来。在战争的艰苦环境里，能把指甲留起来保存住，是一件多么不容易的事啊！然而天公不作美，一次耿介的一个指甲断裂了，只好忍痛剪掉。从此，他就下决心，去寻找一件能代替指甲拨弹琵琶的东西。经过苦思冥想，实验摸索，他终于找到了替代物，用铜片做假指甲，像"顶针"那样拨弹和演奏轮指琵音，听起来清脆响亮，传音效果很好。可是，经过一段时间的弹奏实践，他发现这种金属指甲与弦摩擦力大，弦坏得快，缩短了其使用寿命。在那年头，丝弦非常难找，要到敌占区才能弄到，所以，弦是珍贵的东西。耿介为减少弦的损伤，延长使用时间，就又去想点子。找遍了各种弹各种拨的东西，终于发现了比较理想的物质——兽骨。精雕细刻制作了一副骨质假指甲。用它弹拨出来的音质纯净柔和，与真指甲弹拨的声音效果极其相似。耿介最终解决了用假指甲代替真指甲弹琵琶这个难题。这事现在看来很平凡，也很普遍。但在当时，却是个不得了的发明创造。

耿介做事不含糊，极为认真。有一次他干活太认真，把烟瘾也忙没了。一会儿把烟斗放在桌上，一会儿叼在嘴上吧嗒两下，其实烟早就灭了，还不知道。有时忙得他手里明明拿着所需要的东西硬是到处去找，这可真是"骑着驴找驴"。他无论做什么事，都不达目的不罢休，有一股"不到长城非好汉"的劲头。

在排演歌剧《白毛女》的时候，黄母烧香拜佛那场戏，为了增强音乐效果，采用佛经音乐的曲调，需要有特殊音色的乐器。耿介大显身手，制作了一支喉管，统称"管子"，只有七个音孔。吹奏时用牙咬着嘴唇含住嘴子，压住舌头在嘴里吞吐滑动，就能发出各种音调，它的音色特殊，比较深厚。吹奏技巧较难掌握，其他同志都吹不好，只有到了耿介手里，才得心应手，想吹啥调就吹啥调，叫人佩服。

演出时，耿介用管子伴奏，乐器配置笙、管、笛和打击乐木鱼，演奏佛经乐曲《一枝花》，配合着演员的道白和动作，瞬间那佛堂念经的气氛浓极了。再加上演黄母的张敬光同志成功的表演，把这个地主老太婆的假慈悲、真凶残的豺狼面孔，揭露得淋漓尽致。

音乐园地的奇葩——"耿笛"

耿介是"耿笛"的创造者。随大军南下解放全国的战斗中，他不畏艰险，不怕年老体弱，长途急行军，战斗胜利后完成文艺宣传的任务。在行军中，按十二平均律的原理，改造中国笛子使之能够变调，后来人们把这笛子叫作"耿笛"。

那时张振环吹竹笛，转调有一定的困难。后来，把缴获日军的一支木管长笛找出来使用，但这长笛由于埋藏太久，管壁有了裂纹，到处漏气，吹不响，想了个办法用水灌，才勉强吹出音来，水一干就又不响了。耿介看到这种情况，就动起脑筋来。他首先找了一根铜管，用锉把内壁打薄，并挖出了吹孔和七个基本音孔，还有三个半音音孔，全部放在笛管的外侧。他忽略了这三个半音不是机械按键，而是要用手抓指按的这个特点，所以挖出来的半音孔手掌按不到，他就做了几个铜丝小圈用锡焊接在音孔上，并拐到手掌所能按及的地方。可是制成后，经他试吹发现问题不少，又叫张振环试吹，手抓指按都感到别扭，半音阶不能连续吹奏，转调困难，音又不准，结果失败了。时隔不久，他又找来一根管壁很薄的铜管，这次他没有急着动手去做，而是经常拿着做坏了的那支笛子，反复琢磨，再三推敲，思量这三个半音的位置，到底放在何处为好。经过精确计算，直到胸有成竹才开始动工。张振环当他的助手，拿着笛子，做着手抓指按的姿势，他在旁边观察，最后选定了位置。这样就彻底解决了"耿笛"制作的最大难题。而后就把各个音孔都焊上了铅丝圈，并按手指和手掌的自然形状，弯出了各种弧度，个个都用砂纸打光滑，吹奏起来抓着舒服，手指的起动也方便。经张振环试奏鉴定：它是一支D调笛子，音色似箫，音准很好，半音阶能够连续进行，随时可以转调。新的笛子终于成功，耿介兴奋极了，一直笑啊，笑啊！张振环第一次听到了他那爽朗的笑声。瞬间，他又不言不语，只是嘴唇胡须在颤动，腮颊在抽动，眼睛浸着喜悦的泪花。

"耿笛"的诞生，在当时可以算是一件了不起的发明。耿介亲自交给张振环保管使用，不要看它外表琉璃疙瘩的那样难看，它的声音却很好听，张振环用它参加过很多节目的伴奏和演出，都比较成功。这哪里是一支笛子，这是耿介忠于革命、献身艺术的一颗火热的心啊。

他创造了许多脍炙人口的革命歌曲。如全面抗战中，他创作歌曲《歌唱模范王连发》；解放战争中，他紧跟革命形势，创作了《打到江南去》《争取全国的解放》等优秀作品。

中华人民共和国成立后，他带着戎马功劳服从党组织的分配，到中国人民海军任海军俱乐部主任、海军美术组长，创作战争题材的军史画。

退役后，他不计较军衔评定，转业到天津艺术学院筹备雕塑系。

后来他又调到天津音乐学院教授琵琶和古琴，这些古老的民族乐器，成了他终生研究的艺术科目。

图5-3　1950年，南下的宣传队员们在衡阳留影，从左起分别为李英华、陈述、纪良、周方、耿介、张瑞。

耿介的一生为党和国家的需要，默默地从事艺术教育和艺术实践，追求他自身的价值。正如他自己常说的："是中国共产党从旧社会的泥沼里把我挽救出来，从一个废人变成了对社会有用的人。我已经得到了我一生最希望做的音乐、美术的追求，实现了我作为一个共产党员的信念，我得到了真正的解放。"

三、冀东"乐坛四杰"之走在大路上的音乐家——劫夫

2019年6月,劫夫谱写的歌曲《我们走在大路上》入选中宣部"庆祝中华人民共和国成立70周年优秀歌曲100首"。冀东文艺工作者永远怀念这位曾在滦河两岸、燕山南麓、渤海岸边战斗过的冀东军区文工团团长、冀东"乐坛四杰"之一的劫夫同志。

劫夫,红色音乐作曲家、教育家。1913年11月17日生于吉林农安。原名云龙。1938年加入中国共产党。他是一位1937年就奔赴延安投身革命的抗日干部,先后担任冀东军区文工团团长、中国人民解放军第四野战军第九纵队文工团团长、鲁迅艺术学院音乐工作团副团长、沈阳音乐学院院长、辽宁省文联副主席等职。他在美术、戏剧、文学方面都有很深的造诣,尤其在歌曲创作方面更是留下许多佳作。他的歌曲朗朗上口、振奋人心,甚至让大众永生难忘,影响和激励着几代人。劫夫曾经说过:"我觉得一个革命的文艺工作者,具有一个强烈的社会责任感是非常必要的,假如我的歌曲不去表现他们,不能对他们壮丽的事业起一点作用,那还有什么意义呢?"

歌声早传冀热辽

冀东文艺工作者都是从歌声中认识劫夫的。抗战胜利后,劫夫来到冀东军区,担任文工团团长。事实上,劫夫同志成名较早,他创作的《歌唱二小放牛郎》等歌曲尤其受到根据地群众与部队官兵的喜爱。丁玲主编的《战地歌声》一书,由武汉生活书店出版,书中收录了29首歌,其中13首为劫夫所作。1943年,劫夫调往晋察冀边区任宣传干事及冲锋剧社副社长,亲眼看见了日本帝国主义制造的种种惨案,激愤和感动促使他一个小时就完成了《歌唱二小放牛郎》的谱曲,这首歌在很短的时间内就唱遍了晋察冀。几乎大人小孩都会唱这首歌,王二小这个形象永远地活在了人们的心中。抗战时期,在热南、辽东、滦东,文艺战士们就经常将劫夫同志的歌曲,当成演出的保留节目,无论是下连队或是在乡村,到处都传唱着劫夫谱写的歌曲。同志们早将劫夫看成剧社中的一员了。

1943年春天,冀东八路军为了粉碎日本侵略者在长城一带推行的惨无人道的集家并村、制造无人区的野蛮行径,跨过了长城,活动在热南的青龙、兴隆、

平泉、凌源等县的深山密林中。白天，打一天仗，行一路军，夜晚，蓝天作房，大地当床，月亮是灯光，把野菜南瓜放到盛着山泉的洗脸盆里，用梓萝树叶编一个锅盖，往脸盆上一扣，烧起篝火，歌声篝火一起跳跃飞扬，不大一会儿，每个战士的手上都有了一茶缸子热气腾腾的野菜南瓜汤。有时，部队连这个也吃不上。可是，大家仍然生龙活虎地去战斗，去拆毁日军修筑的"人圈"，解救老乡。

哪里来的这种干劲？是解放劳苦大众，收复国土的坚强意志所鼓舞，也是歌声给了同志们无穷的力量。老乡们说得好："哪里有歌声，哪里就有共产党八路军。"战士们说："只要有歌声，野菜南瓜汤不觉得饿得慌，唱着歌冲锋、战斗，能把敌人消灭光。"一有工夫，战士们总是像探宝采蜜一样地互相传抄，教唱新歌，正当战士们艰苦地战斗在伪满"无人地带"的时候，晋察冀军区又派来了许多干部一起战斗。这些同志不仅带来了丰富的工作经验，也带来了新的歌曲。在这些歌曲中，劫夫谱写的《歌唱二小放牛郎》《王禾小唱》《狼牙山五壮士》等，尤其受到大家的喜爱。

平时，战士们学唱一首新歌，差不多总要三四堂政治课的时间，可是大家学唱劫夫写的歌，往往是还不到一堂课的时间就学会了，而且还欲罢不能。同志们课堂上唱，下课了还唱，上山打柴挖野菜唱，烧着篝火煮饭也唱。劫夫的歌曲真的就像春风一样"唱遍了每一个村庄"。歌中所颂扬的革命英雄主义思想、高尚的民族气节，也迅速在广大抗日军民的心头扎了根。

指挥员们说："唱一支劫夫写的歌，顶得上一堂政治课。"

战士们说："劫夫的歌，好唱好记，一学就会，越唱越爱唱，越听越好听。"

老乡们说劫夫的歌，正合他们的心思："就像说书唱影的调儿，又上口，又带劲儿！"

有一次冀东的八路军小分队，在敌众我寡的战斗中，被敌人包围在滦县大平原的苏河岸边。他们把枪捆在自己身上，大家拉着手，高唱着劫夫写的歌："棋盘坨，山崖高，战士们的血花红；勇敢的八路军，五个好英雄"，以狼牙山五壮士为榜样，一起跳入苏河，宁死不屈。

幸存者于江，每当提起此事，就深情地说："劫夫的歌真像进军号，一唱，浑身的劲立时就鼓起来啦！"

八路军十三团宣传队，两位14岁的小宣传员贾如山和冯广太，在日本侵略者的"扫荡"中，奉命在盘山芦家峪组织抗日儿童团。在一个初冬的早晨，他俩在平谷敌人的奔袭中被俘。日本侵略军威胁他俩投降。这两位小八路昂首挺胸、斩钉截铁地回答敌人："誓死不投降！"最后，敌人把这两位小英雄杀害了。

当他俩走向刑场的时候，一起高唱着劫夫写的歌曲："中华民族，多么顽强，黄脸黑发，磊落大方……卢沟桥上枪声响，千里万里成战场，雄兵骑上战马飞，茅屋拿出红枪，我们都是英雄汉，决不屈服投降，刀子放在脖子上。不变英雄模样！"

在尖兵剧社演唱的所有歌曲中，黄天、管桦、刘大为写词较多，谱曲较为出名的是今歌、周方与劫夫。劫夫同志编写的歌曲已经成为根据地战士们不可缺少的精神食粮。剧社的同志们不禁暗想：如果真能跟劫夫同志一起工作、战斗，那多好。没想到抗战胜利后，劫夫同志真的到了冀东与同志们在一起了，担任刚刚改编完毕的冀东军区文工团团长。

劫夫也没让他们失望。

来到剧社不久，为纪念1946年4月8日殉难的叶挺等四位烈士，劫夫写了首《四八烈士挽歌》。歌曲写出后，大家都认为好。于是，战士唱，群众也唱，很快就流传开了。

这是他到冀东后写的第一首歌，用的是这一地区群众熟悉的皮影调。

此后，他又把延安时的歌剧《大家喜欢》搬到了冀东。《大家喜欢》的旋律，用的是眉户调，这种曲调西北人听了如饮陈年老酒，原样搬到冀东，却有陌生之感。劫夫当然明白，所以，他对《大家喜欢》做了脱胎换骨的改造，全部旋律用冀东老百姓喜闻乐见，谁都能哼上两句的皮影调。

这个《大家喜欢》这次可真的是大家喜欢，一经与冀东群众见面，就受到极为热烈的欢迎。一首歌、一部戏，是劫夫给"尖兵剧社"带来的见面礼。奠定了他在剧社的威信，也奠定了剧社贴近群众的个性和风格。大家感佩劫夫的才华，感佩他为剧社所做的"个性定位"，同时，也心生诧异：这个并非冀东土生土长的劫夫，为何把冀东的民间音乐运用得如此得心应手？

不久，谜底揭开，众人方才恍然大悟。

劫夫在滦东

全面抗战胜利后，部队从长城外转战到燕山南麓、渤海岸边的大平原上，和国民党反动派作战，保卫解放区。有一天，文工团在昌黎、乐亭交界的一个村子里宿营。第二天一早，劫夫布置完一天的艺术活动之后，突然失踪了，直到吃中午饭还不见回来，这下可把大家急坏了。通信员还在到处找，这时，村中一位小学教员走来，对尖兵剧社的队员说："李团长让我给你们捎个话，别等他吃饭。"

"李团长在哪儿?"

"在村北头儿,我们学校旁边一座旧庙里,跟住在那儿的一个盲艺人一块拉四胡、弹三弦,又说又唱,唠得可热闹啦!"原来昨夜一到宿营地,劫夫打听到这个村里有一位盲艺人,早年间曾经给冀东著名的皮影演员们拉过伴奏,熟悉滦州影调。今天一早就特意跑去访友学艺,学习影调。两人在一起,有说有笑,亲密无间。劫夫弹三弦,盲艺人唱影调,一会儿,劫夫又学唱影调,盲艺人就一只脚踩着板凳,甩开长弓拉着四胡给他伴奏。后来听说,这是劫夫的老习惯了,他在晋察冀边区,就常常这样做。剧社的同志不知道这招儿,还以为他失踪了呢。

剧社的同志匆匆跑到旧庙里的当儿,看到劫夫正跪在堂屋的锅台旁,用报纸卷了个纸筒,伸着脖子,吹灶膛里的火,他看见有人来了,有点不好意思地说:"你看,这火让我给烧灭了。老师教了我半天艺,我说我帮老师做饭吧,没承想,我连火都烧不旺。"

顺着话音,大家看到这位"老师"正抱着一把四胡坐在炕沿上,倾听着对话。他连忙说:"这位同志也真是的,跟我学了几句影调,还非要给我做饭吃不可。"

这一天,司务长特意去赶集,买了鱼肉,还买了四两白干酒,请盲艺人吃饭。剧社的同志也跟着这位民间艺人一块改善了伙食,还跟劫夫一起,听盲艺人上了一课。讲的是皮影界的四大名"髯"(老生)和四大名"小儿"(青衣)的唱腔特点,皮影戏中一个人敲击多种乐器的锣鼓经,以及主要伴奏乐器四胡的演奏技巧等。

剧社中不少人都是土生土长在冀东地区,喝滦河水长大的,用文艺做武器,坚持全面抗战八年之久,都没能重视利用皮影这一群众喜闻乐见的民间艺术。劫夫一到冀东,他创作的第一首歌《四八烈士挽歌》就吸收运用了皮影的曲调。这歌一下子就在冀东人民中间流传开来。他说:"在冀东地区搞文艺,尤其是音乐创作,要是不熟悉、不研究、不学习、不使用前辈艺术家、民间艺人创造的皮影戏曲调,不接受已为群众批准和喜爱的艺术遗产,就不会受到人民群众的欢迎。"劫夫同志这样说,也是这样做的。

劫夫对待艺术工作的态度也和他的创作思想一样,非常值得同志们学习。文艺队的部分同志表现出"万般皆下品,唯有创作高"的派头,不愿参加舞台和演出工作。劫夫同志说:"战争年代,文艺战士要以一当十,不能分工太细。咱们一共就几十个人,就得要又演戏,又唱合唱,又当乐手。创作组当然主要是写歌词、剧本,但也要参加演出、唱歌。这对写作也有好处。"

在这方面他就以身作则。演出歌剧《白毛女》时，人手不够，劫夫就时而抱着一把小提琴，站在侧幕条外，参加乐队演奏《北风吹》，时而急忙放下小提琴，跑到天幕后头去换上长袍，扮演黄世仁的仆人大生。有一次演出，道具组没把奶奶庙里的神像扎好，劫夫就披上一件黄袍戴上凤冠，一动不动地端坐在供桌上，扮演木雕泥塑的特殊角色。

至于平时，劫夫为独唱演员用板胡、三弦伴奏，参加合唱、重唱，那更是家常便饭了。一次，剧社新写了一部反映土地改革的话剧《阴谋》，劫夫不但为这个戏搞了舞台设计，而且亲自参加布景。大家说："没想到，劫夫同志在美术上还有两手呢！"他笑着说："二把刀哇。其实，抗战前，我在青岛搞救亡宣传，开始是画漫画的。后来，看到了救亡歌声的力量，我才拿起音乐这件武器来了。"

1947年国民党进攻冀东解放区，尖兵剧社根据国民党军队侵扰解放区的真实事件，编写了歌剧《国军现形记》，到乐亭县乡下演出。20里地以外的县城已被国民党侵占。为了机动灵活，剧社分成小组演出，没带布景，用庙台当舞台。演出一开始，按剧情规定，扮演国民党军的演员，抱着一个大座钟，跑进一家小杂货铺去敲诈小铺的老板。由于没有布景，劫夫唯恐群众看不懂故事发生在何处。戏正进行中，他突然从席棚搭的台口上伸出头来，用手指着台中心，大声喊道："老乡们！这是小铺！"这一喊，把台上正在演戏的演员都逗笑了，戏几乎无法演下去。

演出结束后，劫夫狠狠地批评了笑场的演员，说他们不严肃、不认真。并且强调：舞台就是战场，不应该当儿戏。演员争辩说劫夫太不注意艺术创作的完整性，那种自报家门的样子实在滑稽可笑。劫夫同志语重心长地说："自报家门也有它的好处嘛！说明一下，让观众看得清楚有什么不好？你们注意没有？你们觉得可笑，台下观众却一笑没笑，因为他们正需要了解台上是什么地方。"

以上这些事，尽管零碎得很，却一直留在演员们的记忆里。这些不平常的艺术生活，是留给冀东文艺工作的精神财富，也为身边同志的思想开辟了一条闪光的艺术大道。当年劫夫带领冀热辽的年轻演员们，在这条大道上前进。中华人民共和国成立后，许多同志仍记得这些光荣传统。正如劫夫的歌曲《我们走在大路上》所写的那样：披荆斩棘，奔向前方！

劫夫与张洛的燃情岁月

劫夫与滦东关系紧密，妻子张洛就出生在滦东的昌黎县。张洛从小就进入学堂学习，八路军来到她的家乡后，受当民兵队长的哥哥影响，15岁的张洛参加了"抗日妇女救国会"，并在那里教妇女认字，给小学代课。

1945年3月，漂亮的张洛被部队"尖兵剧社"相中，走进了革命队伍，成为尖兵剧社的"台柱子"。第二年春天，"尖兵剧社"与劫夫所在的"胜利剧社"相遇，在与劫夫相识前，张洛就会唱好多他写的歌，并视劫夫为"偶像"，为此还特意跑到"胜利剧社"去看"偶像"。于是，张洛在"胜利剧社"门口看见一个很胖、满脸胡子、衣服油渍麻花的男人时，张洛还以为是部队伙夫！俩人就这样相遇了，那时张洛17岁，劫夫33岁。

不久，劫夫被调入"尖兵剧社"当团长，对张洛产生好感。张洛经过相处和观察，觉得劫夫是个很细心、有个性的人，最重要的是，她从心里佩服他的才华。1947年初，张洛与劫夫正式结婚，首长讲了话，大家吃吃花生就算婚礼了，唯一有喜庆气氛的是一条在白纸上写的大标语"男低音女高音永远和谐"。

劫夫的好友管桦曾写道："洞房花烛夜那天，我想劫夫会停笔两天，没想到劫夫还是来了，好像什么事情没有发生，他用平常的语调说继续咱们的写作，于是这晚我们依然工作到半夜，创作就是他的一切，而且是高于一切的一切。"

1948年9月初，辽沈战役打响前夕，劫夫被任命为东北"鲁艺"音工团副团长，后又担任音乐部部长兼研究室主任，"鲁艺"音乐部扩建为东北音乐专科学校后，劫夫出任校长。当时都是白手起家，据说如今沈阳音乐学院的几座老楼的外形，是劫夫亲自设计的。那时，学校还没有汽车，出门办事全靠两条腿，劫夫每天穿着一套旧军装，脚上蹬着双布鞋，把妻子为他准备好的煎饼馃子、小葱大酱用报纸包好，往军用挎包里一塞，然后风风火火地走出家门。

张洛回忆，劫夫写作时，旁边的孩子就是闹翻天，他也浑然不觉。人们都说他邋遢，但他并不是真的不讲卫生，为了教孩子们不用脏手揉眼睛，他还把"手不碰眼，眼不碰手"编成歌教孩子。劫夫少有闲暇，但他跟孩子们玩的时候可投入了，给孩子们削柳哨、烤面包，背着妻子给孩子吃蛤蟆，吃生鱼，吃虫子。

《我们走在大路上》

同时代音乐家对劫夫有很高的评价。潘兆和回忆："周总理到辽宁视察，接见了劫夫等人并就当前形势鼓励他们创作出激励中国人民奋发向上的作品来。当时的劫夫正在酝酿作品之中，在总理的鼓舞下，他终于写出了《我们走在大路上》这首经典的歌曲。"

那时，我国经济建设遇到严重困难，人民勒紧裤腰带，团结一心渡难关。这首歌唱出了共产党追求理想、披荆斩棘把社会主义建设好的坚强信念；唱出了全体人民意气风发、斗志昂扬，在建设社会主义大路上阔步前行的豪迈气概。

1966年3月8日，河北邢台发生地震。4月1日，在灾区，周恩来总理一见劫夫，对他说："劫夫，我最佩服你的'大路上'，你的四段词我都会唱。"说着，还当场唱了几句。而后，周恩来总理又鼓励劫夫多创作一些表现当地老百姓战天斗地的精神，鼓舞抗震救灾斗志的歌曲。

妻子张洛，心中感慨万千，对于这首歌，她说："劫夫的作品之所以有魅力，是因为他的歌记录了一个英雄辈出的时代！"

著名音乐家傅庚辰说："劫夫是中国少有的音乐家，无论是作品的数量还是质量都是惊人的。他身上有一种与生俱来的与人民密切相关的联系，一生创作了2000多首歌曲，绝大部分都是中国观众熟悉的民族音乐，而这其中编入年表的就有500多首，像《歌唱二小放牛郎》《我们走在大路上》《蝶恋花——答李淑一》等脍炙人口的。"

> 我们走在大路上，意气风发斗志昂扬……
> 向前进！向前进！革命气势不可阻挡，
> 向前进！向前进！朝着胜利的方向。

劫夫的音乐更像史诗。多少永远年轻的革命者，听着二小的歌声，走在社会主义革命与建设的大路上，他们面带笑容，或高声呐喊，或低吟浅唱，翩翩而来，余音袅袅。

第六章 尖兵剧社二三事

一、从"尖兵"到"胜利"——韩大伟

抗战时期，滦东地区有一出非常著名的舞台剧《韩大伟告状》，就是以表演者韩大伟命名的。到1946年春天，韩大伟已经从滦东来到热河，从一名出色的"尖兵"演员成为胜利剧社的社长了。

韩大伟没有回忆录，各类著作中也鲜有提及。但他在尖兵剧社的战友、妻子秦英的回忆录中涉及文字较多，将之拼凑，发现韩大伟革命生涯经历丰富，与滦东更是关系紧密。

1935年2月，韩大伟在吕正操领导的东北军二九一团当过班长。1937年在冀中军区一团当过司务员。1943年，韩大伟与黄河、卜雨、田篱、李碧冰等人受晋察冀军区政治部派遣，来到冀东尖兵剧社。1946年，韩大伟来到承德，任胜利剧社社长。1950年，韩大伟调到空军当建设科长。很快，朝鲜战争打响后，他被派往前线。1958年，根据社会主义建设需要，他到某厂做了厂长，开始学习和领导经济工作。从战士到演员，从陆军到空军，从军事到经济，韩大伟一直保持着乐观主义的战斗作风和高尚的品德。

永记滦东人民的恩情

1944年夏，韩大伟与"三剑客"黄河、刘大为、管桦等人随八区队二连，突过北宁铁路，到铁路以南的昌黎、乐亭等地新开辟地区工作，初次形成了武工队与文工队共同开展工作的形势。

这一年，由于气温奇高，战斗环境艰苦，医疗条件差，韩大伟的脚病越来越厉害，后来化了脓，双脚肿得像馒头似的，连走路都困难。在艰苦严峻的抗

日斗争中，不能走路就意味着不能游击、转移，获取安全与主动。

区长云戒三看在眼中，急在心里，决定将他送到一个"安全"的地方。云戒三，原名阚守仁，1919年生于滦县阚庄的贫苦农家。参加抗战后，化名云戒三，取意一戒嫖赌，二戒贪污，三戒名利。先后任抚（宁）昌（黎）联合县七区副区长、一区区委书记兼区长、城工部部长。抗战胜利后，首批挺进东北，任黑山第一任县委书记兼县长。

所谓"安全"的地方，是一个离敌人据点留守营不到三里路的东边一个只有三户人家的村子。因为是敌占区，又是"灯下黑"，日军一次也没到过这个穷村。敌人占领了土地，群众却是我们的。一家姓木，大儿子也是个地下党员，其余两家也是我们的基本群众。因为离海很近，他们以打鱼为生。云戒三区长亲自找了头小毛驴，一天夜里，将韩大伟送到姓木的渔民家中。

木大爷家中除了老伴还有两个儿子及大儿媳妇。一家人将八路军当作亲人，当韩大伟一行来到木大爷家后，全家都热闹起来，大儿媳主动去放哨。

韩大伟回忆，"当区长讲明来意，老大娘来到我的身边，热情地说：'孩子，这就是你的家，安心养伤，别着急，我伺候你！'那是一种亲人般的情谊，在这样残酷的环境下，敌占区的农户冒着生命的危险，收留一个素未谋面的陌生人，多么好的群众啊！"

云戒三又对大哥木民讲："你是在组织的，他也是在组织的，你要注意他的安全，等他把脚养好再叫他走。"后来，韩大伟才知道，云区长为了他的安全，对其余两户也做了安排，很晚才离村。老大爷为了韩大伟的安全，决定将他暂时当作二儿子木军，并嘱咐他的二儿子在船上住，不要回家。此后，韩大伟为了纪念这一家人对其的深情厚谊，在路南的革命活动中，便化名木军。

"大爷是个细心的人，为了以防万一，应付敌人，保护我的安全，让我每日背诵：全家五口人，一个爹，一个妈，还有大哥、大嫂，以及两家邻居的基本情况。老大爷看我拎着一支手枪，当即从我身上摘下。并说，'我先给你藏着，等你走时再带上，免得暴露目标'。"韩大伟回忆。

由于离日军据点很近，为了安全，木家大哥每天背韩大伟上船躲避。往返要走六七里地。虽然是30开外的小伙子，可是路远没船载，一背就是三里多，他每次都累得满头大汗，总是一口气把韩大伟背到船上为止。大哥将韩大伟的双脚泡到海水中，说用不了几天就会好的。韩大伟坐在船上，看着他离去的身影，久久不能忘怀。

过了五六天，韩大伟的脚病逐渐好起来了。在船上也能走几步了，但木大哥仍然宁愿背着他，也不愿他走路。半个月后，韩大伟的脚完全好了。当要离开木家，回到路南时，全家都那么依依不舍，老大娘拉着韩大伟的手说："孩子，等消灭了敌人再住段时间。"老大爷拿出手枪给韩大伟戴好，并嘱咐："啥时候解放这里，先给个话，我们一定全力以赴地支援。"大嫂子把亲手做的玉米面饼子装在韩大伟的背包里。全家又送行到很远，经韩大伟再三劝阻，才停下脚步。韩大伟走了很长时间，猛地回头，隐隐看到大爷、大娘、大哥他们仍在挥手送行。

会场怒割汉奸耳

1944年底，韩大伟回到昌黎荒甸庄附近的村庄，他在一家老乡炕头参加乡长会议，区长葛世杰也参加了。会议刚开始从窗外伸进来一个手榴弹，情况很紧张。韩大伟有战斗经验，他说："别怕，大家赶快从后门出去上北山，我和区长留下来对付。"他当时分析，这一定是汉奸探路，因此他喊："缴枪不杀！"敌人心虚，立即把手缩回去逃跑了。韩大伟和区长立即召集民兵会议，估计跑不远，赶紧去搜索，这个汉奸，还没有向敌人报信，就被民兵抓了回来。韩大伟一怒之下用小刀将汉奸的一只耳朵削掉了，并教育他："决不允许你当汉奸，如果再知道你干坏事，我就宰了你。"

花开时节识秦英

1945年春天，花红柳绿之时，冀东尖兵剧社路南工作组韩大伟、刘大为、管桦、李巨川、苏志远等同志来到赤崖村开展抗日宣传动员工作，正赶上在桃园村召开庆祝开辟第二战场大会。散会后，学校还演出了《二月里来》的舞蹈节目。秦英是赤崖学校信庄分校的主任，在后台弹琴伴奏，韩大伟站在她身后，一边看一边问这问那，从此两人便结识了。尖兵剧社一行经常来学校帮助开展文艺活动，尤其是韩大伟经常去，而且非常热情，给秦英留下了深刻的印象。

当时，秦英患了疥疮，长时间治不好，蔓延到手上，十分苦恼。韩大伟看到后，问她手上长的是什么，她告诉了他。韩大伟焦急万分，事后在百忙中托人从城里买来药膏，第二天他心急火燎地前来"献宝"，并耐心地安慰秦英只要坚持擦很快会康复。果然坚持擦了不到小半盒就都好了。

秦英对韩大伟的感激溢于言表，她后来回忆："我想他是多么好的一个同志啊！人又长得那么帅气，一副善良的面孔，虽穿了一身褪了色的黄军装，仍显得那么英俊潇洒，不知怎么我从心里爱慕他。事后想起来，这一小盒药膏成了我们俩的'红娘'。"

后来，在领导和同志们的支持下，两个人往来更加密切了。在韩大伟的启蒙和帮助下，秦英毅然选择了抗日救国的道路，于1945年夏带着惜别之情离开了父母及故乡，参加了"尖兵剧社"这个革命大家庭，当了一名光荣的革命战士。

韩大伟对秦英的感情在许多事情上都有流露。秦英怕狗，一听到狗叫就不敢迈开腿。日军投降前夕，路南工作组回路北剧社会合，要过封锁线。这里有一个日军炮楼，铁路一侧还有三米深的大沟，日军听到狗叫就一个劲开火。秦英是独生女，从小娇生惯养，再加上狗吠枪鸣，吓得不能动弹。此时，前边的同志已经走远，只剩下焦急的韩大伟不肯离开，他紧紧地抓着秦英不放，另一只手扒着墙，硬生生将秦英拉上来后，才长长地出了一口气，安慰地说："这回不用怕了，过了封锁线了。"

韩大伟的夫人秦英后来回忆："死里逃生一回，我更加依赖他了，如果没有他，我大概早就牺牲了吧。"

热河逢敌出击

1946年春，国民党占领热河承德，这时韩大伟已经调到承德胜利剧社任社长，上级为了保存力量决定将剧社撤到隆化县的无人区。由于抗战时期，日军"集家并村"把老百姓都圈在"人圈"里不许出来，防止与八路军接近，山上只有房架子、土炕，没门没窗，到了夜晚成群的狼跑出来嚎叫，大家都很害怕，躲在土炕下缩成一团。国民党部队也不停骚扰。听说敌人要来无人区扫荡，领导决定成立战斗组，由社长韩大伟带领年轻的男同志参加，女同志在后方。国民党部队来到山下的村庄郝地子时，韩大伟带着战斗组，早已隐蔽到山背面。敌人进村后，又是抢粮，又是抓鸡，孩子大哭大叫，韩大伟看到这种情况，气愤地开枪了。因为敌人不了解八路军的战斗力，掉头而逃。这一战反响很好，使群众体会到八路军真正是人民的军队，比办演出、唱红歌还要有效。战斗结束后，剧社又转移到热南一带。

朝鲜战场遇险

1950年，韩大伟任空军建设科长。空军司令部决定在朝鲜修机场，将他调去。当时朝鲜的环境艰苦，志愿军夜里修机场，美军飞机白天轰炸。一次，韩大伟和油料科长老曹坐汽车去检查机场时，半路上美军将一颗炸弹丢在汽车旁，把汽车炸翻到河里，韩大伟和曹科长也掉了下去，压在车底下，幸好水不太深，又有汽车保护，只是受了轻伤。两人险些丧生，弄了一身泥，从汽车缝里爬出来后，请过路的朝鲜老百姓帮忙把汽车给抬上岸，继续向机场开去。

韩大伟是个坚强的东北汉子，由于长期生活在艰苦的环境中，患有多种疾病也得不到及时治疗。1991年9月他患了严重的心脏病，临去世时他向妻子和孩子们嘱托："我们应当热爱我们的国家，我们国家能有今天这样强大都是在党的领导下，无数革命先烈用鲜血换来的，来之不易啊！你们这一代年轻人活着就要踏着他们的脚印，无私地奉献把自己的工作做好，用成绩来回答党。"妻子秦英在日记中记录了这段话。

与韩大伟一同奋战在滦东的老战友管桦听闻噩耗，写下了这样一段话：

韩大伟同志在中国历史命运的伟大征程中，为祖国、为人民、为党的崇高事业，赤胆忠心，并充满北国壮士豪侠之气，在革命大家庭中，对待同志们像仁厚的兄长，大伟的家庭也是个老战友们常去打扰、常去相聚的充满革命友情的地方，我们永远思念他，大伟同志的高尚的品格与情操永留人间。

管桦
一九九三年六月十二日于北京郊区

二、文艺战士与军事干部——王舒、舒江

副社长王舒

在敌后根据地，文艺战士时刻准备军事斗争。当与日军遭遇，文艺兵化作刀剑，英勇作战。形势稍微安定，他们又以音乐与歌喉为武器，鼓舞军民。真正的理想者，从斗争需求出发，在不同岗位上为信仰奋斗。尖兵剧社副社长王舒在组建剧社的关键时刻，他是编剧、导演，是指导者；在开辟新的根据地时，他是进军东北的先锋。

王舒，又名王青侠，东北辽宁人，共产党员，挺进剧社有成就的导演，他是一名热爱中华民族的热血青年。"九一八"事变后，流亡关内，在北平弘达中学、东北大学及中国大学等教育园地，获取知识，找到方向。他是"一二·九"运动的参加者。"七七"事变一发生，就毅然冲出北平城垣，到西山打游击，同

高鹏、史进前等同志一道找到了八路军。他在五支队当过连长、秘书和区长，1940年到挺进剧社任导演。他热爱戏剧事业，兼具演出才华与导演天分。在挺进剧社的3年间，尽管战斗频繁，生活艰难，他仍导演了街头剧《放下你的鞭子》，话剧《天亮了》《兰包袱》《警惕》和《雷雨》及歌舞剧《参加八路军》；还创作并导演了《救国公粮》《到新中国去》等反映平西斗争生活的话剧。1942年，他服从全局的需要，毅然去冀东工作。

1943年，王舒奉命由平西挺进剧社来到尖兵剧社担任副社长。剧社的柳苇对刚到冀东的王舒印象颇深，"他高高的个儿，一介书生模样，行动举止颇有学者风范，对同志对工作充满了热情而又温文尔雅。可是，一谈起冀热辽的八路军已经跨过了万里长城，挺进到了伪满洲国，正在开辟辽西热南抗日游击区的时候，他往往按捺不住心底的澎湃对人们说：'我的家在东北，我流亡到关内，时刻想着打回老家去。'因此，坚决要求到热辽地区，到冀东来工作。有时，他情不自禁地唱起《我的家在东北松花江上》，声音高亢、动人。"

此时，尖兵剧社刚刚成立，晋察冀军区政治部尚未派遣文艺干部，剧社人员紧张。王舒一人多用，刚刚来到尖兵剧社就写了一出话剧，名为《长城线上》，反映的就是在水深火热之中的东北人民渴盼解放的生活，他亲自导演了这出戏。《长城线上》是尖兵剧社自己编剧、导演、演出的第一部话剧。主要演员有韩大伟、张瑞、林野、罗明等同志，舞美设计是邓子如同志，演出后，受到了广大人民群众的喜欢。

不久，王舒同志又被组织调到山海关地区的工作团去开展工作。如愿以偿地战斗在光复东北的一线，并担任开辟东北地区战斗单位的负责人，去唤醒那些亲爱的东北同胞，参加抗日工作。遗憾的是，由于他日夜工作，积劳成疾，最后牺牲在他心心念念的东北土地上。

文艺战士与军事干部——王舒、舒江

从文艺战士变成军事干部的是去东北开辟根据地的王舒。从军事干部变为文艺战士的是1938年冀东抗日大暴动中某总队政治部主任舒江。

舒江，原名侯辅廷，又名傅敏之，辽宁锦州人。他有一个特殊的身份，党的创始人之一李大钊同志的女儿李炎华的丈夫。1927年4月，8岁的李炎华随母亲、哥哥、姐姐、弟弟和父亲一同入狱，在法庭上见到父亲最后一面。回到故乡的李炎华，十分想念父亲，她发奋读书，学习刻苦。第二年，在赵纫兰的联系下，她进入北京孔德学校小学部读书。此后，李炎华考入有着革命传统的北京艺文中学。在学校，特别是在"一二·九"运动中，她成为学生运动的先锋斗士。在北京学联与各校学生的交往过程中，她认识了中山中学的侯辅廷，建立了深厚的友谊。1936年，李炎华和侯辅廷一起加入中国共产党。

同年5月，中共中央北方局为加强山西组织的建设，决定从北京、天津选派干部，侯辅廷、李炎华两人于11月来到山西，并于年底结婚。1937年抗战全面爆发后，冀东沦陷，一心报国的夫妇回到家乡参加战斗。

1938年冀东爆发抗日大暴动，在中共乐亭县委领导下，抗日联军第十总队成立。侯辅廷在大黑坨、木瓜口一带组织300余人，编入第十总队，并担任抗日联军第十总队政治部主任，李炎华在政治部做宣传工作。在大黑坨和木瓜口，李炎华和参加暴动的农民一起喊出了"继承大钊遗志，不当亡国奴"的战斗口号。9月7日，抗日联军第十总队和兄弟部队经过三昼夜的激战，胜利攻占乐亭县城，但迫于日伪军的疯狂反击，部队决定先向西撤，然后北进长城喜峰口一带。此时进入严冬，长城沿线风雪交加，寒风刺骨，抗日联军第十总队在茅山上与日本侵略军多次战斗，处境十分艰难。此后，抗日联军第十总队转移到迁安市上五岭、滦县杨柳庄一带，与李运昌副司令等会合，奉命回乡分散隐蔽。

1943年冀东军区成立尖兵剧社，很多同志听说这样一位大暴动时期担任要职的干部，竟到剧社当了一名普通社员很不理解。有识之士认为，这是党对文艺工作的重视，也是舒江同志热爱文化工作所致。

1941年，舒江在冀东"小延安"鲁家峪从事《尖兵报》的编辑工作。《救国报》社、《尖兵报》社、《国防最前线》杂志社、军区印刷厂、卫生所等机关团体都分布在鲁家峪的北沟、东沟的山村里。虽然离日伪军据点仅仅十几里地，可是这里却到处传颂着抗敌的歌声，夜晚，村剧团、抗日影社点燃汽灯演出抗战戏剧和皮影，军民亲如一家。他们依靠着山坡上开采火石留下的山洞为依托，敌人来扫荡，军民隐蔽到火石洞中，继续编报、写稿，刻钢板，写蜡纸，用石印机印报纸。敌人走了，锣鼓便又敲响，在果树丛中搭起的舞台上，呼吸着果花的芳香，继续演戏唱歌。

《尖兵报》社，虽称为报社，事实上算上警卫员也不过五人。军区宣传科科长何畏兼任社长，舒江和柳苇是编辑，还有一个刚刚离开师范学校的青年学生写石印报纸，再加上何畏同志的警卫员，一共五人，分住老乡的两间房。舒江、柳苇和缮写员住一大间，炕上放一个炕桌，舒江和柳苇盘腿面对面坐着编稿，地上放一张八仙桌，供缮写员写蜡纸划版。何畏同志自己住一间小屋，一面写稿，一面筹划全军区的宣传教育工作。

除去编报之外，舒江还和当时在鲁家峪的一些文化人，例如《国防最前线》

的主编史诺,《救国报》社的陈大远、丰原、山桥,以及从延安八路军前线记者团到冀东来的诗人雷烨等,组织了一个叫作"路"社的文学团体,宗旨是走鲁迅的道路。这一时期的舒江,在鲁家峪很活跃,有时写诗,有时唱歌,他时常流露出终生要从事文学艺术工作的愿望。

不久,舒江在何畏、史诺的指挥下,经历了一场特殊的战斗,我方战斗的阵地在不过20平方米左右的火石洞中,他在这样的情境下结识了管桦,从此开始了长期并肩战斗的历程。

八路军的后方机关,依仗着群众条件好和地形隐蔽,在鲁家峪闹的动静太大刺激了敌人。敌人决定"扫荡"鲁家峪。过去,日伪军出击鲁家峪,往往都是昼出夜归,到了鲁家峪踏响民兵埋的地雷,挨一顿冷枪,放火烧几间老百姓的房子,便又缩回据点去了。这一次不同,不但来了大批军队,除了机枪、迫击炮等轻重火器之外,还带有发电车、探照灯、瓦斯,扬言要长期驻扎在鲁家峪,不把鲁家峪的八路军和抗日群众消灭光不撤兵。

鲁家峪的军民,像往常一样,纷纷潜入数十个火石洞中,等天黑敌人撤走再出来。没想到,这次敌人一住就是10天10夜!在山上安置了探照灯,夜晚封锁洞口,白天挨着个地往火石洞里打枪,甩手榴弹,丧心病狂地用毒气熏,许多同志牺牲在火石洞中,有的冲出洞口,被敌人用机枪扫死。一瞬间,火光冲天,空气中弥漫着毒气和血腥气,许多同志英勇地倒在山坡上、火石洞旁,抗日军民用鲜血和生命演绎出了许多可歌可泣、悲壮动人的话剧。

《尖兵报》社和《国防最前线》杂志社的主编史诺,编辑任朴、山桥,记者管桦、刘大为,还有3位女同志沈日、雷英、国境,共同潜入东山沟北坡的一个洞中,先进入巷道,然后又从巷道中匍匐钻入一个隐蔽的,有20方圆,半米高的小洞中。开始还点上蜡烛,甚至还想在烛光下工作。没想到敌人封锁了洞口,往里面打炮、打枪,直到第2天,同志们才从敌人的活动和喊话中估计出情况的严重。大家一致表示,誓死不投降!第3天,干粮吃完了,最严重的是没有水喝,只能仰着脖子舔洞壁上渗透出的水珠。后来,水珠都舔干了,空气稀薄得连蜡烛都点不着了。

这时,舒江也和大家一样表现得坚定、勇敢,充满了乐观精神。大家摸着黑,讲战斗故事,背诵诗歌,举行精神会餐,介绍各自家乡的美食,并约定冲出火石洞之后,每人做一个菜来庆祝……

5天5夜之后,大家决定冒着生命危险冲出去。正巧人们冲出洞口之时,敌人临时撤回村中休息,同志们大摇大摆地翻过鲁家峪的东山,脱离了敌人的包围圈。

在鲁家峪的山洞中，舒江、管桦、柳苇结下了深厚的革命友谊。

天涯何处不相逢。一年以后，舒江、柳伟、管桦同志竟分配到一起工作，工作地点是刚刚成立不久的尖兵剧社。

三人再次一同工作，这次并非为了编报，而是一起在舞台上演戏、唱歌，有时也在一起写作，研究文艺作品。

在剧社工作不久，舒江同志又被上级调出，有重要任务要他去完成。有的同志说，舒江是个大干部，怎么能总在剧社工作呢！后来得知，组织上派他去他的故乡锦州敌占区去秘密开辟新区，担任热辽联络处主任。返回冀东后，他仍要求回到尖兵剧社，从事他终生热爱的文艺工作。

1944年，尖兵剧社分散，舒江、管桦、韩大伟、王维汉、王世昌、李碧冰、张鸿斌、柳苇等几名同志东渡滦河来到昌黎开辟新区。后来，舒江、韩大伟与部队失去联系，经历种种磨难，舒江回到乐亭，在白沙沱抗日中学教书。

教书期间，他积极组织了业余剧团，给学生们排戏，组织演出，教唱抗战歌曲，非常活跃。后来，他又和乐亭县知识分子救国会的幸存、朱燕、昨非等同志组织了七月剧社。日本投降前后，他到了部队，在十七军分区海滨剧社担任领导工作。解放战争初期，他又到了肖全光（四十六军一三七师）的部队任宣传队队长，参加了辽沈战役、平津战役，并随军南下作战。

在海滨剧社，舒江结识了挚友仲先。中华人民共和国成立后，两人时有书信往来。数十年后，仲先竟找到了保留多年的诗歌。

　　　　翻诗——秋夜即景
　　　翻诗聊自宽，黑夜断鸣蝉。
　　　风劲惊秋老，敲窗雨报寒。
　　　　　　暮年
　　　诗出悦野客，岂笑我偷闲。
　　　涂工集笺句，山川俦暮年。
　　　　　　北望
　　　吴楚郁苍苍，幽燕白草霜。
　　　谈诗三醉酒，依旧几断肠。
　　　白日思阴雨，费声知莠良。
　　　推心频寄语，酬唱论文章。

舒江去世前夕，仲先又为他写了几句顺口溜。百病缠身的舒江看后，畅然一笑。

"鸡皮鹤发话当初，快然自慰无所负，退读亦不愧天地，飞花落叶映千古，南国景色颇异殊，花城一地堪可游，欢迎光临来做客，粗茶淡饭敬老侯。"

回顾舒江的一生，艰难困顿，百折不挠，从冀东大暴动，到南下作战，经历战事众多。他执着于文艺，参与了冀东许多文艺团体的筹建、运营，从《尖兵报》的编辑，到尖兵剧社的社员，再到七月剧社、海滨剧社的筹建者，他见证了滦东地区文化艺术工作的发展壮大，并为之奉献了全部青春。

三、从"男扮女"到"女扮男"记尖兵剧社文艺女兵

"邓映时千里寻周方，劫夫敌后娶张洛"成就了滦东文艺界一桩美谈。即使在最艰苦残酷的战火之中，也能绽开浪漫的爱情之花。是的，周方与劫夫是浪漫的、幸福的，更是幸运的。在相当长的一段时间，文艺女兵的缺少，使得尖兵剧社采用"男扮女装"的形式解决演出问题。如果说在冀东抗战这幅壮丽的历史画卷里，剧社是其中的珍贵篇章，那么文艺女兵则是这些篇章里富有色彩的一页。

"男扮女装"何时了？

1938年到1943年，冀东的全面抗战，经历了三起三落。1942年，日军"第五次强化治安"，把根据地的中心区搞垮了。在这样的严重时刻，根据冀东党的指示，开始筹建尖兵剧社，要求剧社紧密配合武装斗争，加强宣传工作，教育和组织广大群众，壮大抗战力量。1943年，剧社初建时期，辗转在北宁路北一带山区活动。当时战争残酷，生活艰难，再加上穷乡僻壤，封建落后，动员个别妇女已属难事，寻找多才多艺的"文艺女兵"就更是困难重重了。然而，既然是剧社，却没有女兵，怎么开展文艺工作？实在没有办法，演出时只好"男扮女装"。

男扮女，确实不容易。首先，粗声大嗓就不行。只能从少年里面挑。当时只有十四五岁的张瑞和苏志远，虽然不是女孩子，但是，他们童声未退，所以常常拉来代替女声独唱，打霸王鞭，演小节目，也由他们充当女孩子的角色。演出街头剧《放下你的鞭子》，剧中那个从东北流亡到关内卖艺的香姑娘，就是由张瑞扮演的。演出的效果也很不错，但是这种情况不可能持久。男孩子迟早要长大，童声要变音，体形要变化，一个文艺剧社没有女兵，终非长久之计，怎样才能招来女兵，成了一件很伤脑筋的事。

后来冀东抗战形势逐渐好转，恢复了基本区。平西、平北等根据地连接起来了。

这时，领导从冀东日报社调来一位女同志白介成（后改名田涓），改变了尖兵剧社男同志一统天下的局面。白介成入伍前在唐山当小学教员，戴着近视眼镜，酷爱新诗，喜欢朗诵"啊！我爱黄河！我爱长江！"这类激昂高亢的诗句。可惜她人高马大，而且肥胖，没有适合的男同志能与她登台配戏。不久，林野、罗明从地方上调来后，白介成就调离了剧社。此后，又陆续来了张韵村和张君如。这样，尖兵剧社终于结束了"男扮女装"的时代。1945年春天，北宁路南工作组（刘大为、管桦等一行）到乐亭、昌黎一带扩大尖兵剧社队伍，又先后动员出来一批女青年。截至全面抗战胜利，尖兵剧社女同志（不包括调走和日军受降时参加）共有十一名。

这群女八路军，年龄、出身、经历、觉悟、性格虽有差异，可是先后投身尖兵剧社这个革命熔炉以后，不管是有些阅历的大姐姐，还是不大懂事的小妹妹，大家的命运就紧紧连在一起了。在战争年代她们同呼吸共甘苦，为着一个共同的革命目标——驱逐日军，建设中华，实现共产主义，贡献了自己火红的年华。

"女扮男"也是无奈之举

因为有了文艺女八路军，在文艺舞台上再也不用"男扮女装"了。可是在现实战争的大舞台上，这些女八路军却不得不常常扮男装，在残酷的游击战争环境和极端贫苦的物质条件下，大家都过着俭朴的军事共产主义生活。女同志也像男同志一样，穿一身褪了色的土布军装，一双粗针大线纳帮底的布鞋，腰里扎着皮带，头发藏在帽子里。这样一来，男女性别的外部标志几乎消失了。贾淑琴穿上这样一身装束，被男同志称为"傻小子"，管她那双又肥又大的布鞋叫"巡洋舰"。这不过是开开玩笑，还有一些场面就十分令人尴尬了。

有一次，刚在老百姓家里住下，一位大娘指着张韵村说："这小伙子长得真秀气！"一位大哥拍着林野的肩膀亲热地问："兄弟多大了？要媳妇了没有？"把人问得红了脸，只好抿嘴一笑，支吾过去。

难忘的"入伍史"

生理的限制，观念的束缚，每一名女八路军都有一篇曲曲折折的"入伍史"。

谷萤，女，河北省乐亭人，1931年生，1945年6月参加革命，任尖兵剧社文学艺术队队员。在所有女队员中，谷萤属于"小字辈"，参军时只有14周岁。政治上的启蒙还要更早一些。她从记事的时候起，耳濡目染受到革命的熏陶。听过区长刘志一讲抗日的道理，教唱"打倒日本，打倒日本，锄汉奸，锄汉奸，军民联合起来，救中国，救中国"。还唱过"有钱的出钱，有枪的出枪，出人出力上战场，万众一心团结起来，日本强盗难逞强"。1944年，进了抗日民主政府在渤海之滨建立的董庄抗日中学。学校为了配合开展政治攻势，经常到各村镇去巡回演出文艺节目。尖兵剧社黄天编剧、今歌与黄河作曲的歌剧《夜深人静时》，也在路南流传。董庄抗日中学就演出了这个歌剧。谷萤扮演女儿，对妈妈唱道："妈妈呀，你细细地想一想，八路军辛辛苦苦为的啥，八路军流血流汗又为啥，为啥人家就该挨冻在大街上。"一面唱一面动员妈妈给八路军腾房让炕。这种宣传，既教育了别人，也教育了自己。1945年6月，谷萤和同学刘茵河决定离开董庄中学去尖兵剧社。小小年纪离家当兵在村里还是第一个，怕家里"拖后腿"，就来了个不辞而别。把在学校用的被褥和脸盆等物，委托一个同学转送回家，身穿件蓝布旗袍，就偷偷离家了。

林野是剧社的元老，也是剧社女八路军的大姐。她是1942年初，正当敌人搞四次、五次"强化治安"时，离开家庭正式参加革命的。林野的"入伍史"是妇女翻身解放的缩影。在旧社会，她目睹了广大劳动妇女的悲惨情景，饱受封建礼教宗法势力的欺凌。她的邻居虐待摧残童养媳，那个可怜的小姑娘，衣不遮体，细胳膊像高粱秆。稍不顺心，丈夫、婆婆便打嘴巴子，打得鲜血直淌还不准哭。

林野同情那个童养媳，但其实她自己也很值得人同情。由父母之命、媒妁之言定了林野的终身，谁知男方是给日伪从事情报工作的。冰炭不同器，水火不相容。怎么能同这样的人过一辈子呢！林野当机立断离家出走，参加了迁遵兴二区妇女筹备委员会。从此，她走到哪里，把《三八妇女节》唱到哪里："冰河在春天里解冻，万物在春天里复生，全世界被压的妇女，在三八，发出了自由的吼声。从此，我们永远，打破毁人的牢笼。"1943年春天，林野被戏剧队长邓子如发现后，由刘大为从无人区接出来，到了尖兵剧社，加入了文艺队伍。

张洛是独生女，与寡母相依为命。张洛要当八路，妈妈闻讯追出几里地。女儿在前面跑，妈妈扭着小脚在后面一边追一边喊。张洛躲进一家门后，妈妈没有发现。此情此景，令人揪心。经过一番思想斗争，张洛挣断了家庭的束缚，毅然参加了革命。在尖兵剧社时期，她在戏剧队，主演过《白毛女》和劫夫创

113

作的《大家喜欢》等歌剧，还参加合唱，担任独唱、领唱。

行军情趣和"WC"惨案

离开家庭，来到剧社，仅仅是迈进抗日队伍的第一道门槛。行军则是女八路军的第二道考题。从冀东平原出来的人，初次见到巍巍群山，心里充满诗情画意，直至在崎岖的山路上气喘吁吁地攀登、赶队，才体会到当个"尖兵"可真不容易。女同志穿着肥大、梆硬的劳军鞋，走得两脚打泡，情不自禁地"扭秧歌"，痛得一步一皱眉。谷茧问一起入伍的刘茵河，什么时候才能走到？走在身边的一些老同志纷纷鼓励："天愈黑，愈显得星星亮，越是艰苦，越能锻炼人。"刘大为指着山间飞动的萤火虫说："要像萤火虫一样，有一分热，发一分光。鲁迅不是说过，世上本来没有路，走的人多了便成了路么！"那时青年学生都很崇拜大文学家鲁迅，所以这句富有哲理的名言，立即使大家鼓起克服困难的勇气，点燃坚持斗争的希望。

行军有行军的乐趣。特别是夜行军，既要肃静，又要快速，走得人困马乏，迷迷糊糊。锻炼得能在行军中睡觉，而且不掉队，只是脚步不能停，如有一人停步，后面一串"撞车"。喜欢搞恶作剧的纪良，肩上缸着大提琴，迈着两条"仙鹤腿"，是行军中的活跃分子。他走着走着，忽然猛力一跳，黑灯瞎火看不清，谷茧盲目地也跟着跳，其实是平地一块。结果把双腿跳得生疼，逗得大家哈哈大笑，消除了疲劳，活跃了气氛。

在没有敌情顾虑的情况下夜行军，又是另一番情景。大家边走边谈心，讲故事，说笑话，畅谈今天，憧憬未来。山间小路上，张君如不慎摔下山坡，被小树杈挡住。林野急中生智，赶快用霸王鞭把她拉上来。戏剧队长邓子如说，刚才这个现场表演就叫《林野霸王鞭钓金鱼（君如）》，一句戏言后来竟成了剧社流传的佳话。

在敌情威胁下夜行军，就完全是另一种气氛。剧社所有女同志都难以忘怀，抗战胜利前夕，夜过北宁路。深夜，大家个个像揣了只小兔子，心里扑扑直跳，大气也不敢出，只顾猫着腰朝前跑。忽然日军装甲车顺着铁道从东往西哗啦哗啦地开过来了。敌人似乎发现了目标，突然打开探照灯，响起了机枪。同志们的长蛇队形一下子变成了大扇面，迅速跑到一块坟地里隐蔽起来。只听见子弹打在墓碑上啪啪直响。

物以稀为贵，更何况是文艺部队。大家很照顾女同志，指导员经常在队前讲，今天行军路远，女同志有"特殊情况"的可以骑驴，东西也可以让男同志背着。1946年以后，还特地给女同志配备了一匹马。遇到爬山、涉水则分配两个男同志保护一个女同志。这些女八路军却很要强，即使是生理期，也硬咬牙关跟大家一起风里钻，雨里行，遇山爬山，逢河蹚水。

女八路军们最头痛的，还是行军中如厕的问题。尤其是在开阔地上，没有任何遮挡，跑远了又怕掉队，真急死人。有一次夜行军林野要解小便。她离开队伍借着月色跑进一个场院，刚踏上那捆玉米秸秆，就扑通一声掉进了白薯窖，一块大石头砸在头上，血流满面。她拖着那条摔得红肿的腿，挣扎着从窖壁的土梯上爬出来。同志们看见林野这个模样，非常惊讶，立即请卫生员给她包扎了伤口，借来了老乡一副门板，抬着她继续行军。社长黄天把这件事风趣地叫作"WC惨案"，并且解释说，water closet 就是英语的厕所、盥洗室。这种生活中的幽默是文艺单位以外少见的。从那以后，黄天社长规定：女同志路上如厕，必须二人同行。

毛丫头学艺

逐渐增多的女八路军，为尖兵剧社增添了蓬勃的活力，也带来了新的矛盾：这些女八路军，虽然喜欢拉拉唱唱，蹦蹦跳跳，可谁也没有进过专门的学校经过专业训练。于是尖兵剧社一边工作一边担负起自身的培训任务。从实践到理论，不断学习和提高，黄天经常给剧社上课，讲解《在延安文艺座谈会上的讲话》精神，讲授舞台艺术和表演知识，告诉演员在台上切忌把屁股对着观众，不要开"展览会"。他边给张君如化妆，边传授化妆术，讲如何弥补脸上的缺陷。"土八路"也开始探索欧洲古典主义戏剧的"三一律"。不管是新兵还是老兵，居然上台就演，尽管当时的艺术水平较低，也很幼稚，但是都好学上进、自强不息。

文学艺术队队长刘大为、管桦搞创作虽然很紧张，但对剧社的学习要求很严格。黄天牺牲以后，剧社的剧本创作主要出自文艺队。大量的配合形势与任务的歌词，也主要是文艺队创作的，管桦在吹拉弹唱的嘈杂环境中，也能够坐在房子的一角专心致志地搞创作。教谷莹写歌词，写通讯，读文学名著。劫夫团长也亲自帮她修改《庆祝胜利过新年》的填词，修改《建国打火车》的歌词。《建国打火车》是根据军区劳模会上介绍的刘建国埋伏在铁道边，打日本军车的事迹写成的。刘大为交给谷莹一本《新闻学》让她学习。谷莹用纪良装订的一本漂亮布皮的小本子，密密麻麻抄了一大本，行军一直背着它，风吹雨淋，字迹已经模糊。后来她到了尖兵报社，仍然随身携带，以指导工作。

物质生活极度贫乏，精神生活却极丰富。同志们的背包里没有鱼肉，装的净是书籍，《毁灭》《铁流》《钢铁是怎样炼成的》，走到哪里背到哪里，住下来就如饥似渴地"啃"，从精神食粮中汲取营养。

文艺队编印《我们的歌》，刻印后装印成册。谷萤负责刻钢板，在微弱的煤油灯下，在薄薄的蜡纸上垫着钢板，吃力地练习，写美术字、仿宋字，日久天长，把中指都磨出了硬茧。提着铁桶到处刷标语、印宣传品也是一项经常性的工作，所以写美术字是同志们的必修课。由于没有颜料，一切因陋就简，用石灰水写大字，和锅底灰勾边。

苗淑云从乐亭小苗庄参军时还是个13周岁的"毛丫头"，说话带点公鸭嗓。开始剧社没有让她参加合唱团。每天清早别人成帮结队地去练基本功，苗淑云就一个人"啊啊……"地吊嗓子练发音，吹口琴练习唱好音阶。有一天，黄河带领小合唱团练声时，忽然听到一个角落传来圆润甜美的声音，黄河说小苗的声音还真不错呢，于是，就把她吸收到小合唱团，以后便担任独唱。周方教她拉提琴，培养她学音乐、演歌剧，参加乐队演奏。周方还亲自演奏《森林中的少女》（波兰圆舞曲），培养她的"音乐细胞"。在教员的指导下，为了体验头脑共鸣，她仰卧在炕上把头耷拉下去练发声。纪良称赞说这也是一种探索。她手指头粗短，是拉提琴的致命弱点。为了使手指关节放松，行军中她把肥皂夹在无名指和中指之间，坐下来便活动手腕练指法、练琶音。她初学乐器喜欢练习演奏贝多芬的《D大调小步舞曲》。这支曲子旋律优美、动听，既典雅又轻巧、欢快。苗淑云拉小提琴参加乐队后，演奏了周方的《八段锦》、贺绿汀的《晚会》、莫扎特的《军队进行曲》等乐曲，还为歌舞伴奏。她的基础不高，却是女同志中唯一一个参加乐队的。在歌剧演出中，她创造了各种不同的女孩形象：《兄妹开荒》中的妹妹，《白毛女》中的喜儿，歌舞剧《军民联欢》中的青年妇女，还有京剧《打渔杀家》中的桂英，话剧《抓壮丁》中的妹妹。她独唱过《黄河怨》《还乡河小唱》《秋收》等。中华人民共和国成立后，苗淑云在北京科学教育电影制片厂作曲。创作有电影音乐《宇宙》，电视剧音乐《选择》。这棵茁壮的艺术小苗终于从一个20世纪40年代的毛丫头成长为著名的作曲家了。

"地狱与人间"

深入生活、深入群众是革命文艺工作者的基本课，哪里最艰苦就到哪里去，哪里斗争最猛烈就往哪里钻。1942—1944年，日军在冀东集家并村，把群众赶到"人圈"里，制造了一大片惨绝人寰的"无人区"，企图切断八路军与人民的联系。一些基本区的群众，坚决不去"人圈"，留在无人区里。房子被烧了，他们用树枝、茅草搭窝棚，有的就住在山洞里。

尖兵剧社深入无人区体验生活，发动群众。张君如、林野、罗明、张韵村四位女同志住到一个老乡家，那家四口人，盖的是麻袋片和兽皮，十七八岁的大姑娘没有裤子穿。群众吃不到盐，个个浮肿，脸色发青，敌人来了他们就挑起担子同敌人周旋。几位女同志听了群众哭诉自己的痛苦和灾难，就讲解了坚持抗战才能过好日子的道理。在离开无人区时，同志们把米袋、盐袋和衬衣等物都给老乡们留下了。这一次难忘的生活体验使同志们提高了觉悟，充实了生活。黄天、今歌创作了歌剧《地狱与人间》。张君如在《地狱与人间》中之所以能成功地创造瘦子形象，同深入无人区有密切的关系。

部队文艺工作者，既要服务群众，也要服务部队。经常下部队，教歌，组织歌咏队，搞壁报组，采访好人好事，帮助连队排小节目，参加战斗，慰问伤员，广泛体验生活。在深入生活、深入群众的过程中，随时随地要为群众做好事，住在老乡家里，女同志总是帮大娘大嫂抱孩子、扫院子、洗洗涮涮，见啥干啥。有一次住下不久，房东一位大嫂临盆，痛得呼天抢地。年轻的女战士不懂接生，干着急插不上手。年纪稍大一点的同志虽然没有学过助产，但懂点接生知识，便模仿接生的动作，帮忙助产。经过七手八脚一番忙碌，小生命竟"呱呱"问世了。当女战士告诉大嫂生了个大胖小子时，全家无不感谢共产党八路军。

八月十五演《八月十五》

1945年8月，在中国这块土地上进行的剧烈拼搏达到了白热化的程度，光明与黑暗，前进与倒退，战争与和平，在历史的大门槛两端，多种对立物在做殊死斗争。日本宣布无条件投降之后，日军侵略军并没有主动放下武器，他们还占据着城镇，交通要道，企图进行顽抗。8月10日，朱总司令要求各解放区的武装部队，向附近城镇交通要道的敌人发出通牒，限期向我方缴械，顽抗者即予以坚决消灭。根据朱总司令的命令，冀东地区的八路军十四团、四十八团接到了打玉田县城的任务。女八路军们也摩拳擦掌，都想在这次战斗中发挥些作用。农历八月十五，攻打玉田县城前夕，尖兵剧社在城关演出了《八月十五》，女同志全部上场。《八月十五》写的是老百姓在八月十五的月光下进行回忆对比：国民党中央军、日本兵给人民造成的灾难，共产党八路军给人民带来的幸福。这个节目唱出了人民的心声，许多村剧团都演过这个节目。那天晚上演出的时候，没有挂汽灯，天上的大月亮照得场院通明，男女老少密密麻麻一大圈，一边看一边叫好。

玉田战斗进行得很激烈。城南的日军据险顽抗，八路军战士几次冲上去，都被压下来，牺牲了30多位同志，最后终于攻进城去。剧社几个男同志也组成了战地服务组随部队攻城。到第二天，战斗仍很激烈。敌人已龟缩到南门里东马道的日军指挥部里。剧社的纪良同志用日语喊话，要敌人立即放下武器。大势所趋，曾在中华国土上猖狂十四年的日军打起白旗投降了。

战斗结束不久，尖兵剧社进城搞宣传。有一个小组到敌兵营大院去找电台。当时，院子里堆满了沙袋，张君如踏在一个麻袋上，觉得里面软软的，还会动，把她吓了一跳。原来是敌人把伤员也装进麻袋当掩体了。同志们住在一位姓阮的家里。阮大爷见了八路军总是躲躲闪闪。后来细一打听，才知道日伪军过去搞反动宣传时，污蔑共产党"共产共妻"，杀人放火。女战士趁机向他们耐心讲解什么是共产党，八军路是干什么的。第二天，阮大爷的女儿阮金荣壮着胆子对文艺战士说，一个八路军拿走了她的手表和金戒指，剧社人员马上分头去调查。原来是刚从国民党军队改编过来的战士干的。做了工作后，解决了问题。阮金荣经过一番鲜明的对比教育，对共产党八路军产生了好感。不久，她化名丁明也加入了尖兵剧社。

滦东敌占区的"半夜歌声"

在尖兵剧社的女兵中，有一位是开国将军的妻子，她就是时任冀热辽军区政治部主任李中权的妻子詹真辉。在全面抗战与解放战争中，两人是好战友、好同志。在中华人民共和国成立后的生活中他们相敬如宾，是好搭档、模范夫妻。

詹真辉自幼生活孤苦，目睹了日军侵占南京城的惨状，深感前途渺茫。1944年秋，几经周折，詹真辉来到河北省昌黎女师当了教员。学校内的日本军官对教职员戒备森严，进行文化封锁，不允许随意教授中国歌曲。詹真辉不顾日军命令，仍教学生们演唱以反封建、争自由为主题的歌曲《半夜歌声》，遭到日军的百般刁难。不久，宪兵队以私通八路的罪名逮捕了学校的总务主任，使得全校人心惶惶，日本教官还扬言，所有教师都要重新通过考试上岗，再予录用。一些家在京津的教师不愿受辱，纷纷离职。詹真辉等无家可归的教师，一面忍受煎熬，一面暗中寻找出路。

国仇家恨，使年轻的詹真辉很早就在心中凝聚了对现实生活的不满，她不愿做亡国奴，希望做一个独立、自由的中国人。1945年春，詹真辉受昌黎县中一位语文老师刘勋哉老先生的邀请，到解放区抗日中学教书。对解放区的向往，促使她迫不及待地请求随刘老先生去解放区。初到解放区，她兴奋不已，这里的群众洋溢着快乐、自信、乐观的心情，与敌占区有天壤之别。

刘老先生带詹真辉见村主任。村主任姓宋，问詹真辉有什么打算，她表示还是希望去教书。在宋村主任的介绍下，詹真辉到乐亭县桥头小学代课。那里的老师与同学思想进步，詹真辉非常愉快地教授四年级的语文、数学与音乐。也正是这段时间，詹真辉展现了出色的音乐才华。

她最喜欢一首叫《五月的鲜花》的歌曲，歌词是："五月的鲜花，开遍了原野，鲜花掩盖着志士们的鲜血。为了挽救这垂危的民族，他们正顽强地抗战不歇。敌人的铁蹄，已越过了长城，中原大地依然歌舞升平。亲善睦邻和卑污的投降，忘掉了国家更忘掉了我们，再也忍不住这满腔的愤怒。我们期待着这一声怒吼，怒吼惊起这不幸的一群，被压迫者一起挥动拳头。震天的吼声，惊起这不幸的一群，被压迫者，一起挥动拳头。"

她将这首革命歌曲，教给学生唱，鼓励着有志气的中国人，团结一致，抗击日军。

一日，学校来了一位名叫纪九的八路军。他和老师们讲抗战的道理，又和气地找詹真辉聊天，问及詹真辉的爱好。真辉回答，自小热爱唱歌、舞蹈、音乐、戏剧，爱看文艺小说。纪九向詹真辉介绍了冀热辽军区政治部尖兵剧社的情况，剧社的主要任务是宣传抗日，并说剧社里有编剧本和写歌曲、能歌善舞的各类人才。这些都令詹真辉羡慕不已，当聊到剧社正在招募女同事时，她为之一动，心中有了参加尖兵剧社的念头。

时逢尖兵剧社从路北到路南来扩军，她喜出望外，连忙来到剧社，提出了参加剧社的要求。刘大为、管桦两位同志热情接待了她，表示："欢迎加入剧社，有一分热，发一分光。"詹真辉参加尖兵剧社还有一个小小的曲折。当她将这个喜讯告知纪九和宋村主任的第二天，尖兵剧社就转移了，真辉却没赶上队伍，心里说不出的难受和失望。没想到，仅仅三天后，尖兵剧社又迁回到村子。这次，詹真辉毫不犹豫，毅然加入尖兵剧社，开始了革命的生涯。

刚到剧社的詹真辉，随着剧社路南工作组完成了扩军任务，又与郭东俊、苏志远、苗淑云组成小组，和村干部一同开展土改工作。正赶上国民党部队抢夺革命果实，向路南解放区发起进攻。她与全剧社六十多人，跨过铁路，向路北转移，一路惊险不断，好在损失不大。

在路北的村庄中，詹真辉遇到了她一生的伴侣，政治部主任李中权。他亲切地慰问了刚刚参军的詹真辉，使她倍感温暖。在领导和老同志的热情、耐心的帮助与教导下，詹真辉很快学会了识谱。她一面观摩老同志演出，一面学习排练节目。不久，就能够上台演出了。剧社演出环境艰苦，不但演出的服装要向老乡们借，连化妆用的镜子、洗脸盆都需要老乡们接济。剧社每天的工作都非常紧张。没有假期，只有无休止的排练与演出。每当有演出任务，剧社在早饭后出发，行军50里左右，到达目的地。休息后，开始演出的各项准备工作。每当演出结束，演员们将老乡的东西还回去。每人一碗咸菜、小米粥，随即转移。为了避免敌人的侦察与包围，剧社要连夜赶路20里才能宿营。

演出人员不足，就要求每一个同志"身兼数职"。真辉既参加合唱、领唱、独唱，也演话剧、歌剧、京剧，还打花鼓、扭秧歌等。除了演出任务，同志们兼做许多舞台工作和演出准备工作。真辉被分在化妆组，虽对化妆是个外行，却善于向剧社的老同志学习。一有机会，就悄悄地站在老同志身后，悄悄地看，用心地记。在日常工作中，注意观察不同的脸谱，并大胆地给别人化妆，逐渐学会了话剧、歌剧、活报剧、京剧青衣的化妆技巧。

耿介、李碧冰、康占元、田力等同志都是詹真辉的好老师，教她制作油彩、鼻油灰、头套和白毛女的假发等。由于没有碳粉，真辉将老乡家的黑锅底刮下来碾成粉末，来配制各种油彩。没有《白毛女》中黄母头上的金银簪子、戒指，就用金银锡纸做成需要的样式。没有胡须道具，真辉将积攒下的小团毛线撕成黑、白、灰色的胡子。

化妆箱是真辉的"武器"，也是她的"好伙伴"。箱子中有各色各样的瓶子，里面装着油彩、胶水、凡士林，箱子里还有两盒定妆粉、两支排笔、两条毛巾、两块肥皂、两把梳子、两面镜子、三个假胡子、一把剪刀等。随着战争的不断胜利，真辉的化妆箱不断充实。日军投降后，真辉在山海关一个仓库中发现了许多粉扑和雪花膏，在锦州从日俘家属处得到了一些口红、眉笔和胭脂。不论是在战火纷飞的冀热辽转移演出，还是在南满的零下40摄氏度的雪夜120里急行军，真辉都视她的小化妆箱如珍宝，始终带在身边。直到中华人民共和国成立后，她将这个凝聚着自己向往、追求、理想、青春与心血的小化妆箱留给了剧社的年轻人。

尖兵剧社培养了一代又一代巾帼文艺兵。随着革命形势的变化，老兵离开了，一批新人又充实进来，原来的新兵也就成了老兵。中华人民共和国成立后，"尖兵人"分散在各大机关、部队、院校，天南地北，却不忘初心。40年后，原冀热辽军区政治部主任、尖兵剧社的缔造者之一李中权，与妻子——尖兵剧社老队员詹真辉，站在长安街大雅宝十层楼顶的平台上，放眼眺望崭新的北京城,那条宽阔的马路向四面展开。两人感慨万千:"多少老同志牺牲了,今天的和平来之不易啊!""是啊,同志们的血没有白流,你看这高楼,这公路,多好啊。这就是咱当初心心念念的新中国啊!"

四、文艺兵的抗粮抗捐斗争

抗战时期的文艺工作者,除演出办报、动员群众,坚定抗日军民的斗争意志,宣传根据地各方面政策也是重要任务之一。民以食为天,粮食是滦东抗日军民最重要的战略物资。于是,一场利用歌声、标语宣传党的政策,抗粮抗捐的斗争在滦东轰轰烈烈地展开了。

1944年冀东军区命令尖兵剧社韩大伟等几名同志,配合当地政府开展迁(安)卢(龙)抚(宁)昌(黎)联合县的工作。接到任务后,尖兵剧社的同志行军数十里,找到了臧世义县县长,了解了当地的情况。这个地方北靠铁路,东南西三面临渤海,中间有滦河,文艺兵跟随区武装小队工作,主要任务是夺取政权,把敌伪乡政府、各村保甲长逐步改造过来,依靠群众,建设民兵,为全面抗战服务。随后将路南区云戒三区长介绍给大家,为了便于开展工作,县政府要求尖兵剧社的韩大伟任区长助理。

到达该地区后,一望无际的大草原,村庄整齐,屋舍俨然,各镇有中学,大村庄设小学,每逢一、三、五有集市活动。这里是敌占区,也是个三角地带,日军兵力不足,基本没有到过这里,靠伪乡长统治。区长云戒三、分区长高世杰率领三十多人的武装小队,保护韩大伟、刘大为、管桦、王世昌、张鸿斌、李巨川等尖兵剧社的同志,兵分两路,一路到各学校宣传教育,出版刊物《大众报》;另一部分到各大村庄宣传土地政策。

抗联抗捐斗争与新区的巩固有直接的关系。在实践过程中,检验群众的忠实度,看伪保长、甲长是真心拥护抗战,拥护党的领导,还是虚与委蛇,见风使舵,充当日军的内应。文艺兵根据上级指示,宣传新区建立前,大家要执行不交、少交、缓交的方针。

敌我双方针对"粮食"的明暗较量开始了。日军不断派汉奸、特务向各大乡催粮、要款。区长云戒三、葛世杰和韩大伟几个同志商量,要争取斗争的主动性,建立统一战线,把大家的思想统一起来,决定召开大乡长会议,由区长主持,韩大伟与葛世杰做补充,地点在荒佃庄东边的一个小村庄里。

日落黄昏,会议开始了,参会的大乡长有六七个,当地士绅十几人。区长说明会议主旨，要求："目前，敌人催粮要款的问题，如离敌人据点较近的地方可以不交，也可以少交，比如，他要一千斤，我们就给一二百斤。少交的同时，还要缓交，这月推下月，今天推明天，搪塞应敌，实在推不下去，就上交一点。离据点较远的地点，尽量不交，要善于和敌人打迷魂战，也可以说粮食被八路军劫走了。咱们天时、地利、人和，日军的情况我们掌握，他们不敢轻易南下扫荡。"

开会任务布置给各大乡长，临散会却出现状况。一个阴阳怪气的声音喊道："开会的人，快把枪扔出来，我可要扔手榴弹了，你们要不要命，快一点。"乡长们吓得爬到炕沿底下，一动也不敢动。韩大伟几位同志料想日伪都靠大乡长养活，不敢轻举妄动，于是都拿出手枪，一边开枪，一边箭步冲向村外。向东是敌人七里海据点，只有向西突围，到了村口，敌人早已埋伏两架机枪交叉火力封锁了村子。同志们冲出危险区，来到了荒佃庄中学短暂停歇，又向南转移，找到了区小队，夜宿在崖上镇附近的一个小村庄里。

第二天，云戒三区长和尖兵剧社的同志研究昨天的事儿，忽然来了个面黄肌瘦的人打听区长是否住在这里，此人一见势头不对，掉头就跑进了高粱地，当即就被民兵捉了回来。经审问才知道，他原来就是在会场喊话的人，并有荒佃庄大乡长亲自证明，此人是个"瘾君子"，日伪军的狗腿子，捆绑后送到了县政府。

抗战时期，伪乡长、地主士绅是重点统战对象，基层政权推行各项政策的成效与之息息相关。春节将至，尖兵剧社特地选择在崖上镇大乡长鲁永平家里过春节。

鲁永平50来岁，口碑不佳，是个墙头草、两面派，群众反映强烈。共同过年，一是了解他的具体情况，二是对他进行一次教育。村庄群众基础与军事力量都不错，区小队警卫着区政府。区长云戒三、分区长葛世杰和韩大伟以及通信员等五六个人，都住在鲁永平家中。鲁永平家住四合院，前院和后院近二十多间房子，特地腾出三间大北房。鲁家一家四口，老两口，小两口，很富有，在昌黎县城开了个大杂货铺，长工有六七人。看到八路军进入院落，老两口满是迎合，低头哈腰，万分欢迎。

一阵寒暄后，韩大伟和葛世杰走到长工宿舍了解他们的生活情况。相谈甚欢，直到无话不说时，韩大伟问："东家过年给你们准备了什么好吃的？"长工们都不吭声，其中有一个40多岁的长工姓张，已经给鲁家扛活20多年了，见别人不说话想了想就说："这么多年，每年腊月二十三灶王爷上天那天，东家就让我们把圈里最肥、最大的猪杀了，切成块，在后面冻起来。从大年三十到年初三，我们跟东家吃四天素。这是东家的老规矩，有时得吃到年初五，见不着一点荤腥。"

"那你们怎么不提意见呢？"

"谁敢啊！"长工们脸上露出愤恨的神色。

韩、葛二人一听，这个规矩就是不叫长工吃肉啊！

根据这种情况，两人把大乡长鲁永平找来了，严肃地质问："听说你是大乡长中最开明的！过年了，长工也辛辛苦苦劳累一年了，听说猪也杀了，长工们就吃口猪肉吧！听说你们家吃素，这个我们不干涉，长工不属于你们家，就没必要吃素吧！"

韩大伟顺水推舟："这样吧，你们还照例吃素，长工从大年三十到正月十五都得改善伙食，吃大米、白面，每顿要有肉，能办到吗？"

鲁永平顿时无语："一定办到，一定办到！"

等到大年三十，鲁永平果然准备了两大桌丰盛的饭菜，粉条炖肉、冻豆腐、大米饭。因为事先和长工们做了思想工作，所以他们都愉快地坐在炕边吃饱喝足，区长云戒三继续教育长工："今天你们吃的、喝的不是你们东家的钱，而是剥削你们的劳动力所得，实际上我们感谢的是你们。"

他们听后，恍然大悟："原来不是地主养活农民，而是农民养活地主。"

经过几天的工作，长工们思想得到提高，八路军也得到了群众的拥护。在征枪工作中，不少长工向区小队传递消息。原来，鲁家还有两支枪没有上缴，在护院老张手中。老张怕丢了工作，支支吾吾不肯说。韩大伟安慰说："你要配合政府的政策，我们保证你的工作。"老张思索一下说："好吧，有政府支持，我就说吧！东家还有两支枪，一支七九步枪，一支撸子枪。我和东家秋天埋在了后院。"韩大伟一听不像假的，把鲁永平找了来问情况。鲁永平看事情已经暴露，隐瞒也不行了，就将两支枪刨了出来，献给了八路军。

事后，部队里盛传：尖兵剧社的文艺战士，不但能唱歌、跳舞、写书、办报，还贴近群众，办实事，宣传工作、群众工作与统战工作都是一把好手。

五、滦东文艺兵的"土改宣传"

日军终于投降了，老百姓却没迎来期盼已久的好日子。国民党军队趁机"摘果子"，出兵占领秦皇岛港、昌黎县城等海路、铁路交通枢纽，向冀东根据地发动进攻。

与此同时，解放区的土改相继展开了。1946年5月4日，中共中央发布了《关于土地问题的指示》，简称《五四指示》，该指示决定将减租减息的政策改为没收地主土地分配给农民。这揭开了解放区土地立法的序幕，为实现耕者有其田的土地革命指明方向。面对新形势、新政策、新需求，尖兵剧社要找到自己的位置。一队精神焕发的文艺兵，沿着滦河，伴着革命的歌声，深入乡村，将解放战争的形势、土地改革的政策告知群众。

　　槐各庄位于昌黎县城南方，滦河北岸，是同志们十分熟悉的地方。全面抗战时期，尖兵剧社和日军在此附近多次周旋。为适应紧迫形势，尖兵剧社与各军分区剧社合并成立冀东军区文工团。团长是劫夫。成立伊始，就大刀阔斧地干起来了！歌剧《白毛女》便在严寒的冬天里，反动派的进攻下，在北山沟的田庄，顶着雪花排练出来。紧接着秧歌剧《兄妹开荒》，以乐亭皮影的曲调改编而成的《王三保》，京剧《失、空、斩》《打渔杀家》等节目，先后呈现在冀东军民的面前！

　　与丰富的精神滋养相比，物质生活是艰苦的，整个冬天没有副食，只能以咸盐水下饭，同志们幽默地管它叫"太平洋汤"。尚在少年的董晓华同志为了一件《白毛女》剧用的道具，竟冒着被狼撕咬的危险，一人往返翻过一个大岭，连夜取了回来！

　　纪律是严明的。一次，刘大为和仲先因贪吃烤红薯排练迟到几分钟，当场受到黄河副团长的严厉批评。尽管环境如此艰苦，一首歌人不离口："三月里刮春风，柳条儿发了青……"不光是因为旋律的优美，也因为能表达人们的思想情感，这首歌几乎成了文工团的团歌，一曲意气风发，团结战斗，生机盎然的歌！

　　为了满足土改宣传需要，文工团组成多个土改四人小组。槐各庄小组组长宋希明会唱京戏；仲先是才子，会谱词；白春会唱歌，她在台上唱，连广场上最后一圈的观众都听得清清楚楚；小六子的一支盒子炮整天左肩右斜地挎在身上，他战斗勇敢，一听说有敌情，掏出枪来就上前闯，有他在，整组都增强了安全感。大家团结得像一个人，工作开展得也不错。团部派刘大为等人来槐各庄巡回检查工作，特地表扬了小组！盛夏过后，参加昌黎土改的小分队便集中起来，土改告一段落，立即展开政治攻势。小分队的负责人是团协理员姚铁，他是从延安下来的，嗓子很响亮，唱起陕北的"信天游"来格外好听。在会上，他以特有的音色动员大家要继续战斗，迅速地展开一个声势浩大的政治攻势——到顽敌跟前去演出！大家听了兴高采烈，赶紧把拿手的节目排练好，便直奔昌黎县城！

第六章 尖兵剧社二三事

先谋后动,拳不走空。小分队进入了新集一带,连日召开大会,宣传我军反顽和土改的重大意义,并举行了多次盛大的演出。演出节目中,最受群众欢迎的莫过于《蔡哑巴捉顽军》和《蒋伪合流》两个戏。饰蔡哑巴的朱希明同志把哑巴的既憨又敏的神气演得惟妙惟肖,姚铁同志饰演的老汉、张洛同志饰演的少妇,都表演得极为生动感人!由于舞台上反映了广大人民的心声,竟连刚刚投诚过来的伪顽士兵看了也连声叫好!戏到高潮,全场连屋顶上、树上的观众都欢声雀跃!

有次在学校院里演出,不料在屋顶上放哨的民兵光顾着看戏,武装的土匪直到门外仍未被发觉。当顽匪开枪闯进校园里,人们才急忙撤退。那次恰好同志们都在演戏,身着群众的服装,在群众的掩护下得以脱险!姚铁同志扮演老汉的两撇胡子,待撤离出来也没脱落。炊事员小友长得短小精干,黧黑又健壮,那支小马枪好似他身上长出来的一般,就在遭土匪袭击的那天,他掩护大家都进了安全地带后,不容分说把子弹推上枪膛,一猫腰又冲回村里去了,他说要把慰劳品都取出来!顽匪机枪一梭子扫过来,打穿下来的树枝、树叶纷纷砸在小友头上,可他毫不理睬。冲进村里一袋烟的工夫,见他扛了猪肉、粉条回来!嘴里还嘟嘟囔囔地:"我才不怕他那个哩!"当时,一处演出完成就转移到新的阵地,有时一天连演两场,于是群众把慰劳的猪肉、白面挑着赶来,非得收下,才肯回去。有的从十多里路尾随而至,真是盛情难却。

论表演,小分队中当属文工团团长劫夫的妻子张洛。张洛是昌黎人,颇谙音韵,且能歌善舞,在团以扮演"王三保"之妻,名贯冀东的山岗和平原。每当"王三保"殴打她之后听她唱道:"见了冯二婶,把话对她讲,我要她带我去见村主任啊……"悲苦之声使人闻之无不垂下泪来!当年,她手牵小儿找村主任去告状的那个孩子,即后来写电影剧本《董存瑞》的董晓华,那时,他还头上顶着刘海,下着开裆裤依在张洛身后哭哭啼啼的呢!

"团结、紧张、严肃、活泼",这八个字曾是毛泽东同志为中国人民抗日军事政治大学题写的校训。如今,许多20世纪五六十年代的建筑还能找到这八个大字,比如秦皇岛港口开埠地的某仓库。这八个字也被广泛运用于教育行业作为训诫或指导。团结与活泼让人感到和谐与轻松,而严肃与紧张又令人感到沉重与压力。尖兵剧社就在这样的完美境界中,完成各项创作、演出、宣传任务。

在这次政治攻势中,张洛不仅扮演重要角色,还分工保管服装,创造了不少欢声笑语。每当转移阵地的行军路上,只见她怀抱一个不大不小的包袱,迈着八字步,行进在行列里。有一天清早,小分队集合出发,张洛怀里抱个大倭瓜从门里跑了出来,有的人故意逗她说:"咋来,张洛,赶集去呵?"惹得大伙哄然大笑！这时，她才发觉自己把老乡炕上的倭瓜当成了服装包！在欢快的笑声中，部队急速行军，再一次完成了行军任务。

六、冀热辽记者眼中的滦东文艺

在冀热辽文化战线上，有一位出色的战地记者。他的一篇题为《共产党员奋不顾身，董存瑞自我牺牲，使隆化战斗胜利完成》的文章，使英雄董存瑞的光辉形象被全国人民所熟知。他就是齐速，又名齐肃，1916年生，1931年冬加入上海反帝大同盟，1933年冬加入上海左翼作家联盟，曾任左联沪东区委委员。1934年入党，从事党的情报工作。1937年后，他曾在北方局第二期党训班学习。1939年，任山西中阳县委书记。1940年冬在延安中央党校40班学习。1940年冬在中共中央宣传部任干事，直至1945年。解放战争时，来到冀热辽军区，任热河建平县委宣传部部长。

他时常为《冀热辽日报》供稿，因为写作能力突出，他的文章多次被表彰。1948年夏来到滦东后，他成为十三军分区司令程子华的秘书，在这里度过了近两年的时光。中华人民共和国成立后，齐速先后在全国供销合作总社担任教育处长、教育局副局长、中央美术学院副院长、农民读物出版社副总编、人民出版社副总编、人民文学出版社领导小组组长、民政部办公厅副主任等职。在滦东的日子，齐速对这里的土地改革与文艺工作有了深刻的印象。

1948年6月20日，齐速在暮色苍茫中穿越冷口，第一天住在卢龙县栗树岗村。这个小村落共六十多户，日子过得尚可，村民靠种地、打短工、卖些布匹维持度日。眼下吃菜度日尚能维持，但再支撑下去却很困难。这里的土地改革已经进行了一年，群众的生活虽然有了好转，也面临一些问题。以房东栗永为例，一家七口人，早先有八亩多山坡地，只打一担多粮，土改后平分得十亩平地和二亩山地，收成好的话，能多打三担粮食。农民高兴是高兴，却因一下子耕种这么多土地，为缺少生产成本犯了愁。滦东根据地民主政府为了村民平稳度过这段时间，贷了一部分回款，用于农资的垫资，解决了村民的困难。这件事给了齐速很大的触动，钱虽不多，但这意味着滦东的土地工作是灵活的，有人情味，真正为群众着想，也做到了群众的心坎上。

很快，左翼文人出身的齐速认识到，滦东地区的文艺宣传工作很活跃。村村有播音筒，定期给村民报告时事消息，表扬村中支前和生产的模范，传达工作，召集开会。播音筒一响，村民都集中精力听。黑板报也很多，起到很好的宣传效果。

文艺是滦东地区宣传工作的亮点。除了正规部队的文艺团体，一些大的村庄也有剧队。如抚宁六区的麻姑营，就有一个由教员和学生组成的剧队，有13个男演员和2个女演员，正排练着一个叫作《逃荒》的戏，准备在"七一"演出。他们曾演过《兄妹开荒》《解放石家庄》等剧。麻姑营小学有140多名学生，为了保证不荒一亩地，农忙时节，大一点的学生都去耪地了。冬季，还有妇女识字班，有四五十名学生，学习识字和时事。这样一所规模不大的小学有一个业务不错的文艺剧队，说明滦东的文艺演出是有群众基础的，相关工作开展得很好，得到了群众的认可与欢迎。

小学内的壁报《儿童周刊》引起了齐速的注意。这一期刊登了两篇表扬学习的文章、一篇日记、一封弟弟写给哥哥要他回家耪地的信，一篇治猪病鸡瘟的土方和一幅很清秀的插图。所有这些，让齐速感到十分美好，党的政策和基层的文化宣传想到了一起，做到了一起。

此外，滦东妇女在生产和战勤上起了很大作用。因为支前工作的开展，村中劳动力缺乏，很多妇女像男子一样耪地，除了生产，还负担起站岗、放哨、带路、送信、照顾伤员和给工厂缝扣子、鞋帮等工作。为人民军队纺织作业也十分普遍，麻姑营200多户即有纺车200辆、织布机30多架。

刚刚从热河来到滦东的齐速和一些新同志，看到如此热烈的革命生产生活场景，纷纷发出感叹："毕竟是老解放区啊！"

六、咽喉要塞的"对台戏"

山海关是一座古老的名城，位于燕山山脉东端。地处河北秦皇岛东北，南临渤海，北依角山，西亘长城，山高势险，北宁路穿此而过，是华北通往东北的门户。明洪武年间，朱元璋派大将军徐达"发燕山等卫屯兵万五千一百人修永平、界岭等三十二关。创建山海关，内设山海卫，领十千户所，属北平都指挥使司"。从此，山海关便成为长城东部的一座军事重镇。自古有"两京锁钥无双地，万里长城第一关"之称。

1945年8月11日，朱德总司令发布第二号命令：令现驻河北、热河、辽宁边境之李运昌所部，即日向辽宁、吉林进发。李运昌成立"东进委员会"和"前方指挥所"，并将准备开进东北的部队，分别编组为西、中、东三支独立进军的先遣部队。东路由第十六军分区司令员曾克林、副政治委员唐凯率领第十二团、第十八团、朝鲜支队和前锋剧社共约2500人，由滦东抚宁台头营出发，经九门口，向锦州、沈阳进军。东路军"率先出关"，此"关"非彼"关"，九门口虽属山海关北翼所辖重地，却并非我们所熟知的"天下第一关"。此时，山海关内尚有大量未投降日军，正面攻克并非易事，迂回出关与苏军汇合再收复山海关是正确的选择。8月30日，八路军光复山海关。此时，国共双方并未正式交锋，而代表双方价值观的文艺之战，却抢先在重镇山海关展开了。

10月初，尖兵剧社接到李运昌司令员的命令：冀东军区文艺尖兵，实行反攻，向东北挺进，用艺术武器去收复失地，做名副其实的"文艺尖兵"。10月10日，天高云淡，秋高气爽，尖兵剧社的文艺兵在张茵青与"三剑客"的带领下，肩扛手提着自己的"武器"：大提琴、小提琴、画笔、舞台、帐篷等，精神抖擞地开入了刚刚被中苏军队解放的天下第一关山海关，受到了人民群众的热烈欢迎。

在山海关天下第一关的城楼下，东门外机场的苏联运输机机翼下，文艺兵和苏联空军战士联欢，一起唱苏联歌曲《最后神圣的战争》《飞行员之歌》。然后，尖兵剧社又高唱《八路军进行曲》以及为日本投降而刚刚写出的《我们的国旗到处飘扬》和《朱总司令下命令》等歌曲。苏联空军讲述他们战胜德国法西斯的故事，一位空军上尉幽默豪迈地说："地上打仗的事我不太清楚，我只知道天上打仗的事了。"他又说道："我们这架飞机运送了一位苏联将军和你们八路军的曾克林司令员到延安向中国共产党中央汇报解放东北的情况。然后，这架飞机又载着彭真、李富春、陈云等许多中央委员到沈阳去。经过山海关，他们要着陆视察，因机场跑道失修，飞机着陆时出了小故障，中共中央委员们视察后，乘火车前进了。因为我们修理飞机，才有机会和八路军见面。"

这是剧社第一次登上城市的舞台。

山海关城内，文艺战士贴出铅字排版印刷的剧目海报，公演《地狱与人间》、独幕话剧《一双鞋》、一幕二场活报剧《参加八路军》等，最精彩的是刚刚创作排练的话剧《合流》，揭露日本投降后，蒋介石勾结日军、伪军合流，不许八路军收复失地、解救人民大众的倒行逆施，擦亮了新解放区人民群众的眼睛。

国民党地下党员控制下的山海关艺术剧社，也张贴出话剧《雷雨》的巨幅海报，与尖兵剧社唱"对台戏"，妄图与中国共产党的文化宣传对抗，争夺群众。先进文化总是掌握在真理者一方，碰撞最能验证价值观优劣。尖兵剧社开展了一系列工作，进行针锋相对的斗争。

专业技术领域的优势最为明显。尖兵剧社词曲作家，各类乐器演奏者多出自名家。早已习惯在战争与行军的复杂环境中，又好又快，别出心裁地布置舞台、布景。当《地狱与人间》大幕徐徐拉开，出现远山桃花等布景时，群众一片掌声。

为了广泛传播新民主主义文化，培养新的艺术人才，尖兵剧社很快建立了交际股和招生委员会，同文化界的人士广泛接触。

在《雷雨》中扮演四凤的女主演马力，本是国民党控制下山海关艺术剧社的台柱子，却早已受到先进文化的宣传教育，同八路军有了联系，又看到了文艺战士们的演出，受到了极大的鼓舞。毅然离开家门，参加了尖兵剧社。更重要的是，争取一个马力，唤醒了无数民心，更反映了国民党文化渗透阴谋的破产。

马力，女，天津人，1925年生，1945年参加革命，在山海关加入尖兵剧社后，随大军出关，历任辽西省文工团团委、副队长，荆州市委宣传部副部长，中小学校长等职。

马力自幼爱好文学，连做梦都想做一名演员。她喜欢《夜半歌声》，敢于在漫漫黑夜放出喉咙愤怒地喊出人间不平。喜欢《雷雨》《日出》，它们能暴露出社会下层受压迫人们的痛苦。这些剧本是日伪所禁演的。

1944年夏，马力受生活所迫加入"山海关艺术剧团"。该剧团名义上是铁路职工群众业余团体，而实际上是由山海关铁路爱路段段长——日本人三浦直接操纵。任务是将山海关至唐山一带铁路沿线建设为"爱路村"，搞"大东亚共荣圈"，进行反共宣传。利用文化节目招徕观众，欺骗观众。1945年8月15日，日本帝国主义宣布投降，31日，八路军解放了山海关。山海关艺术剧社竟来了许多不懂艺术、不三不四的人，大肆宣扬："国民党要来接收了。"马力不以为然，但又太年轻，没能力改造这些人，于是有了离开"山艺"的念头。

当"山艺"演出最后一场《雷雨》，马力正扮演"四凤"时，尖兵剧社出现了。第二幕换布景时，忽然台下响起嘹亮、雄壮的歌声："我们的队伍向太阳……我们的血最热最红……"整个剧场沸腾起来，掌声经久不息震动着后台，马力从幕缝偷偷望出，从来没见过这样热烈的场面。观众大喊："欢迎尖兵剧社再来一个，来一个，来一个……"尖兵剧社内也有同志说："别看他们这些费劲的玩意儿了，还是听听咱的社歌吧！"人们的欢呼与掌声响个不停，持续了半个多小时。演出结束，已到深夜，尖兵剧社的同志们走向舞台向观众致意。由于"山艺"演出效果不佳，马力心情有些沮丧，但尖兵剧社同志向她伸来一只只充满热情和友谊的手给她鼓舞与力量，不由得有一股暖流传遍全身，他们给马力带来了希望。

第二天，天下第一关下的田氏中学操场上搭起了帐篷舞台。天还没黑，山海关群众扶老携幼，熙熙攘攘向中学聚拢。战士们排列整齐，有秩序地进入会场席地而坐，马力也在众多观众之中。这天晚会演出的节目有：大合唱《国际歌》《八路军进行曲》《子弟兵进行曲》，独唱《丈夫去当兵》《歌唱二小放牛郎》，歌唱表演《八月十五》《八路好》《霸王鞭》，讽刺话剧《合流》。这出戏，以它无可争辩的事实，揭露了国民党蒋介石和敌伪合流的丑行。当时，山海关艺术剧社混进来的国民党党员非常恼火而又感到狼狈。同时，也启迪了马力的思考：谁是抗战的英雄，谁是内战的祸首。

事实是显而易见的，从1933年长城抗战失败，国民党的部队就撤离了滦东、冀东，是中国共产党的人民军队深入敌后建立根据地，坚持斗争，拯救沦陷区处于水深火热的人民群众。直到1945年，日本投降，国民党在美国军事力量的支持下妄图强占抗战果实，引发了内战。

其他的精彩节目也都博得观众的热烈喝彩。马力旁边的群众轻声地说："别看八路土，演戏可不土，有看头！"她没接茬，目不转睛，好似被磁石吸引住，看这样的文艺节目还是有生以来的第一次。这唤醒民众共同抗日救国的歌声，妻子送郎上战场亲切的叮咛，小英雄放牛郎动人的事迹，八月十五，人们回忆着在日本帝国主义"三光"政策摧残下的苦难……字字句句打动着马力的心。

马力震惊了！尖兵同志认真、严肃的演出态度，演技、舞台工作等方面都是"山艺"所不及的。晚会结束观众退场了，马力还望着舞台上下忙碌的身影，留恋地不忍离去，默默地感谢这一堂生动的艺术课和政治课。她一夜没睡好，反复地思考一个问题，观众为什么这么欢迎尖兵剧社，终于从歌词中找到答案，因为他们是人民的子弟兵，从这里她开始认识到尖兵和"山艺"不仅仅有演技的高低之分，而且有着本质上的不同，她从心里爱上了尖兵剧社。尖兵剧社为了宣传毛主席的文艺方针，争取教育知识分子，还在民主政府的支持下同"山艺"全体演职员举行座谈、联欢。尖兵方面出席会议的有社长张茵青、指导员郭东俊，还有黄河、刘大为、田力、周苏、周方、李巨川、邓子如、耿介、纪良、苏志远、林野、罗明、詹真辉、张君如、张洛、张晓韵等二十余名同志。在会上以总结《雷雨》的演出为话题，尖兵的许多同志诚挚坦率地给予指导，随之介绍了尖兵剧社在抗战前线的演出活动及黄天、今歌烈士在战斗中被围牺牲的事迹。马力彻底被折服了，面对这些值得敬佩的文艺工作者，深感惭愧、内疚。他（她）们为了打鬼子救中国离开了自己的家乡和亲人，艰苦奋战，流血牺牲在疆场上，把文艺当武器，团结自己，战胜敌人。他们之中的小苏等小同志只不过十三四岁，都能为抗日出力，而自己却深深地陷在"山艺"这个泥潭里。在会上，马力有千言万语可就是表达不出，象征性地唱出一曲《疯狂世界》。

　　会后，马力向张茵青社长表示，希望加入剧社这个行列，做一名尖兵战士。只要和同志们在一起，枪林弹雨不害怕，走到天涯海角也不想家。几天后，马力到尖兵剧社驻地参观，社长和指导员告诉马力，已经和县里（临抚昌联合县）研究决定调她来尖兵剧社，第二天就要出发去锦州。愿望终于实现了，马力毅然脱离"山艺"，当上了尖兵战士，和尖兵的老同志一道迈着整齐的步伐，向着祖国的原野、塞外的山岗出发。

第七章　前锋剧社

一、孤悬敌后的文艺前锋

滦东大地上，有一支特殊的文艺队伍——前锋剧社，它是我军活动在滦东地区的重要宣传力量。该剧社于 1945 年 1 月成立，脱胎于冀东十二团宣传队，承担了冀热辽十六军分区的文艺演出、政策宣传、群众动员等主要工作。1945 年 8 月，前锋剧社随冀热辽十二、十八团出关，先后参与解放山海关、大连、沈阳、本溪、临江、安东等地的战斗，并起到重要作用。

1944 年 9 月，党中央指示在晋察冀军区下，成立四个二级军区。原第十三军分区改为冀热辽军区，辖第十四至第十八军分区，隶属晋察冀军区。滦河以东为十六军分区，由十二团扩建而成，司令曾克林，政委王延春，下辖十二、十八两个团。作为宣传工作的重要组成，各军分区均设立剧社，十四军分区为"胜利剧社"，后改为"潮河剧社"；十五军分区为"长城剧社"；十七军分区为"海滨剧社"；十六军分区位于滦东地区，因处冀东根据地东北方向，横跨长城内外，冀热辽交汇锋面，孤悬敌后，是抗战前沿，故剧社命名"前锋"。

1942 年 5 月 23 日，毛泽东同志发表《在延安文艺座谈会上的讲话》，讲话精神使冀东抗日根据地的文艺工作者备受鼓舞。正逢日伪军对冀东根据地进行扫荡，抗日军民在开始艰苦卓绝的反扫荡的同时普遍意识到：文化艺术可以转化为战斗力，也可以转化为生产力。政治部主任李中权十分重视部队文艺工作，积极主张建立专业的文艺团队。1943 年，经过五年的浴血奋战，冀东抗日形势好转，文艺工作也有了起色。一是张茵青、邓子如、刘大为、张景福、王维汉、舒江等邻近军区的文艺骨干相继调来；二是从院校调来了安静、郭东俊、黄河、田篱、卜雨、韩大伟等专业干部；三是成立了冀东第一支文艺团体尖兵剧社。这些因素为前锋剧社的成立提供了成熟经验与有力的专业支持。

132

前锋剧社脱胎于老十二团宣传队。早在1939年,十二团就组建了小型宣传队,开展各类文艺活动,为建立更为专业的文艺团体创造了条件。宣传队队长陈自新是特务连政治指导员、华北联大社会科学教育学院毕业生,爱好文艺,负责宣传队音乐工作。区队长是赵文斌(后改名为赵勇)。宣传队文化层次较高,有十余个初高中毕业生。

图7-1 十二团文工团合影,左一为音乐队长秦兴汉

图7-2 十二团文工团在昌黎碣石山留影

1944年5月,按照十二团政治部主任程陆天的请示要求与尖兵剧社社长黄天的安排,有丰富美术工作经验的卜雨同志赴十二团宣传队工作,任美术教员兼政治指导员。卜雨,自延安赴冀东工作,1942年入党,原尖兵剧社美术组指

导员、美术教员,曾参与《尖兵报》《尖兵画报》《新长城》《大生产画报》《大众画报》等刊物的出版工作,又参与了长城剧社、冀东美协、长城影社、抗日影社的筹建。卜雨的到来使十二团的美术工作有了崭新面貌。他开办美术课训练队员书写美术字和标语,此后,大会标语均由宣传队包写,绘画的美术作品由宣传队编辑展出。

战事不期而遇,文艺工作者既是笔杆子,也是枪杆子。同年7月,十二团护送尖兵剧社回滦西,回到了滦东后,经历了一场大仗。8月,被日军包围,清晨突围,夜晚撤出战斗,毙敌千余。此后,部队在路南转战,每到一村都进行美术展览,作品有《蛮子营战斗胜利》(水彩画)和《新民主主义社会是什么》(水彩连环画)等。展览的同时,召开绅士座谈会,宣传我军抗战形势和国民党不抵抗政策、日退千里、投敌将领等。

滦东抗战形势紧张,宣传工作有自己的特点。形势缓和些,周边兄弟部队的剧社、宣传队文艺战士聚在一起,一同练音、识谱、唱歌。主要剧目有吴宝光(前锋剧社编剧,后于抗美援朝战争中牺牲)根据苏联小说改编的《第四十一个》(此剧曾于尖兵剧社演出,在冀东有一定影响力)、《亲家母探亲》(歌剧)、《打倒汉奸姜鹏飞》等。敌人扫荡时,宣传队化整为零,有的到连队继续开展宣传工作,有的随区政府行动,有的潜伏到秦皇岛,新队员回家待命,年底再集中起来排练、演出。1944年秋,反扫荡还未结束,十二团机炮连转战路南。政治指导员卜雨和区队长黄宾从区政府转回侦察排,又返回机炮连教歌、上党课,并以十二团政治处名义出版《群众画报》(路南版)。画报题材多取自本地抗日活动,容易引起战士与群众的共鸣。第一期,由卜雨创作的《如此王道乐土》和连环画《哭哭哭!糊涂的婆婆》,黄宾刻好蜡版,油印出版。第二期刊载了卜雨刻板的版画《一个日特的下场》与黄宾刻板的《民兵击毙坦克手》。12月,宣传队集中在一起,队员们共同拓印版画。第三期专刊主要揭露日军集家并村、建立人圈等罪行。《群众画报》于1945年1月停刊。

就这样聚聚散散、分分合合,锻炼了干部,增强了宣传队的凝聚力。1945年1月,前锋剧社正式成立。首演于曹家柳河村。

前锋剧社的成长与尖兵剧社的帮助密不可分。1945年四五月间,尖兵剧社再次散下部队,开展连队文艺活动,辅导各分区剧社。其中,黄河带领康占元(跟着李公朴的东北流亡学生,后参加抗敌剧社)、周苏、张君如、张晓韵、贾淑琴、高凤官等组成小组,到十六军分区与前锋剧社社长陈自新一同在昌黎、滦县、乐亭、抚宁一带开展宣传活动。5月,十八团团部立即调各连文化教员和部分优秀班长、文书组成艺术训练队。高凤官与卜雨负责教导写美术字,用锅

图 7-3　活动于滦东的十六军分区前锋剧社同志们的合影

底黑、红土、白灰调色，书写"开展春耕生产"等标语，还教唱抗战歌曲和一些文音字符的简单常识，得到了基层官兵的积极响应。二连长张信把从敌人处缴获的口琴捐给了训练队，学完歌回二连教唱。

　　文艺工作重在学以致用，迅速形成战斗力。艺训队在卢龙城外，在郎各庄墙上书写一人高的标语："治安军弟兄们，不要跟鬼子烧自己房子，杀害自己父老兄弟姐妹，赶快携枪来归，八路军既往不咎。"伪军们看后携枪归来说："你们的标语，一看都明白。长官不让看，我总不能不看路啊！用眼一扫，都看清了。长官心里也清楚，不过他不对我们说。"艺训队驻迁安市南关，趁赶集人多，在白墙上画《希特勒自杀》漫画。同时宣传意大利法西斯头子墨索里尼被游击队枪毙，日本法西斯头子甲级战犯寿命不长和我军抗战胜利消息等。壁画下观看的群众人山人海。人们说，这回心里有底了。

　　随着前锋剧社的不断成熟、发展，其在战争中起到的作用也越来越大。1945 年 8 月 10 日，日本宣布无条件投降，八路军总司令朱德立即发布受降及配合苏军作战的一号命令。11 日，发布第二号命令："驻河北、热河、辽宁边境的李运昌部即日向辽宁、吉林进发。"滦河东岸，长城内外的冀热辽十六军分区的八路军，在李运昌的直接指挥下，司令员曾克林、副政委唐凯率军出关东进，收复失地。出关前夕，驻扎在昌黎县和卢龙县交界处九百户村的前锋剧社奉命赶到昌黎凤凰山与十六军分区机关会合。随后来到抚宁区台头营召开挺进东北的动员大会。按照会议要求，前锋剧社兵分四路，一是由宣传干事申曙带着黄宾、孙志诚两位区队长去铁路南招生；卜雨带天明、王善济两位社员到十八团帮助工作；陈自新社长带李显廷、张志文两位社员到十二团帮助工作；秦兴汉区队长（时任前锋剧社音乐队长，离休前任军事博物馆馆长）带领剧社随分区行动。按部署，前锋剧社随十六军分区越过山海关绕道九门口跨越长城。

一路行军，一路作战。8月28日上午，部队与苏联红军先遣小分队在前所会师，前锋剧社再次发挥奇效。由于日军刚刚投降，各地日伪军摇身一变成为国民党部队，还有大量土匪武装。中苏语言不通，苏军不相信眼前的部队是中国共产党领导的八路军，双方形成僵持。这时，唐凯副政委急中生智，让前锋剧社带领全体官兵高声唱《国际歌》。虽然苏联红军听不明白中文歌词，但这熟悉的旋律显然消除了语言的隔阂，知道彼此都是布尔什维克的同志，双方激动地拥抱在了一起。

此时，山海关之敌已被孤立起来。曾克林、唐凯决定："打下山海关，向东北挺进。"在苏军配合下，十六军分区主力十二团与十八团于8月30日一举攻克山海关。在这场著名的战斗中，前锋剧社与十六军分区的宣传工作者发挥了重要作用。此刻，山海关之敌已成惊弓之鸟，为减少战火对古城的破坏和给人民带来的损失。我军决定"先礼后兵"，由十六军分区宣传科长汤从烈，起草"受降通牒"，由我军派出侦查科长郑公然、参谋董占林、敌工干事马齐勇和一位苏军少尉副连长带两位苏军战士，乘一辆苏式吉普车，直奔山海关。前锋剧社社长陈自新，带领部分社员，深入前沿，手执喇叭筒直接向敌人喊话，宣读"受降通牒"：强大苏联军队攻入东北，我八路军已举行对日大反攻。8月15日，日本天皇已向日本国下诏，接受无条件投降。现中国八路军和苏联两国强大军队，已兵临山海关城下，着派中苏两军代表，向驻山海关日军司令官送出通牒，命令驻山海关的日军、伪"满洲国"军接到本通牒后，限于本日下午二时率部于山海关火车站无条件向中苏军队投降。后来，我军进驻沈阳、本溪、大连等城市后，前锋剧社又承担接收日伪电台主持广播工作。陈自新社长的这次战场广播喊话，也可视为八路军文艺战士在东北广播工作的一次序曲与现场直播的实战。

由于日军、伪军拒绝向八路军投降，我军按预先制定的作战计划，一举攻克山海关。在攻城战斗中，前锋剧社的同志充分发挥我军宣传队的光荣传统，在战前、战中、战后各个阶段，参加了战勤、宣传、救护伤员、发动群众等一系列工作。负责主攻任务的十八团在苏军炮火的掩护下，以"天下第一关"城墙为主要突破口，如潮水般涌向山海关城墙，占领全城制高点，插上胜利的红旗。十二团以火车站、桥梁为主攻目标，兵分3路：一路沿望夫石村进行攻击，一路攻下山海关火车站，一路攻下桥梁厂。前锋剧社的秦兴汉等部分社员随部队进攻山海关火车站，时而听到枪声大作，时而有流弹从不远处飞过，但同志们都没有惧怕，而是坚定地随着大部队行动。晚上9点左右，山海关战斗胜利结束。

前锋剧社在炮火硝烟未散之际，陈自新社长带领着卜雨、秦兴汉、天明、王善济、李显廷、严林、毓敏等同志在山海关张贴我军布告。在天下第一关城墙上书写"庆祝我国抗战胜利""建立独立自由民主繁荣富强昌盛的新中国"等标语。直到1948年我军第二次解放山海关，东北大军入关作战，经过"天下第一关"之时，一人多高的大标语"庆祝全面抗战的伟大胜利！"依旧屹立在城墙上。此外，前锋剧社的同志们还在山海关城墙上书写了"一定要打到鸭绿江边，驱逐日军出中国！""反对蒋敌伪的合流""建立联合政府"等标语口号，及时迅速地向新解放区的群众宣传了我党的政策。

9月3日，前锋剧社随十六分区主力部队，在曾、唐两位首长的带领下，从山海关车站登上了40节列车，向沈阳进发。40节火车俨然成了40个小小的舞台。出发前，前锋剧社的同志们在车厢贴满抗战建国的标语，车厢上方飘扬着红旗。鸣笛后，剧社带领同志们唱《八路军进行曲》和刚刚创作的《朱总司令下命令》等歌曲。剧社分散流动在40个小舞台上演出，向群众进行宣传，指挥车厢里的战士们引吭高歌，领导战士们高呼口号，战士们也变成了宣传员。列车经过兴城、锦西、锦州、新民等城市，我军都留下火种，把一些有独立工作能力的干部留下接收伪政权，改编敌军，建立新政权，发动群众。前锋剧社则抓紧时间，在车站上进行宣传演出活动。

列车开抵沈阳火车站，苏军却不允许我军进驻沈阳。一是苏联与国民政府已签订东北接收的相关条约。二是苏军司令未想到我军如此神速，甚至怀疑部队的身份。有了在与苏军短暂对峙的经历，前锋剧社的全体同志分散在各个连队指挥大家高唱《八路军进行曲》和《国际歌》。经过三次谈判与前锋剧社的"立体"宣传，最后，苏军同意我军进驻沈阳。解放军换上新装与缴获的日式装备，唱着嘹亮的军歌，走入沈阳城内。前锋剧社的同志分别排在各个方队前，一面领着战士们高喊"向东北人民问好"的口号，一面散发我党我军的宣传品。这样的进城形式得到了沈阳人民的好评与拥护。

9月7日，苏军卫戍司令国夫通少将与曾、唐两位首长取得联系。9月14日，苏军代表与曾克林按照双方商定乘苏军专机飞抵延安。就在中苏双方代表飞抵延安时，前锋剧社抓紧时机，以文艺为武器，在沈阳展开了各种形式的文艺活动，宣传我党我军的主张，消除国民党地下军制造的谣言和所谓的"正统观念"。

用歌声唤醒人民群众，是我党我军文艺工作的一贯做法。在沈阳，前锋剧社不但自己演唱革命歌曲，还把创作的庆祝抗战胜利的歌曲《我们的国旗到处飘扬》教给学生和人民群众唱。因为这首歌的内容，唱出了他们埋藏在心头十多年的希望，一下子就在许多城市流传起来。直到解放战争爆发，蒋军占领了沈阳，驻守在沈阳一带的蒋介石军队也唱这首歌。

前锋剧社通过沈阳广播电台，向沈阳市、辽宁省各地发布安民告示，约法"八章"，召开知名人士会议，宣布军事管制，接收敌伪机关，打击镇压汉奸和国民党地下组织的破坏活动，宣传党的"七大"路线和抗大反攻的胜利消息。前锋剧社的同志们写标语、画壁画、张贴布告、做广播、召开群众大会、街头演出，任务繁重，真正执行了文艺战士既是战斗队又是工作队的光荣职责。前锋剧社乘车上街宣传庆祝我国抗战胜利，在火车站张贴《庆祝我国抗战胜利》宣传画，发现"拥护蒋委员长"等标语和国民党文协等牌子，一律去掉。

与日伪、蒋特的无形较量，更体现了前锋剧社的重要作用。我军大量宣传攻势，收到了良好效果，揭穿了敌人的无耻谣言，说什么"八路军没文化"，是"土匪"等恶语中伤。前锋剧社的一系列活动使人民群众进一步认识到八路军是一支有文化、有素质的军队。有许多知识青年参加了前锋剧社，如剧团导演斑马、张仕民，知识青年何仁、何姗（女）、李启君等。斑马参军后不久，编写了反映东北人民生活斗争的话剧《十四年前后》。

10月，离开沈阳后，十六军分区挺进本溪市。前锋剧社职能发生转变，不仅完成艺术工作，还积极援建新的战斗部队。陈自新社长率侦查员和社员严林等，接收了伪本溪市放送台，建立起我军第一个广播电台，广播话剧、抗战歌曲，向本溪市军民播放新华社消息和延安总部进军命令。严林成为我军进入东北的第一个播音员；社长陈自新负责整个电台工作，中华人民共和国成立前还建立了大连广播电台，任台长；前锋剧社区队长孙志诚、黄宾奉命到新成立的战斗部队担任过教导员工作；卜雨同志奉命担任过画报社的主编；区队长孙志诚奉命带领四人工作队，发动、组织上万名工人上街游行示威；刘莹等四名社员奉命深入农村宣传，建立区政权；区队长秦兴汉奉命到民运队进行扩军，许多青年应召入伍；二十四旅在四平建立黄风剧团（后合并到长春电影制片厂），前锋剧社派李显廷、董玉林、小杨去帮助筹建，李显廷任黄风剧团政治指导员。在本溪，剧社与机关住在一起，时聚时散，有的参加千山剿匪活动；有的在本地区开展群众工作；有的深入学校，进行宣传，书写"取消国民党一党执政""成立联合政府""改善职工生活""反对美帝国主义干涉中国内政"等标语；有的主办训练队为部队培养文化教员，教他们唱歌，写美术字，在部队颇受欢迎。11月7日，我军和苏联红军以及本溪市机关、学校、市民五万多人，开会庆祝苏联十月革命节，军分区司令曾克林和苏军城防司令都在会上讲了话，前锋剧社还同苏军一同举办联欢晚会。

除了职能的转变，剧社队伍也在不断壮大。在本溪，吸收了刘萤、刘微（女）、贾丽（女）、穆芝峰、陈芬（女大学生）、董玉林、赵郁夫、刘淑琴（女）、李树芬（女，共产党员）、赵宝庆、单文、周玉合、刘英、谭明等20多位同志参加前锋剧社，充实了新的力量。

剧社重视以毛泽东文艺思想武装文艺战士。部队与抗日民主联军会师后，进行合编，部队数量猛增。到11月，十六军分区政治部通知各旅、团的宣传队到前锋剧社集训，共有两百多名文艺战士。社长兼政治指导员卜雨，以毛泽东《在延安文艺座谈会上的讲话》为主要题材，每周讲两节课，讲政治课，讲文、音、美、剧常识，训练写美术字，识谱唱歌，演小节目。邀请唐凯副政委讲当前形势和任务。集训了一个多月。

艺术领域方面，前锋剧社一面排练新编的《十四年前后》（独幕三场话剧）、《一双鞋》《庆功路上》（话剧）、《反扫荡秧歌舞》《八路好》（歌剧）；一面练习《八路军进行曲》《子弟兵进行曲》《子弟兵战歌》《前进，子弟兵》《东方红》《自由的花开放了》等歌曲；一面练习《霸王鞭》歌舞。在南满活动时期，前锋剧社与来自延安鲁迅文工团的王大化、沙蒙、刘炽、颜一烟等合演过《合流》，与从山东渡海登陆的李林、范政、阮若珊等山东地区文艺队伍合编在一起工作，演出过《李闯王》等大型剧目。这些来自宝塔山下、沂蒙山区的文艺战士，对这支来自燕山、滦水的年轻队伍，无论在政治上还是艺术上都产生了非常宝贵的影响。

剧社在出版领域也有建树。1945年1—8月间，辽东军区成立时在卢龙县曹家柳河创办《前锋报》（油印），后改为铅印，周刊。同年8月，部队出关后，编辑、文印人员到部队任职。10月，调新参军的大学生王树荣任编辑，前锋剧社王飞龙、肖云专抄收新华社新闻，后在本溪出版。王树荣向剧社社长卜雨约稿，把东西寨家山的战斗、部队尊干爱兵运动的事迹整理成故事，登上《前锋报》，取得良好的宣传效果。十二团的一位指导员看报后，也在连队开展了尊干爱兵活动，各排也组成了通讯组，向前锋报社投稿。该报于1946年11月停刊。

解放战争开始后，前锋剧社完成挺进东北的历史任务，分别合并到各纵野战部队。从此，十六军分区宣传队——前锋剧社的名字消失了，成为历史。曾任前锋剧社社长、政治指导员的卜雨同志回忆："有的同志担任了纵队（军）文工团长的重要职务，直到中华人民共和国成立后，许多同志到了海政文工团，有的同志还写出了有全国影响力的艺术作品。"就像时任前锋剧社音乐队长，后任宣传大队队长的秦兴汉同志所说："我们的文艺活动影响仍然在延续，部队撤离安东时，很多青年学生参加革命随同解放军走了，数目非常可观。剧社名字虽然消失，但人员却还在，历史意义还在。宣传队的性质没有变，价值在延伸在发展。"

二、再走长征路——秦兴汉

秦兴汉，1925年生于卢龙县花台西庄。1943年下半年参加了革命工作，1944年春调到冀东八路军十二团。在全面抗战时期，任过十二团宣传队分队长、十六军分区前锋剧社音乐队长，参加过光复山海关战斗。之后，随部队挺进东北。在解放战争时期，任过辽东军区政治部宣传干事、直属高炮大队连指导员、文工团音乐股长、宣传大队长、第四野战军文工团协理员等职。中华人民共和国成立后，曾担任谭政将军的秘书、北京市财贸组副组长兼财贸部副部长等职。1978年调回部队工作，任军事博物馆副馆长、馆长。

走访开始后，当秦兴汉得知是家乡来客显得十分亲切，郑重其事地向家人介绍了来访者的身份。我们觉得这种亲切既包含了对家乡自然流露的亲近感，又包含了对家乡党史工作与建设发展的关注与期望。秦老口中"家乡"是个弥足珍贵的词语，从"家乡的人与事"到"家乡的革命工作"，再到"家乡的近况"，这样的表述表达了一位从滦东走出去的革命军人的故乡情结，更使我们这些家乡的建设者与历史记录者备感鞭策与鼓舞。

不能忘却的家乡的人与事儿

秦兴汉在唐山中学毕业，那时叫唐山市立第四中学，参军前参加抗日救国会。开始上学的时候，学名叫秦振名，这是体现家族振字辈的名字。全面抗战时期，滦东是革命根据地，常与革命者接触，深受影响。在中学时期，参加党的地下组织。初中毕业后，因为部队需要，被调到冀东十二团工作。因为当时的环境，为了家族的安全，需要起个化名。于是，向启蒙老师请教，老师不假思索地说，你就叫兴汉吧！兴汉救国，抗日的意思。之后，兴汉就成了他的名字，伴随一生。

从地方调入部队后，由于会拉二胡，又有学历，秦兴汉按领导要求加入宣

图7-4 青年时期的秦兴汉在滦东

传队,即冀东十二团前锋剧社,团长也就是后来的十六军分区司令员曾克林。剧社不到30人,在昌黎凤凰山附近活动,主要任务是刷写宣传标语和进行文艺演出。打仗时,担任战勤,抬担架,救死扶伤;在平时,教育战士,动员群众,鼓励参军。

为了发动群众,剧社编写了许多歌曲,秦兴汉至今仍能随口唱出。"叫老乡,你快去把战场上,快去把兵当。莫等到日本鬼子来到咱家乡,你老婆孩子遭了殃,你才去把兵当。你不要说谁来就给谁纳粮啊,纳粮自在王。你不当兵,他不出现,大家想法多,如果亡了国,我看你怎么活。"

在那个时候封建思想还普遍存在,不让女孩子出家门,更不要说参加革命抗日了。为此,剧社还教唱了以妇女解放为主题的歌曲:"人家的女儿走路快又快,女儿我走路真痛苦。妈妈娘你好糊涂,我也要放足。人家的女儿能写又会算,女儿我两眼黑达拉乎。妈妈娘你好糊涂,我也要读书。人家的女儿站岗又放哨,你把女儿关在屋。妈妈娘你好糊涂,我也要进步。"

滦东壮歌 >>>

图7-5 1944年夏季，冀热辽军区政治部尖兵剧社到昌黎、滦县、乐亭渤海之滨与十二团宣传队一起进行文艺演出（照片保存者：十二团前锋剧社音乐队长秦兴汉）

最难忘记抗战胜利时激动欢庆的时刻

1945年8月中旬的一天，宣传队来到昌黎和卢龙交界处九百户村，天气很热，大家都在睡午觉，队里通信员把秦兴汉叫醒，说陈自新队长有急事，一见面，陈自新队长哈哈大笑，说："你知道吗？日本鬼子投降了！"秦兴汉听后愣了，陈自新赶紧说："还愣着干啥？快去集合队伍。"回到营地后，秦兴汉把正在睡觉的同志们一人一巴掌打醒。看同志们气鼓鼓地顶着起床气，忙说："日本鬼子投降了！"大家听后，操起锣鼓，一边敲，一边跳喊，都流下激动的泪水。

宣传队在部队出关的过程起到作用

1945年8月15日，日本宣布投降后，根据八路军总部"向南防御，向北发展"的命令和晋察冀军区的部署，冀热辽军区兵分西、中、东三路跨过长城，迅速进军热河和辽宁腹地。冀热辽十六军分区十二团、十八团，在司令员曾克林、副政委唐凯的率领下，从1942年就坚持战斗在滦河以东地区。继打下临榆县北部的柳江和日伪盘踞的石门寨煤矿后，于8月29日绕道与山海关唇齿相依的九门口和义院口，越过长城，火速夺取了辽宁省绥中境内的前所车站。

142

图7-6　前锋剧社合影，左四拉二胡者为秦兴汉

秦兴汉那时正在十二团宣传队担任分队长，奉命赶到昌黎凤凰山同十六军分区汇合，随后又到抚宁台头营镇。这里是个大镇子，店铺很多，很热闹。十六军分区首长在这里主持召开会议，传达上级党组织的精神，部署挺进东北的工作。会议正式决定宣传队随行出关，同志们又高兴热闹了一番。宣传队在此地张贴标语后，就随部队开始了挺进东北的行程。

8月30日上午，在绥中前所车站，部队和苏联红军一个装备精良的侦察队碰了面。由于语言不通，两支部队相互对峙，险些走火。唐副政委急中生智，让宣传队带领全体官兵高声唱起《国际歌》。歌声响起，虽然苏联红军听不明白中文歌词，但这熟悉的旋律显然消除了语言的隔阂。知道彼此都是布尔什维克的同志，大家激动地拥抱在了一起。

当时，据守在山海关的日军还没有正式投降。1000多人的战斗部队在山海关周边的各个据点，还有7000多伪军、伪警察和伪政府人员在城中死守待援。对我军来讲，山海关是进军东北的咽喉，如果打开山海关通道，利用现代化交通工具运输人员物资，至沈阳的路程就能从半个月缩短到一两天。因此，我军与苏联红军协商，决定一同攻打山海关，打通华北到东北的大动脉。

负责主攻任务的十八团在苏军炮火的掩护下，攻入山海关。后续部队乘胜追击，很快控制了大部分地区。负隅顽抗的日军被击毙100余人，缴械投降。其余日伪军部队边战边撤，仓皇逃往秦皇岛。十二团以火车站、桥梁厂为主攻目标，兵分三路：一路沿望夫石村进行攻击，一路攻下山海关火车站，一路攻下桥梁厂。宣传队随部队进攻山海关火车站，时而听到枪声大作，时而有流弹从不远处飞过，但同志们都没有惧怕，而是坚定地随着大部队行动。晚上9点左右，山海关战斗胜利结束。

当晚，宣传队作为团里的"宝贝疙瘩"，被安排住在一个日本旅馆里，里面装修得花花绿绿，相当豪华阔气。也许是日军没有想到八路军会这么快攻打山海关，撤退前不久还在这里饮酒作乐，餐厅里摆的饭菜酒席都没有撤掉，桌子上的茶杯里还冒着些许热气。看到这样的情景，大家都笑着戏称："这就是日本鬼子最后的晚餐！"

再走长征路

在走访在冀东参加革命的老同志时，特别能感受到他们对"延安""红军""长征"的向往与憧憬。每每提及曾克林、陈群、李中权等人，他们总是强调："他是延安的，老红军，参加过长征。"对长征与延安的崇敬之情溢于言表。这与我以前查阅的资料不一样，但又不便多言。渐渐才悟出，"延安""红军"与"长征"是那时大家心中的标尺，"参加过长征的老红军"才是合格的革命者。"长征"又是心中的神圣，"再走长征路"成为秦兴汉最大的心愿。

改革开放后，秦兴汉在军事博物馆工作，未承想一段机缘成就了他的"长征梦"。1984年春，美国著名记者，前《纽约时报》副总编辑索尔兹伯里开始了梦寐以求的访问长征路的"长征"，时任军事博物馆副馆长的秦兴汉奉命陪同。

48年前，另一位美国人，30岁出头的著名记者埃德加斯诺，冒着生命危险，冲破重重阻挠，来到中国荒凉的西北，访问了刚刚胜利结束二万五千里长征的红军战士和他们的指挥员——中国共产党的领袖们，写下了向世界介绍中国红军和革命真相的不朽著作——《红星照耀中国》和《西行漫记》。

长征胜利半个世纪后，又一位美国人，75岁的索尔兹伯里，携同他70岁的夫人，还有他的好友——美国著名对华友好人士谢伟思，这三位老人不顾年迈，不顾旅途的艰难，在长征胜利已经半个世纪的今天，来到当年红军长征的路上，进行实地采访，重新踏勘长征经过的千山万水，亲自尝一下红军吃过的苦。一行人从4月3日开始，进行了为时七十二天的"长征"。

为了追本溯源，秦兴汉与索尔兹伯里一行人从井冈山开始，依次访问过兴国、宁都、于都、瑞金、汀州等地。在黎平山间的公路山，索尔兹伯里与苗家姑娘对唱。索尔兹伯里虽已是古稀之年，但仍然十分诙谐活跃，他微笑着用低沉的嗓音唱了一支动听的美国民歌。索尔兹伯里出人意料的举动，使大家感到惊愕但也格外兴奋。苗家姑娘也不食言，亮起嗓子，唱了一支山歌，大意是：让我唱歌就唱歌，我的歌儿用船拖，不信用船装装看，一装就是几只船啰！姑娘们的歌声，山间的欢乐场面，都一一留在了索尔兹伯里的磁带和胶片上，为他的"长征"增添了新的情趣。

秦兴汉回忆：过了赤水河的几个渡口，听了关于毛泽东等领导指挥红军四渡赤水传奇般的故事后，索尔兹伯里等非常感动，不迭地赞叹毛泽东同志的军事才华和指挥艺术高超。一行又来到金沙江畔，问红军在这里有什么故事，当地的同志介绍，1936年4月，红二、六军团在贺龙等同志率领下，从这里渡江入川与红四方面军会师，过江不久，朱德总司令和红四方面军就发来贺电，电文说："金沙既渡，后会有期，捷报传来，全军欢跃，谨向横扫湘黔万里转战的我二、六军团致以热烈的祝贺。"二、六军团接电后，全军振奋，迅速北上。尾追的敌人来到金沙江边，除了望洋兴叹外，看到的是石鼓镇上贴满的嘲笑白军的各色标语："接宣威，送石鼓，多谢多谢！""来时接到宣威地，走时送到石鼓镇，费心！请回，请回！"秦兴汉作为一名宣传战线的"老兵"看到这些我党、我军早期宣传工作的"妙用"感叹不已，这些故事也成了索尔兹伯里笔下的好"佐料"。

到达昆明的第二天，一行人乘车经四川的攀枝花市和红军开过重要会议的会里古城，直奔川滇边界的金沙江皎平渡。索尔兹伯里一路翻山越岭，体力消耗殆尽。秦兴汉为其准备了担架，索尔兹伯里躺在担架上风趣地说："毛主席当年也坐过这样的担架，现在让我也来体验一下。"后来，索尔兹伯里看到抬行的人十分费力，固执地要求改为乘马。他郑重其事地说道："我这一辈子吃了固执的亏，但我得到的好处远比吃的亏多，正因为我的固执，才使我到了许多人不能到达的地方。"

就像索尔兹伯里说的那样，这次旅行去了许多人迹罕至之处，行经山西、贵州、云南、四川、甘肃、陕西六个省，行程一万一千五百多公里，索尔兹伯里忘掉了病痛与疲劳，始终兴致勃勃、精神振奋。秦兴汉觉得这也许是红军精神的鼓舞吧！

11年后，秦兴汉回忆："索尔兹伯里走过长征路11年了，至今，不少人找我仍是为了索尔兹伯里的《长征——前所未闻的故事》这本书，想了解书的背景和路途上的一些情况，尤其前两年，我经常会在车上被一些年轻人认出来，你就是陪同美国记者长征的秦兴汉。"他写下了《万水千山走过——怀念我的朋友索尔兹伯里》，他引述了索尔兹伯里的话："对红军长征来说，任何比拟都是不恰当的。长征是举世无双的，它所表现的英雄主义精神激励着一个有11亿人口的民族，使中国朝着一个无人能够预言的未来前进！"

第八章 海滨剧社

一、朱燕与"七月剧社"

尖兵剧社是中国共产党领导的人民军队在冀东地区最早成立的文艺团体。事实上,一些滦东地区的抗日民主政权与民主团体组织的业余剧社,专业水平虽然不如专业剧社,但对弘扬革命思想,振奋抗战精神同样起到重要作用。

  滦河的水哗啦啦啦,
   娘的孩儿快长大,
  跟着共产党打鬼子别想家。
   日本强盗逞凶狂,
   妈妈给你做支枪,
  拿着这支枪打鬼子别想娘。
   皎洁的月亮上树梢,
   娘的孩儿快睡觉,
   妈妈就要去上冬学。
   滦河的水哗啦啦啦,
   娘的孩儿快长大,
  跟着共产党打鬼子别想家。

这是一首由朱燕作词作曲的抗日歌曲《滦河谣》,在抗战时期冀东路南解放区军民中广为流传,对于激发广大民众抗日救国的政治热情,起到了有力的推动作用。

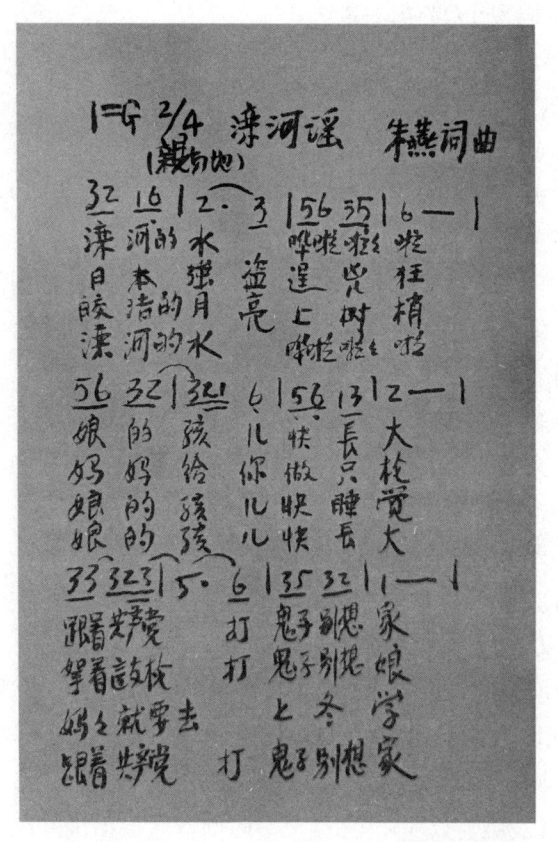

图 8-1 1989 年，朱燕同志回忆手写《滦河谣》

所有业余剧社中，1944 年昌黎、乐亭两县联合成立的"七月剧社"最为出名。参与者多为何新庄小学、小滩小学、抗日中学等中小学师生和一些在乡知识分子。在一次县委召开的群众大会上，剧社首演了抗日中学校长竞存编写的话剧《奋斗》，该剧主题歌是由何新庄小学教师朱燕谱写的。

朱燕是活跃在滦东的"七月剧社""海滨剧社""路南文工团"的重要奠基人和优秀指导。中华人民共和国成立后，任秦皇岛市文工团的社长、队长、团长。在所有文艺工作者中，无论文字、戏剧、音乐还是美术方面的才华都是出类拔萃的，是一个多才多艺的全能手。他在 20 世纪 30 年代流浪东北，以画广告画为生，抗战后期回到家乡从教，积极投身到抗日救亡文艺活动之中，不但组织了"七月剧社"，还编辑出版了文学艺术刊物《七月》，在创刊号上精心绘制了一只雄健的大红公鸡，寓意抗战胜利的曙光。刊物刊登了朱燕自己创作的抗日革命歌曲《滦河谣》，这是路南根据地文艺工作者自己创作的第一支革命歌曲。地方韵味浓，易写易唱，深受广大群众喜爱，迅速在乡村中传唱开来。这

147

些都充分显示了朱燕同志的艺术才华。

最初，剧社没有名字。《奋斗》演出后，深受领导和群众的欢迎，县委还专门召开了县、区领导干部座谈会。因剧社是在7月1日首次演出，所以县委领导李海涛亲自命名剧社为"七月剧社"。

七月剧社隶属于昌乐联合县知识界抗日救国会。该会于1944年7月与七月剧社一同成立。李晓光兼主任，兢存（张彤）为副主任，常安、李德雨为常委，朱燕（石仙舟）为组织部副部长，昨非（郝文烈）为宣传部副部长。"知救会"成立后，兢存、朱燕、昨非、白村（王树元）成为剧社骨干，一边举办演出，一边出版《七月》杂志。

剧社人员最多时达30多人，人员分工明确。社长由兢存担任，舒江（侯辅廷）任指导员，朱燕负责宣传、美术，昨非负责戏剧，白村负责音乐。千群是昌黎县委派到学校开展党的工作兼读书的唯一共产党员，负责党的工作，后来成为指导员、协理员、党支部书记。社员还包括张琪、王建宇、黎明、苑凌云、鲁洁如、君直、王文博、常安、郑静、今生、赵锡珍、齐芳、若愚、韩冰心、李敏、杨春燕等。除了领导骨干具有文艺工作经验与专长，多数成员没开展过文艺创作。当时所谓的知识分子，其实文化水平多是中学、小学毕业程度。

剧社平时分散，在县区党委、政府、部队召开大会或重大节日时集中排练、演出节目，有抗战歌曲表演、唱，还排练了活报剧《参加八路军》《放下你的鞭子》、多场话剧《英雄与奴才》，还曾把秦腔剧本《血泪仇》改造成话剧演出。

1944年暑假期间，昌乐联合县委，第一次召开从京、津、唐等沦陷区回家度假的学生大会，剧社给大会演出了话剧《英雄与奴才》，并教会学生们唱抗日歌曲和扭新秧歌，增进了对中国共产党的认识和对解放区军民的感情。

七月剧社除利用文艺形式向群众宣传外，有时也通过召开群众会的形式，进行口头宣传。1944年夏秋之际，汉奸姜鹏飞的"天"字治安军，对京山铁路以南的几个县进行大扫荡，并欺骗人民说天字治安军是人民的军队，是搞曲线救国的。企图用这种手段麻痹人民。而在昌乐联合县委的统一部署下，七月剧社一部分骨干到各村召开群众大会，揭露姜鹏飞的反动本质和他的阴谋诡计，希望群众不要受骗，积极做好反扫荡准备。同年秋冬，为提高群众文化水平，县委号召各村都要办冬学。七月剧社一部分骨干又投身到大办冬学的热潮中。剧社成员，白天教小学，晚上教冬学，没有教材就自己编印，做到人人有书本，出现了许多夫妻同桌、父子同学的佳话。剧社舒江还为宣传上冬学编写了一首歌："不怕雪、不怕风，我要做个好学生。有了知识能做事，没有知识是糊涂虫。"他还和朱燕一起围绕办冬学创作了一首《母亲摇篮曲》。当时，有的学校把这首歌曲改编成舞蹈,为群众演出。

七月剧社像一颗革命的种子,生根发芽,遍地开花,不论走到哪里,只要有"知救会"会员,说演就演深受欢迎。1944年深秋,七月剧社成立以后,为激发抗日根据地军民对敌人的憎恨和抗日救国的热情,昨非同志编写了第一个话剧《克强参军》(改名《复仇》)。这个话剧是以剧作者的亲身体会和人民受难的素材写成的。剧中通过一个爱国青年的遭遇,揭露了日本军国主义发动侵华战争的罪行和蒋介石奉行不抵抗主义的投降路线。通过这个爱国青年的成长,歌颂了中华儿女不当亡国奴,奋起参加八路军抗敌救国,报仇雪恨的英雄气概,指出了苦难深重的中国人民只有坚持抗战才是出路。在演出中,昨非自演"克强",演出后群情振奋,大家高呼口号,燃起了熊熊的复仇烈火,掀起参军参战的热潮。该话剧在昌乐县纪念"九一八"群众大会上首次演出,反响强烈,以后几次演出效果都很显著。剧社的创作演出,紧密结合当时的斗争任务,每个节目都富有革命的政治内容,充满战争的生活气息。台上演的,与台下观众所想产生了共鸣,收到了良好的效果。

1944年冬,面对日伪军的反复"清乡、扫荡",为了提高抗日军民的民族气节和发扬坚决斗争精神,剧社再次排演了程力群编写的话剧《英雄与奴才》(又名《两种人》)。剧情是一个亲日、恐日,对共产党和抗日民主政府阳奉阴违的老地主,当日伪军出来"清乡"时,他向日军出卖了坚决抗战的村主任。这位村主任在鬼子面前大义凛然,痛斥敌人,宁死不屈,最后英勇就义。通过正反两个典型,热情歌颂了为国捐躯的抗日英雄,无情鞭挞了卖国投靠日军的无耻败类。这个话剧为抗日军民演出多场,深受欢迎和好评,一直演到抗战胜利,剧社还演出了活报剧《参加八路军》和《血泪仇》等剧目。广受群众称赞的七月剧社在艰苦中磨炼,在斗争中成长,沿着党指引的方向,在革命文艺战线上顽强战斗。

抗战时期,冀东路南斗争形势十分严峻。其北靠铁路,南临大海,日军严密统治,碉堡林立,沟壑纵横,一马平川,旷无遮挡。日伪"清乡、扫荡"频繁,环境极为艰苦。就在这种情况下,剧社同志白天紧张地工作、学习,夜里还要到几里地以外的群众家里住宿。如果发生敌情,大家就通宵达旦围坐在一间屋里,随时准备转移。每遇敌人"清乡、扫荡",剧社同志就分成若干小组分散活动,吃了不少苦头。1945年三四月间,日军垂死挣扎,从东北调来大批"满洲骑兵",对北宁路以南地区进行疯狂"扫荡",到处驻屯,烧、杀、抢掠,无所不为。一次,剧社七八个同志被敌人追到海边,乘小船驶到海里,晚上驶回海岸,找些秫秆架起窝棚挤到一起过夜。海水不能喝,淡水喝不上,更找不到一点吃的东西，真是饥渴难熬，但是心怀理想的年轻人，想着抗日救国，想着胜利在望，自觉地以艰险为荣，以苦为乐，顽强地坚持了两天一夜，待敌人撤退之后，又立即投入到了新的战斗中。

1945年5月，进行反扫荡斗争后期，全面抗战即将全胜。由于革命形势发展的需要，七月剧社的许多成员调动工作，剧社也就随之解散了。然而，这个活动不足两年的剧社，却为当地军民的团结抗日，鼓舞军民革命斗志，做出了不可泯灭的历史贡献。并且，通过开展革命文艺活动，也为党政军各部门造就和输送了大批干部。

1945年，七月剧社奉命到分区汇报演出，恰值十七分区"海滨剧社"调往路北充实军文工团，于是就以"七月剧社"为基础成立新的"海滨剧社"。

领导海滨剧社期间，朱燕同志既是社长，又是演员；既是编剧，又是导演；既是作曲，又是指挥。在演出中，从表演到化妆、服装、灯光、布景、效果，无不精心设计，具体指导。就连书写大标语的艺术字体都是出自朱燕的创作和传授。可以说，剧社每次演出成功，无不凝聚着朱燕的心血。作曲，是朱燕众多文艺才能的强项之一。剧社同志们自编自演的小型歌舞剧和歌曲，大多是由朱燕同志作曲和创作的。他的创作风格乡土气息很浓，深受冀东群众的喜爱。

他是七月剧社和海滨剧社社员们的领导与老师，每有新剧作或新想法，朱燕都大力帮助，精心指导，热情鼓励。从北宁铁路到渤海之滨，纵横千百公里的路南大地，村村镇镇，无不留下文艺兵的足迹。一曲曲《滦河谣》《国民党一团糟》的演唱，一场场《抓壮丁》《血泪仇》《白毛女》《李国瑞》《兄妹开荒》的演出，一幅幅书写在大墙上的标语和墙头诗，都化为激励民族斗志的犀利的武器。

时至今日，在路南群众中还传唱着当时创作的革命歌曲。乡镇的残墙断壁还留有当年的标语和墙头诗。想当年，这群不过二十几岁的中小学教师和十几岁的男女初中学生，对部队来说，是一群新兵，从文艺角度说，还都是"丑小鸭"。军区文工团团长劫夫亲切地称他们是"娃娃剧团"。就是这样一个初出茅庐的年轻文艺团体，在朱燕同志的精心培育下，成了三年解放战争期间誉满路南解放区的一支盛开的文艺之花。

1995年，七月剧社的同志们齐聚渤海之滨，回忆七月剧社那段火热的战斗生活。人们哼起那首老歌：

起来，起来！

坚决抗战！

宁为烈士死，

不做懦夫全。

……

拿起我们的艺术武器，

战斗在渤海之滨。

驱散法西斯的乌云，

迎接新中国的黎明。

……

——《七月剧社社歌》

二、从"七月剧社"到"海滨剧社"

从1942年起，北宁路南各县，在冀东部队的配合下，相继建立起村、区、县和专署各级抗日民主政权。在军事上，两三个主力连队，扩展为七八个连队，成为一区队。1944年秋，在一区队的基础上，正式建立第十七军分区（日本投降后改为冀东军区第十三军分区），属冀热辽军区。李雪瑞任军分区司令员，曾辉任副政委兼政治部主任，肖全夫任参谋长，王功贵任政治部副主任。按照军分区一级的建制，在政治部内应有一个专业文艺团体，于是"海滨剧社"便应运而生了。

十七军分区司令李雪瑞

李雪瑞同志是一位参加过长征的老红军。这位"李云龙"式的军人，以作战勇猛著称。1945年2月调往冀热辽军区，任第十七军分区司令员。十四团在李雪瑞的指挥下，连续打了多个漂亮仗。李雪瑞的指挥特点是亲临火线，遇强愈强。李雪瑞的"亲临火线"与一般的指挥人员又有所不同，在敌众我寡的情况下，他时常骑着大白马，率众冲入敌群，与敌肉搏。虽腿部五处"挂花"，仍不改率先冲锋的习惯。作战勇猛，战略也与众不同，冀东地区的部队面对日军"扫荡"，采用"你进攻根据地，我进攻沦陷区"的避敌锋芒，争取空间的方式。李雪瑞则主动寻敌精锐，逢敌便打。日军集中优势兵力对路南的"扫荡"，被李雪瑞硬生生打了回去。等到8月，李雪瑞率部反攻，一举光复乐亭县城，顺带把周围据点一扫而光。

李雪瑞不但善于作战，政治工作也十分突出。抗日胜利后，美国海军陆战队侵入昌黎县西河村抢劫，并向民兵射击，当即被解除武装。秦皇岛留守美军以"搜寻失踪美国士兵"为借口，出动150多人和四架飞机，侵入昌黎沿河地区。

7月20日，共产党、美军、国民党三方代表在昌黎举行谈判。美方当即认错。李雪瑞提出释放美俘条件：一、美军当局必须向我方公开承认错误，正式道歉并保证今后不再发生类似事件；二、美军因特殊情况进入解放区，事先须经我民主政府或军队允许，办好入境手续；三、美国海陆空军，停止一切海上、陆地和空中的摄影、绘图等侦察活动；四、交还七名美军时，须给我方开具书面收据。美方代表表示同意，谈判圆满结束。经过两轮谈判，李雪瑞出色地完成了谈判使命。这就是震惊中外的"西河南事件"。

解放战争开始后，李雪瑞没有急于与冀东国民党部队作战，而是机动灵活地采取"多出汗、少流血，敌进我退，和敌人大迂回"的斗争方针。他觉得分区部队能够在东北的战役中起到更为重要的作用，偷偷积攒实力，短时间内从一个团，扩张到三个团。1947年6月，为配合东北野战军的夏季攻势，李雪瑞奉命开展滦东战役。他率部与友军协作，攻入昌黎县城，俘获国民党交通警备中将司令汤毅生。1948年，率领所属部队参加辽沈战役，与冀东军区独立第四师一起，出色地完成了阻击唐山敌人向关外增援的任务，受到冀东军区的嘉奖。

辽沈战役刚结束，上级命令李雪瑞趁机夺取秦皇岛。这时，李雪瑞的爱人李光刚在昌黎县生下孩子，他从战场上回来路过昌黎却没有回过家，继续率领两个团的部队开往秦皇岛。11月27日，秦皇岛解放并建立秦榆市，随即成立市委会，李雪瑞任市委常委。12月18日，奉冀察热辽军区转东北军区命令，建立秦榆市警备司令部，李雪瑞兼任司令员。

1949年1月，李雪瑞率部参加平津战役。他带两个团进入滦河以西，配合主力夺取唐山。战斗一打响，敌人拼命地向天津逃跑，李雪瑞率部直追到天津。1949年3月，李雪瑞还曾代理过秦皇岛市委书记。

抗美援朝，李雪瑞牺牲在朝鲜战场，但他的英勇事迹，对革命的贡献，永远记在滦东人民的心中。

"海滨"初建成，传承红军精神

军分区建立之初，由部队中抽调了几名具有一定文化专长的同志，筹备宣传队。随后由开展文化活动较好的昌乐联合县，调来一部分骨干和领导力量，又陆续吸收了一批青年知识分子，正式成立了"海滨剧社"。这是京山路南第一个专业文艺团体。

第一批到剧社的人员包括鲁洁茹、仲先、刘玉环、董晓华、黎明、郭华杰、怡明、左林、史忠、健愚、昨非等。剧社定名后，又迎来了李铁辉、振芳、杨树森、王志石等。剧社编成了音乐队、文艺创作队、戏剧队、美术队。怡明、振芳等同志在音乐队，宣传科送来的一把小提琴、三把二胡、两只口琴交给了音乐队，他们把这点简单的乐器视为宝贝。健愚、史忠、黎明等同志在文艺创作队；李铁辉、左林、鲁洁茹、董晓华等同志在戏剧队；刘玉环、王志石等同志在美术队。在炮火硝烟中，创作队、戏剧队的同志深入连队，体验生活，收集素材，编写歌曲、短剧、快板、大鼓书等。如歌曲《滦河谣》，小短剧《抓舌头》《缴枪不杀》等，受到广大指战员的好评。

剧社开始没有明确领导职务，因为舒江曾在尖兵剧社工作很长时间，业务出色，故任命为总负责人。昨非、朱燕两人在七月剧社锻炼了一身本领，业务上也各有所长，故协助舒江领导全面工作。

"海滨剧社"社名是尖兵剧社的刘大为同志推荐命名的。剧社的活动区是北宁铁路路南，天津至山海关广大沿海地域。刘大为建议："既然战斗在海滨，何不叫海滨剧社？"剧社命名后，在滦河边的一露天土台进行首次演出。第一个节目是歌曲演唱《八路好》。不久第一出短剧反映青年参军故事的《斗争》上演了。由李英华、刘玉环等出演，仲先编导。

海滨剧社成立时，得到一条珍贵的"红军的皮带"。这是一位红军老连长长征时留下的。那时同志们吃光了粮食，吃光了野菜、草根、树皮，把大家的皮带都煮了分食，但濒临绝境的同志们硬是留下了一条皮带，扎在指导员腰上，这是因为指导员是党代表，跟着党必定胜利。剧社成立那天，军分区副政委曾辉，扎着这条皮带出现在剧社同志们的面前，他将这条皮带和从日本鬼子手里缴获的一支手枪交给了剧社。这分明是红军历经千辛万苦、踏破万水千山，为人民前赴后继、流血牺牲、英勇不屈的传统和信念的传承。

日军最后一次大扫荡尚未结束，环境很艰苦。社长舒江，既当领导，又当老师，教大家识简谱，指导大家唱歌发音。每天鸡叫三遍，星星还在空中眨着眼睛，劳动了一天的庄稼人还在酣睡。这些年轻的文艺战士，怕惊醒了老乡的好梦，就跑到离村子较远的地方放声高唱，由低到高，再由高到低。日复一日，没有一个人迟到、厌烦，终于有了很大的长进，男女声独唱，大合唱都很受欢迎。

昨非同志是剧社导演，成功地创作和演出了许许多多的戏剧、歌曲、快板、大鼓书等，如《血泪仇》《春之歌》《放下你鞭子》《兄妹开荒》《黄河大合唱》

153

《延安颂》《大刀进行曲》《抗日游击队员之歌》等，受到了广大工农兵的喜爱。

在剧社里年龄稍大的刘玉环，体态匀称，五官端正，眼睛又黑又亮，动作潇洒，为人豁达，爱说笑话。在《血泪仇》话剧中，她扮演老奶奶，鲁洁茹演孙女，从此以后就一直亲切地喊她奶奶。每当晚上睡觉时，她就学着老奶奶的声音喊："来呀！快来呀！奶奶背起你睡觉啦！"鲁洁茹就跑到炕上，钻进她的被窝，双手搂着她脖子，胸膛贴在她的背上，甜甜地睡熟了。这种在战争环境中建立起来的患难与共、亲密无间的友谊令人难以忘怀。

每到一个新的驻地，剧社总要抽出时间在村庄前后最显眼的位置书写大标语，没有笔就把麻扎起代用，墨是用老百姓锅底灰和烟筒里的黑灰调制成的，白色是用石灰调的，分别装在两个小桶里，提到村头书写标语。书写标语时，村庄里扎着小辫、剪着刘海的孩子，跟在后边，他们是儿童团的成员。像麻雀一样叽叽喳喳，抢着抬梯子提桶，干得十分卖劲。标语包括"中国共产党万岁""毛主席是大救星""打倒日本帝国主义""保家卫国""收复失地，还我河山""打倒汉奸卖国贼"等。

儿童团的孩子们最喜欢唱歌，更想能多唱几场歌，这也是儿童团一显身手的最好机会。他们天真可爱，蹦蹦跳跳地拉着剧社的同志央求唱新歌。在抗战活动中，剧社和儿童团结下深厚的友谊。一者乐意教，一者学得快，不久就能合唱《没有共产党就没有新中国》《放牛的孩子王二小》等歌曲了。

深秋，部队又要转移了。老乡们，特别是儿童团的孩子们，含着泪水来送行。群众与八路军难舍难分，儿童团一直跟着部队走出村子。剧社的同志们走出很远，突然听到村里传来《没有共产党就没有新中国》的歌声，原来是儿童团和老乡们用刚学会的歌曲为八路军送行。

天色已经全黑了，星星挂满天空，很冷的秋风越刮越大。女同志开始喘粗气低着头默默地迈着步子，想闭眼睛，又怕掉队。巴不得马上宿营，美美地睡上一觉。后来，疲劳极了，姑娘们提出，能不能边行军边睡觉？健愚同志出了个点子，行军时，后边的同志拉着前面同志的皮带，走倦了也能打个瞌睡，还不会有掉队的风险。大家都承认这是一个好办法，只是前边的同志一停下，后边的就会全部撞上来。同志们开玩笑说："八路军真神，走路也能睡觉！"

剧社生活条件艰苦，冬天发一套棉军装，夏天发一套单军装，有时发棉军装时还要收缴单军装。一套军装穿两季，也找不到地方换洗。在行军和劳动中，同志们的衣服被汗水打湿，又焐干。冬天一身冰冷，夏天一身汗气，虱子丛生。如果在驻地，买块皂荚，洗个头简直是一种享受。

领导下令休息，大家沐浴着温暖的阳光。这时男同志打开绑腿，把裤脚卷起，使捆久了的小腿也放松一下，借此机会也可以消灭一些虱子。那些虱子吃得又红、又肥，捉到一只虱子用手一掐，血可喷到脸上。同志们排成一排，边捉虱子，边谈论"战果"。

日本投降后，主要矛盾转移了，剧社排练了《合流》《如此中央军》等话剧，揭露蒋介石与敌伪勾结，准备打内战的反动阴谋。不久部队进行整编扩大，十七军分区原有主力团十四团，和各县大队扩大成的几个团，连同司、政两部，全部编入野战部队，准备挺进东北。与十六军分区"前锋剧社"、十五军分区"长城剧社"、冀东军区"尖兵剧社"一样，"海滨剧社"也调入冀东军区文工团，随军出征，出关作战。

图 8-2　海滨剧社成员合影

"七月剧社"老班底，重组"海滨"

大部队向北越过京山铁路，只留下了偌大的组织框架。此时舒江已调走，昨非率领海滨剧社也随部队到了路北。军分区留下的领导干部，只剩下副政委暂兼司令员曾辉，侦察股长刘梦飞，原教导大队政委改任宣传科长的杨明，海滨剧社则留下朱燕和白村（王树元）二人。次日，曾辉同志把朱燕和白村找去说："部队都调走了，我成了'光杆司令'，我们的任务就是迅速扩军，尽快把部队和分区机关再建起来，迎接新的战斗。你们俩的任务，是再建一个剧社。"

先要解决人手问题。朱燕和白村接受任务后，向刘梦飞同志要了一个通信员，通过原"知救会""七月剧社"和抗日中学的老关系，很快就动员出三十多人。原在抗日中学做支部工作的千群带出了一批学生，苑凌云带出了几位小学教员。军分区宣传科长杨明与乐亭县县长刘志一同出面，邀请各位家长到县正度开座谈会，消除了后顾之忧。乐亭县组织部部长李晓光颇有感慨地说："七月剧社的老底子全都端到海滨剧社了，这是地区党委对部队的支持，我们感到光荣。"

1946年1月初，又一个"海滨剧社"组建起来了。杨明兼任社长，朱燕任副社长，下分三个组，白村、崔亚洲、苑凌云分任组长。社员还有非琪、华园、董丰田、董明启、王联原、王克非、李雪花、李小舫、常季祥、朱景舟、赵镛等，女社员还有林明、齐芳、王秀山、亚军、金若愚、侯金华、何玲、丽华等。

剧社一边扩军，一边排练节目。只用了一个多月的时间，新年回分区机关时，已能演出一场晚会了。这是京山路南第二个专业文艺团体。后来明确，军分区只能有一个连级的文艺团体，剧社如按部队建制属营级。因此，1946年8月又将"海滨剧社"改为宣传队，朱燕和白村分任正副队长，千群同志负责党的工作。

8个月里，剧社共演出十多场，每月都有一两场。除在机关原地为军民演出外，5月曾到西线为独立团和滦县、滦南、丰南的军民演出，7月又随曾辉副政委到东线为乐亭、昌黎的军民演出。每场演的《锁着的箱子》受到观众热烈欢迎。这个话剧的剧情是国民党军进攻解放区时，一位农村大嫂和女儿小奎，机智地排除她们顽固的家人王三镰的阻挠，掩护了一位八路军伤员，她们将伤员锁在一口大箱子里，与刚进来搜查的"国军"班长、小兵及坏蛋吴大有（暗藏的国民党特务）周旋，最后巧妙地引开敌人，协助伤员抢了敌人的枪支，擒获了"国军"班长和吴大有。亚军饰演大嫂，金若愚饰演小奎，董丰田饰演八路军伤员，塑造了解放区军民临危不惧、机智勇敢的高大形象；朱燕饰演王三镰（外号"三镰刀"），塑造了一个愚昧落后、可悲可叹的顽固形象；白村饰演吴大有，刻画出这个特务反动、狡诈的丑恶形象；苑凌云饰演"国军"班长，王联原饰演"国军"士兵。这个话剧打动了观众，有时随着剧情的发展，台下观众时而愤怒地高呼："揍他！（指吴大有），狠狠地揍！"时而焦急地大喊："快！快开箱子把伤员放出来！"剧中人物也给观众留下了深刻的印象，朱燕到街上去，有时小孩在后面喊："三镰刀！三镰刀！"白村到部队去，干部战士"大有、大有"地喊着开玩笑。

还有一个经常演出的歌剧《春之歌》也受到观众欢迎。剧情是解放区军民开展了大生产运动，热火朝天地忙春耕，两个懒汉却不听妇女主任的规劝，哼着"大好春光正好睡一场，管他别人忙不忙！"逃避劳动逍遥自在去了。最后，群众配合村主任，教育改造这两个懒汉，使他们承认了错误，积极参加了生产劳动。

一些小话剧、小歌剧，也受到观众好评，如《开小差的吃不开》，剧情是一个产生享乐思想的战士，开小差回家后，在父亲、妻子和乡亲们的帮助教育下，幡然醒悟，愧悔交加，毅然重返部队。

1946年8月，海滨剧社改为冀东第十三军分区宣传队。宣传队不断发展壮大，后来演出的大型歌剧《白毛女》、大型话剧《进攻》、小话剧《蔡哑巴捉顽军》等，都受到观众热烈的欢迎。

提高新剧社的演出水平是不能一蹴而就的，频繁的演出也暴露出一些问题。宣传队的主要成员是一批青年学生，大部分人不满20岁，当时有人称之为"娃娃剧团"，由于水平低没经验，主要存在两个问题。

一是缺乏斗争生活，自己不能创作，演出的歌曲戏剧都是外来的，虽然内容都是反映革命斗争，但是不能结合本地区的实际情况。战争年代，由于敌人的分割封锁，得到一些外来资料很不容易。好在京山路南地处沿海，可以通过海上秘密交通，和胶东地区联系，从那里得到很大帮助。宣传队经常演出，颇受军民喜欢的话剧《锁着的箱子》就是从胶东传过来的。

二是文艺急需为工农服务的方向还不够明确。对毛主席《在延安文艺座谈会上的讲话》，只是零星地听到一些介绍，还没有看到文件，唯一的学习材料是一本油印的《新民主主义论》，其中论述了文化和政治经济的关系。但是，对怎样具体运用理解不深。所以，作为军队的文艺团体，总是跟随分区机关的活动，很少深入到战斗部队去为广大战士服务。一次，敌人进攻，宣传队决定跟随四十八团活动，团长刘守仁同志很不满意地说："平时你们不到部队来，环境紧张了，到部队受保护来了？"这对宣传队是个很尖锐的批评。

"海滨"的进步得力于"尖兵"的帮助

尖兵剧社的帮助使这两个问题得到改进。1946年春，军区尖兵剧社到路南来，给了很多具体帮助：副协理员郭东俊亲自导演《蔡哑巴捉顽军》。演出时，团长劫夫帮助化妆，使宣传队在业务上有了很大提高。更重要的是执行中央"五四"指示，在部分地区实行土地改革，宣传队的同志都分到各县参加土改运动，有些同志还随部队参加了一些战斗，受到了实际教育，丰富了战斗生活，提高了觉悟。从那以后，有的同志能够学着写些歌曲和小秧歌剧，配合当地的实际斗争，也经常派出一些队员，深入连队，帮助建立俱乐部，开展连队文化活动，和战士们交朋友，还调出几位同志到连队去任文化教员。有时也到卫生处医院、供给处被服厂和修械所，给伤病员和工人演出。这样，就增进了宣传队和部队的关系，树立了文艺为兵服务的思想。当时的组织科长陈超曾说："过去宣传队是个小资产阶级的自由王国，土改后进步不小。"既是批评，又是鼓励。

和其他奋战在滦东的剧社一样，海滨剧社的艺术生命就在于党的中心任务是什么，剧社就干什么。要扩军就扩军，要打仗就做战场动员，抬担架救伤员，甚至冲锋陷阵，缴获敌人武器。抗战时期，演出的节目内容全部取材于对日斗争，取材于人民大众，对宣传党的方针政策、唤起民众、揭露敌人、鼓舞士气，起到应有的作用。随着主要任务的改变，剧社的演出内容更加丰富了，宣传人民民主、男女平等、移风易俗、婚姻自主，破除一切丑行陋习，树立新的品德风尚等。

全面内战爆发后，京山路南是敌我争夺的焦点，环境异常残酷。宣传队转战各县，除了用小型文艺形式进行宣传外，更多的是用壁画、墙头诗、标语、传单等，来揭露国民党的反动本质，动员群众参加解放战争。同志们编了几十首墙头诗，腰里别着小灰桶，手里拿着麻刷笔，每到一个村子，就在墙上写。

例如：

中央军，弟兄们，
扪心问一问：
八路打仗为百姓，
你们卖命为何人？
伙计们，说得好，
不打不骂不叫百姓跑。
其实呢？
时庄来，鸡飞狗儿跳，
打、抓、杀又烧，
锅碗瓢盆大水缸，
棉花套子抢着要。

不久，昨非同志回到宣传队，任宣传队长，朱燕调政治部宣传科工作。解放战争后期，部队转入全面反攻，宣传队又随部队去作战了。

悼念剧社的筹建者——十七军分区副政委曾辉

1947年1月11日是海滨剧社悲痛的日子，剧社的筹建者之一，十七军分区副政委曾辉牺牲了。

曾辉，原名曾启静。1906年出生于江西省吉安县，是一名参加过反围剿和长征的老红军。从抗日军政大学毕业后，来到冀东地区，开辟抗日根据地。在担任十二团政治委员期间，曾指挥十二团伏击日军，手刃潘家峪惨案制造者佐佐木二郎。

1945年1月4日，冀东军分区扩编为冀热辽军区，下辖5个军分区。根据斗争需要，军区调曾辉前往冀东铁路沿线以南的第十七军分区任副政委（后兼司令员）。

1947年1月11日，曾辉与地委及分区领导向来路南配合作战的野战军十旅三十三团介绍敌情。当晚，转移至滦南县前店子村，不料消息泄露，被国民党三个团包围。

在敌众我寡的情况下，曾辉和李雪瑞、张振宇等同志坚持战斗。身负重伤的曾辉忍着剧痛，用轻机枪迎敌，叫警卫员从张振宇遗体上摘下公文包，郑重地命令警卫员："这三个公文包里都是党的核心机密和重要文件，一定要保护好，突围后交给上级。万一冲不出去时，一定要就地销毁，切不可落入敌手。"随后，曾辉伏在土窑后面的草丛中，用机枪掩护战士们突围，子弹打光了！敌人的子弹像雨点一样倾泻过来。曾辉拼尽力气，把轻机枪向近处的敌人砸过去，仰面倒在草丛之中，那个将长征时留存下的珍贵皮带赠予海滨剧社，谈笑风生的曾辉政委永远地离开了大家。

为了悼念曾辉同志，已成为十三军分区宣传队的海滨剧社编演了《在渤海湾上》，演员唱，战士、群众也唱；多幕剧《拭泪杀敌》，看得战士流泪、群众哭泣，落幕后没有掌声，一片沉寂，许久人群中喊出"人民英雄不能死！""我们的英雄不能死！""不能让他们死！"观众呼声一片，久久不肯退场。

演出遇险

1948年春，人民军队由战略防御转入了战略反攻，部队在扩大，宣传队调到北宁路北，荣升主力，编入东北野战军十一纵队文工团，驻遵化市郝各庄，给部队和乡亲演出。演出地点在树林深处，演出剧目是五场歌剧《进攻》。部队指战员和千百位乡亲席地而坐，十分热闹。上午十时，有两架敌战斗机由西向东飞过，这时部队秩序井然，正在聚精会神地看戏，可是乡亲们却沉不住气，一见敌人飞机来了，就乱跑起来，暴露了目标，敌机转头就向下俯冲、扫射。当时，李原正在台上演戏，子弹从他身边飞过，把幕布打了好几个洞，演出停止了，部队迅速疏散，宣传队同志也跟着有组织、有秩序地离开舞台。

敌机扫射舞台之后，就把目标对准部队，由北向南向下俯冲，两架敌机交叉扫射。来而不往非礼也，部队高射机枪和步枪与敌机猛烈对轰。战斗十分激烈。敌机的机枪子弹不断地从演员身边擦过，弹壳和弹头落在乐手姚桂贞的右腿和演员若愚手上，把若愚的手打伤了。宣传队同志毫不畏惧，沉着应战。当敌机俯冲后升高飞行时，演员们就迅速地按敌机飞行的反方向转移疏散位置。敌机每扫射一次，宣传队同志就换一个地方，与敌机周旋。敌机扫射达半小时之久，因部队对空射击全面展开，敌机才仓皇向西飞去。中午时分，又来了五架国民党大型 B-29 轰炸机，连续向演出场地和村子里投掷多枚重型炸弹。由于军民防空工作开展到位，没有造成重大损失和伤亡。

敌机扫射和轰炸，演出却照常进行。当敌机向舞台俯冲扫射之后，昨非同志才宣布停止演出。这种严格的组织纪律性和对敌机战斗中的勇敢表现，在部队中产生极大反响。特别是在敌机扫射轰炸期间，宣传队发生了两件极有趣的事情。第一件事是敌机向我部队俯冲扫射，宣传队同志进行疏散时，昨非头戴船形帽，身着国民党军服（演出中扮演国民党士兵）离开了舞台，可是却被部队战士误认为国民党空降兵，要对他开枪，并高喊："缴枪不杀，解放军优待俘虏。"逗得昨非哈哈大笑，他说："同志，别误会！我是宣传队的演员，不是国民党兵！"这件事，成为故事，在部队传开了。第二件事是敌机扫射时，宣传队两个十二三岁的小演员张满燕和王湘芝，见到敌机的机关炮弹很好玩，用手捡起来，弹壳很热烫了手扔下，又捡起来，把小手烫肿了也不在乎，感到很新鲜。这件事现在回忆起来，也感到有趣。

为了进一步搞好慰问活动，宣传队当晚为广大军民演出了大型歌剧《白毛女》，受到热烈欢迎。

投向更广阔的战场

1948 年是宣传队大充实、大发展、大变动的一年。宣传队充实到 70 多人，范贻燕、刘鹤英、母树芝、祖永禄、杨旭、刘造民、阚剑英、孟庆林、王仲华、王益民、马寄平、刘力新、夏瑞凤、夏思楼、雷明轩等同志先后到宣传队工作，使文艺队伍得到了发展壮大。

宣传队随着解放战争的胜利发展，由路南解放区投向其他各个战场。1948年4月，宣传队在昨非率领下，去路北遵化市慰问，准备编入新部队，董丰田为支部书记。此时，白村、华园在路南又新组建了一个宣传队，大量的教师、中学生涌进海滨。5月，情况变化，昨非率宣传队返回路南，驻在乐亭县阁楼坨，与新的宣传队合并。

1948年8月，中国人民解放军转入全面战略的反攻，进入大决战，冀东军区十三军分区宣传队（原冀热辽军区第十七军分区）一分为二，昨非带领30多人奉命北上编入野战军，调往冀热辽军区前线指挥部，成立了文工团。9月17日，改名为东北野战军第二兵团政治部文工团，黄河任团长，昨非任副团长，参加了辽沈战役。攻克锦州后，作为东野的先遣兵团即刻入关，参加平津战役。1948年12月，又易名为中国人民解放军第十三兵团文工团。进入北平，兵团兼北平警备司令部，为北平警备政治部文工团，驻铁狮子胡同。在灯市口建国东堂演出大型歌剧《白毛女》。同年4月18日兵团率部南下，进军中南。1949年8月参加湘西战役，11月解放广西，后又兼广西军区文工团。

出征的同志如火如荼，留在路南的也不敢怠惰。昨非率30多人调往东北野战军之后，留在路南的还有20多人。白村任队长，华园任副指导员。当时，宣传队陆续招收了一批新队员，很快充实到30多人，经过短期整训，即投入到了新的任务中，为部队巡回演出，下连队开展群众性文娱活动。

1948年10月，辽沈战役之后，东北全境解放，随之，山海关、秦皇岛等城市相继解放。1949年11月底，宣传队随十三军分区机关进驻秦皇岛市，为秦榆市警备政治部宣传队，白村任宣传队队长。1949年初，宣传队调往唐山警政治部，同年夏，随唐山警备部队整编为华北军区独立二一○师政治部文工队，进驻昌黎县城（此时，白村已调通州区文工团任团长）。1949年秋，二一○师划为六十七军，即为六十七军二○一师宣传队。1951年6月，宣传队随部队入朝，参加了抗美援朝战争。

至此，海滨剧社（即十三军分区宣传队）离开了难忘的路南解放区，投向了更广阔的战场，活跃在辽沈战役、平津战役、衡宝战役、解放两广等各大战役和立国之战的抗美援朝斗争之中。

进城前后

解放战争时期，秦皇岛虽非如今地市级城市的概念，却也是位于滦东对全

图 8-3　1949 年 3 月 8 日，冀东十三军分区文工团合影留念

国都有重大意义的货运港口。秦皇岛港开埠于 1898 年，是中国第一个自开口岸，天然良港、不冻港。正因为其疏控南北的重要位置，在战争中成为各方优先争夺的焦点。抗战胜利后，国民党部队与美军为布控冀东与东北，在此登陆，屯有重兵。

　　1948 年，辽沈战役后，东北全境解放，紧接着与辽宁毗邻的山海关、秦皇岛、唐山等地相继解放。海滨剧社（十三军分区宣传队）按照上级布置，抓紧进城准备，特别是加强了城市政策的学习。11 月底，宣传队接到进驻秦皇岛的命令，从乐亭县阁楼坨出发，步行两天到达秦皇岛，沿途再无敌军的威胁和干扰，不用再夜间行军和走偏僻小路了。走到昌黎县境内不断遇到在东北战场被俘遣返的国民党士兵，也有下级军官。他们那种失魂落魄的样子与当年对解放区进行疯狂扫荡时的情景形成鲜明对比。此时宣传队的同志们已看到战报，曾在一年多以前对路南解放区进行扫荡的那个师，也被全歼了。

　　曾几何时，该师姓郭的师长在乐亭县汤家河镇对老百姓"训话"时扬言，不用三个月，要把路南的解放军和共产党消灭光。而现在这个不可一世的师长也在东北战场当了我军的俘虏。那时的反扫荡，宣传队的同志经受了严酷的考验，此时此刻大家发自内心地高兴，难以用语言来表达。一路行军大家兴高采烈。十二三岁的小同志也能跟上队伍快速前进。虽然沿途已没有敌人，但大家夜间仍保持高度警惕，提防敌军被俘人员闹事，队员们轮流站岗放哨，防止意外。第二天到达目的地时，分区机关已先期到达，宣传队先到分区政治部报到，随即赶到指定地点宿营。自此，十三军分区司、政两部改为秦榆市警备司令部和政治部，宣传队改称秦榆市警备政治部宣传队。

原本以为到了城市，生活、工作条件总会比农村好，其实不然。进驻秦皇岛后，宣传队住在铁路南海边的小平房，据说是中华人民共和国成立前敌伪用房，房间内一无所有，连电灯也时有时无。此时正值严冬，同志们先用柴草和炕席铺在水泥地面上，七八个人挤在一个房间，晚上席地而卧，白天席地而坐。对女同志算是有点照顾，让她们住朝阳的房间。每人的行装只有床棉被，连铺带盖，有的同志开始怀念起农村老乡的火炕。但是，宣传队坚决执行三大纪律、八项注意，对周围居民秋毫无犯，并且工作情绪高涨，因为期盼已久的胜利时刻终于来到了。

宣传队在秦皇岛做的第一件事，就是迎接东北野战军进关，在部队必经之路设宣传站，敲锣打鼓、唱歌、数快板、开展宣传鼓动工作。在秦皇岛街头，山海关墙头书写大标语，"打倒蒋介石，解放全中国"等口号抬头可见。同志们在上边写，部队从下边过，大家互相抬手致意，同志们唱，路过的部队也唱，一队接着一队，浩浩荡荡地奔赴平津战场。

四野大军过后，宣传队随即向市民进行宣传和公演，利用当时全市唯一的电影院作为演出的场地，演出歌剧《白毛女》《兄妹开荒》、话剧《锁着的箱子》、活报剧《国军现形记》以及男声大合唱等节目。至今，许多健在的宣传队原队员依然能记起《国军现形记》和《国民党一团糟》那首歌，对演出后深受秦皇岛群众欢迎的场景记忆犹新。

国民党的反动统治，已使广大秦皇岛人民深恶痛绝，那些节目反映了人民群众的心声。宣传队演出的效果不仅表现在观众对节目本身的反响，还有重要的一面是使秦皇岛人民了解到解放军不仅是英勇善战的队伍、纪律严明的队伍，而且还有自己的文艺兵，是有文化的队伍。这在当时条件下对壮大解放军的声威发挥了重要作用。在演出过程中，宣传队遇到了不少新情况，首先城市生活与乡村大有不同，借用群众的服装、道具等物，不像在农村那样方便，特别是"黄世仁""黄母"的穿着，因为有的群众存有国民党军在时敲诈勒索的疑虑，担心有借无还，每次演出都要做很多宣传解释工作才能把东西借全。群众越是误解，越要对保护群众的利益锱铢必较。宣传队特别注意及时退还所借物资，不出差错，从而很快取得了群众的信任。

人才辈出的海滨剧社

海滨剧社培养了许多人才，有作家、音乐家、戏剧家和美术家，还有在部队和地方上担任重要职务的领导干部。

例如傅敏之（舒江），是1938年在冀东大暴动中参加革命的老同志，是位有才华的艺术家，组建"七月剧社""海滨剧社"的领导人之一，积极在路南解放区传播革命文艺思想，为开创路南文艺工作起了很大作用。

朱燕，能演、能写、能作曲，是位有才华的艺术家。他创作的不少歌曲，唱遍路南解放区。他创作的《滦河摇篮曲》深受群众喜爱，极大地鼓舞了路南军民的抗日热情。他是创办《七月》杂志的骨干成员之一。先后参与组建了"七月剧社""海滨剧社""十三军分区宣传队""路南文工团"和"秦皇岛市文工团"，并担任主要领导职务。

昨非，多年从事部队文艺工作，他参与组建了九个部队文艺团体，先后在"海滨剧社""十三军分区宣传队""十三兵团文工团""广西军区文工团""华南军区文工团""中南部艺第六队""中南军区歌剧团""总政歌剧团""国防工委文工团"等单位，担任领导职务。他是一位剧作家，他编写的话剧《克强参军》和戏曲《刘小眼大翻身》，在抗战末期和解放战争期间由海滨剧社和冀东军区文工团演出，有一定的影响力。

白村，长期从事文艺工作，是一位有才华的领导干部。他参与组建了四五个文艺团体，先后在"海滨剧社""十三军分区宣传队""秦皇岛警备区宣传队""通州区文工团"等单位，做领导工作，为路南的文艺工作做出贡献。

仲先，海滨剧社最早的成员，是冀东军区的主要演员，他和李英华合编的话剧《冀东怒火》于1951年获中南军区文艺汇演奖。他是位有才华的表演艺术家。

怡明，音乐家，在战争时期写了不少歌曲，其中《歌唱毛主席》录制了唱片，在全国发行。

刘玉环，海滨剧社的先期成员，是一位画家，多年从事美术工作，作品遍及全国。

王志石，长期从事美术工作，创作了不少作品，曾在文化部门担任领导职务，是一位有才华的画家。

苑凌云，长期从事部队政治工作。解放战争时期，在《海滨战士报》《冀东子弟兵报》当编辑，中华人民共和国成立初期即担任十二兵团兼湖南省军区《部队生活报》和《民兵报》主编，撰写了不少社论和评论文章。参与《当代民兵史料》和《三湘英烈传》审稿编辑工作，主持编写了《中国人民解放军故事》等小册子，在湖南出版发行。

李英华，长期从事部队文艺工作。他能演、能写，与仲先合编的话剧《冀东怒火》获中南军区文艺汇演奖，曾刊登在《长江文艺》上出版发行。早在中华人民共和国成立初期，就担任东北军区文化和旅游部副部长职务。

程同，海滨剧社最早成员之一，长期从事机关工作，曾在祖国南疆担任领导职务。

中华人民共和国成立后许多知名剧作家、导演、演员也曾在海滨剧社（十三军分区宣传队）工作过，在滦东留下奋斗的身影。张辉、董晓华是他们的典型代表。

《冰山上的来客》中，二班长的表演者张辉，1932年10月5日出生于河北乐亭，原名张守田。13岁进入乐亭县抗日中学就读，15岁参加解放军，先后在冀东军区十三分区海滨剧社、冀东军区独立五师宣传队、六十五军文工团戏剧队、中国人民志愿军文工团戏剧队任演员。1952年考入中央电影局表演艺术研究所演员系（北京电影学院前身）学习。1953年毕业后，成为北京电影制片厂的一名演员。1955年，他进入长春电影制片厂，先后任演员、副导演、导演。

张辉分别在《英雄司机》和《土地》中参演铁路工人和村民。又先后在《董存瑞》《虎穴追踪》《新局长到来之前》《上甘岭》《母女教师》《复试》《战火中的青春》《青云曲》《我们村里的年轻人》等影片中出演角色。还演出过《雷雨》《日出》《记忆犹新》等话剧。其中在《董存瑞》中饰演指导员，在《战火中的青春》中饰演连长，在《我们村里的年轻人》中饰演老书记等。

20世纪60年代，张辉先后主演、参演了《太阳刚刚出山》中的李书记、《十级浪》中的舰长、《羌笛颂》中的江保、《我们是一代人》中的党支书曾志修、《冬梅》中的敌保安队李队长、《七天七夜》中的我军指挥员、《自有后来人》中的跳车人、《冰山上的来客》中的二班长刘洪亮、《冰雪金达莱》中的朴队长等。

其中，《冰山上的来客》中的二班长成为张辉的代表角色。一班长牺牲后，杨排长想立即把假古兰丹姆抓起来。此时，二班长尽管非常理解杨排长的复仇心情，但他还是及时站出来制止排长，其目的是将敌人一网打尽，最后达到了目的。

张辉后来逐渐转向幕后工作，执导了《元帅与士兵》《不该发生的故事》等多部优秀电影。其中《不该发生的故事》荣获了第四届中国电影金鸡奖特别奖和第七届大众电影"百花奖"最佳故事片奖。作为一位老演员，他在众多经典影片中大多饰演配角，但照样很出彩，为观众呈现了一个个生动鲜活的人物形象，成为大家最为喜爱的电影明星。大家最为熟悉的，应该就是他在《冰山上的来客》中所扮演的二班长，这个角色戏份不多，但被张辉塑造得个性鲜明，栩栩如生。至今，大家都难忘他那外冷内热的沉稳形象。

值得一提的是，张辉同志的妻子叶琳琅也是一名出色的表演艺术家。她曾在《虎穴追踪》《铁道卫士》《南海的早晨》等影片中多次饰演女特务，被称为"特务专业户"。其实，她代表性的"女特务"主要有两个，一是《虎穴追踪》里饰演的以粮食局局长秘书身份为掩护，窃取情报的女特务资丽萍；二是《铁道卫士》中以餐车服务员身份潜伏的远东情报局本溪情报站女特务王曼丽。2008年，叶琳琅出演了李少红执导的新版电视连续剧《红楼梦》中刘姥姥一角。2011年，她获得第十三届中国电影表演学会金凤凰奖评委会特别荣誉奖。

电影《董存瑞》的剧作者董晓华，1930年8月出生于丰润区丰润镇郑庄子村。1945年8月参加八路军，1947年9月加入中国共产党，也曾先后随冀东军区尖兵剧社、十三军分区（原十七军分区）海滨剧社、十二军分区宣传队在滦东各地转战、表演。

董晓华在小的时候，就当过郑庄子村儿童团长。全面抗战后期，他由老家到昌黎县城，在车站南街一个草绳制造厂做童工。1945年6月，已经做了有两年多童工的董晓华，获悉八路军经常在昌黎的滦河对岸一带活动，便与住在工厂附近的一个姓李的高小毕业生，结伴去找八路军。他俩几经波折，终于在滦河边上找到了八路军，参军入伍。开始，董晓华在冀东军区第十七军分区当司号兵，时隔不久被选入军分区新建的海滨剧社当演员。1946年3月，他被由冀热辽军区尖兵剧社改建的冀东军区文工团选中，成为冀东军区文工团团员。解放战争期间，冀东军区文工团相继变成东北民主联军第九纵队文工团、第四野战军第四十六军文工团。

在滦东的日子里，董晓华曾在尖兵剧社舞台上扮演劫夫的妻子张洛的孩子，那时，他还头顶着刘海，下着开裆裤，时常在张洛身后哭哭啼啼的呢！当人们回忆滦东文艺工作的艰苦岁月，都会提及尚在少年的董晓华同志为了一件《白毛女》剧用的道具，竟冒着被狼撕咬的危险，一人连夜往返翻过一个大岭，连夜取了回来！

董晓华在跟随部队转战东北、渡江南下的数年间，既当演员，又学文化，逐渐显露出文艺创作的才华，最终成为原广州军区战士话剧团主要编创人员。因为参加过辽沈战役、平津战役，解放华中、华南战役，因此荣获独立自由奖章、解放奖章各1枚。在部队曾荣立大功1次，小功4次。

1950年，时任四十六军文工团编剧的董晓华与比他年长5岁的战友赵寰合作，写出了歌剧《舍身炸碉堡》（《董存瑞》）剧本。歌剧《舍身炸碉堡》一经上演就赢得了殊荣，当年即在中南军区会演中获得首奖。1951年8月，这出歌剧又被中国青年文艺工作团带到在民主德国首都柏林举行的第三届世界青年与学生和平友谊联欢节演出。由此，董晓华与战斗英雄董存瑞结下不解之缘。1952年，作为歌剧《董存瑞》的剧本作者，他和赵寰一起与著名剧作家丁洪接受了《董存瑞》电影剧本的创作任务。1955年，由成功导演电影《智取华山》的郭维执导、青年演员张良主演，长春电影制片厂拍摄的电影《董存瑞》开机在即，剧本却仍欠一些火候。这时，在时任文化和旅游部电影局副局长的著名作家、文艺评论家陈荒煤的亲自指点下，董晓华用了两个月的时间，一气呵成写出了剧本的最后一稿，成功地塑造了董存瑞这一英雄形象。1955年，电影《董存瑞》拍摄成功。1956年3月，董晓华参加了中国作家协会和团中央联合组织召开的全国青年文学创作会议，在会议上做了重点发言，详细介绍了电影《董存瑞》剧本的创作经过与体会，得到《黄河大合唱》的词作者、中国作家协会书记处书记张光年（光未然）等著名作家的高度评价。在此前后，董晓华和丁洪、赵寰一起再度合作，根据电影《董存瑞》文学剧本，编写出纪实文学《真正的战士——董存瑞的故事》书稿，交由中国青年出版社出版，发行多达几百万册。1957年4月，电影《董存瑞》与《白毛女》《钢铁战士》《渡江侦察记》等电影被文化和旅游部评为1949—1955年优秀影片一等奖，成为中华人民共和国成立初期拍摄的最优秀的影片。

中南军区撤销以后，董晓华和赵寰一起被分配到原广州军区从事话剧、电影剧本创作工作，历任话剧团创作员、创作组副组长、话剧团政委。1975年，董晓华和赵寰一起参加了电影《南海长城》的文学剧本创作。1976年后，他先后与赵寰、黎白、李长华、邓友梅、王晓棠等合作，创作了《我们是八路军》《女兵》《英雄工兵》《南海长城》《老乡》等电影文学剧本，主持拍摄了《欧阳海之歌》《冯白驹将军》等电视连续剧。先后合作编写话剧剧本《英雄工兵》《三个战友》《海上花园》《春风送暖》《南海怒涛》，长篇小说《董存瑞的故事》，歌剧《战士搞生产》《红色娘子军》《董存瑞》等作品。其中，电影文学剧本《董存瑞》荣获中央文化和旅游部电影优秀影片一等奖。

暮年的纪念

1995年，冀热辽老文艺战士和原十七军分区海滨剧社（十三军分区宣传队）的老兵们，云集故地。年迈的姚铁、郭俊东、昨非等同志，追忆当年前赴后继在毛主席延安文艺座谈会讲话指引下所走过的足迹及其光辉业绩。原海滨剧社社长杨明及王健宇、亚军等十多位同志因健康问题未能与会，但均来信致意。李小方、常秉钧、魏廷华、李金荣等同志特意为聚会活动寄来400元以表心意。

冀热辽分会秘书长苗淑云同志献词："我们在战火里聚集在一起，小的才十一二，大的不过二十三，'挺进''尖兵''长城''海滨''前锋'燕赵儿女们，高举文艺武器战斗在最前线。我们走遍了长城内外，渤海之滨，在铁血飞溅中以美丽的青春做了自己的奉献。"

滦水悲吟，燕山肃立，松柏绵延，鲜花致祭。在纪念世界反法西斯、中国全面抗战胜利五十周年之际，一群老文艺兵于1995年9月22日早晨，来到冀东烈士陵园祭奠牺牲的老领导、老战友。

岁月悠悠，热泪涟涟。忽有远风吹至，滦河泛起波澜，红旗迎风招展，吹拂着皱褶的面庞。同志们知道是牺牲的战友来看他们了。

三、知是故人来——仲先滦东二三事

东北战事已毕，滦东多个剧社的文艺兵编入四十六军文工团随大军南下。在南下过程中，文艺战士们创造、演出了大量优秀的文艺作品，如四十六军一三八师宣传队演出的大型歌舞剧《乘风破浪，解放海南》就名动一时。该剧所有角色中，有一位老船工、老舵手，顶着敌机的轰炸、扫射，护送一船解放军乘风破浪，首先登上了海南岛，那英勇顽强的老舵手形象，使无数军民印象深刻。他的扮演者就是原海滨剧社戏剧队长仲先。

仲先，原名傅宗铎，河北省阜城县人。小学毕业后，随教书的父亲到天津读中学。其间参加了抗日救亡运动。1944年4月，参加冀东抗日游击队。这年秋天在冀热辽军区军政学校学习。

当时，人民军队相互拉歌已是如醉如狂，到达了白热化的程度，军校内亦然。当仲先到达学校，正值上一届的同学毕业，大家满含热泪，引吭高歌，场面令人动容。仲先也学会了生命中的第一首革命歌曲。

这是时候了，同学们！

该我们上前线，我们虽然没有牵挂，心里却还有些留恋。

来、来、来呀，我们手牵手，誓与日军一场血战，

别了，别了同学们，我们再见在前线！

仲先常常回忆起当时的情景。人们常说，"男儿有泪不轻弹"，如今这些刚强的硬汉们，何以泪水涟涟哭得如此壮美，可能是惜别之情，可能是慷慨的决心，也可能是抒发"风萧萧兮易水寒"的悲壮情怀。是啊！课堂一别，同学们

奔赴冀热辽多地的战场，再难相见。等到仲先这一届学生毕业，也都不由得重复地唱起了同样的歌。

从冀热辽军政学校毕业后，仲先被分配到冀热辽军区十七军分区政治部宣传科工作，分区的活动范围是天津至山海关这段铁路以南的十七军分区，核心区域是昌黎、乐亭、滦县三县。

到了岗位上，仲先时常哼起那首歌，并教会了身边的同志。也许是这个缘故，领导发现了他的文艺天赋，派遣他去组建剧社。于是，开始了他一生漫长的文艺生涯。

所谓的剧社，实际上还没有影子，有的只有一位同志——仲先。

没有同事，没有乐器，也没有武器。在学校时，仲先分得一把比利时造，就是第一次世界大战时的"老套筒"。虽然没有作战任务，没有配弹药，但夜里站岗倘若逢敌，轮几下也比空手强。到了路南，成为文艺兵，索性连枪都没了，换成了两柄土造木柄手榴弹。不言而喻，一颗是扔给敌人的，另一颗便留给自己。

敌后无闲人，但是一个人的剧社能够干什么呢？仲先听说军区有位大诗人田间，时常攥着粉笔头走到哪里就在墙上写一些宣传抗战的街头诗。可惜，仲先没有写诗的天赋，虽然记得几首残句，也不知是谁的。比如："在中国，我们的灵魂武装着——准备牺牲。"这几句倒是十分上口，但总觉得不太合适。毕竟抗战不能光想着牺牲，最重要的是消灭敌人。所以，一些贴合政策的抗日标语显得更为契合。

很快，仲先迎来了剧社的第二名同志——程同。

初春的一天，在马头营与王各庄之间的一个村庄，有个孩子总在仲先一旁转悠，及至转移前又来说："大哥，我也要当八路。"看这孩子态度坚定，非参加不可。仲先问："你妈妈同意吗？"他说，"同意了。"仲先告诉他，"你要是真想参军，明儿个就追上来吧。"果不其然，他第二天真的追了上来。这个孩子叫程同，十五岁，头略大，眼也大，是个独生子。仲先报告了上级王力行科长，就将他留了下来，成为剧社第二名同志。有了新同志，也要配备新"装备"，剧社新增加了一把刷子、一只灰桶。

程同加入后不久，日本华北派遣军和日伪军以三个旅的部队对路南、滦东进行大规模"围剿"，其中代号铁石部队的"一心队"更是烧杀掠夺，无恶不作。凡是被日军洗劫过的村庄，都在最高的大树顶上，扎上红布，只见村村大树上的红布几乎都被烟熏的变成乌黑色。夜里，放眼四望，一片火海。

在严峻的形势下，作战部队还可以伺机打击敌人，而机关人员只好周旋在重敌之间。一日清晨,仲先被程同唤醒:"仲大哥,人家都走了。"仲先连忙查看,屋里院里果然没有人影。日伪已经进村,两人收拾了刷子和灰桶,不动声色地溜出了房。街上没有人,直奔到村西头,才见到肖全夫参谋长。肖全夫两眼直瞪着东方,看到仲先声色俱厉地说:"快追上去!"并向西北方向指了一下。他平时爱说笑,嗓门也很大,可那天却一反常态,十分严肃。

为了保存实力,司政两部和后勤人员潜伏在方圆不大的灌木丛中的杂草堆里,大队敌人擦身而过,竟未被发现。仲先、程同追赶不及,只好独立作战,就像断了线的风筝,失落在滦河两岸,游荡了15个昼夜。

在这15个昼晚,仲先亲眼看到了焚烧的村庄,流离的乡民。昌黎、乐亭、滦县三县本是富庶之乡,往年从北部山区转移至此,村村杀猪慰劳子弟兵,住在镇上的商家,生活更为富足,沿海一带螃蟹、大虾用大铁锅烀着吃。而今群众流离失所,满目疮痍,仲先手上虽然带着粮票却无处花销。有年轻的姐妹哀求带着她们逃离火海,那凄凄切切的哭诉让仲先心碎。

仲先和程同二人,一边转移,一边开展抗日宣传。两人拿着手中的"武器",走到哪就刷到哪。本以为有滦河为屏障,敌人过不来,两人在姜各庄对岸安然地写起标语来,没想到一条未写成,数枚子弹从背后打来。回头一看,竟是一伙骑兵朝两人冲来。事发突然,两人快步跃进村口的明沟里,迅速将刷子埋到沟头的松土里。等到敌骑追到沟边,一直打转,有的马前蹄一阵乱蹬,又放了一阵空枪,就转回去了。直到后来,仲先才知道,骑兵是不敢进沟的,初春的滦河,水浅的地方人倒是可以淌过来。两人跳出路南的"围剿"圈,心情凄凉,茫茫然沿着滦河北去了。

两人行行复行行,边走边打听,只是无人知晓部队的踪迹。仲先找到了平日信息比较灵光的张子川支队,却也没听到有用的消息。两人走在滦河边上,坐在乡亲的炕头,没有忘记理论学习。共同学习了《新民主主义论》和《反自由主义》一文,前者是仲先在校时得到的油印本。后者是一名与仲先年岁相仿,名为高兴的朝鲜战友讲述的。此外,仲先向程同介绍了苏联名剧《前线》及主题人物戈尔洛夫。剧本是残缺不全的油印本,由陕北电传来,一直珍藏在仲先的背包里。

部队集结后,组织上陆续调来了刘玉环、李英华、建文、春华、董晓华、左林姐妹等,剧社有了雏形。时维五月,尖兵剧社刘大为为剧社起名"尖兵剧社"。旋即,在一露天土台上首次演出,第一个节目是小演唱《八路好》。不久,剧社排演了第一出反映青年参军故事的《斗争》,由李英华、刘玉环扮演,仲先是编导。

剧社刚刚有了起色，仲先的"小徒弟"程同就被调往通信部门工作。此后，他经常回剧团看看，给过仲先几次小钱，仲先问及来由，程同说是省下的夜餐补助。再遇程同已是1958年，仲先转业到了广东珠江电影制片厂，住在烈士陵园前的中平里巷内。一日，两人在巷外相遇。程同已有标致的妻女，进舍小叙得知，他已调至四十二军工作，路过广州。此时，少年已成壮年，斗转星移，面容虽有些变化，但尚能辨认。二人又如在滦东时一般亲密畅谈。又是二十年，仲先邻家女儿从海南岛回家探亲，并捎话说是她兵团的首长向仲先同志问候。问及姓名，她说是程同。此后，仲先失去了程同的消息。

在表演艺术上，仲先能演善歌，是多才多艺的多面手。海滨剧社成立后，仲先任戏剧队长。不久调入冀东军区文工团，曾饰演《兄妹开荒》中的兄长、《白毛女》中的王大春、《抓壮丁》中的三少爷等角色。

王大化、李波演的秧歌剧《兄妹开荒》从延安传到冀东，是劫夫亲自导演，由仲先和苗淑云饰演的。这个节目，为冀东全区各剧社、宣传队树立了样板，大家都来一招一式、不走样地学习，因而使《兄妹开荒》成为冀东军区文工团与各剧社、宣传队必演的保留节目。

仲先戏路宽，在大型歌剧《白毛女》中，开始扮演王大春，后来又饰演了完全相反的角色黄世仁。这出戏，一直演到部队出关作战，经东北、天津，从大军南下演到湖南和华南各省，演遍了大半个中国。在大型话剧《抓壮丁》中，仲先扮演地主李老栓的三少爷，是个二十岁的童子军角色。仲先演这个角色张着大嘴从后台边哭边喊地上台来，当时台下的观众，听到他的哭叫声，又看他穿着又瘦又小的童子军服装，张着大嘴大哭，逗得哄堂大笑。

在声乐方面，在黄河同志指挥的大合唱中，仲先领唱苏联歌曲《穿过海洋，穿过波浪》。仲先音质很亮，吐词清晰、穿透力强、以情带声、声情并茂，赢得观众的热烈掌声。大合唱是冀东军区文工团的强项节目，是演出的开场节目，全团人员一起上场，大家情绪饱满、歌声洪亮、指挥潇洒、充满激情、演出火爆，每次演出观众都高呼再来一个。

仲先在歌词创作方面也有建树。他在解放战争中，经常写歌。其中，革命歌曲《我们是人民的主力兵团》就是他作词，深受广大指战员的赞扬。

随军南下后，仲先在大型歌舞《乘风破浪，解放海南》中，饰演老船工。1951年与人合作创作了大型话剧《冀东怒火》，由四十六军文工团演出，获中南军区文艺汇演奖。仲先曾任四十六军一三八师文工团队长，兼新华野战分社特邀记者，华南军区文工团编导，四十二军文工团团长。1958年转业到广东珠江电影制片厂任导演、新闻科教电影部主任、文学部编剧，珠影农业电影制片厂厂长。出版回忆录《忆海滨》《怀念周方》《仲先絮语》以及大量表现工农兵生活的通讯报道、文章、诗歌等作品，在各种刊物上发表。他是中国电影家协会会员、广东省戏剧家协会会员、晋察冀文艺研究会会员。晚年依然豁达乐观，激情满怀，时刻关注当下的文艺事业。

仲先与滦东缘深情切，暮年时又在碣石山下结交忘年酒友。1990年的初夏时节，仲先和老战友董晓华、苗淑云等由秦皇岛到昌黎、乐亭旧地重游，寻访当年的战斗足迹。在这里，仲先结识了昌黎作家董宝瑞。董宝瑞陪他们去五峰山韩文公祠凭吊李大钊革命活动旧址，到乐亭县大黑坨村瞻仰李大钊故居，还去了乐亭县生养苗淑云的一个小村庄。仲先高高大大的，喜欢饮酒，而董宝瑞也好喝几口，一起喝了两顿酒，"酒友"就这样相识了。

仲先回到广州，给董宝瑞寄来在昌黎五峰山的合影，此后两人有了频繁的书信交流。两人第二段朝夕相处的时光，是在创作电视连续剧《冀热辽烽火》的时候。1996年6月，研究电视连续剧《冀热辽烽火》文学剧本创作的座谈会在北京顺义的顺义宾馆召开，董宝瑞跟随刘大为、董晓华、仲先等当年的冀东"文化八路"一同赴会。此时的仲先已经到珠江电影制片厂任导演、新闻科教电影部主任、文学部编剧，拍电影已是行家里手了。董宝瑞和仲先两人无话不谈，有酒就喝，每日畅谈畅饮，自然而然地结成了"忘年交"。两人在顺义宾馆一起住了有六七天，并结伴参观了焦庄户地道纪念馆，走访了尖兵剧社演出的村子，仲先回忆了许多战争年代的趣闻轶事。董宝瑞除了了解到仲先的革命事迹，也知道了他的"嗜好"。知道他除了当"酒仙"外，颇痴迷音乐，特别是世界名曲，家中收藏了许多世界名曲光盘，用现代人的话说，是够"酷"的。

两人再次相见是三个月后，9月14日至17日，纪念冀东鲁迅艺术学校建校50周年聚会在遵化市举行，因欲借机商议电视连续剧《冀热辽烽火》文学剧本创作的有关事宜，董宝瑞和仲先、董晓华，与《我是一个兵》的词作者陆原一道被特邀与会。董、仲二人又是一番畅谈，一番痛饮，并留下了在东陵的合影。后来，电视连续剧《冀热辽烽火》文学剧本的创作勉强完成，拍摄却没了下音，董宝瑞与仲先、董晓华就难得一见了。

2004年，董宝瑞到潮州参加潮州与韩愈学术研讨会，有了去广州看望仲先和董晓华的机会。这是两人的最后一次见面。董晓华到广州东站接董宝瑞，步履蹒跚地把他安排到珠影招待所。"酒友"相会，自然喝酒，谈得最多的，还是往事。临别时，董晓华特意安排夜游珠江，董宝瑞拍了一些照片。六七年不见，仲先和董晓华都越发显老了。岁月不饶人，仲先和董宝瑞一样属牛，却比后者大了一轮，与刘大为同龄，按虚岁算，已是"八十翁"了，明显地老态龙钟。

临行，董宝瑞曾一再向仲先建议，把多年写的东西收集、整理一下，印成书留给后世。仲先犹豫不定，多年前在《羊城晚报》等报刊发表的文章都已经很难找到了，汇集成辑较难。2005年，仲先把近些年写的有关战争年代生活的回忆文章荟萃成《仲先絮语》，并寄给了远在北方的酒友。《仲先絮语》中有一篇佳作《望北山》。"北山"是昌黎当地人对碣石山的称谓，文章中"盛产葡萄、杏、柿子"的"故乡的北山"很显然就是碣石。仲先是把留下自己生命最宝贵的岁月的昌黎、乐亭、滦县一带，视为自己的故乡了。2009年3月，仲先病逝，享年84岁。他数十年落居南国，在珠江南岸颐养天年，却从未忘记河北，忘记冀东，特别是他的第二故乡昌、滦、乐与滦东。

第九章 红色摄影家在滦东

一、滦东抗战的"光影战场"

反侵略战场不单是拯救民族危亡的最前线，也是艺术家战斗的最前线，艺术创作的最前线。然而，在滦东的特殊"战场"，爱国的摄影师们几乎是"被迫应战"。在日军第二次侵华前的半个世纪，滦东地区留存的所有照片，几乎都是由外国侵略者、传教士、学者、旅行者所拍摄的，所涉及题材有民俗、风光、城镇、乡村等方方面面，却鲜有中国人自己的作品。

日军侵华，占我领土，必然欲消灭中国的文化。视觉人类学学者邓启耀教授在《视觉争夺战中的文化象征与宣传体制》一文中认为："日本发动对华侵略战争，与铺天盖地的飞机大炮同时侵入中国的，是无所不在的文化的视觉和心理攻势。日军的策略是以眼攻心，展开视觉的攻势，旨在说明侵略战争的合理性和正当性，建立由他们主导的观看秩序。"

侵华前夕，日军大量拍摄滦东风土人情、地理人文，甚至利用潜伏在各个报社的间谍拍摄滦东长城沿线中国军队的阵地。无数张我国军队森森炮口，将士操练军械，指挥官用望远镜远眺的照片被堂而皇之地刊载在日军刊物上。

这不只是滦东地区的独有现象，大片沦丧国土上的群众看到的照片尽为日军侵略、殖民文化张目。"九一八"事变之前，日军已经明目张胆地使用间谍影像等手段，在我国东北、华北和华中出版画册、画报和图书，谋取情报。"七七"事变后，日本官方编印的中文版画报就有《日本大事画报》《亚细亚画报》《大陆画报》《东光》《战线》《现代日本》等多种，用来配合军事侵略。用日文出版的摄影专辑、画报则为数更多。其中中东大阪朝日新闻社发行的《支那事变画报》最为典型。

有侵略，就有反抗。20世纪30年代初的中国，不仅上海、北京、天津、南京、武汉等文化比较发达的大城市建立了新闻通讯机构，就是在一些中小城市如南昌、长沙、唐山以及比较落后的绥远、广西等地也组织了新闻社，发布新闻照片。

日军的侵略使我国摄影事业和摄影艺术深受挑战。"九一八"和"一·二八"两大事变，使中华民族加速觉醒，人们亲身体会到不起来抗战，势必家国不保，民族沦亡。从20世纪30年代初开始，摄影界从兴趣主义、唯美主义迅速走向了现实主义。到了"七七"事变和"八一三"事变时期，一切不适应抗战需要的思想意识、表现方法，连同那些不合时宜的刊物、画报都被淘汰了，代之而起的是盛极一时的抗战摄影画报和专集。另外，战时有些报纸和画报也建立了自己的摄影组织，如申报新闻摄影社、时报摄影社、《良友》画报社、西京日报摄影部等。其中，《良友》画报是刊载摄影报道最专业、持续时间最长的画报，较为系统地保存了当时的史料，也以照片的形式记录了大量关于日军在滦东的残酷剥削与不法罪行。如1932年，日军在榆关外进行军事演习，飞机飞过长城上空及日军在秦皇岛的走私及贩卖劳工等照片。

日军在滦东的罪行累累，然而，由于其对文化宣传的严密控制，1933年后的滦东几乎鲜见揭露日军侵略与展示我国军民反抗精神的照片。直到20世纪40年代，抗战相持阶段，沙飞、罗光达、章文龙、赵启贤等，在晋察冀边区聂荣臻司令员的大力支持下，在华北敌后创办了《晋察冀画报》，并先后派遣雷烨、罗光达、齐观山、张进学等多批摄影记者挺进冀东与滦东。滦东军民英勇抗争日军侵略的影像才得以保存下来。

抗战时期，这些艺术家都是年轻的，他们在二十岁，甚至是十几岁，就拍摄出了一生中最好的部分作品。这不单来自个人的天赋和才华，也来自每个人都努力战斗和生活的奋发昂扬的精神状态：创造一个新世界！救一个将亡的国！时代的氛围已经将个体的艺术成就托举了起来。

二、方寸间的山河——雷烨、沙飞、张进学

"如果你的照片拍得不够好，那是因为你靠得不太近。"

——战地记者罗伯特·卡帕

冀东抗战的记录者——雷烨

抗战期间，冀东留下的照片不多，记录滦东的就更少了。每一张八路军在滦河两岸、长城内外、战斗、生活的照片都是红色摄影师在艰苦卓绝的环境中拍摄的，因而显得愈加珍贵。

当人们看到这些留存至今的历史瞬间，应该怀念那些曾为拍摄、保存这些照片而牺牲的同志。比如，新华社战地记者，冀东军区政治部宣传科长、组织科长，20世纪世界110名杰出战地记者之一，《晋察冀日报》《晋察冀画报》编辑，红色摄影师——雷烨。

雷烨是南方人，1937年开始全面抗战后，奔赴陕北参加革命。他在延安抗日军政大学第四期学习，善写作，兼任多报刊的特约记者和特约通讯员。1939年深入敌后冀热边境，在极端困难中从事新闻工作。事实上，早在1935年东北抗联就与党中央失去联系，冀东根据地已经是党中央尚能组织工作的东北部边界，这里已经深入热南的伪满洲国境内，既是敌人的后方，又是抗日的前沿，许多置生死于度外的党员干部、知识分子被派到这里。

为了团结冀东爱好文艺的人士，改进当地的文艺工作，雷烨组织发起"路社"，互勉向着鲁迅的道路前进！先后出版了《路》《文艺轻骑兵》《国防最前线》等刊物。这些刊物，对群众对部队都起了很大的作用，在冀东人民中赢得了很高的威信。

1940年，冀东敌我矛盾更加尖锐、残酷。雷烨服从组织安排，于1941年转到冀东部队领导机关工作，开始任分区政治部宣传科科长，后又任组织科长。繁忙的日常工作并没有影响他采访和写作，相反，却使他搜集到了极其丰富的材料。当他发现那时冀东一些部队还没有摄影工作者，许多生动的对敌斗争镜头还没有人拍摄的时候，他义不容辞地拿起照相机，一面积极地参加斗争，一面忠实地反映斗争，尽管照相器材十分缺乏，拍摄条件又很恶劣，但他在组织和同志们的帮助下，克服一切困难，走到哪里拍到哪里，能多拍一张就多拍一张。他常说："拍摄敌后火热的对敌斗争场面，机不可失、时不再来。而真实形象地反映当前斗争的照片，不但有现实性，还有历史性，它比用笔写的通讯报道更能吸引广大群众，更具有说服力与感染力。"

在1941年和1942年里，雷烨随部队转战到冀东滦河沿岸和热南伪满边境青龙县境内，亲手拍摄了很多新闻照片。反映了冀东人民子弟兵跨越滦河，挺进热南，突破"伪满国防线"转战古长城内外的实况，用照片向全世界宣布：冀东，不仅是我晋察冀敌后抗日根据地的强有力的组成部分之一，还是我们多年伸展在日军深远后方，安排着反攻和解放东北的前进阵地。他记录了日军血洗潘家峪，烧死、杀死我无辜同胞一千多名的"潘家峪大惨案"，记录了日军拆房并村制造"人圈"奴役人民的情景，让人们永远记住日军屠杀中国人民的淋漓血债。他更着重地报道了在血泊里站起来的冀东军民，他们英勇不屈、坚决斗争获得的光辉战绩，他用照片向人们显示，正义必将战胜邪恶。

雷烨的滦东掠影

秦皇岛、唐山、承德境内留存的抗战时期的影像中很大一部分都是雷烨拍摄的。1942年他在滦河的渡船上拍摄的《滦河晓渡》，用相机记录了十二团渡过滦河，开辟滦东根据地的史实。在长城以北的青龙山林中，雷烨拍摄了纪律严明的八路军部队在山间穿行的情景，和在青龙河一带发动群众、克敌制胜的故事。这些作品的思想性、艺术性兼优，深受群众喜爱，被认为是我国全面抗战时期的摄影佳作之一，至今仍经常为画刊或展览会所采用。

在选材上，雷烨的作品基本上有四个类型：表现冀东人民武装起来、共抗日军的作品；反映八路军行军作战的作品；展现我军野战宿营情景的作品；揭露日军所犯暴行的作品。这四个方面组成了雷烨作品思想内容的主体，体现了抗日战士不屈不挠、英勇无畏的精神，与敌血战到底、可舍生命的气概。《冀东人民》这组作品，表现了冀东人民武装斗争的壮观景象，讴歌了中华民族不屈服于外强的英雄气概，情感激烈。《驰骋滦河挺进热南》（1941）这组作品，或以参天大树喻指列队行进的战士，或以乱石险滩反衬战士的英勇无畏，表达了作者对战士的热爱和崇高的敬意。《行进在祖国的边城》（1941）这组作品，用陡峭起伏的山脊与砾石堆积的山凹做背景和前景，让行军的战士穿插其间，气势磅礴、不失生动，很能坦露战士的心愿。

雷烨的摄影作品，是最富情感、最激动人心的，充分地显现了罗光达所说的"欢乐或者愤怒"。《日军烧杀潘家峪》这组作品，把雷烨悲壮、深沉的艺术个性展露无遗。大片只剩残垣断壁的房屋拥挤在一起，空地上是成堆的尸体；断壁上置放着被大火焚烧的头颅，壁是挺直的；烧焦的尸体成团地扭结着，挣扎般矗立。雷烨把自己为痛苦燃烧的心，抛掷在人民愤怒的海洋里，合成一片云响，向世界吼放出了悲壮的心声。因而，雷烨的悲壮没有丝毫的绝望和感伤。对敌人有无尽的仇恨，对战士却有无尽的温情和由衷的敬意，这就是雷烨作品的深沉。《熊熊篝火》（1942）这组作品，以余晖映于战士的身躯，展现一种柔韧的诗意美,篝火腾跃、烟雾飘荡、山林朦胧,有着温煦的情调和浓郁的韵味,是作者美好心灵的展露。《塞外宿营》(1942)、《山岗晚炊》(1942)这两个作品,也是以优美的画面表现在艰苦的塞外生活中,战士的革命乐观主义情怀,蕴含着作者的挚爱和深情。

图9-1 1942年,八路军在塞外山岗上野炊(雷烨摄)

图9-2 1942年,在热河南部艰苦奋斗的八路军点燃篝火取暖(雷烨摄)

晋察冀有两名名列20世纪世界110名杰出战地记者的八路军战士,分别是雷烨和沙飞。两人有相似之处,在很多作品的题材和选景上,气象壮阔、画面雄浑,力求博大精深。但是,雷烨的博大雄浑与沙飞的有着不同。沙飞的作品画面丰满、充实，有沉甸坚厚之感；雷烨的却疏朗恢宏，有更多情丝舒卷的余地。《滦河晓渡》（1942）这组作品，以高耸的桅杆和辽阔的天幕占据画面大部，作为画面主体的人物却不突出。这样，以次衬主，以主点活全画面，反而将战士的身躯如天地般展现出来，给人以不尽的想象。八路军在古长城上活动的照片，雷烨、沙飞各在1942、1943年创作一幅。雷烨的作品，在构图上就把山岭和长城置放在主体位置上，战士持枪守阵的形象只在画面一角，且都是背影，与沙飞的正面突出主体，以衬体来烘托的构图明显不同，可以看出雷烨的艺术用心。雷烨以他卓异的摄影实践，有形地记录了抗日斗争的光辉篇章。

1942年，在革命的征途中，怀有相同目标，却各怀利器的雷烨与沙飞相遇了。

图 9-3　滦河晓渡（一）（雷烨摄）

图 9-4　滦河晓渡（二）（雷烨摄）

识英雄，重英雄——沙飞与雷烨

当"英雄"已然不易，"英雄"理解另一位"英雄"更是难上加难。文艺战线上，英雄惜英雄，至少存在两个客观条件：一是专业上的欣赏，二是人格上的认同。

沙飞是广东人，原名司徒传，与鲁迅结为师友，并为之拍摄许多流传至今的经典照片。全面抗战爆发后，沙飞带着鲁迅的照片底片和朋友们捐助的摄影器材，奔赴华北抗日前线。

1937年底，沙飞在河北正式参加八路军，对聂荣臻司令员说："希望自己像一粒小小的沙子，在祖国的天空中自由飞舞。"后改名"沙飞"。

他用照相机拍摄了八路军战斗在古长城打击侵略者的照片，日军暴行、百团大战、聂荣臻司令员与日本小姑娘的照片，国际反法西斯战士白求恩、抗日根据地八路军将士、人民生产生活、青年踊跃参军的照片，在日华人反战同盟活动、国际友人参观与工作的照片，抗战胜利后张家口工厂恢复生产的照片，生动地记录了那个时代中国人民反抗日本侵略者的活动与生活。

1942年冬，雷烨被选为晋察冀边区第一届参议会的参议员，他带着照相机和所拍摄的材料，从冀东越过敌人的封锁线来到冀西抗日根据地。会后，他到主持摄影采访、编辑、出版工作的晋察冀画报社去，将自己在冀东所拍的全部底片送交画报社长期保存、使用。当这些重要的照片交到晋察冀画报社主任沙飞的手中时，沙飞立即意识到了这批照片的价值。他十分兴奋，同雷烨商量好，要在画报上选登一部分照片，雷烨欣然答应，并为此日夜整理。但就在雷烨即将完成资料送往画报社时，一场惨剧发生了。

关于雷烨牺牲的情景，许多文章都有提及，但各有出入。结合当事人沙飞的警卫员赵银德、《晋察冀画报》党支部书记裴植、晋察冀军区政治部主任张致祥的个人回忆，雷烨的牺牲过程完整地展现在人们面前。

1943年4月20日，雷烨将拍摄的照片送往《晋察冀画报》社驻地——平山县的曹家庄村。报社主任沙飞准备将照片发在画报上，沙飞留住了雷烨，希望他在报社将自己的照片整理出来。

没想到第二天清晨，村子被日军包围了。

支部书记裴植回忆："天刚刚亮，敌人就进村了，到处是噼里啪啦的枪声。我们身边子弹乱飞，我赶紧跑。因为我们住在村边上，一出来就爬上了后山。我爬到半山坡，看到雷烨和他的警卫员从半山腰冲了下去。"

雷烨并未马上随画报社其他人撤退,而是挨家挨户地敲老百姓的门,通知他们迅速撤离。

晋察冀军区政治部主任张致祥说:"雷烨如果不管群众的事,他自己就走了。可贵的是,他先招呼群众撤退,等到自己撤退时,已经来不及了。"

由于雷烨不熟悉曹家庄村周围地形,被前来围剿画报社的日军包围在一个叫南段峪的山谷里。

沙飞的警卫员赵银德也有关于此事的回忆:"他不是报社的员工,对当地的地理不太熟。他和警卫员顺着山沟一直向东去。后来我听他的警卫员说,他们爬过一个山,进到一个小山沟里,结果进去后一看山沟挺小,藏不了人,他们又返回来,结果和敌人遭遇了。"

当时雷烨让警卫员先撤,自己用手枪还击冲上来的日军。

裴植:"当时他用手枪和敌人对射,被打伤了。他躲在一块石头后面,要跑到对面山上还有一片空地,敌人用机枪封锁空地,他过不去。敌人要活捉他。"

面对蜂拥而上的日军,雷烨把随身携带的照相机、手表、自来水笔等珍贵物品全部砸碎,然后用枪膛里的最后一颗子弹射向自己。雷烨牺牲时只有26岁。

图 9-5　著名电影表演艺术家田华有生以来的第一张照片

该照片于 1942 年年底摄于平山县碾盘沟村,与两位摄影家都有着密切的关系:第一位是沙飞,也就是照片的拍摄者;第二位就是雷烨,他的盛情相邀使 14 岁的田华的形象首次被定格在胶片上。

画报社指导员赵烈的牺牲

雷烨总是将那本最珍贵的相册随身携带。遇难后，战友们从他身上找到那本带血的相册。晋察冀画报社指导员赵烈在雷烨牺牲后将相册收藏起来，并在上面写了这样的话：

在这个册子上面，有你和暴敌遭遇，决然自杀时所流下的血迹斑斑，当我每次翻开它，看到那已经变成紫黑色的血迹……你那年轻智慧的脸颜，沉毅而和蔼的神色，清晰而响亮的声音……都一一浮现在我眼前。我抚摸着你那已经消失了温暖和热气的血迹……我就拿你这遗物作为对你不可磨灭的、永恒的记忆的纪念品吧。

但几个月后，赵烈也为保卫相册而牺牲了。

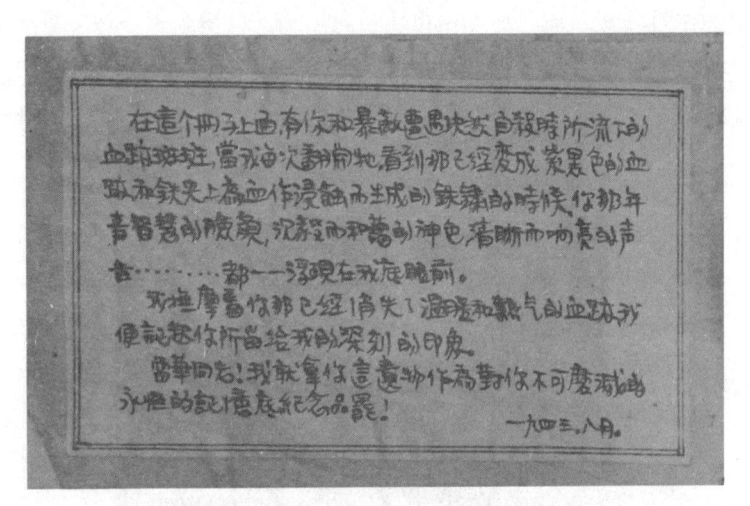

图 9-6　雷烨牺牲后，留下一本血染的随身相册。赵烈同志在第一页留下上面这样的一段话。半年后，赵烈也牺牲了，两位烈士的鲜血染红了相册。

1943 年 12 月，日军在扫荡中突袭画报社所在的平山县上庄村时，沙飞等报社负责人冒死组织大家坚壁设备，转移底片，雷烨留下的照片又奇迹般地留存了下来，但画报社却付出了巨大牺牲。

为了防止日军扫荡，画报社曾在村外山上挖了很多大洞套小洞的子母洞。这些洞可以隐藏相机和印刷设备，洞里掏洞，洞里再掏洞，一个洞可以掏三层。

但是照片与底片怕潮，只能将底片用牛皮纸包好，由人员随身转移。沙飞组织画报社兵分两路。老弱和女同事由副主任石少华带领，在远处的花塔山就地隐蔽。青壮人员由沙飞和指导员赵烈率领转移底片。

沙飞将底片分成了四大箱，警卫员赵银德背两箱，他自己背两箱。12月8日，沙飞率报社一部分人转移到河北阜平县柏崖村。赵银德回忆："我们到柏崖村时天快黑了，就安顿下来，我和沙飞、赵烈睡在一个小屋。估计凌晨三点来钟，军区保卫部带着一部分人也来到村里。"

但在凌晨天没亮时，日军尾随军区保卫部的人追到了柏崖村，并将村子包围起来。一位班长换岗时发现了日军，大喊鬼子时，枪声已经响起。沙飞和赵银德各摸了两箱底片，朝外冲去。

沙飞与赵银德在突围中跑散，他独自背着两箱底片向村外冲，很快体力不支，将底片交给身边一名叫李明的编辑。李明背着底片继续突围，却不幸遇难，牺牲前将底片坚壁。

当时，赵银德背着另外两箱底片也在奋力突围。

赵银德回忆："敌人在山上，我们在沟里，两边都是敌人，交叉火力向突围的人群射击。我背着两箱底片，实在是累得够呛。已经做好牺牲的准备，但底片不能落到敌人手里。我找了个雨水冲刷的大坑，把底片放到坑里，找了点石板和草伪装了一下。"

赵银德把底片放到坑里，自己继续突围。他的脚后来受伤了，只好躲在一个小山窝里。"敌人来搜山，我看见三四个敌人，带着枪。我在这边隐蔽着，看得见他们，他们看不见我。几个健康连的士兵有的被敌人拿刺刀挑了，有的成了俘虏。"

赵银德命大，最终躲过了日军的搜索，并在日军撤走后，把两箱底片完好无损地找了回来。"与沙飞重逢后，他头一句话就问，底片背出来了吗？我说背出来了。他很激动，捶着我的胸膛说，小赵你还真把底片背出来了！"

赵银德把底片完好无损地背了出来，立了功。保存雷烨相册的指导员赵烈却付出了生命。赵烈带着画报社印刷技师何重生一同突围。何重生是从北京来的技术人员，赵烈的责任是保护他的安全。赵烈年轻体壮，本已跑出日军的包围圈，但回头看不见了何重生，回来寻找，不幸中弹牺牲，年仅24岁。

雷烨遇难后，晋察冀画报指导员赵烈将那本带血的相册珍藏在身边，并在上面写下了自己对雷烨的崇敬与悼念之情。8个月后，赵烈也在日军扫荡中悲壮殉国。日军撤走后，人们找回赵烈的遗体，并从他身上发现了那本雷烨的相册。这本小小的相册已沾上了两位志士的鲜血。画报编辑章文龙为此特写了一首挽歌。

《歌手》　章文龙词

昨天，黄昏时分，我们散落在院子里，我们又唱歌了。一个起头，大家都放开了喉咙……当我们唱到《光荣牺牲》的时候，我们心里涌出一种说不出的滋味。这支歌，原来为了悼念雷烨，你教给我们的；现在我们唱起来，竟是悼念你，我们的歌手了。

雷烨牺牲后不久，刊登他拍摄的51张照片的《晋察冀画报》第三期出版了，辛苦拍摄、舍命保护的作品展现在广大读者面前，而雷烨和许多同志已经不能亲眼看到它。为了悼念这位忠实的革命战友、出色的摄影家，《晋察冀画报》就在这一期里增辟专页，并刊登了雷烨同志的遗作《滦河曲》（诗）、《我们怎样收复了塞外的乡村》（报告文学），作为永恒的纪念。冀东军区政治委员李楚离同志在得悉雷烨壮烈牺牲的消息后，在悲痛中写了《悼雷烨同志》一文，悼文说："雷烨同志是个模范的共产党员，具有布尔什维克的优良品质，他对民族、对阶级、对他所担负的工作，具有无限的忠诚与热爱。"

《滦河曲》　雷烨词　劫夫曲

滦河流水唱着歌，
歌声浮载着子弟兵。
子弟兵的青春，
好像河边的青松林。
滦河的流水含砂金，
金子好比子弟兵的心。
滦河流水向渤海，
渤海岸上发源子弟兵。
滦河流水发源于长城外，
子弟兵回旋喀喇沁。
滦河的流水涌动着死尸，
松林里的人民热爱子弟兵。
子弟兵，像飞鹰，
回旋在家乡河流上，
松林里的人民是好母亲。
青春的鹰，
勇敢的鹰，
冀东年轻的子弟兵。

"进学，相机和使命都托付给你了"

雷烨牺牲后，冀东的诸多照片底片就存放在沙飞的手中。柏崖村突围，沙飞为了保护底片，跑掉了鞋和袜子，光着脚在山间雪路跑了十几里路，双脚被严重冻伤，肉都磨没了。

赵银德回忆："他的脚冻得失去了知觉。后来遇到了画报社的曲治全和杨国治。他一天没吃饭，山上有老乡没收的萝卜，他们每人吃了几个。曲治全把沙飞背到了一个山洞，把身上的棉背心脱下来，撕开给他包了包脚。"

赵银德问："你脚冻成那样，不疼吗？"

沙飞说："疼，我也得跑，誓死不当俘虏！"

冲出突围后，画报社的战友将双脚冻伤的沙飞送到八路军野战医院，医生检查后要为他截肢。沙飞哭着请求大夫保住他的脚。他说：我是记者，我不能够没有脚。他哀求大夫，但大夫没有表态。后来经军区政治部主任朱良才协调，沙飞转院到白求恩和平医院。他遇到一位姓邢的主任，同意保守治疗。沙飞有了一丝希望，精神上也好了一些，积极配合治疗。一个月后的一天，他对赵银德说："小赵，你看我的脚趾会动了！"他高兴极了。

沙飞的脚伤渐愈，但心伤未愈。这次扫荡，《晋察冀画报》遭受了成立后的最大的损失，指导员赵烈及技术骨干何重生等9名战友殉难。这对重感情、性格冲动的沙飞而言打击十分沉重。这件事同当年鲁迅的逝世，都为沙飞后来的人生悲剧埋下了悲伤的种子。

沙飞与滦东也有交集。1946年，沙飞拍摄了《晋察冀画报社美术编辑许群在张家口医院休息时看画报》，照片中生病的编辑躺在病床上翻看他的工作成果———份《晋察冀画报》，而画报封面正是张进学拍摄的《解放山海关》。选择该册《晋察冀画报》具有多重意义。最直接的意义是，一名生病的同志，在调养身体的个人空间仍然不忘工作，关心革命事业的发展。在这个层面，病中的编辑阅读任何一本《晋察冀画报》都能达到共同的效果。但阅读封面带有《解放山海关》照片这一本有着不同的意义：许群不仅关心画报的出版，还关心党领导的革命事业，尤其是革命事业最近的胜利。

长城代表中华民族，而天下第一关山海关则代表了长城。长城抗战就是在这里开始。日本占领东北后，"收复失地""打回老家去"的标志就是跨过长城，冲出山海关。

张进学是沙飞的得意门生，也是沙飞当时最信任的助手。1942年7月，晋

图9-7 沙飞拍摄《晋察冀画报社美术编辑许群在张家口医院休息时看画报》，该期画报封面照片为张进学拍摄的八路军解放山海关。

察冀调人支援冀热辽解放区，沙飞派张进学随队前往，沙飞对张进学说："那里环境艰苦，很需要人，你第一批去，你们将来是第一批打到鸭绿江边的，你们是尖兵，那儿有长城、山海关，环境最艰苦，军队和人民的斗争最英勇，你们要很好地把军民抗战的事记录下来。"并且叮嘱说，一定要"把部队开进天下第一关山海关时的雄伟场面拍摄下来"。

沙飞将自己珍藏的白求恩大夫逝世前留给他的相机，拿出来交给张进学："进学，相机和使命都托付给你了！"

该相机是1938年白求恩从加拿大带到晋察冀的莱丁娜相机。开始，白求恩无法冲卷印片。当他结识了沙飞后，问题就迎刃而解了。两个"影友"一见如故，他俩爱好、脾气、性格有很多相同的地方，再加上沙飞懂英语，语言能沟通，两人很快成了挚友。白求恩在弥留之际将那部相机送给了沙飞。

白求恩给聂荣臻司令员最后的信中说："亲爱的司令员，今天我感觉非常不好……也许我会和你们永别了……两个行军床，你和聂夫人留下吧，两双英国皮鞋也给你穿了。马靴和马裤给冀中的吕司令（吕正操）。照相机给沙飞，贮水池等给摄影队……最近两年是我平生最愉快、最有意义的日子。"

沙飞很珍惜白求恩给他的这件珍贵礼物。把它借予张进学，既是对爱徒的鼓励，也体现了沙飞对拍摄八路军收复山海关，进军东北的渴望。此后，张进学在多地转战，他与沙飞的愿望直到1945年8月才最终实现。在八路军开始大反攻时，张进学随所在部队日夜兼程赶到前线，于8月30日用沙飞给他的相机拍下了八路军战士穿过山海关城下的镜头。之后张进学将底片寄到《晋察冀画报》社，沙飞马上刊用了这一画面，作为1945年12月出版的《晋察冀画报》

第 9、10 期合刊本的封面。这幅作品后来被认为是"反映八路军军事胜利的重要摄影代表作之一",多次展览、发表。

张进学,14 岁参加八路军,1942 年被派往冀东抗日游击根据地时,不过 18 岁。直到 1945 年一"照"成名,张进学不见任何档案记载,我们无从猜测,一名随军摄影师是如何怀着老师的嘱托,在四面环敌的处境下生存下来的。

直到刘大为在 1995 年的一篇回忆,张进学在冀东的故事才完整地展现在人们面前。

1942 年春,长城外,冀东抗日游击根据地的一个小山村,18 岁的张进学以摄影记者的身份来到军区司令部驻地。他身着洗得发白的灰军装,皮带上披着搪瓷碗,碗套上绣着红五星,肩上斜背着那架照相机,还有一个很漂亮的皮套。

当时,冀东地区环境艰苦卓绝,根本买不到胶卷,他无法开展摄影工作,于是这位少年共产党员要求下连队,当了警卫连的指导员。他对刘大为说:等打了胜仗,从日本鬼子那缴获了摄影器材,再一面战斗,一面摄影。

张进学作战勇敢、吃苦耐劳,跟战士们打成一片,每次战斗,他都把生死置之度外,冲锋在前。那时冀东地区斗争残酷异常,一次,领导机关被数倍日伪军包围,他奉命率领全连,杀出一条血路,又掩护领导机关突破重围。在和敌人进行白刃搏斗之时,他负了重伤,昏迷过去,倒在敌人尸体和我军牺牲同志之间。

后来增援部队赶来,消灭了敌人。这时,同志们在司令部听说他已经牺牲,十分悲伤。战友们打扫战场时,在尸体堆里发现了躺在血泊之中的他,卫生员用手掌在他的嘴上试了试,还有微弱的气息,经过抢救,他活了下来。当同志们再次相见,刘大为对他笑着说:"欢迎活烈士凯旋!"他却不无遗憾地说:"这次战斗,我们缴获了日本鬼子的三八式步枪,还有日本军官的指挥刀,可惜没有缴获到照相机,连一个胶卷也没有。"

在抗日的烽烟中,在冀东抗日的前线,张进学带着他的连队不断地取得胜利之时,1945 年春,他又奉命回到了摄影战线,不久,他拍摄了不朽的《解放山海关》。

在 1942 年的时候,沙飞就憧憬他的学生张进学能够记录下这个景象,而在张进学最终不负所托时,沙飞将这张照片放在《晋察冀画报》最醒目的位置,为全面抗战以来所有中国人所期待的目标"打回老家去"画上了圆满的句号。在这个意义上,《解放山海关》不仅是八路军的胜利,还是一个民族和国家涅槃重生的标志。

图 9-8 解放山海关（张进学摄）

三、《晋察冀画报》社冀热分社在滦东与热南

雷烨牺牲后，《晋察冀画报》社相继派遣张进学、陈明才等前往冀东。他们来到冀东后，由于战斗极为频繁和残酷，寻找照相材料极为困难。所以，一面以照相机为武器，尽可能拍摄冀东人民英勇斗争的照片；一面以战斗员的身份参加战斗。如张进学先后担任连长、指导员，在热河王厂沟的战斗中，表现了高度顽强勇敢的战斗精神。他在这次战斗中身负重伤、生命垂危，他在尸体与血泊中幸存下来。他坚决执行命令和忘我的牺牲精神，受到了军分区领导的表扬。

1943年《晋察冀画报》社又先后派齐观山、申曙、于舒、钱义等前往冀东，以扩大冀东的摄影队伍，加强新闻摄影工作。

为了大力加强"国防最前线"的新闻摄影工作，使《晋察冀画报》源源不断地得到冀热辽地区的照片稿件，争取在敌人深远后方出版以照片为主的画报，经军区领导决定，特成立《晋察冀画报》社冀热分社，并任命罗光达为分社主任。他挑选了十多位身强力壮的专业人才，其中有编辑兼摄影记者周郁文，照片制版技师刘博芳，石印技术人员董寿诞、李志书、马小锁，石印缮写武耀强，装订人员张学琴等。1944年7月下旬，画报社一行来到冀东，分散行动。

在筹备出版画报这段时间里，画报社的同志们兵分两路。齐观山、张进学、申曙、钱义到长城外"无人区"敌人制造"人圈"的地区，随同小部队或地方工作人员，收集八路军挺进塞外，解放"人圈"、收复失地，以及热南、辽西人民积极参加抗日斗争的英勇事迹；罗光达来到昌黎、乐亭沿海，北宁路以南的地区，采访、拍摄渤海边军民支持新解放区，保卫祖国的沿海，渔民、盐民的生活，和营救美军飞行员等情景。这一阶段，为后世留下许多记录滦东、热南等地抗战军民战斗、生活的照片，是长城南北、渤海岸边的新闻摄影工作相对活跃的一个时期。

四、罗光达的光影滦东

来滦东前，罗光达早已成名。

罗光达，生于1919年1月19日，故乡是浙江省吴兴县南浔镇。幼年在家乡读书，1935年到上海一家洗染店当学徒。由于他喜欢阅读进步书刊，结识了一些中共地下党员和爱国志士。从1936年起，积极参加上海文化界救国会的抗日救亡活动，并爱好摄影，借用朋友相机学习摄影。

全面抗战爆发后，他参加了文化界抗日救亡协会，组织东屡浦住户互助会、歌咏队、读书会等抗日救亡团体。上海失陷后，于1938年参加组织"上海职业青年救亡团"，装扮成难民离开上海。4月，经香港辗转广州，抵达武汉，在八路军武汉办事处的安排下，以新四军学兵名义到西安，然后步行到达革命圣地延安。5月，入陕北公学学习。7月，加入中国共产党，之后在中共中央组织部党训班学习三个月。12月，聂荣臻司令员安排他与沙飞结伴在晋察冀军区司令部担任随军新闻摄影记者。1939年，他先后到晋察冀的一、二、三、四军分区和平西军分区进行摄影采访活动。他曾闯过紫荆关，拍摄了大龙华战斗和八路军与群众的抗战生活；继而又深入到眼皮底下的平西根据地，宛平县的东西斋堂里、清白口、妙峰山、房山等地区，拍摄了《金顶山妙峰》《收复西斋堂里》《萧克将军指挥作战》等照片；在涞源拍摄了《白求恩在前线抢救伤员》；在四分区拍摄了联大、抗大二分校学生的活动。

1941年，他和沙飞一起参加了《晋察冀画报》的创建工作。他一边采访，一边寻找办画报所需要的器材、药品和人才。在聂荣臻司令员和军区首长的大力支持下，《晋察冀画报》社于1942年5月宣告成立，他被任命为报社副社长。7月7日，名震中外的《晋察冀画报》创刊号在山沟里出版！他所拍摄的《大龙华歼灭战，搜索敌军司令部》《百团大战，炸毁正太路上大石桥》《矗立在妙峰山白塔上的边区八路军哨兵》《拆桥》等十多幅照片在刊。

1943年7月，边区政府成立晋察冀出版社，调他任社长。他带领刘博芳等40余人建立出版社，先后印刷小学课本和《边区导报》等。不久，画报指导员赵烈、技师何重生等9人在日军扫荡中牺牲，社长沙飞也负伤，他又于1944年1月调回《晋察冀画报》社工作。6月，他奉命带队去冀东筹办《晋察冀画报》社冀热分社，被任命为主任（社长）。

图9-9　1943年1月，罗光达、沙飞、石少华合影

图9-10　1943年7月7日，沙飞与罗光华在阜平县上庄村道别

来到冀东后，罗光达东渡滦河，来到昌黎县路南沿海地区，跟随十二团活动。昌黎沿海地带具有很奇特的地理特质，连接无边大海与滦东平原的是广袤的沙丘，改革开放若干年后，这片沙丘被开发为旅游景点，被誉为"大海与沙漠的接吻""黄金海岸"。沙丘的边缘分布着零落的渔村，这里是滦东地区新开

辟的根据地。渔民们凭借临海天然的渔业资源本应衣食无忧，却因为日伪、渔霸的剥削摊派而食不果腹。因此，十二团初到这里就受到群众的广泛欢迎。

很快，罗光达与渔民们交上朋友。月色朦胧，他们有时一同出海，一同劳动。有时罗光达在岸上等待着渔民们满载归来。这段时间，他拍摄了记录滦东渔民生产生活的名作《日出——渔民归来》。在创作过程中，罗光达主张融入群众生活，热衷于记录群众与八路军劳动创造的情景。在党的领导下，北宁路南沿海的广大群众生活有了改善，为了表现翻身的渔民热爱劳动、热爱生活，与八路军深厚的"鱼水情"，罗光达捕捉到一些瞬间——八路军战士与渔民一同拉网捕鱼，协作生产的情景。

至于拍摄冀热辽八路军行进在渤海之滨就更加便利了。罗光达一边随部队行军，一边拍摄战士们的前进行列。他还拍摄了八路军在渤海之滨的沙丘进行海上训练的情景。

图 9-11　1944 年，战斗在渤海之滨的八路军战士（罗光达摄）

罗光达向无边的沙丘望去，守卫在沙坨塔上的是一位在无垠之中行单影只的哨兵的黑漆漆的背影。这样的情景与罗光达在太行山之巅拍摄的八路军哨兵如出一辙。他激动地按下照相机，广袤的天地间一个顶天立地的滦东八路的形象永远地留存了下来。

滦东沿海地区虽为新开辟的根据地，但由于距敌伪统治中心较远，罗光达的日子过得一直比较平静。直到 1944 年 9 月 8 日，恰为白露，已到秋收割谷子的时节，"天上的来客"降落在七里海畔。

"七月二十一，掉下个大飞机，大家哈哈笑，一看还是美国的。"这首五六

图9-12　1944年，冀东八路军开辟和扩大昌黎、滦县、乐亭新解放区。突围守望在昌黎沿海沙丘海边上的哨兵（罗光达摄）

十年前流传在昌黎县南部乡村的童谣，唱的就是昌黎抗日军民在1944年9月8日营救7名美国盟军飞行员的事。

　　失事的B-29型远程轰炸机是由成都机场起飞，去轰炸日军在东北的工业基地鞍山和本溪，在返航途中飞越渤海上空时出现故障，飞行员被迫弃机跳伞。9名驾驶员和机组人员，在飞抵昌黎沿海时，有2人先行跳伞，落入海中失踪；另外7人在掠过昌黎县城东南海边的潟湖——七里海上空，见到陆地后跳伞。这7个"天上的来客"跳伞落地后，很快就被战斗在当地的抗日军民发现并获救。

　　恰逢中共抚（宁）昌（黎）联合县工作委员会在此地南边僻静的小渔村——后七里庄举办全县党员干部培训班。参加培训的人员刚吃过午饭，就见一架冒着滚滚黑烟的庞大飞机从村庄上空飞掠而过。遂组织人员，冒着大雨，朝降落伞落地的方向搜查，学员和民兵先后在村北的稻田沟和前七里庄的张家铺，以及大滩村、大东庄一带的玉米地里，找到7个跳伞的"洋人"飞行员。

　　当获救的美军飞行员得知，把他们救出险境的中国武装人员是坚持战斗在敌后的抗日军民时，欣喜若狂。这些天上飞来的"客人"，被安置在后七里庄的老百姓家中，换上了中国老百姓的衣服，受到了好客的后七里庄村民的热情款待。一位叫奥利渥·欧斯德尔的驾驶员，在跳伞落地时摔伤了脚踝骨，被民兵队长刘国梁和县支队的小队长张润轮换着背到村里，当地村医为他诊治，使他的脚伤痊愈得很快，给他留下了很深的美好印象。

五六天之后，第三地区委派出精干部队接应，县工委书记郝炳南亲自带领县支队，把这7名美军飞行员安全护送到北宁铁路以北地区，送至昌黎县城西北偏北14公里处的柳河圈一带山区根据地——滦东十二团驻地。获救的美军飞行员受到了团长曾克林等八路军干部、战士的热情接待，在一名姓杨的教员的翻译下大家亲切地交谈。作为《晋察冀画报》社记者的罗光达对他们进行了采访，拍摄了八路军与美国盟军飞行员在一起相聚的照片。有一张珍贵的照片：罗光达在一侧，杨教员蹲在地上写英文与获救的美国盟军飞行员交流的场景。

还有一张是获救的美国盟军飞行员与十二团几个参谋在一起打篮球的场景。打篮球的场地，是山村的一个打谷场，没有篮球架，战士们用竖起的梯子做了一个简易的篮球框。当时为了表示对获救的美国盟军飞行员的欢迎，曾克林团长特意准备了一桌比较丰盛的酒宴款待他们，有鱼、虾、肉和清炖鸡等。饭后，美国飞行员们在村子里散步，恰逢团机关一些干部在场院竖起梯子，绑上篮球框在打篮球。在邀请下，便一同上了场，与十二团的几个参谋在这个奇特的篮球场上举行了一场别致的中美篮球比赛。一位叫戴维的美国盟军飞行员，篮球打得特别好，给大家留下了很深的印象。

图 9-13　1944 年抚宁，美军飞行员与八路军进行篮球比赛

7名飞行员被转送到晋察冀根据地，最后又转送到延安，见到了毛泽东主席。全面抗战胜利后，7名获救的飞行员回到美国，仍然念念不忘渤海沿岸这个

图9-14 1944年9月，美国盟军的42-6234号B-29型远程轰炸机在昌黎七里海失事。图为冀热辽军区特派记者罗光达（左一）采访，我八路军杨教员蹲在地上与获救的飞行员写英文交谈

让他们获救的地方。其中奥利渥·欧斯德尔没等到中美关系解冻那一天，便去世了。1973年初夏，他的夫人阿玛利亚·欧斯德尔与他最小的女儿来到中国访问，并带来象征中美友谊的和平玫瑰送给毛主席、周总理。

1944年10月初，罗光达从渤海之滨返回军分区所在地。1945年4月，冀热军分区改为冀热辽军区，《晋察冀画报》社冀热分社也改为《冀热辽画报》社。7月7日，《冀热辽画报》创刊号诞生了。8月15日抗战胜利，画报社紧急印刷钞票以代替伪币，印刷军用地图，以供部队挺进东北的急需。不久，画报社随冀热辽部队奉命向辽宁、吉林挺进，罗光达用相机拍摄了光复后的山海关，又经山海关抵达东北沈阳。敌伪制版印刷物资接收委员会成立后，接收了所有的制版、印刷工厂，印刷了大量宣传品，出版了《冀热辽画报》专刊和《中苏友好画报》等。为了适应形势的发展，经东北局同意，《冀热辽画报》社改名为《东北画报》社，罗光达任社长。《冀热辽画报》完成了历史使命。

五、风雨际会观河山——齐观山在热南

在筹备出版画报这段时间里,画报社的同志们兵分两路。罗光达来到昌黎、乐亭沿海,而齐观山、张进学等则来到长城外的热南"无人区",为后世留下了许多热南地区抗战军民战斗、生活的照片。齐观山与罗光达拍摄抗日军民的题材大抵相似,而反映的生存环境却截然不同,齐观山身处伪满洲国"集家并村"区域,日军正在执行集中营与屠杀政策。照片显示,在此游击作战的八路军战士与敌后武工人员生存更加艰苦。

一起行动的齐观山与张进学相识较早。最早可以追溯到1939年2月,聂荣臻司令员在晋察冀军区政治部创建新闻摄影科,沙飞担任科长。一开始沙飞单独授徒,由于效率较低,改为办训练班。张进学是教员,齐观山是学员。训练班条件艰苦,30多个学员只有两部相机,齐观山和战友就轮流使用,整个学习期间只能试拍几张片子。当时的摄影器材来之不易。首先,采购器材非常危险,要穿过日军的封锁线,有的战士因此牺牲了生命。其次,敌人经常发动扫荡,只要一发现情况,大家就赶紧把相机、底片和报纸印刷设备都藏进墙里。

齐观山是1941年开始学习摄影的,是训练班最早的学员之一,也是年龄最小的一个。时逢日军扫荡,在一次执行任务时,齐观山和训练队代理队长张进学一起行动,为了减轻队长的负担,年少的齐观山主动要求替张进学背背包。这个背包装着许多珍贵的历史底片,记载了八路军晋察冀军区的主要活动和白求恩大夫在军区的生活和战斗场景。齐观山虽然明白这些底片意义重大,但有一天晚上,实在困极了,就枕着背包睡着了。不料突然发生情况,迷迷糊糊的齐观山爬起来就跑,竟忘了背包。当他发现后,又是心疼又是害怕,禁不住哭了起来。张进学非常镇定,说:"人在底片在,我们去把背包找回来。"张进学派了一个班,带着齐观山顺原路返回,偷偷摸到了刚才休息的地方,子弹从身边嗖嗖地飞过,他们互相掩护,寻找背包。齐观山凭记忆找到了自己睡觉的地方,一抬头,猛地看见那个绿色的大背包还好好地在那里。他高兴极了,赶紧将背包抱在怀里,和张进学及战士们一起迅速地转移到了安全的地方。事后,张进学将齐观山叫到身边,很严肃地说:"以后我背底片,如果你怕我累,就帮我背挎包,我死了,你背底片。"虽然底片找回来了,但齐观山很自责。在战场上,一时的疏忽可能会给战友们带来很大的危险,而且他也真切地体验到了"人在底片在"这句话的分量。这是晋察冀军区的摄影工作者们要求自己的口

号。根据地里的 100 多名摄影工作者中，有 20 多人在硝烟弥漫的战场上献出了年轻的生命。齐观山最初执行任务就真切地体会到了一个摄影工作者的责任。他更加刻苦敬业，和张进学、罗光达、于舒等人一起成为沙飞最出色的学生和最得力的助手，并在八路军第一个革命摄影画报——《晋察冀画报》中从事摄影工作，为抗战宣传做出了重要贡献。

至今为止，在中国档案馆中仅存有两张反映抗战时期八路军战士在"无人区"的摄影作品。这两张珍贵的历史照片真实地再现了八路军战士在日军制造的"无人区"里度过的残酷岁月。其中最著名的一张叫作《战斗在冀东古长城一带的八路军战士靠吃炒米、野菜坚持抗日斗争》，这是齐观山最早的作品之一。在拍这张照片时，齐观山还不满 20 岁。

1944 年，日军已呈穷途末路之势，在敌占区更加残暴起来。齐观山进入热南青龙县，跟随凌（源）青（龙）绥（中）联合县的干部，在山沟里架起单棚，一同工作、生活。敌后的工作异常艰苦，有的人化了装，开展敌后工作。一次，在单棚外，几人凑一起在草垛里开会，齐观山将这个场景拍了下来。

图 9-15 我党干部深入长城外青龙"无人区"开展敌后工作（齐观山摄）

一次行军休息，他看到几位战友并排坐在路旁，边休息边吃着炒米和野菜。年纪较小的那个坐在离他最近的地方，小家伙一把撸掉军帽，捧着炒米就吃起来。能吃到米已经算是很好的条件了，看到这样一个和自己年龄相仿的少年士兵却日日夜夜在"无人区"里与敌人周旋，忍受着残酷的战争考验，誓死保卫着自己的祖国，齐观山不禁心生感慨。他赶紧拿起相机，按下快门，将这个场景珍重地收进了自己的镜头里。

图 9-16　1944 年，战斗在冀东古长城一带的八路军战士靠吃炒米、野菜坚持抗日（齐观山摄）

在这片被日军摧残得一片悲凉的土地上，齐观山拍下大量反映抗日军民战斗和生活的照片，他们中有八路军指战员，有在"无人区"坚持工作的地方干部，也有不屈的百姓。可惜的是很多照片没能留存下来，全面抗战期间齐观山拍摄的照片至今只能找到四张，所以现在我们看到的这些照片更显得弥足珍贵。

六、吴群与攻克昌黎城的勇士们

当尖兵剧社派出刘大为、管桦加入曾雍雅旅突击队，用文字记录解放昌黎县城的同时，还有另一位《晋察冀画报》的摄影记者用相机镜头拍摄了指战员们。他就是吴群，原名伍于琛，1923 年出生于广东顺德，1938 年参加八路军，1939 年加入中国共产党，毕业于延安抗日军政大学。1939 年起，在晋察冀敌后抗日根据地历任《部队生活报》《晋察子弟兵报》编辑，《晋察冀画报》摄影记者、采访组长。1948 年起，历任《华北画报》社副主任，《解放军画报》社副总编辑。1957 年起历任中国摄影学会秘书长兼《大众摄影》主编、《中国摄影》理论研究部主任、新华社摄影部副主任。

吴群的经典作品有很多，其中不乏记录毛泽东、周恩来等国家领导人的佳作。他全程用相机记录了开国大典的过程，其中一张人民解放军走过天安门接受检阅的图片最为人称道。

197

1947年5月17日午夜，万籁俱寂。进攻昌黎的冀东军区独十旅突击队队员们整装待发。高高的坚固的城墙成了拦路虎。独十旅六连三排长郝成龙担任突击排长，一排长李岐祥任突击副排长，架梯组也紧随其后摸上去。第一次强攻冲到敌人守着的东北角城墙前，梯子组才到城墙脚下，敌人发觉后就往下打枪，然后扔下20多颗手榴弹，城墙脚下，一片火海。把三排压得抬不起头，有几个战士负了伤。当敌人火力减弱时，在郝成龙的指挥下，战士们冒着枪林弹雨又进行第二次攻城，眼看突击排接近墙顶，不想敌人将梯子推倒，突击队员又摔了下来。一颗手榴弹扔在李岐祥肚子上，还没来得及爆炸，吱吱地冒着白烟，李岐祥眼疾手快，把手榴弹又反扔了回去。第三次登城，李岐祥组织七班长李春林往上扔手榴弹，郝成龙奋不顾身地抱着机枪冲上前去掩护。紧接着又进行第四次立梯登城。这时重机枪响了，终于把梯子靠上。脑袋挂了花的郭长生一下子翻上墙头，小个子刘长顺第二个上去，李岐祥大喊："跟我往前冲！"18岁的共产党员费德海上去了，解放军战士刘子和、支书郑若和都冲上去了。这时冲锋号吹响，勇士们奋勇争先。敌人见无路可逃，只好打出白旗，缴械投降。

正在冀东前线战地采访的《晋察冀画报》记者吴群，亲历攻克昌黎的险境，他拍摄了一组《节断北宁路攻克昌黎城》的战斗纪实照片。《午夜从城东北角架梯登城的突击队》《冲向城内大街》《放下武器的蒋军官兵，从昌黎县政府自卫总部内被押解出城》等，选刊在《晋察冀画报》第20期上，极大地鼓舞了解放军指战员的战斗热情。

该组照片清晰度较差，这是受到客观条件的制约。午夜攻城本来就缺少光源，加上没有照明设备，摄影者吴群处于极为艰难的工作环境。吴群使用的是从战场上缴获的伊康泰120折合式相机，没有联动闪光装置，也没有镁光灯泡，只有随身携带的几小包镁粉，怎么能拍摄出夜间爬梯攻城的照片？刘大为、管桦、吴群商量着把镁粉放在了一个军用白搪瓷碗里，让通信员在身后斜举着。当调好相机光圈、焦距，按下快门的同时，让通信员用烟头点燃镁光粉，配合完成闪光拍摄任务。两人配合完成夜间摄影，除器材以外，还受诸多条件制约，困难程度难以想象。

吴群从战争中走来，又走进战争中。朝鲜战争爆发后，他两度入朝报道，拍摄了许多前线的照片。从全面抗战、解放战争到抗美援朝战争，走过了一个革命摄影工作者不平凡的战争历程。吴群热爱和关心中国摄影，是一名优秀的战地记者的同时，也是一名摄影史的研究者，长期从事摄影史料的收集整理及研究撰述工作。1984年他的摄影史专著《中国摄影发展历程》是开辟中国摄影史先河之作。关于这项工作，他在专著中精辟地写道："学习马克思列宁主义的历史学说，运用历史唯物主义的观点与方法，实事求是地汇集整理中国摄影史料，研究中国摄影事业的发展历程，总结历史经验，探索与展现规律，是摄影理论工作者的一项重要使命。"

吴群先生的好友龙熹祖在《主编吴群印象》一文中评述道："作为一位真正的学者和思想者，吴群的学术是他的生命和生活，血液与灵魂融在一起，而不是分离或是外加的，我甚至觉得学问与学术研究是吴群生活的唯一目的，唯一内容。"

图 9-17　解放军战士架梯登上昌黎城墙（吴群摄）

第十章 《救国报》风云

一、全面抗战中的《救国报》

报的性质,与记录的历史,尤其接近,由或种意味言之,亦可以说"报是现在的史,史是过去的报"。

——李大钊《报与史》

昌黎北部,碣石山西麓,柳河圈东沿,村庄众多,地势险峻,凤凰山、大平顶、老绝顶、天桥柱、碣石山、大小莲坨等群山环立。这里曾是晋察冀军区冀东军分区和中共冀热边区特委的机关报《救国报》的编辑部、印报所和收报台驻地。报社在这里隐蔽了两个半月,顺利完成了传递党中央和冀热边特委指示,鼓动人民斗志,打击和瓦解敌人的任务。

艰苦创业

报纸是中国共产党领导下的冀东抗日武装最早的文化宣传阵地。《救国报》又开冀东红色报刊之先河。1938 年 7 月,冀东地区 20 万农民参加的抗日大暴动,揭开了冀东抗日武装斗争的第一页。暴动失利后,党领导军民采取分散活动的方式,坚持斗争。1939 年 9 月,分散的抗日部队统一编为八路军第十三支队,并建立民主政权。

战事有了好转,战士们有了更多时间关心时事,学习革命理论。为了适应形势,适应抗战需要,冀东党组织决定筹备出版《救国报》。李运昌同志回忆:1939 年下半年,冀东党委在平西开了一次会,会议曾决定要创办一张党报。当时的宣传部部长是徐志(国荣),他派李杉(崔林)着手筹办报纸。李杉在遵

第十章 《救国报》风云

化卢各寨小学校以小学教员的身份做掩护，秘密进行报纸的筹备工作。1940年元旦，我党领导的在冀东出版的第一张报纸《救国报》，在冀东的土地上开始发行。譬如火种，立即在冀东各地传播，熠熠发光。

《救国报》初创之时，仅有社长崔林（李杉）、电台台长杜风（朱仁、冯国玺）、刻字员范捷民（齐树德）、通信员刘海山、印刷员刘敏（孔三华、严德成）、编辑丰原（李纹）等人。从卢各寨迁到鲁家峪，由原来的7人增加到四十多人。报社由秘密状态转为公开。报社在鲁家峪一分为二，驻扎在东峪（化名五合）的同志有李杉、丰原等22人。在北峪（化名江滨）的同志有杜风、范捷民、刘敏等19人。

形势在发展，任务在增加，人员、机构也在扩大。《救国报》由创刊时的1000多份，增加到3000份，后来又增加到5000份，由七日刊改为三日刊。即使如此，也不能满足广大群众尤其是基层干部的需求。他们不仅要求看时事新闻，而且要求能够读到与工作有关的文章和学习材料。因此，报社于1941年秋，又出版了一种通俗小报《老百姓》。这是一个八开版的油印小报，刊登一些时事解说、形势评论、政策解释、抗日英雄事迹以及歌曲、漫画、连环画等。这个通俗小报一出版，就受到广大群众的热烈欢迎。同时，也引起了敌人的注意，敌人曾经冒充《老百姓》或《老百姓》上经常发表文章、漫画的作者的署名，炮制反动宣传品，混淆视听。

因为报纸较好地发挥了团结人民、打击敌人的作用，1941年，在冀东区党分委领导下，又成立了一个"抗敌文化社"，翻印、出版一些政治、文化学习材料，编印一个八开两版的文艺刊物：《文艺轻骑队》。这年秋季，抗敌文化社结束了翻印、出版学习材料的任务，由《救国报》社负担起来。同时出版一种三十二开本的综合性油印刊物《国防最前线》，其编辑、出版等业务都由《救国报》社代管。

这个时期，报社的工作有很大发展，工作人员由草创时期的七八个人增加到四十多人。实际上，这时候的《救国报》已经成了报社和出版社的综合体。但冀东根据地以外的消息来源，始终是个亟待解决的问题。1942年初，军区司令部拨给其一部收报机，派来两名报务员，组成了报社的电台小组。这个极为难得的服务机构设置在鲁家峪以东的豹子峪。两位报务员只熟悉工作联络的发报业务，不知道怎样才能接收延安新华社的电讯新闻。他们一直在摸索、试验。可是直到1942年4月敌人开始进攻的时候，报社电台还没有收到新华社的新闻。

艰难的"反扫荡"

1942年4月，侵华日军在冀东开始第四次"治安强化"运动。4月30日凌晨，敌人纠集重兵，包围了鲁家峪东峪，并在大庄设立"扫荡"指挥部。从此，敌人开始了对冀东地区空前残酷地扫荡。

住在东峪的救国报社部、编辑组、第一印刷所和《国防最前线》的同志们，都被敌人包围在山峪里。大家按照惯常的办法隐蔽在东岭沟的报社专用的火石洞里。敌人对火石洞不敢进入，也不敢搜索，可是他们不予破坏又不甘心。在包围东峪的第三天，敌人先是朝火石洞里施放瓦斯弹，稍后又用炮弹把洞口炸塌。瓦斯弹没有伤害洞里的人，洞口坍塌却把大家封锢在洞里了。

东峪被围困的第四天下午，敌人忽然从山头上暂时收缩到鲁家峪大庄去了。老乡们立即抓住这个短暂的时机，火速集合了一批凿火石的能手，把被敌人炸塌的洞口全部扒开，被封锢在洞里的同志们得救了。入夜，由崔林同志指挥，利用敌人的空隙，突围脱险。在临时会议上，崔林分析，敌人的第四次"治安强化"运动开始了，报社不能在这里坚持下去。命令大家开始分散，保存实力。这次血腥的"扫荡"，鲁家峪抗日军民有180多人牺牲。《救国报》的三位同志牺牲了，他们是《救国报》创始人之一的刻字组长尹铭钰同志和广播抄收员冯国玺同志，这两位同志在遵化南部夜明峪突围战中献出了宝贵的生命。另一位是《老百姓》报的编辑布于同志（傅惠轩），他在与搜山的敌人进行搏斗时英勇牺牲了。

6月初，日军凶焰渐敛，崔林回到报社发祥地卢各寨附近，立刻召集同志，着手恢复《救国报》。又是七位同志，有刻字员、印刷员、交通员，还有两位收报组的同志。人数虽少，工作门类齐全，报社好像又回到了1940年的初创时期，不同的情况是，可以用新华社的新闻向冀东广大群众报告胜利的消息了。

两天后，《救国报》的复刊版同读者见面了。第一篇社论是崔林同志撰写的。社论分析了敌人的"扫荡"将被粉碎的形势，颂扬了冀东军民反"扫荡"的英雄气概，指出了今后对敌斗争的任务。报纸发到读者手里，读者把它当作反"扫荡"的捷报而争相阅读。《救国报》的复刊，也被当作敌人第四次"治安强化"运动被粉碎，抗日军民获得胜利的一个信号，极大地鼓舞着广大军民抗日的斗争意志。而延安新华社的新闻在《救国报》上出现，使人们扩大了视野，见到了整个敌后根据地的形势，见到了人民的天下。

《救国报》的滦东岁月

吃一堑，长一智。第四次反"扫荡"胜利了，但敌人还有可能搞"第五次""第六次"，根据本次反"扫荡"经验，报社的同志们开始思考，怎样在复杂环境中确保报纸不中断。经反复研究，报社决定跳出敌人包围圈，东渡滦河，在迁西滦河东岸的山区河南大峪一带继续战斗、发展。

果然，1942年9月到年底，敌人开展了"第五次治安强化"运动。在崔林同志的预见、动员之下，敌人的扫荡没有对报社造成影响。

在迁西河南大峪的日子，报社得到了极大的发展。从人员上，原陕西公学教务处长吕光同志到冀东地委任宣传部部长，曾任《晋察冀日报》编辑的顾宁同志（司马军城）被派来担任《救国报》的编辑。1943年夏，冀东地委又改为冀热边特委，下设五个地委。这时，崔林同志调到特委任秘书长，特委宣传部部长吕光同志兼任了《救国报》社社长。从出版物上，特委决定由五个地区分别出版《救国报》地方版：一地区委（1945年1月改为十四地委）在冀东西部，出版了《救国报滦西版》；二地区委（后改为十五地委）在滦河中游，出版了《救国报滦中版》；三地区委（后改为十六地委）在冀东东部，出版了《救国报滦东版》；四地区委（后改为十七地委）在冀东西南部，燕山之南，出版了《救国报燕南版》；五地区委（后为改为十八地委）在京山铁路以南，出版了《救国报路南版》。二地区委由于是特委和《救国报》社所在地，所以由《救国报》社兼做滦中版的编辑、印刷、出版工作。此外，报社还出版了《救国时报》，这个刊物刊载一些八开两版小报无法容纳的时事解说和论文。报社本身也撰写一些配合形势任务的文章，向各级领导机构提供时事宣传和时事学习资料。

除了正式刊物，1943年春，报社的一些同志组织起一个业余文艺团体，叫"铁骑社"，出版了文艺刊物《铁骑》，这个刊物大受军民群众欢迎，对冀东地区文艺活动的开展，起到一些积极作用，这件事，引起了特委宣传部的重视。

这年秋季，在吕光同志的倡议下成立了一个文化艺术性的群众组织："《新长城》社"，原来的"铁骑社"并入该社，出版文化艺术综合性的刊物《新长城》。虽然，《新长城》社和刊物《新长城》都不属于《救国报》社的组织、工作范围，但是，组织成员不少都是报社的工作人员，其编辑、出版、发行等工作，也由报社代理。此后，《新长城》取代了已停刊的《文艺轻骑兵》和《国防最前线》。这个刊物对于团结文化、艺术界的知识分子，起到了积极作用，并且推动了冀东地区的抗敌文化和文艺工作的开展。

从"丰滦迁"到"卢抚昌"的迂回

1943年10月，秋末冬初，报社与特委机关驻扎迁西东水峪与黄槐峪一带。东水峪化名"天津"，黄槐峪化名"北口"。由于"天津"代号暴露，10月6日夜，冀东的敌人共调集了迁安、金厂峪、罗家屯、太平寨、喜峰口、董家口、洒河桥等据点的日伪军5000余人，长途奔袭，从四面八方对长河川这个三角地带几十个村庄进行了包围。恰巧，敌人围攻的头天晚上，有十一团、三区队，还有迁青平基干队等主力部队和地方部队的四个连队来到周围，加上特委的警卫连，共有五个连的兵力。这天拂晓，有名的"天津"突围战打响了。我军的五个连队为了保护后方机关同敌人接了火。

经过一天苦战，五个连队共击退3000多敌人的几十次进攻，一直坚持到夜幕降临。特委机关干部在部队掩护下分别突围。10月6日的黄昏时刻，《救国报》社和电台，已随特委机关撤到了南山北坡的一个小村庄。稍做休息时刻，司务长和老乡为同志们准备好了干粮，有炒小米、炒栗子、核桃等。待每人装满米袋子后，接到命令开始从南山北坡上山。当爬到山顶时，警卫连的先头部队已经在山顶上像长蛇阵一样顺山向东北方向走出了几里地了，同志们跟随在部队后面爬山行军。在黑夜间，虽然有微亮的月光，但坑坑洼洼的山坡很难行走。周文彬、吕光两位部长的马也不能骑了，只有徒步行军，通信员牵着马向前走。大约2个小时后，先头部队的尖兵发现敌人正在南山坡向山顶运动，部队同敌接火了，并急速传令机关退入北山坡快速前进。这时部队一阵猛烈的火力，将冲向山顶的敌人打下去了，边走边打，枪炮声响个不停。当报社机关正在行进时，第二批敌人又向山顶冲锋了，突然前面喊道："带手榴弹的赶快上来！"一刹那间几十枚手榴弹甩向了敌人，把敌人压下山顶。这时枪声、手榴弹声大作，同志们急速跑步前进，冲出了危险地带。断后部队也同敌人边走边打，大约到了后半夜，长蛇阵似的队伍，才同敌人脱离了接触。根据特委指示，机关和部队行军一直未停，饿了吃口干粮，口干了喝口水，继续昼夜不停地行军。报社负责编辑出版《救国时报》和《新长城》的同志们和特委机关一起，经过三昼夜的周旋，才脱离了敌人宽达30里的包围圈，大致从下营北面迂回奔向长城，顺长城内侧经过建昌营、燕河营一带，穿过卢龙、抚宁两县之间，安全转移到昌黎北部柳河圈东边碣石山西麓的山沟各村庄。负责翻印学习材料的同志们，在一个连队的掩护下突围，转移到了关外热南地区。

第十章 《救国报》风云

根据特委的决定，由迁卢抚昌联合县精心安排，将《救国报》社和电台潜伏在昌黎北山的山沟村庄里，报社所属各单位正式安顿下来。陈大远和孔祥均同志同编辑组住在冯家山，电台住在焦家山，印刷所住在半壁山，三个村庄均隔山相望，成为掎角之势。因为这里地方工作较好，又是新区，敌人始终不太注意，报社在此隐蔽了两个半月，顺利完成了传递党中央和冀热边特委指示，鼓舞人民斗志，打击和瓦解敌人的任务。这时冀热边特委机关已经回到中部了。在这里的两个半月的时间，得到地方党组织和抗日政权的关怀以及群众的支持。

电台台长（组长）是阎庄华（阎玉璞）同志，报务员烈华、西华、生华（三元）等同志，译电员王振邦、刘保民、张云峰等同志，隐蔽在这里的八路军报社电台，代号叫"星火部队"，专门负责接收新华社电台的电讯。在两个半月中，又调来了刻字员王和凤，译电员张书元，报社的力量加强了，较好地完成了收报、译电任务和报社编辑组出版《救国报》和《新长城》杂志的任务。

焦家山，离西山场主村还有三里地，这里住着焦姓一家人，老大焦如山，老二焦如海，老三焦如兴，老四焦如江。老焦家是普普通通的果农，也是虔诚的天主教徒。一到主日，一家人就去经堂念经、祈祷。老焦一家虽算较殷实的大户，但他们同情八路军，反对日本侵华战争，很快成了八路军的堡垒户。二儿子有个日本名字焦边多碌，在昌黎县城汇文中学上学，还经常跑家，带来一些城里的消息，同志们有一次同他闲谈，问他："你为啥起个日本名字？"他说："那时特务汉奸横行霸道，为了不受欺负，才起了一个日本名字叫焦边多碌，以便上学安全。"焦家东院有7间房，西院有3间房，电台的八路军就生活在焦家，电台设在距离焦家约2华里的罗峪深处。

电台为了隐蔽和保密，刚转移过来从不出门，所有的联系都靠地下党传递情报。这时，焦家就成了电台的"后勤部"，特别是焦如海，帮助八路军管理粮秣等一些后勤物资。当时焦家人为了物资的隐蔽和八路军的安全，就在附近的山上挖了大小不等的3个山洞。靠近焦家山的第一个山洞为石板洞，洞口仅能容纳1个人钻进去，但洞内却较宽敞，人藏进去后用石块、葡萄秧子堵上洞口，很难被敌人发现。第二个山洞是在一天然巨石下抠出来的，洞内空间巨大，能容纳50余人。第三个山洞在第二个山洞以北约500米的地带，因地形优势，更加隐蔽，电台八路军战士、伤员都在此躲避过敌人的搜山。

如今，八路军电台遗址依然静卧在西山场村东焦家山东北方向的罗峪深处。电台原址为约10平方米的山坯房，是从较高的山体内抠出来的，为半洞半房的建筑物，门外是一个小小的台阶。因年久山水冲刷，几近坍塌，后来原址得以修复。修复后的八路军电台遗址，基本保持了原貌，房高2.4米，面积约15平方米。

  报社的电台每天接收电讯，记录新闻，用纸特别紧张，而纸张也是战略物资，很不好采购。焦如海得知情况后，找到电台组长，说要进城给电台买点纸来。组长很是为难，生怕焦如海出现意外。但看到他信心十足，便答应了。第二天一大早，焦如海摸着黑，赶着小毛驴，驮了两驮子黑枣，顶着寒风进了昌黎城。到了昌黎城里，卖掉黑枣后，他找熟人买了一驮子纸。经过伪装，想趁晌午人少时从西门混出城。不想，驮子里的纸张被巡逻的宪兵发现了，问他为什么购买这么多纸张。焦如海回答家里学生多，用纸多。又问他就是家里有学生，怎么用得了这么多纸。任凭焦如海怎么解释，宪兵依旧怀疑，最后把他连驴带纸一起带往宪兵队，准备交由宪兵队处置，事态变得非常严峻。巧得很，在焦如海被带往宪兵队的半路上，遇到了村里具有一定威信的女教师潘玉珍。潘玉珍说焦家代代都是大老实人，他们绝对不会做出过分的事情，请求放人，她可以为焦如海作保。宪兵还是不相信，非要潘玉珍的校长也出面作保。无奈，潘玉珍找到学校白校长，白校长以学校名誉做出了担保，焦如海才得以安全脱险，顺利为电台采购到重要物资。天黑后，焦如海才回到焦家山。

  1943年12月底，新年前夕，冀热辽特委和司令部，以电报通知报社，因敌情有变，命令报社和电台全体人员立即返回冀东中部地区与特委机关会合，同志们也得到地方党组织的通报，说敌人有出城行动的迹象。因此，迁卢抚昌联合县派地方武装一个连队，护送救国报社机关和电台向中部地区转移。报社接到命令后，立即收拾好一切，整装待命出发。一天夜间，报社在部队的护送下出发，奔向冯家山集合，拂晓时，刚到冯家山就遭到敌人的突然袭击，先头部队在冯家山的北山头与敌人接火了。部队的一个排与敌人争夺山头的制高点，枪炮声、手榴弹声响个不停，展开了激烈地战斗。报社机关跑步向山沟里迂回突围，边打边撤，终于在部队的掩护下突出了重围，机关里除烈华同志的手被子弹打伤外，其他人未受任何损失，但作战部队却有21名战士英勇牺牲，献出了宝贵生命，报社所有同志听到这个消息都陷入悲痛之中。

  经过部队护送，报社终于在傍晚从昌黎北山东北部辗转突出了重围，彻底脱离了敌人的包围圈，连夜不停地向西部行军。第二天晚上，就到达了丰滦迁联合县交界处的东、西莲花院，上、下水路一带，同冀热边特委机关会合。从此报社、电台和机关又在一起工作和活动了。

二、像对待"谷壳"一样认真——编辑孔祥均

《救国报》社在滦东碣石山下的日子里,在一起生活、工作的编辑陈大远、孔祥均结下深厚的友谊。很久以后,陈大远在日记中这样写道:"党号召学雷锋,我积极响应,可是总觉得雷锋离我稍微远一些;上级提倡学王杰,我遵照办理,可总觉得只能以文为据。而最值得我学习的祥均同志,却每天在我身边,看得见、摸得着,他的优良思想、作风是具体而生动的。"

对事情像对待"谷壳"一样认真

1943年春,《冀东救国报》社社长李杉同志告诉陈大远,孔祥均同志将要调到报社来工作。陈大远从李杉的欣喜之情可以肯定,他是见过孔祥均的,而且有个很好的印象。他向李杉打听这位即将并肩战斗的同事是个什么样子,李杉稍稍考虑了下说道:"我可以说个例子,孔祥均同志每次从饭碗里拣出一个谷壳的时候,总是小心翼翼地丢在桌子上,好像怕把它掉碎一样。"

半个月后,孔祥均来了,他确实很像李杉讲的小心翼翼拣谷壳的人,沉静、老实、幽默、做事认真,对待任何一件小事,总是像对待谷壳一样负责。由于他有这些特点,加上他年少老成,虽然只有20多岁,看上去却像30多岁的人,所以大家几乎从第一次见面就称呼他"老孔"。这以后的30多年,老战友们一直这样叫他。"祥均"之名,只有在写信、填表的时候才会出现。

生活曲折线

孔祥均是湖南长沙人,早年丧父,在长沙上中学时,喜好文学,好读小说和报纸杂志。那时,他很关心时局和国家大事,是一名有思想、有志气的爱国青年。1937年卢沟桥事变后,日军大举入侵,大片国土沦丧。孔祥均目睹此状,义愤填膺,决定投笔从戎,来到延安。当时抱着抗日救国的心愿,进入陕北公学学习。不久,便参加了中国共产党,之后又被组织送入当时刚成立的中共中央马列学院学习,这是一个培养党的理论宣传干部的学校。他学了一年半之久,毕业时他要求到敌后抗日民主根据地工作,到最艰苦的地区去工作。当时他还提出到胶东或冀东地区去工作。他说这样选择是感到这两个地区是敌后地区,

斗争比较残酷，可以很好地锻炼自己。没想到他在去胶东地区的途中，在路过封锁线时，受到敌人伏击，他同几个同志一起被俘了，因始终未说自己的真实身份，被敌寇送到东北煤矿当劳工，吃了不少苦头。1943年春，他同几个难友，终于设法逃出了这个吃人的魔窟，又经历了无数艰险，孑身一人辗转到冀东地区，找寻抗日的组织。本以为到了根据地，可以松口气了。谁想到又被乡民们误认为是敌探，差一点被处决，后来总算把敌探疑团消除了，留在县里帮忙做点工作。

孔祥均写过一篇自述文章，题目叫作《生活曲折线》，大概五六万字，记述的就是从延安到冀东的颠簸旅途。孔祥均与同事闲谈："当初想来冀东，组织上派他去了胶东，经过千辛万苦，又从敌人的远后方来到了这个国防最前线。这也许是命中注定吧。"

在工作中坚持真理

生活已然不易，在复杂环境中坚持真理更加困难。

抗战胜利后《救国报》改为《冀东日报》，孔祥均任总编辑。

在同志们当中，他是一个很好的合作者，得力的同事，他的优良品质光辉熠人，他为人忠厚纯朴，对人真诚，在处理工作上严肃认真。在当时的报社中，他是工作最勤奋的一个，威望最高的一个。当谈及孔祥均，人们的评价大都是，他稳重、有力量，有坚持真理的意志与品格。

1946年，在中央统一部署下，冀东解放区也开始了土改试点工作，报社组成了以孔祥均为首的土改工作队，就近在该村发动群众进行土改。当时东营村有位老大娘，在全面抗战时期，给八路军搜集慰劳品很积极，是个拥军模范，但因她摊派一些土特产品，如花生、枣子、白薯之类的东西时，性情急躁，工作方式简单生硬，不善于说服动员，因而得罪了一些群众，以致在个别坏分子的煽动下，要把她打死。此事发生后，孔祥均就布置工作队的同志，深入群众，进行认真的调查研究，并根据查出的真实情况，对群众进行耐心说服。结果不但保护了那位大娘，也揭出了坏分子，并把群众的斗争目标引入了正确的方向，使群众真正认识了党的土改政策。在这次土改中，孔祥均受到了当地群众的拥戴。

随着土改的深入，冀东出现了一些"左"的错误，开展起"查三代""搬石头"的斗争，把近300名党员干部当成"石头"给搬掉了。本来这一斗争，区党委内部就存在分歧，《冀东日报》的党员干部小组就进行了强烈的抵制，孔祥均同志就是核心成员之一。正因如此,原总编辑孔祥均被拉了下来,降为副总编。对这样的调动,孔祥均服从党的分配,毫不计较职位的高低,照旧安心工作。后来,冀东党委重新改组了报社,并宣布孔祥均任报社编辑部长的职务,继续领导报社的编辑工作,受到了报社全体同志的拥护。

1947年,国民党军队在美军的纵容、支持下,对冀东解放区疯狂进攻,发生了中外震惊的"安平事件"。军调处执行小组的美方,以貌似公正的面目进行调停,实际上为国民党进行辩护。为揭露这一事件的真相,区党委指派孔祥均和戈原同志以新华社记者的身份前往采访。经过不断深入地调查,向新华总社发了许多用第一手材料编写的新闻,及时地揭露了美蒋进犯我解放区的阴谋,有力地驳斥了美蒋对这一事件散布的种种谬论,取得国内外舆论的支持。孔祥均为报纸撰写的文章,从来是有材料,有观点,言之有物,有的放矢。读后,使人获益匪浅。

在战争年代,孔祥均艰苦朴素、严格自律,家产唯有一匹老马和一件皮大衣,这是组织分给他的战利品。在报社转移的途中,他不是将马让给伤病号,就是让给女同志。那件皮大衣,他也不舍得穿,不是让勤务员穿,就是让身体怕冷的同志穿。后来,天气暖和了,棉衣也穿不住了,一些同志没有单衣,正逢秦皇岛解放,接收了一大批物资。组织决定在夏天到来之前每人发两身灰单衣。孔祥均惦记远离机关去外地参加土改的同志,派人去为这些同志量体裁衣。参加过土改的同志,每当回忆起这些事就心潮澎湃,终生难忘。这一年秋天,大雨,冀东遭受了水灾,党和政府号召机关干部节衣缩食,支援灾区。那时还是供给制,有什么可捐献呢?两袖清风的孔祥均把那件皮大衣献给了灾区人民。

1958年,孔祥均因拒绝"放卫星",坚持实事求是报亩产,被斥为右倾保守,但他没有屈服,进行了一场持续两年的斗争。他按照党章规定,给上级党组织写了一封信,如实反映下面存在的浮夸风,并为自己的观点进行辩护。1960年,被调到省委机关工作的孔祥均,带队到自己曾经奋战过的昌黎县整风整社,亲眼看到"左"的错误倾向给农村带来的灾难。为了党和人民的利益,他挺身而出,给市委和省委写了一份农村情况汇报材料。就是这样一份实事求是的材料,却被污蔑为"老右倾"的"证据"。随着"左"倾愈发严重,孔祥均遭到了另一种指责,将这封信说成是"反党行为"。陈大远与孔祥均最后一次见面已经是十年后。孔祥均在天津参加"造反派"办的学习班,却被另一波"造反派"赶了出来,路过北京时,他看望了老战友陈大远。第二天分别时,陈大远望着远去的孔祥均,总觉得有一种"风萧萧兮易水寒"的味道。

此后,陈大远四处打听孔祥均的消息,可惜消息闭塞,对其祸福,一无所闻。大概是1974年夏天，孔祥均突然出现在陈大远家中，他又黑又瘦，是一种长时间的病态。他没有躲过挂牌子、戴高帽、架喷气式的凌辱和无情的轮番批斗，并患上胃出血、冠心病、体质虚弱等病。但孔祥均兴奋地说，他的"案子"冷下来了，来回来去都是那封没什么问题的信件。是啊，在战争年代出生入死，在建设年代坚持真理，如实向组织反映个人看法，这不就是一名合格的共产党员吗？临别，陈大远劝孔祥均好好休养，留得青山在，才能继续为党工作。可是没想到，这一别却成了永别。

1976年，唐山大地震，孔祥均与妻子田涓双双遇难，孔祥均的"生活曲折线"到了尽头。得知消息，陈大远想到在昌黎凤凰山，两人在夏夜的葡萄秧下促膝长谈的情景，唏嘘不已。在日记中留下一首小词《夜游宫》。

> 一世情怀似水，
> 路漫漫颠连千里，
> 肝胆照人引知之。
> 众妖生，
> 黑成白，
> 人做鬼。
>
> 大厦忽倾圮，
> 君杳矣得绝天坠，
> 苦雨晴道如咫。
> 害已除，
> 魂何处，
> 归来否！

追悼会上，组织为孔祥均平反昭雪，那份迟到的赞誉令参加葬礼的老战友们唏嘘不已。老战友、老上级白芸同志为孔祥均撰写挽联："你在工作中坚持真理、坚持原则、坚持斗争，是反潮流战士；你对党、对国、对人民忠心耿耿，无私无畏、鞠躬尽瘁，是战斗的一生"，这段话是孔祥均曲折人生的生动写照。

三、碣石奏响大风歌——编辑陈大远

在北京八达岭陵园，埋葬着曾在冀东与滦东文化宣传战线携手抗战的三位好战友。他们是陈大远、管桦与刘大为。三块墓碑环绕一座小山，形成了一个"金三角"，就像他们生前的关系一样牢不可摧。在一块与山体契合的自然石碑上，刻有陈大远与救国报社战友，他的妻子红叶的名字。如今秦皇岛、唐山两市的文化宣传工作者大多不知道他们，但在老一辈人的心中，他们都是响当当的革命者，冀东文化宣传战线的开拓者与优秀代表。陈大远、管桦与刘大为三人都生于冀东，也都曾在抗战中转战滦东。管桦与刘大为是尖兵剧社的骨干，曾在昌黎县路南的村庄进行抗战文艺宣传。陈大远则是《救国报》的编辑，驻昌黎县北的碣石山区，负责抗日报刊的刊印出版工作，对刚刚建立的滦东根据地的抗日宣传战线的开辟起到了重要作用。

陈大远（1916—1994）笔名大风、胡青，河北丰润人，中共党员，中学毕业。历任《救国报》刻写员、编辑，冀东新长城社理事及编辑，长城皮影社指导员，《冀东日报》编辑部部长，《唐山劳动日报》社社长、总编，唐山文联主任，中共唐山市委宣传部副部长，河北文联副主任，中国驻丹麦大使馆文化委员，对外文委三司副司长、研究室副主任，文化和旅游部对外四司负责人，中国展光公司负责人。

陈大远的滦东回忆

1943年10月，驻扎迁西东水峪与黄槐峪一带的救国报社被日伪军发现。我保卫部队与敌发生激战。报社经过三昼夜的周旋，才脱离了敌人宽达30里的包围圈，顺长城内侧经过建昌营、燕河营一带，穿过卢龙、抚宁两县之间，安全转移到昌黎北部柳河圈东边碣石山西麓的山沟各村庄。

三个月后，冀热辽特委指示报社西进丰滦迁。报社的两个单位——收报台与印刷所从相隔高山大岭的焦家山、半壁店集合到冯家山，准备在地方部队41名战士的护送下，经凤凰山、滦河岸边的鸡公村，然后与特委会合。然而，正当报社的同志们要从冯家山启行，日伪军却来突袭。为了掩护撤退，护送部队牺牲了21名战士。

关于冯家山一战史料记载甚少，因为当时报社的同志都已经撤离，没人目睹或记载战斗的实况。从牺牲人数上看，我方护卫部队牺牲的人数占总人数的一半，说明这是一场恶仗。经多方寻找，我们能从陈大远的日记中了解战前、战后的概况，从侧面了解这场战事的惨烈。

"1943年12月某日，我们有21位战友，在冯家山遭遇战中，用自己的鲜血，保卫了我们的生命，保卫了党的报纸，保卫了抗日的宣传工作。战斗之后，我们从滦河东岸来到还乡河边，环境稳定了，心情冷静了，自然而然地、一次又一次地回忆着这些战友。由于我没见过他们，所以他们的形象总是抓不着，摸不到,想象不出,我怀着'生生死死无凭据'的负疚感,写下一首短诗:山中闻敌怒干杯,弹雨蝗群扑向谁。生命交流人未识,青松堆雪白云飞。"

山中闻敌怒干杯

12月的一个大雪的午后,报社的同志齐聚冯家山,准备稍后转移。在这里的两个月间,陈大远所在的编辑社与村民建立了很好的关系。报社接到西去的命令后,房东已经多次摆酒送行。这天,临别的中午,陈大远托老乡买了几只鸡,打了两瓶酒,一来向房东辞行,二来让两个月来分散工作的同志有一次愉快的聚会。

担负护卫报社转移任务的苗排长也从他的驻地,相距不足百步的金家山来了,应报社邀请参加这次在滦东的最后的午餐。

苗排长的真实名字已经失去考证,唯一被人所知的是他隶属于在滦东令日军闻风丧胆的高恒连队。陈大远说:"苗排长体格魁梧,谈笑风生,一看上去就知道他是一位久经战伐、机智果敢的指挥员。这一点,从他的语言里,他的眼光中,从他那敏捷的动作里,都可以体会得出。"高恒连队刚刚建立的时候,缺少武器,有些战士只分了几颗手榴弹。他们向上级提出补充武器的要求,上级说,武器都是从敌人那缴获来的,要勤于向敌人伸手。这话提醒了他们,经过缜密的调查研究,他们决定夜袭滦县偏凉汀火车站上敌人的军火库。他们巧妙地完成了这个战斗计划,缴获了30多支大枪,5挺机枪和2门六〇炮。这场不费一枪一弹的战斗,就是由苗排长指挥、11名战士参加来完成的。从此,"十二勇士巧袭偏凉汀"的故事就流传在群众的口中。加上另外几次奇袭和伏击,高恒连队获得了群众命名的"英雄连"的称号。

酒过半旬,放哨的老乡传来消息,北山上发现了几十个便衣。便衣?敌人从没穿过便衣。自己人?没有敌情为何上山呢?苗排长笑着判断说一定是敌人,为了监视情况,又不误吃喝赶路,索性把小桌子也搬到院子里的雪地上。同志们端着酒杯,站在比较隐蔽的地方,眼睛都望着北山。

突然,山上的便衣发现了众人,向房屋这边开起枪来。枪声,使群众有了准确的判断,他们是敌人。苗排长的两条浓重的眉毛动了动,眼睛里射出愤怒的光芒,举起刚刚倒满的酒杯,朝着大家说:"雪地枪声,正好下酒,干杯!"随后将杯中之酒一饮而尽。他又说道:"你们朝南山转移,我马上去教训他们一下,三杯下肚,也好厮杀。"陈大远觉得苗排长很有点"风萧萧兮易水寒"的壮士风度,所以又给他倒满一杯,说道:"劝君更饮一杯酒,不破楼兰誓不还。"

苗排长笑了笑，一饮而尽，向报社一行敬了个军礼："南山上见，集合地点凤凰山。"说着，他那健壮的身影，急速地消失在大门外的枣树丛中。

弹雨蝗群扑向谁

报社一行人背起早已准备好的工具和行装，在敌人的枪声渐渐稀疏的时候，拉着距离走出村庄，踏上有三四百米宽的开阔雪地。这片雪地上连一条能够隐蔽的壕沟都没有，只是偶尔有几株堆着积雪的青松，但是它们对报社的安全不能发挥任何作用。银光闪烁的雪地，把20多人的身形和步态，十分清晰地暴露在敌人眼前。突然，敌人的几挺机枪，一起朝着报社射击，子弹从同志们的头上划过，不间断地在耳边飞鸣，在脚跟扑落。子弹像密集的蝗虫一样，追随在大家的身前身后。晶莹的白雪，也给敌人造成困难，他们看不到子弹落在地上的烟尘，难以校准射击。

当跑出有100多米的时候，西北方向忽然响起另外一种枪声，苗排长的战士们以神速投入了战斗。敌人的机枪立即改变了方向。枪声像两股潮水在冲击，有时还夹杂着炮弹的爆炸声。鏖战中，报社一行从危急中脱险，一进南山，就发现了敌人看不到的山沟，陈大远带头从山沟里爬上山顶，坐在山顶上裸露的石块上观察战斗的情况，等待着战士们胜利回来。没有人知道战场的变化，枪声在一阵激烈的吼叫之后渐渐寂静。大家想，战士们一定是在杀伤敌人之后，结束了战斗，撤离了前线。可是却不见有人归来。

大约一个小时后，陈大远发现山下走着三个人，身着军装，两个搀一个，艰难地向山上走来。来得切近，陈大远几乎吃了一惊，被搀扶的人正是那位豪气袭人的苗排长。众人立即跑下去，把苗排长背上山顶，他的臀部被敌人的炮弹掀掉一块肉，鲜血从撕烂了的棉军衣里浸了出来，滴到洁白的雪地上。他躺在一块平滑的石板上面，急不可待地问："报社没受什么损失吧？"

"没有。"

"好极了。"他有了一丝笑容，可是又立即把笑容收了回去，向搀他上山的两位战士下了命令，"马上，马上去联络，告诉同志们，我在南山，让他们到凤凰山集合。快，快！"他的语气里，透露出不大吉利的预兆。

苗排长目送两个战士走下山去，闭了闭眼，休息了几秒钟，头上冒出豆粒大的汗珠，激动地说："我，老苗，经过了多少战斗，从来没打过这样的窝囊仗……我，犯了错误，可是算完成了最主要的任务。"人们围着他，说不出话来。同志们不愿意在战斗的时刻表现出丝毫的怯懦，但是，终于流下了眼泪。

苗排长看着大伙笑了，摆摆手说道："别难过，战争有胜有败，但是却没有悲伤。"

大概半个小时之后，又来了几个战士，有的用裹腿挎上了胳臂，有的用衬衣包上了头部，有的用一根树枝支撑着受了伤的大腿。苗排长用十分激动的眼光扫了他们一下，再一次发出命令："没挂花的同志，赶快给我回去，要跟所有失散的同志取上联系！"

看来不会再有什么人来了。大家决定从就近的老乡家里找一块门板，把苗排长抬到凤凰山去。但是他坚决拒绝了，说："败兵之将，没权坐担架，走！"所有人对他这样坚强刚毅的人是无可奈何的，只好搀扶着他前行。他在夕阳的余晖下，忍受着难以忍受的疼痛，走向了凤凰山。

生命交流人未识

凤凰山是一个花果之乡，春夏秋三季，都是充满诗情画意的风景区。报社一行第一次来到这儿，恰好是大雪后的冬天。不过他们发现，即使寒风冻雪之中，这里也向人们显示出银山琼树的千姿百态。

地方的同志给报社的同志安排了住处，给苗排长和受伤的战士们找来医务人员，进行敷药包扎。陈大远等几个人没进自己的房间，一直守护在苗排长的身旁。这时，陆续从战场上回来的战士，向苗排长报到。据战士们报告，见到了十几个牺牲者的尸体，已经委托老乡们掩埋了，还有七八个同志没有找到，估计，他们已经不在人世。这样的消息，几乎使苗排长发怒了。

"去，给我去找，找不到活人，要找到死人！"

苗排长的愤怒语言，是他内心极度痛苦的流露。

陈大远等报社的同志想安慰苗排长，却已无言，只机械地说这样的一句话："请你不要难过！"

陈大远在日记中写道："想找些适当的词句使他得到安慰，但是我们这些做宣传工作的人，到这时才发现自己是那样的无能，仿佛我们失去了智慧，暴露出愚蠢的本相。我们这些人里，有的是诗人，可以写出几十行的长诗，韵味无穷、动人心魄；有的是散文作者，可以下笔千言，搜索出天下最美的字句；有的当过演员，可以用最优美的语调，引出观众的喜怒悲欢。可是，这些人都变成了痴呆的木鸡，好像一切语汇都离开大脑的记忆，被埋葬在银山琼树的深沟大谷中。"

苗排长看着大家的窘态说："你们都安全，我比什么都高兴，假如你们有一个同志牺牲,那我的痛苦是一辈子也填不平的啊……"他的眼里浸出泪水,却又用极大的毅力把它收回。他的脸上滚着晶莹的汗珠,身上有些微微的抖动。

少时,去联络失散的战士的人,包括几个地方工作人员,陆续回来了。他们向苗排长证明,20个同志,牺牲了。

"好啊……"苗排长咬了咬嘴唇,"我的一排人,敌人给我吃去一半,我的一排人……"他几乎吼叫起来:"我的一排人……"

所有人都料到此战牺牲很大,但是,总还存有万一的希望。现在,这个希望彻底破灭了。1943年最后一次圆月,从焦家山的山头爬上来。它像往常一样,对这烽火连天的世界进行窥探。凤凰山、冯家山也一如往常,沉在清寒的月色之中。可是今天,在这里又沉着21位不知道姓名的战友,在这里又有几十个被痛苦折磨得难以入睡的人。

第二天,另一支一百多人的部队,主动要求护送报社到河岸边的鸡公村,去同高恒连队会合。陈大远劝苗排长留下来,根据报社收报台的同志说,焦家山的老乡很好,沟岔很多,宜于隐蔽与转移,建议苗排长到那里去疗养。

苗排长说:"不,我的任务还没有最后完成,我要把你们亲自交给高连长,而且我请求他,亲自惩处我这个断送了荣誉的人。"他指定两个战士,准备担架,命令没受伤的同志轮流换班,把他抬到高连长的指挥部。

青松堆雪白云飞

在报社从凤凰山开往鸡公村的途中,又经受了一场雪后的酷寒。苗排长身穿来不及完全缝好的军装,一条破旧的棉被,难以阻挡酷寒的侵袭。他在剧痛的煎熬下,几次晕了过去。同志们走到他的身旁,利用清冷的月色观察他的动静,觉得再也不能依从他的意志,要使他马上获得休息。报社在距离鸡公村不到5里路的一个村庄停下来,把他寄存在老乡家里。剧痛的阴影,在他的脸上、身上忽隐忽现,徘徊不去。他已经不大能够顺利地讲话,只用一种无可奈何的神情望望大家,握住陈大远的手,表示祝福报社的同志们一路平安。

不久,报社来到鸡公村,见到颇有传奇色彩的高恒队长。由于报社的转移,使他失去了21位经过多次战斗考验的战士,给他们这个英雄连队蒙上一层失败的尘垢,他们会用什么心情来接待报社呢?苗排长说过,他要请求高连长给予严厉惩处,这可能是他的极端痛心的表露,但毕竟是打了一场"败仗",高连长会用什么态度对待这位失败的英雄呢?报社的同志们感到负疚,好像欠下了这个英雄连队一笔没法还清的生命之债。

当高恒与报社的同志见面时，他像是不知道这场战斗的胜败一样，像是迎接久别的亲人一样，像是一位兄长看到受了委屈的弟妹一样，大说大笑、问寒问暖，把同志们扶到热炕头上，端来事先准备好了的枣茶。高恒同志的热情，更增加了大家内心的痛苦。陈大远迫不及待地把冯家山战斗的情况告诉给他，并且特别把苗排长英勇作战、舍己救人的高尚品德做了一番描写，以便苗排长免受不必要的处分。

高恒同志毫不在意地说道："我们早已知道了，今天早晨，苗排长派专人送来报告。这没什么，你们万万不要为这事难过。有人说，我们这个连队是常胜连，其实哪有那么回事。"他仿佛觉察了同志们的心情，又补充说道："老苗不愧是英雄排长，他的任务完成得好，虽然受了一点损失，但是应该得到嘉奖。"

高恒讲了许多连队的战斗故事，有胜利，有失败，有的仗打得血肉横飞，有的仗打得幽默可笑。同志们体会到，他是想用这些故事驱散一行人脸上的阴影。

在鸡公村住了一夜，第二天傍晚，高恒连队继续护送报社西行，每次行军都是走过二十几里就宿营，一共走了5天。第五天，由于进入老区，环境空前稳定，傍晚就到了特委宿营地——丰滦迁的赵庄子。

报社的同志挽留高恒同志和他的连队多住几天，以便有机会对他们做一点微小的报答。特委秘书长李杉同志，宣传部部长吕光同志，都要求他们住下来，过了元旦再回去。显然，特委已经知道了冯家山战斗的情况。

但是，高恒同志和他的战士们，连为他们准备好的房间都没进。高恒同志风趣地说道："我们已经完成了任务，不但不能在这儿过元旦，而且不能住一夜。假使我决定住下，战士们会把我当作一只虎不拉抛弃。"说着大笑起来。

尽管费了千言万语，几乎是含着眼泪苦苦央求，但是没有发生一点作用。随即，高恒同志向连队下了命令：

"集合，准备出发，今天的宿营地，鸡公村！"

护送报社走了5天的行程，高恒连队要连夜走完。或者说，高恒连队一夜的行程，却让报社走了5天。在一种怜惜、激动的情绪里，陈大远也感到一些安慰。明天，苗排长就会跟他的战友们会合了。

连队出发了，当先头部队已经出村的时候，高恒同志向报社众人说："胜败乃兵家常事。但是，我们要避免失败，争取胜利。已经丢掉的东西，要加倍地找回来。明天，我们就要向敌人去祝贺元旦。"1943年的尽头，人们准备欢送旧岁、迎接新年的时候，这个英雄的连队在陈大远等同志的注视下，走上了战斗的路程。

<<< 第十章 《救国报》风云

在烈火中重生

报社迁至丰滦迁联合县北部后，东水峪北出长城的同志也来到这里，全报社的人员又会合了。在这个春天，敌人又多次奔袭，报社都安全转移。只是被派往四区的顾宁（司马军城）同志，在新的岗位上工作了仅仅3个月，在丰润区白官屯突围战中英勇牺牲了。救国报社社长吕光同志为了悼念这位亲密的战友，用鲁迅《惯于长夜》的原韵写了一首诗，发表在顾宁同志曾为之付出心血的《新长城》上：

    正当绿柳迎春时，噩耗惊心颤发丝。
    伤友岂宜洒热泪，雪仇应待搴敌旗。
    一朝雄师缚厉鬼，三军壮歌作哀诗。
    俯首停笔无由写，任他东风弄征衣。

然而仅仅半年后，救国报社在丰润杨家铺被日伪包围，特委宣传部部长、社长吕光同志也牺牲了。一同牺牲的报社的同志还有《救国报》创始人、第一任社长，特委秘书长李杉同志；《救国报》创始人之一，报社通信员刘海山同志；报社收报员烈华、生华同志。

这是黎明前的艰苦时刻，杨家铺突围战之前的历次反"扫荡"斗争与其他战斗，报社已经牺牲了太多优秀的同志了。总务科长寒潮同志和张西庆同志，印刷所所长刘敏，即孔三华同志，采购员尹田同志，刻写员育才同志，印刷员石方同志，通信员张书元同志，都相继献出了生命。

这次损失尤为严重，报社失去了主要领导。为了坚持报纸的出版，报社的同志又回到了鲁家峪东峪，这里还是没有恢复的劫后焦土。很快报社又重新运作了起来，出版了《救国时报临时版》等刊物。

报社处于极其困难的状态，12月初的一天，冀东区党委书记兼司令员李运昌同志派遣交通员给陈大远（时任编辑组组长）送来一封信。

这封信已经遗失。

大意是：陈大远同志并转报社全体同志，你们在困难的情况下，坚持了党的宣传工作，特向报社全体同志表示慰问。希望再接再厉，把党的宣传工作做得更好。关于报纸的具体工作，最好请陈大远同志到我这里来一趟，以便商定今后报纸工作计划。

这封信对刚刚遭受重创的报社的意义是决定性的。它意味着军区对报社的工作是肯定的，对报社面对的问题是关注的，对继续办报的信心是坚定的。还有一个重要的信息，就是陈大远同志将作为《救国报》报社新的领导者主持报社的全面工作。

第二天，陈大远按照李运昌同志告诉的地点，去向李运昌同志汇报了工作情况，并听取他的指示。李运昌在听了陈大远的汇报之后，对报社工作提出三条指示。

第一，报社不要只有鲁家峪一个活动基地，要尽快物色、建立第二个活动基地，最好要有三个基地。狡兔有三窟，那就灵活主动了。敌人虽然临近失败，但他不会甘于失败，如果敌人进行"扫荡"反扑，有三个基地就可以自由转移，报纸宣传工作就不会停顿。

第二，同志们既要在困难条件下坚持党的宣传工作，又要把同志们的生活在可能的条件下搞得好一点。比如，能否在驻地附近种点菜，甚至种点粮食？如果可以，不但同志们在脑力劳动和体力劳动上有所调剂，而且可以吃到一些新鲜蔬菜，增加一点粮食，改善生活。

报纸工作不适宜长期游动，因而一遇敌人"扫荡"就会感到体力不够。因此，也可在条件许可之下搞点体育活动，打打拳，做点体操，如有可能，搞搞乒乓球运动。这样就可以增强大家的体质，适应游击生活。

陈大远把这三条指示传达给所有同志，大家受到了极大鼓舞。经过讨论，由白光同志和总务组的同志进行踏勘，选定马蹄峪作为第二个活动基地，兴城附近，作为第三个活动基地，并营建了秘密地下工作室和印刷物资的储存。报社同志们进行了开荒种地，实行增产节约运动，适当地改善了生活。锻炼身体的活动也有了一些新的开展。

1945年是个不平凡的一年，抗战取得了胜利，冀热边区特委改为冀热辽区党委。《救国报》也完成了自己全面抗战的历史使命，相继改为《冀热辽日报》《长城日报》《冀东日报》。陈大远则作为总编辑负责报社的业务工作。

翁媪相携度余生

陈大远忠于事业，也忠于爱情。

20世纪50年代初陈大远调离唐山，先后任河北省文联副主席，文化和旅游部和对外文委的司局级干部，中国驻丹麦大使馆文化专员。为了便于照顾残疾的妻子，他再没担任驻外的职务，最后在中国对外展览公司经理的岗位上离休。

陈大远的夫人红叶，是个八路军女战士，两人在《救国报》报社成为革命伴侣。红叶在战争年代两条腿被日军打伤致残。后来又罹患其他疾病，及至老年，生活已不能自理。自身也患有肺气肿等疾病的陈大远，在承担繁重工作的同时，还要担负起照顾夫人，操持家务的生活担子。但他心甘情愿、无怨无悔。他说："对于老伴这样不幸的人，我不管遇到多少困难，付出多少劳动，受到多少讥讽，忍受多大痛苦，也要把她照顾好，让她在偌大的不幸中，生活得稍微幸福一点。"后来红叶坐上了轮椅，陈老就每天推着夫人去散步、逛菜市场、探亲访友。夕阳中，一尊雕塑般的形象，常常令路人咂舌感叹。

陈大远的爱情生活，也曾有过一个浪漫的小插曲。20世纪50年代陈大远出任驻丹麦大使馆文化专员时，有关部门考虑红叶腿有伤残，不能随陈大远外派，而陈大远的工作又需要有一位夫人陪伴出席很多场面，这是外交工作惯例，也是北欧当地的文化风俗，就为陈大远配了一位女秘书，公开场合的身份是夫人。红叶知道了这件事，当然很受刺激。从丹麦回来之后，陈大远再也没有担任过这样的工作，据说就与红叶有关。陈大远不想再刺激与自己一起出生入死的妻子加战友。

不止于此，陈大远还是个生活极其朴素低调的人。陈大远是行政级别较高的高级干部，按规定可以享受一些特殊待遇，比如，看病、坐车、住房等。但除了改革开放后落实政策，分得一套100多平方米的住房外，其他方面，陈大远和一个普通干部一样，挤公共汽车，排队看病，到菜市场买菜，甚至包括了回家做饭。

陈大远的书斋有一个很怪的斋号：饭猫斋。那是因为陈大远一生饭量很小，俗话叫吃猫食。陈大远调侃自己，起了这么个斋号。虽说是调侃，其实也贴切。陈大远多才多艺、智慧超人，年轻时就获得了"冀东才子"的赞誉，但他为了把日本侵略者赶出中国，放弃已经拥有或可能拥有的一切，只身参加革命，从抗日报纸的一个刻字员干起，艰难困苦、玉汝于成，走上领导干部岗位以后，享受一些特殊待遇本也正常，但他的行为正应了那句说起来容易做起来却很难的话：只讲奉献、不求索取。他的低调生活，不仅是一种人品性格，更是一种精神境界。

风停雨住滦东行

改革开放后，陈大远又多次回到曾战斗、生活过的滦东。此时的滦东，风雨过后，晴日方好，风光无限。而他已是风烛残年，身患肺气肿、哮喘、右眼失明、左眼白内障等多种疾病，但他还在吟诗、作文，为亲朋题字，经常上街购物或用轮椅推着老伴四处观光，始终保持着对生命的热爱。

1981年仲夏，陈大远又来到北戴河避暑，见松柏遮护、海风徐来。居住的别墅，更是优雅明净，窗前苍翠蓊郁、垂柳飘拂。陈大远坐在海边，望着天际的浮云，听着断续的涛声，颇有心旷神怡之感。顿时诗意如缕，七绝即成：风波薄暮连天涌，细数浮云淡淡生。沙岸空遗磐石在，无言危坐听涛声。

又作一首《菩萨蛮·北戴河》：茫茫渤海当头立，狂涛尽卷征云去。潮落放渔船，白帆飘上天。东方才破晓，长笛和烟袅。霞色舞遥空，关山次第红。

当"狂涛尽卷，征云已去"，故地重游，诗词韵意颇有苏东坡"大江东去"之感。

入夜，周围更加幽静了。夜晚十时，陈大远在住所写一篇散文，想记下早晨东山看日出的情景。近圆的月亮，从窗前的松枝空隙照到桌前，迎着忽强忽弱的夜风，发出淙淙的声音。忽然，天际的一片浮云，遮没了大部天空，月光从手边收回去，随即发出了一阵阵的雨声。雨，打在松枝上，忽密忽疏、忽来忽去，给逐渐爽快下来的天气又增添几分凉意。这是入夏以来还没经过的微雨之夜。陈大远满斟一杯，一面浅斟细酌，一面听取雨声松声交织成的天籁。当风停雨住，明月复出，已是午夜。陈大远画意入诗情，再赋七绝：轻风无定雨徘徊，掷笔凭窗酒一杯。午夜云开圆月照，松涛初静海涛来。

离开北戴河，又赴山海关。燕塞湖上见山削如壁、绿水如涛。岸上花草青绿如染，碧水瑶山似江南般柔美。陈大远情随意动，一首《菩萨蛮》随口而出：山重水复疑无路，花明柳暗云开处。湖转一舟宽，峰回三尺天。袖珍藏水库，何必庞然物。览胜倚舷时，几年快如斯。

看到磅礴的山海关长城蜿蜒而去，陈大远大概会想到，当初在绝境中带领《救国报》报社突破日伪重围，由滦西转战热南，又从热南迁回滦东，屡遭重创，又苦苦抗争，数次跨越长城开辟新的游击区的情景。他写下感怀《菩萨蛮·山海关》：长城顿向千山起，虬龙吸尽重洋水。巨浪漫榆关，连绵下陕甘，燕云横沃土，队队红旗舞。麦黍碧葱葱，天高五月风。

是啊，战事远去，漫山红旗，山水之间处处充满中华人民共和国的勃勃生机。这是春的希望。就像陈大远在《女冠子·参观秦皇岛玻璃丝工厂》中所述：新楼幼苗，曾是荒烟僻处。疾飞驰。密雨千条线，狂轮万卷丝。玻璃成玉帛，炉火照英姿。谁是红旗手，尽人知。

四、《救国报滦东版》二三事

《救国报滦东版》二三事,并非《救国报》在滦东的二三事。

《救国报》诞生于1940年,是晋察冀军区冀东军分区和中共冀热边区特委的机关报,该报在李杉、吕光、顾宁、陈大远、孔祥均等领导的带领下,广泛活动于冀东地区,也曾在滦东的迁西山区河南峪、昌黎碣石山山区活动,发生了许多激烈的战斗与感人的故事。

《救国报滦东版》是《救国报》的地方版。1943年,冀热边特委第三地委宣告成立。刚成立不久就创办起本地区(滦河以东迁安、卢龙、抚宁、昌黎、临榆及长城以外青龙县部分地区)的抗战报刊。和冀东《救国报》一样,报纸也是以《救国报》为名的八开两版油印小报。另有一个以《前进》为名的32开的油印刊物。内容均以新华社的电讯为主,迅速传播党中央的指示和抗战救国的好消息,用以鼓舞本地区抗日军民的战斗意志。

因为缺乏纸张,再加上油印数量不多,两份报刊均是每周一期,出版份数二百至三百不等。主要是供军队指战员阅读。虽然份数很少,在当时来说还是唯一的精神食粮。每一期报刊送到部队上都备受欢迎。报社除了出版这两份报刊以外,更重要的任务是翻印一些毛泽东同志有关游击战的战略和战术等论述,这些东西更受军队指战员的欢迎。因为,在当时来说这是最需要,也是最宝贵的东西,从中可以学会以弱胜强的战略战术。

根据报社的老同志王省汉回忆,报社投入工作的有20余人,其中除6位同志年岁较大外,其余十五六人都是20岁上下的青年小伙子。最大的二十六七岁,最小的十六七岁,大部分是农民子弟,他们的名字已经失去文字记载。能够记得的有:郝仁(中华人民共和国成立后改名陆光,宁河人,担任领导职务)、国力(原名国顺卿,丰润人)、吴文军(四川人)、蔡海涛(遵化人)、启政(遵化人,曾名杨玉环,在一次五峰山突围战中壮烈牺牲)、李墨林(抚宁人,在一次抚宁苏官营村遭遇战中壮烈牺牲)、文侠(原名陈尚武,昌黎人)、晓初(昌黎人)、永蒂(抚宁人,参加工作不久的青年学生,在一次五峰山突围战中被俘)、跃华(抚宁人,在一次突围战中壮烈牺牲)、李兆雄(昌黎人)、陈集群(丰润人)、李才(迁安人)、启新(昌黎人)、王省汉(原名王镛,抚宁人)。年岁较大者有,丰原(女)、万里(卢龙人,原是小学教师,病故)、韩醒痴(卢龙人,失业店员)、高敬之(昌黎人,原是小学教师)、李春芳(迁安人，原任游击区近敌区某区区长）。根据革命的需要及本人的特点等，分工是不同的，除少数人分别担任编辑、油印员、交通员、炊事员等职务外，大多数人任钢板蜡纸刻写员。油印报刊用人最多的是刻写工作，刻写员负责刻字制版，油印员负责印刷，交通员负责送报，炊事员负责给大家做饭。

闯"关"

王省汉曾在队伍里做文印工作，虽然和钢板、蜡纸打过交道，但还没达到熟练操作的程度，组织就将其当作内行人调到刚刚成立的《救国报滦东版》去做蜡纸刻写工作。由于刻写工作要求较严，字迹要端正、美观，王省汉却只念过几年初小，出校后在店铺里当过几年学徒，自然不能较好地完成刻写任务，写出字来歪歪扭扭难看极了。想到上级对自己的信任，又看到别人刻写得那么好，王省汉心急如火。

王省汉后来回忆："这是我来到《救国报》以后碰到的第一个也是最大的难关。怎样才能闯过这'关'呢？左思右想想不出什么好办法来。因此引起了思想上的波动，错误地认为干这个工作不如打仗痛快，因而找到组织要求上前线，拿枪打仗去。"

这样的想法自然受到领导的批评，并指出报社工作与打仗两者都重要，笔也是枪。在某种意义上说，它比枪还重要，至少不在枪以下。毛主席就说过，革命夺权靠枪杆子和笔杆子。至于困难嘛，不论干什么工作都有困难，革命的目的，不仅是为了打败侵略者，也是为了改变旧制度造成的种种困难。因此，做工作不能只考虑个人的爱好，更重要的是应当考虑革命需要。

"总之，他叫我迎难而进，不要知难而退，叫我服从革命需要，不要只顾个人爱好。领导的一席话说得我脸通红，不仅主动撤销了上前线的请求，并且反复表示，决不辜负党对我的期望，一定克服困难做好刻写工作。"王省汉声情并茂地描述当时的场景，像是在讲述昨天的故事。

回到工作岗位，王省汉一方面细心观察别人的手法和动作，一方面以钢板、蜡纸做实验。报社的共产党员国力和吴文军等同志手把手教他，如何握笔，怎样把字刻写清楚，蜡纸刻了一张又一张。这样，没用多久，能够刻写得比较端正、美观了。

掌握了工作技能，只是颠沛生活与紧张工作的开始。

王省汉回忆："我们一边打游击，一边工作，没有固定地址。无论到哪里，总是伏在桌子上写蜡纸。刻写时离不开农民炕头吃饭时的小饭桌。钢板、蜡纸在桌子上，两条腿窝到桌子下，一窝就是一天半天，天天如此。"

一瓦遮头有时也是一种奢侈。探听敌情的人尚未归来，为了避免敌人的袭击，报社不得不躲到山上去，不能贸然下山，而任务又比较紧，刻写员要以山石当桌子，坚持蜡纸的刻写工作。

与报社安全相比，个人待遇与工作环境则显得不那么重要了。论饮食，一日三餐都是小米饭，很少吃个改样的。论待遇，工资没有。然而，在这样艰苦的环境下，报社的同志们特别是党员同志们，工作非常仔细和认真，一丝不苟，又毫无怨言。甚至有时工作任务紧，如军队必须尽快赶出来的急需的传单，光靠白天的时间不够用，夜间点上房东的黑油灯也要刻写蜡纸。在五六度亮度下，彻夜工作，究竟是什么力量鼓舞着他们呢？王省汉明白，是抗战救国和共产主义理想两个大目标支撑着他们，他们都有这样两个坚强的信念：一为早日打败侵略者，拯救人民早日出火海；一为早日建立共产主义社会，让广大人民过上幸福的生活。因此才不惜牺牲个人的一切。总之，报社的同志们深深懂得办好《救国报》和翻印毛主席的著作具有特别重要的意义。

几十年前国力同志说的话，王省汉还记忆犹新："别看油印小报不起眼，部队的指战员可真拿它当回事，一张油印报不知要被多少人传阅，甚至有时传烂了也舍不得扔掉。"

"有些事情说起来几乎无法令人相信，用报纸包东西，现在看是非常平常的事情，而抗战时期这是不可思议的，一份《救国报》会成为一个班、一个连的宝贝。经过多次谈心，我接受了抗战救国和共产主义两种思想，工作踏实了，刻写的字越来越清楚、工整。经过自己刻写的蜡纸，印出报纸和书本，能够得到同志们的夸奖了，这样一来，干得就更有劲了，终于闯过了不会刻写蜡纸的这一关。"

苏官营突围

报社创办时期正是日军在华北进行治安整治的时期。报社人员除敌情紧张时跟着军队活动以外，平时多在山区或近山区打游击，没有固定地点。报社的责任是办报，没有打仗的任务。但敌人并不因此而稍稍放松围捕。相反，敌人时刻都想消灭这个小小的刊物，报社则想方设法躲过敌人的围捕，坚持办报。当敌人围捕抗日人员时，常常是多路包围的突然袭击，稍一粗心大意就会造成难以挽回的损失。

1943年冬，报社游动到抚宁苏官营村时遇到险情。这是一个西、北两面靠山，南面近山的半山村，报社人员住在村山脚下的一户人家。山不太高，植物稀少，山顶上有人也能看得清楚，不利于隐蔽。

一清早，同志们刚要吃早饭，王省汉在帮炊事员炒黄豆，还没有炒熟，心急的人已经喝上小米粥了。正是这时，有人惊慌地喊："山头上有敌人了……"大家都吃了一惊，顺着他指的方向一看，可不是嘛，西山顶上有了敌人，三五成群地背着步枪满处乱窜。

很快，南面和北面也有了敌情。南山离这里虽然较远，也不过二里半，虽然比西山北山高一些，最高也不过几百米。山的南面，有一条东西向的公路，把抚宁地区和双望镇两个较大的敌人据点连接在一起，交通便利，只要敌人从南山来，会使山下的抗日军民措手不及。为了防备这种突然的袭击，当地抗日军民在山顶上设置了预报敌情的标记，大小两棵无根的松树，有专人看守，每当公路上过往敌人时，把小树放倒，只有敌人上山时才把大树放倒。公路上过往敌人也是常事，因此小树倒下的情况是经常的，人们不把它放在心上。现在大小树全倒了，这说明公路上的敌人已经开始上山了。扭过头来往北看，惊慌失色的人们成群地往南跑，这说明北边也来了敌人。东西南北四面，已经有三面发现了敌情，这说明报社人员已经被敌人包围了，方圆也只有五六里地的面积。

日伪大兵压境，反观报社，基本没和敌人交锋过，而且也没有什么好的武器，至多每人有几颗手榴弹。虽然有几把手枪，子弹又很少。万分危急的情况下，担负领导职务的郝仁同志挺身而出了。他好像是深深懂得在这种情况下保持镇定是非常重要的，稍一发慌就会坏了大事。他当机立断地说："要沉住气，不要慌！"紧接着他又说："为了减少损失，咱们采取化整为零的办法，咱们这十几个人分为三个小组……"

停顿了一下，他又补充说："看样子，损失已经不可避免了，每个人都应做好牺牲的准备，无论如何也不让敌人抓活的，必要时让手榴弹开花，叫敌人尝尝它的滋味！"

"只要剩下一个人，不管是谁，一定要坚持办报！"最后他放大了声音斩钉截铁地说，"同志们，大敌当前，要立即行动，不要犹疑！"他的话音刚落，同志们就按他的意见分成了三个小组，每组三至五人不等。有三个小组分别由郝仁、王省汉和李墨林同志带领。每个人差不多都随身带有用白铁制成的又圆又长的蜡纸筒和装在布袋里的两三块钢板。油印员同志们则背着比较笨重的油印机等。

按理说，在这种紧急情况下完全可以把这些东西扔掉，当时报社人员穿的是便衣,把这些东西一扔混在人群里要安全得多。这些东西都很显眼,如果碰到敌人,立即会引起敌人的注意。有许多老乡也一再建议扔掉这些东西。然而,却没有一个人扔掉这些东西,因为这都是办报用的,若有不测,幸存的同志依靠这些还能继续工作。

王省汉和郝仁同志带领的两个小组,分别奔东南和西南两个方向,虽然也碰到了许多险情,但充分利用了丘陵地带沟坎较多的条件,左闪右躲地总算闯出了敌人的包围圈,化险为夷,安全无事。

唯独李墨林同志带领的那一组,直奔没有发现敌情的东方而去。然而,没有发现敌情不等于这个方向就没有敌人。果不其然,敌人在这个方向部署了大量兵力。李墨林等同志奔向的后石河村,早已被敌人重兵占据。

因为是冬天,天冷,敌人士兵为了取暖,到处点火冒烟,这是敌人的老习惯。冬天每到一处,常常是这样烧火取暖。跟随李墨林同志一起的有刻字员文侠和交通员陈集群。他们看到多处冒烟,产生了疑心,主张先把情况弄清楚,确实没有敌人时再进村,不要贸然进村。这意见本来是正确的,然而,由于李墨林过于麻痹大意,对这个好意见不但不采纳,反而指责提议者"胆子太小",带领着人们冒冒失失就进村了。进村没多远,在一个胡同里正好与敌军打对头。三个人转身往回跑,敌人马上就追。文侠急中生智,一出村就躲藏在一个不易被敌人发现的地方,躲过了敌人的枪林弹雨。勇敢机智又善于长跑的陈集群,出村后就顺着壕沟跑(交通沟,村与村之间都有,就是为了便于非战斗人员突围时使用的),避开了敌人密集的枪弹。每当敌人追近,他就打出一颗手榴弹,追敌被迫卧倒以后,他又借着手榴弹爆炸激起的烟土跑远了。追兵虽有骑兵,可是骑兵也怕死,只要陈集群举起手榴弹一晃,骑兵也就乖乖地不动。就这样,陈集群总算安全脱了险。唯有李墨林同志在这次突围中壮烈牺牲了。整个报社都陷入悲痛之中。

报社亲历曹西庄遭遇战

抗战期间,滦东八路军最擅长的是"伏击战",极力避免"遭遇战"。"伏击战"能够在敌强我弱的情况下,经严密侦察,精准伏击,换取较大的胜利。"遭遇战"则不同,这种战斗一般是在敌我双方行军途中的意外遭遇,胜负难料。因此,滦东根据地地处日伪统治腹地,最忌讳这种战斗,能避则避。唯独日本投降前夕,滦东部队在抚宁区曹西庄的那场遭遇战算是例外。

滦东救国报社于苏官营突围后,为了避免不必要的损失,暂时放弃了单独打游击的活动方式，改为跟随主力部队活动。1943年12月7日，报社人员再次回到苏官营，这里早已物是人非。同志们一面悼念牺牲的李墨林，一面恢复报社的工作。没想到很快又遇到敌情。

百余名敌军突然进入了驻有我军主力部队的苏官营。敌人进村后，站岗的战士跑进来报告，由于事发突然，指挥员也一时拿不定主意。又有一个战士跑来，说敌人开着坦克直奔邻村曹西庄去了。指挥员这才恍然大悟，敌人的行动已经清楚地表明，它是非常盲目的，根本不知道这一带驻有我军主力部队。

曹西庄位于抚宁区城西北21里处，东北是日军台头营据点，西南是双望镇，有公路通卢龙县城，南至苏官营。由于交通便利，地形较好，这里成为冀东十二团经常落脚、宿营之处。12月7日，伪军百余人随三辆坦克、两辆卡车进攻曹西庄。此时，十二团团部、特务连、三连、五连均在附近驻扎。

事实上，这批意欲抢粮的日军这回碰上了"铁板"。冀东十二团是冀东八路军部队的主力部队，团长曾克林1929年参加工农红军，苏区时期已是名将，随主力长征后，受中央派遣，赴冀东抗日，身经百战。1942年7月，他率领十二团开赴滦东地区配合地方抗日政府开辟根据地。1945年，率十二团、十八团率先出关，为中央布局东北创造先机。中华人民共和国成立后，任中国人民解放军海军航空兵副司令、海军后勤部副部长、海军航空兵司令员、海军顾问。1955年我军第一次授衔时，他是唯一一位参加过海、陆、空三大军种的将军。

关于这场遭遇战曾克林撰有回忆录。

日伪在村头被哨兵发现，十二团三连在团副参谋长杨树元和连长牧野的带领下，迅速投入战斗，与敌交火。敌两辆汽车当即被打翻，车上存活几十名鬼子与伪军负隅顽抗。

敌人遭到伏击，被阻于村外，但敌坦克自恃坚固，继续向村内前进。曹西庄有的街道是南北走向的，第一辆坦克由南向北进入街心。此时，正值冬季，路旁尽是柴草，坦克不易行进。

曾克林、程陆天及时判断敌情，做出了打坦克的决定。曾克林身边只有街西的一个特务连和街东的一个团直属警通排，决定由警通排保卫机关、报社人员和电台的安全，特务连担负打坦克的任务。特务连指导员胡导环和连长戴士奇集合队伍，带领干部、战士做好战斗准备。五连指导员魏轩冲出门外时，发现坦克已到街上，便又掉头从后院出门，跑步返回苏官营，带领全连从左侧迂回到曹西庄的北面和西面设伏。另外警通排长田清义带领战士们，保护机关和报社人员和电台撤离现场，进行隐蔽。

第一辆坦克进街后，由于街道窄，只得放慢速度，又因为进街后没有回旋余地，只能一直沿墙往前开。此刻，曹西庄的群众已全部转移和躲藏起来，街道两旁紧闭门户，一片肃静。连长戴士奇命令战士搬出从日军那里缴获来的掷弹筒对准坦克的履带猛轰，又忙着让战士们抱来玉米秸、高粱秸堆到坦克边上，点火焚烧"洋乌龟"。这时，第二辆坦克又进街了，战士们一拥而上，用木桩子堵，棍子上缠着麻往履带上绞，坦克才减慢了速度。接着，担任爆破任务的战士将手榴弹扎成一捆，放到履带上，"轰隆"一声，几束手榴弹的强大威力将第二辆坦克的履带又炸断了。

经近战，两辆坦克内的4名鬼子全部被打死或烧死。停在村口的第三辆坦克发觉情况不妙，掉头就逃，战士们追赶了七八里路，最后只好放它逃命去了。

村外的日军和伪军在三连火力下，拼命地往西面山上猛冲均被阻击，大部分被消灭，剩下的十七八个鬼子和伪军仓皇地顺着大沟往北逃跑，企图占领北山，在五连战士的猛烈射击下，全部被消灭在沟北头的大坑附近。

两辆坦克被炸毁使敌人大为恼怒。第二天，日军从抚宁区城、台头营据点以及唐山等地抽调300多名士兵扑向曹西庄，却早已人去楼空。

战斗打响后，滦东救国报报社人员开始向安全地带转移。刚到一座山腰上，回头一看，处在村中战场上有几股黑烟冲天而起，不由得心里纳闷。正在这个时候，部队战士跑来说，这是日军的坦克和装甲车冒起的烟，报社的同志们欢呼起来。

这个求之不得的遭遇战的喜讯也就成了第二天《救国报》最先刊载的新闻。

此战，抗日根据地的群众耳闻目睹了敌人坦克被炸毁，更加坚定了对日军斗争的勇气。胜利消息迅速传遍冀东根据地，军分区发出嘉奖令，嘉奖十二团指战员，晋察冀军区也表扬了他们在冀东首次打掉敌人坦克的英勇事迹。

五峰山遇险

抗战胜利前夕，滦东救国报社在五峰山遭受了重大损失。

五峰山是东、西、北三面靠山，易守难攻的小山村，位于京山线上的昌黎县城北偏西12里地的地方。昌黎城是敌人的一个重要据点，常年驻有重兵把守。该村以东七八里远的地方是敌人的另一个较大的据点草粮囤，也常年驻有日本兵。此外，不远的地方还有一些小据点。总之，这个小山村在敌人的嘴边上，抗战期间，敌我斗争十分尖锐，这里随时都有被吞掉的可能，对敌伪这个山村本应是十分驯服的。出人意料的是，在抗战救国方面这里却表现得非常坚决。

为了保护来往不断的抗日人员，山村不仅建有比较坚强的民兵组织，而且拒绝向敌伪方面缴纳粮款，已连续多年。因此，王峰山曾经是当地有名的一块革命根据地，抗日救国的机关人员来往不断。这一点，敌人是非常清楚的，就是不敢轻易来犯。这与该村的红色基因，该村群众的爱国热忱，三面靠山易守难攻的地形，都有十分紧密的关系。

在接近抗战胜利的日子里，敌人来犯了。滦东救国报社部分人员在五峰山制版、印刷已连续数月之久。敌我斗争十分尖锐的日子里，即使离敌较远的地方，一连数月不转移的情况也是很少的。

除了大多数人坚决抗日外，也有极少数民族败类充当敌人的奸细。稍一麻痹大意就会引至重大损失。因此，凡是抗日救国的机关和个人，行动都严格保密，驻地经常移动，甚至是一天一变或一天多变。滦东救国报社，在这里制版、印刷已连续数月，敌人却不来进犯。这种情况，不可避免地使报社产生了麻痹大意的思想。一天夜晚，在奸细的带引下，日伪进山围村，将报社分别住的几家包围起来了。起报警作用的地雷一个也没有响，同志们未发觉敌情。等慌忙突围时，敌人的机枪已经用交叉火力向他们射击。住在龙家的有担负领导职务的启政（杨玉环）同志，还有炊事员启新等同志，发现敌情后，他们立即从后门往外冲。经常给报社帮忙的房东姑娘年仅17岁的龙淑贤，也紧紧跟随。他们刚刚冲出后门就壮烈牺牲在敌人的枪林弹雨之中。正在熟睡的房东长子龙恕，被枪声惊醒，没等穿好衣服，被敌人用刺刀杀害。敌人还将70多岁的房东刺伤。参加革命不久的青年学生永蒂不幸被敌人俘虏。

住在左邻年近半百的刻字员高敬之和交通员陈集群等同志，听到枪声后也奋力突围。虽然包围、追击的敌人成群，却没有人敢轻易靠近他们。他们手握手榴弹，随时准备与敌同归于尽。加上高低不平的地形地势，成为突围的有利条件，他们才到达安全地带。特别是陈集群同志，这位仅有一年多党龄的共产党员又一次经受了严峻的考验，他的衣袖被子弹打穿，棉花露了出来，却皮毛未伤。

五峰山遇袭是非常令人痛心的。早在数日前，临近的草粮囤的敌人就已来信逼催补交粮款，并且在信中有非常露骨的威胁。基层干部已经把这种情况通知报社，并力劝他们及早转移，以免造成不应有的损失。报社的人员根据这种情况也及时转移了。然而，谁也没有料到，走出40里地后又返回五峰山，目的竟是要把亲手栽培的甘薯侍弄一遍。这天夜里，敌人发起了进攻。滦东救国报社遭受了建社以来最大的损失。

表 10-1　在全面抗战、解放战争中牺牲或病故的《救国报》和《冀东日报》老战士名单

姓名	牺牲前职务	牺牲或病故时间、地点	备注
李杉	社长	1944年10月牺牲于杨家铺子战斗	又名崔林，原名马宗周，字吟南
吕光	冀东特委宣传部长兼救国报社社长	1944年10月牺牲于杨家铺子战斗	原名陈昭
海山	通信员	1944年10月牺牲于杨家铺子战斗	
顾宁	《救国报》总编辑	1944年夏白官屯战斗中牺牲	原名牟伦阳，化名司马军城，又叫殷可汉
布于	编辑	1942年四次治强牺牲于腰带山	原名傅惠轩
范捷民	刻字员	1942年四次治强牺牲于夜明峪南山	又名齐树德，原名尹铭钰
育才	刻字员	1942年四次治强牺牲于腰带山	
寒潮	总务科长	1944年牺牲	原名马建廷
刘敏	印刷员	1944年病逝	原名严德成，又化名孔三华
石方	印刷员	1942年四次治强中牺牲	
伊田	采购员		化名义胜
杨玉环	刻字组长	1945年夏牺牲于昌黎五峰山	又名启政
杜风	电台台长	1942年牺牲于丰润	原名冯国玺，又名朱仁
李远（女）	滦东版编辑	1947年牺牲于丰润区岩口	
张书元	通信员	1944年牺牲于鲁家峪	
烈华	电台工作人员	1944年牺牲于杨家铺子	
生华	电台工作人员	1944年牺牲于杨家铺子战斗	
张西庆	通信员	1944年牺牲于老庄子一带	
张书元	通信员	1942年牺牲	
王扶轮	美术干部	全面抗战中牺牲	

图 10-1　1944年救国报滦东分社印刷的《论持久战》线装本

第十一章　滦东的十二军分区文工队

一、十二军分区文工队溯源

1945年，日军投降后，驻扎滦东的十六军分区部队率先挺进东北。为了配合人民军队在东北的军事作战，在滦东活动的尖兵剧社、前锋剧社、海滨剧社等几支文艺团队全都随军北上。在滦河至山海关的广袤区域，特别是北宁铁路以北，暂时出现了军队文艺工作的真空。起初，由于东北战事激烈，这些问题被一直搁置。随着十六军分区转变为十二军分区，滦东又面临解放战争中阻敌北上与支前等新的任务，组建新的文工队配合各项工作成为当务之急。

十二军分区文工队的筹建

1946年春末夏初，冀东军区部队在司令员詹才芳的率领下，组建辽西纵队，赴兴城、锦西、绥中一带作战。为活跃部队文艺生活，开展战时文艺宣传工作，决定从冀东军区文工团，抽调部分同志，组建冀东军区政治部文艺工作团辽西纵队工作队，后来大家也习惯简称为辽西纵队文工队。由冀东军区文工团原音乐队长秦世杰调任队长，文工团原戏剧队副队长冯树奎调任副队长。下设戏剧分队、音乐分队、文艺创作分队。率领文工队赴辽西的，还有军区文工团副团长、原尖兵剧社第一任社长、老艺术家张茵青同志。他不管行政事务，只专业负责文艺工作。在文工队从遵化经建昌营，出冷口过青龙，奔赴辽西途中，边行军边排练，张茵青导演了小歌剧《担水前后》，为辽西纵队部队演出。在辽西作战中，曾有国民党军官兵一部起义，因是云南人，改编为云南支队。为庆祝他们的起义，祝贺云南支队成立，文工队曾为云南支队演出，文工队李业等同志还到辽西纵队作战第一线，深入连队体验生活，了解情况。短短的一个月左

231

右的时间，辽西纵队建制撤销，返回冀东。文工队又原路进冷口，住在建昌营。当时原十六军分区改为的十二军分区，因前锋剧社挺进东北，急需组建新的文工队。从此，军区文工团辽西工作队于1946年6月奉命由建昌营到达燕河营十二军分区机关驻地，与新扩充的力量一起，组成了冀东军区十二军分区政治部文艺工作队（张茵青、冯树奎、陈继先、杨树先等同志，从建昌营返回军区）。

文工队人员构成

十二军分区文工队前身，虽是军区文工团派出的一支文艺队伍，但除秦世杰、董大民同志外，其他同志大都是由军区所属各文艺单位调到军区文工团的。其人员构成是：

原海滨剧社的有：王健宇、艾春华、怡明、李铁辉、刘宝钧、郭华杰、史忠、王海萍、王振芳、杨树森、鲁洁茹（女）、左林（女）。

原长城剧社的有：赵守信、郝万章。

原十三旅宣传队的有：孙良、张平、张伯安、宗奎元、姚品三（司务长）、张艳秋（女）。

原军区后勤文工队的有：李业、张岚。

十二军分区补充的新力量有：陈锦文、聂绍明、范雅儒、杨德增、高梅荣（女）、刘淑蝉（女）、李新兰（女）。

文工队建制改变和领导成员的变化

从辽西纵队文工队到十二军分区文工队，只是隶属关系和番号的改变，原建制未做变动。领导成员有：队长秦世杰，戏剧分队长王健宇，副分队长艾春华，音乐分队长王海萍，副分队长怡明，文艺创作分队长张伯安，副分队长李业。

1946年秋，刘宝钧同志等曾去铁路南乐亭县扩充一部分力量，其中有晓峰、刘林燕（女）、王雨平（女）、苗淑英（女）等同志。1946年11月，因部队广泛开展游击战，为适应这种形势的需要，精简了队伍。输送部分同志，主要是女同志，到后勤工作。文工队队长仍是秦世杰同志，队部设一名专职副支部书记张伯安，导演艾春华。此时文艺创作分队撤销。此后曾任戏剧、音乐分队长的有张岚、王振芳、宗奎元、陈锦文等。

1947年解放战争捷报频传，滦东的形势对我军越来越有利，部队不断壮大，文工队也不断增加力量。一些调往后勤等单位的同志，也调回了文工队。文工队随分区机关,由重峪口、燕河营一带转移到抚宁台头营地区。

文工团领导成员也做了调整。1947年5月队长秦世杰同志调分区独立一团政治处任领导职务。曾任十八军分区、十三旅宣传队队长的刘健夫同志,任命为十二军分区文工队第二任队长,王健宇为副队长,张伯安为副政治指导员代理政指。此时,文工队改为十二军分区政治部宣传队。

从1946年11月至1947年9月,部分老同志调到新的重要岗位。孙良调到后勤部被服厂任党支部书记;李业调任军分区政治部任宣传干事,并编辑《滦东子弟兵报》;刘宝钧调独立一团任宣传干事;几位同志调分区教导队文艺训练队任领导职务,郭华杰任党支部书记;王海萍任文训队长,杨树森任副队长,两位同志还兼任戏剧、音乐、美术教员。1947年9月,艾春华、李铁辉、怡明、董大民、史忠、张平、张慕霖等7位业务骨干调冀东军区文工团。赵守信、郝万章、范雅儒、高梅荣、姚品三等同志调入东北九纵。1947年9月,队长刘健夫同志调到冀东军区独立四师文工队任队长,分区任命第三任队长王健宇和副队长张岚,政指张伯安。这年随着老同志的调走,又从分区文训队和战斗连队,调入一些同志,有吴耀光、黄守志、王月桥、曹中誉、王宽、负会、何立国、宋文夫(女)和通信员李萃等。

1948年秋张岚同志又从乐亭县扩充40多位同志,其中部分同志分配到后勤工作,部分同志留在文工队,文工队人数达到最高峰。1948年12月,军分区任命第四任队长兼政指张岚和副队长王振芳,专职副支部书记张艳秋。从此十二军分区文工队,在这几位同志的率领下编入十三兵团文工团。王健宇、张伯安、王海萍、宗奎元、陈锦文等同志调入由十二军分区组建的冀东教导三师(初期称补训师)。1949年2月,平津战役驻杨村时,师长杨思禄,政治部主任吕子明找张伯安谈话,又决定成立文工队。任命张伯安为队长,王海萍为副队长,陈锦文为戏剧分队长,宗奎元为音乐分队长。分别在天津、北京扩充一部分学生,组建了一支文工队。全称是冀东教导三师政治部文艺工作队,文工队组建的同时排练演出了《锁着的箱子》等节目。

1949年6—7月因冀东军区建制即将撤销,军区机关和所属8个步兵团,要整编为华北独立二一〇师机关和3个步兵团。因而冀东军区文工团和各分区、教导三师的剧社、文工队,8个团宣传队数百人,全部集中起来,由姚铁同志负责进行精简整编,成立了华北独立二一〇师政治部战卫剧社和3个步兵团的宣传队。还组建一支文工队,由康占元、杨树森同志率领到骑兵师。其余同志大部分随军南下。

在工作分工上,文工队虽有戏剧、音乐等分队,但在同志们眼中是分工不分家，都是互相配合，主动协作。在戏剧方面艾春华同志水平最高，通常担任戏剧的导演，他可以在文工队任何分队选演员，王海萍同志是音乐分队长，但经常被艾春华同志拉去演戏。史忠同志擅长创作，也经常参加演戏，或自己创作自己参加演出。音乐方面，怡明同志肯于钻研是他的特长，是文工队的音乐家，音乐作品最多，影响较大。怡明等同志还热心发动群众性的创作。有些同志并不擅长音乐，大家互相鼓励、耐心帮助、指点修改，所以文工队大部分同志都有词曲作品，可惜大都已散失。在1947年秋，冀东军区二届英雄会时，短短的一两个月时间，就会同军区文工团同志，创作了许多唱英模的歌曲。现在能找到的包括：《唱英模》，晶辉词，振芳、萧一曲；《唱杨连秀重机枪排》，李业词、萧一曲；《滦东手榴弹的母亲》，严寒词，奎元曲；《唱模范米来全》，奎元词曲；《纪念人民英雄马昌富》，艳秋、洛峰词，松青曲；《民兵破交歌》，怡明曲，松泉词；《三大任务歌》，华杰词，怡明曲。

文工队创作和演出的节目

十二军分区文工队组建时，抗战已经结束，演出节目的指导思想与表演内容发生了很大变化。此时的文工队坚持为工农兵服务，为争取战争胜利服务的指导思想，紧密配合当时解放战争的需要，创作和演出了许多中小型节目。

文工队最早排练演出的节目是在去辽西的路上，由张茵青导演的小歌剧《担水前后》。主要情节是部队到达新区，想为老乡担水办好事，而群众不了解解放军，不愿借给水桶。战士中有的态度和蔼，耐心解释，有的态度生硬，最后通过宣传教育和一担又一担地送水的实际行动，感动了老大爷、老大娘，达到军民和睦。剧中演员：王健宇饰老大爷（老顽固），左林饰老大娘，艾春华（态度和蔼的）、杨树先（态度生硬的）、杨树森、宗奎元、李铁辉、郝万章、赵守信等饰战士。此戏在辽西初演，返回滦东建昌营、燕河营时，又加工细刻，边排练边演出。

最早排演的节目还有《白包袱》，这是军区文工团在遵化时，由李时同志导演的节目。剧中演员有新的变化，鲁洁茹饰老大娘，宗奎元继续饰小淘气，李铁辉、郭华杰、郝万章等饰战士。

1946年针对群众对蒋军反动面貌认识不清的情况，曾演出《国军现形记》，秦世杰饰国民党军官，王振芳饰战士，张岚剃光头饰杂货店掌柜的。《屠刀下》由张岚饰雷老爹，张艳秋饰疯女人，刘淑婵饰女干部。《八月十五》本队有多人次演出。

为动员群众开展对敌斗争，还演出了一些保留节目。如《锁着的箱子》《一双鞋》《放下你的鞭子》。

反映加强生产，支援前线的节目有：《兄妹开荒》，史忠饰兄，张艳秋饰妹。《春之歌》，杨树森饰农夫，左林饰农妇，孙良、李铁辉饰懒汉甲、乙，张艳秋、宗奎元饰儿童，张岚饰村主任，此剧1946年在重峪口、燕河营一带演出。《大家喜欢》是反映改造二流子王三保的，王海萍饰王三保，张艳秋饰三保妻，吴耀光饰儿子，王健宇饰村主任，王雨平饰妇女干部。在台头营一带演出，反响很好，群众见到王海萍同志就喊他"王三保"。还演出反映军民关系的《不要杀他》。此剧演出时许多观众感动得流着眼泪喊口号。

歌颂部队英雄模范的小节目，许多难以回忆。这方面剧目有：小歌剧《蔡哑巴捉顽军》，李铁辉饰哑巴，郭华杰饰顽军，高梅荣饰老太婆，怡明、张伯安饰民兵。《抓俘虏》，王振芳饰战士，张岚饰俘虏兵。《徐海水》，王振芳饰徐海水，陈锦文饰特务。《李国瑞》，王健宇饰李国瑞。在台头营一带演出时，戏台搭在树林边的堤岸上。当演到李国瑞抓俘虏时，就打开天幕，背景是真的森林。在夜幕下李国瑞从树林中追赶敌兵，跑到舞台上擒捉俘虏，景象逼真，演出感染力很强，受到普遍欢迎。

还有1947年秋演出小剧，内容是特等劳模木林的事迹。木林是军分区后勤军械工人，他刻苦钻研，曾跳入冰冷的水中，多次试验，在麻姑营一带成功地建造小水电站，以电作为动力，制造手榴弹木柄，用简易机床修理军械。为攻打蒋军的水泥碉堡，他能把曲射的迫击炮改制成平射的后膛炮，为滦东部队做出了重大贡献。在冀东二届英模大会上，被授予特等劳模称号。文工队及时创作编演了小戏，向部队演出，扮演木林的是张岚，同时创作了歌曲《滦东手榴弹的母亲》，歌唱木林同志。

反映提高觉悟，鼓舞斗志方面的节目有：《开小差上大当》，鲁洁茹饰妻子，艾春华饰开小差的战士，王海萍饰落后战士，秦世杰饰顽军。1946年在燕河营、重峪口一带演出。《沈永田的转变》和《在前进的路上》是1947年至1948年在台头营一带演出的。

十二军分区文工队演出，反响较大的就是歌剧《赵庆兰班》和歌唱表演《歌唱赵庆兰班》。在由全面抗战转入解放战争时期，新成分、新干部增多，有的干部存有军阀残余。要反击蒋军的大举进攻，加强部队管理教育，提高战斗力，是亟待解决的问题。1946年秋，军分区宣传科长张实同志，深入驻扎在刘田各庄的六十一团（十二军分区警备团），了解到该团八连赵庆兰班长，以身作则，善于做深入细致的思想工作，既严格管理又耐心说服，使一个涣散落后的班，成为团结战斗的先进班。该班龚佩云是全团有名的调皮兵，在赵庆兰的帮助下，成为先进的战士。事迹生动感人，张实同志写了长篇报道，在《冀东子弟兵报》和东北《自卫报》上都以头版整版篇幅刊载。军区和军分区号召，开展向赵庆兰班学习的活动。文工队为此创作了纪实歌剧《赵庆兰班》。剧作者李业、史忠、王健宇同志，作曲怡明同志。史忠与怡明在创作过程中深入连队，同赵庆兰班同吃同住，体验生活，具体采访。然后编写剧目篇章，列出提纲。请连队和赵庆兰班的同志帮助创作、完成初稿后，在排练时，文工队同志发挥集体智慧，边排练边修改，完成了纪实剧《赵庆兰班》的脚本和排练。剧中饰演赵庆兰的是张伯安，饰演龚佩云的是宗奎元，还有部分战士角色。后来此剧的全部曲谱发表在《东北鲁艺学校校刊》上，并附有安波同志的简短评价。

有趣的是，《赵庆兰班》的作曲怡明，在剧中也扮演一个憨厚老实的年轻战士王志，演得惟妙惟肖，以致后来连队战士都喊他王志。那时文工队来了许多新同志，有一位同志一唱就跑调，总唱不好，演出时大家怕他紧张唱不出来，还特意在后台安排了一位帮腔的。其他同志台词也不够熟，在演出时，台上演员时时向后台喊"提词、提词"，颇有趣味。

与此同时，由史忠作词，怡明作曲，创作《歌唱赵庆兰班》歌舞表演。舞台上，史忠、张艳秋等几位同志在合唱队的伴唱下，手执小红旗，进行歌舞表演。该作词曲和表演形式都很新颖，演出后观众纷纷上台索要词曲，这首歌已成为滦东乃至冀东较为流行的歌曲之一。歌剧《赵庆兰班》和歌唱表演《歌唱赵庆兰班》，在滦东巡回演唱，每次都获得好评。1948年，冀东军区文工团把这首曲子由大民重新填词，改为《歌唱毛主席》，先在唐山电台播出，后发表在《唐山歌声》，南下后传入上海，上海乐团女声合唱队灌制了唱片，从此流行全国各地。此后，又先后被收入河北省《国庆十周年献礼歌曲集》及《毛泽东颂》中。

歌曲《歌唱赵庆兰班》远近闻名，但歌词却没有流传下来。通过几名老文工队的回忆，还原了第一段的部分句子。

    滦河（那个）滦河（哎）流向南，
    滦东（那个）有一个警卫团，
    警卫团（那个）第八连有个模范班（那个）第一班；
    班长的名字（就）叫作赵庆兰，
    英雄的故事万古传。

滦东地区不同时期的文艺作品，总是配合当时政治任务进行创作演出。土地改革时，宣传队员们曾到街头化装演出活报剧《土地法大纲》。根据一件真实事例为线索，创作和演出了《老母猪还乡梦》，形容一个逃亡地主，妄想反攻倒算，被我民兵巧扮还乡团，揭露了地主老财的复辟梦。在土改中还演出和教唱了《谁养活谁》等歌曲，以揭露地主阶级剥削农民的本质。土改后农民大量参军，就演出一些有关保田保家乡的小节目，使农民认识参军为国和保田保家乡的关系。1947年春节，又演出秧歌剧《给军属拜年》。

文艺创作与军事斗争紧密不分。文工队演出的许多小型戏剧、歌曲、快板、大鼓、评书等节目中，几乎每场都有聂绍明的大鼓书或评书，王健宇也经常自己采访创作并演出大鼓书，这些节目大多是每到一地，就及时采访创作，及时演出。难以记住台词，就在幕后或侧幕设提词人。有些节目是在战斗间隙创作和演出的。一次张岚等三四人，随部队攻打昌黎城，胜利完成任务后，部队才撤到一个村庄，张岚等同志当即把战士们在战场上英勇作战，攻城抓俘虏的事迹，编排成了小活报剧。演出时来不及找敌人军服，就把自己的军装和军帽，翻过来穿戴，进行现场演出。

不论是艰苦的自然环境，还是战火纷飞的军旅生活，文工团的同志们都保持着艰苦奋斗、服务军民的本色。1946年正值敌人全面进攻，十二军分区文工队在卢龙县重峪口度过了最艰苦的冬季。同志们为了取暖爬上高山，越过长城，在口外荒山上打柴。早出晚归，每人背一大捆木柴，又累又饿，往回走时，同志们腿都打着寒战。每逢冬季演夏天的戏，穿单衣广场演出，有时演员都冻得说不出话来。春节时白天跳秧歌，晚上演出，特别是女同志，要忍受极大的痛苦。文工队演出活动中，每到一地都为老乡担水、扫院子，为群众办好事，农忙季节还助民耕种和秋收。

随着战事好转，文工队的生存条件也有了改善。1948年秋，冀察热辽军区程子华政委，在滦东召开团以上干部会，文工队向领导和直属部队演出，大约一个月。由于每场演出都是一些短小精干的节目，既有艺术性，更具有鲜明的战斗性，深受欢迎。经常是一个节目演完后又欢迎再演，几乎都是演到后半夜。当时军区给予很好的生活供应，但许多同志演出后，累得不吃夜餐、不卸妆就和衣而睡，次日仍坚持演出。1948年12月文工队调入程子华同志为司令员的十三兵团文工团，开启了新的历史阶段。

滦东歌声

在不同的历史阶段，文艺工作都起着重要作用。一代一代的文艺工作者用歌声、韵律，教育群众、发动群众、鼓舞斗志和瓦解敌军。要创作、演唱、教唱好的歌曲，就要有一定的专业能力。十二军分区宣传队的多数同志，都是在抗战胜利前后入伍的青年学生。他们在原来工作过的学校、剧社、宣传队曾接受过培训，又得到从东北返回冀东的尖兵剧社同志的培训。管桦、刘大为、黄河、周方等一批在滦东战斗过的老一代文艺工作者分别讲了戏剧、文艺创作、音乐和指挥等基础课程。加上老红军、队长秦世杰重视同志们的专业能力，贯彻毛主席《在延安文艺座谈会上的讲话》精神，提倡民族化、大众化的歌曲，因而在戏剧、曲艺和歌曲创作方面取得了较好的成绩，受到领导和滦东军民的赞赏。歌剧《赵庆兰班》和《歌唱赵庆兰班》就是集戏剧、音乐、舞蹈为一体的好作品。

此外，十二军分区宣传队还出版了《滦东歌声》。该刊物共出版了10期，虽然部分流失，但依然能够搜集到一些非常经典的曲目。杂志起初名为《我们的歌》，共有两期，第一期已经失匿，第二期由冀东第十二军分区政治部文工队出版。目次分别是《工人武装自卫队》《黑暗与光明》《保卫冀东解放区》《生铁百炼成钢》《跟着毛泽东》《生产节约歌》。六首歌的词曲作者现已不详。

《滦东歌声》第三期，由冀东第十二军分区政治部文艺工作队出版。前言中提道：《我们的歌》由第三期起改名《滦东歌声》，本歌集是供给地方、部队的文娱材料，配合当时需要而编出，希望很快地在滦东唱起来，适应当时的斗争环境，使它成为对敌斗争的武器。目次是《保卫解放区》《人民军队有力量》《滦河怨》《保卫咱们的好家乡》《活捉姜风飞》。第三期有五首歌，只知道《滦河怨》是劫夫同志所作，《保卫咱们的好家乡》词作者已看不清，曲作者怡明。

《滦东歌声》第四期、第五期、第六期已经遗失。

《滦东歌声》第七期，十二军分区宣传队出版。目次：《英雄赞》《胜利向前》《没有老百姓哪有八路军》《打退野心狼》《战斗进行曲》《再接再厉歼灭敌人》《美国鬼子安的什么心》《我们是八路军》。该期歌集是晋察军区、太行军区、冀东军区等文艺团体中劫夫等同志创作的歌曲。

《滦东歌声》第八期，十二军分区政治部宣传队出版，该期是英模专号，目次：《唱英雄》（史忠、张平词，怡明曲）、《战斗英雄真光荣》（春华词，松泉曲）、《五心模范秦礼顺》（晓峰词，振芳曲）、《立功小调》（民中词，怡明曲）、《歌唱徐振铎班》（张岚、大民词，振芳曲）。该期词曲皆为宣传队同志所作。

《滦东歌声》第九期，目次：《射击军纪》《战斗动作》《卫兵歌》《胜利进军》。该期歌集均未注明作者。

《滦东歌声》第十期，目次：《野战军真光荣》（耀光词，耀光、奎元曲）、《战评歌》（聂绍明词，宋文夫曲）、《前进》（健宇词，奎元曲）、《土皇上了台》

（健宇词，奎元曲）、《五路大捷》（王健宇填词），此期歌集均系宣传队同志创作。

除了《滦东歌声》，十二军分区还刊印了多种文艺刊物。

在1947年年底至1948年年初，十二军分区宣传队郭华杰、王海萍、杨树森同志调军分区教导大队任政工队的领导工作，几位同志又开辟了新的文艺阵地。他们印制了《战士之歌》，如1948年5月20日由十二军分区教导大队印发的第三期。目次：《反攻进行曲》《我们胜利了》《问反动派》（王莘词曲）、《行军小唱》（李伟词曲）、《人人做英雄汉》《在红色旗帜下》。

1948年9月军分区和军区英模大会期间，宣传队同志在编演歌颂英模的戏曲节目的同时，还会同军区文工团第三工作组，创作部分歌颂英模的歌曲。军区文工团到十二军分区来的同志中，怡明同志就是刚刚从十二军分区调过去的，这次又返回故地滦东进行创作。出版了《唱英模》专辑。歌曲有：《唱英模》（晶辉词，萧一曲）、《李占义单身大战双尖山》（严寒词，萧一曲）、《节节高》（黎星词，晶辉曲）、《唱杨连秀重机枪排》（李业词，萧一曲）、《滦东手榴弹母亲》（严寒词，奎元曲）、《歌唱模范米来全》（奎元曲）、《纪念人民英雄马昌富》（艳秋、洛峰词，松青曲）。这些歌曲，在军分区英模大会上，向英模和滦东军民演唱，还印发给部队，在连队传唱。

图 11-1　冀东十二军分区政治部文艺工作队出版刊物《滦东歌声》封面

二、牺牲在滦东的模范宣传员晓峰

十二军分区文工队中,有一位能文能武的出色宣传员——晓峰同志。作为一名文艺战士,晓峰同志刻苦钻研业务,除正常排练、演出外,自学了二胡、小提琴、手风琴。很短时间内,就学会多种乐器,参加演出和伴奏,还能创作战士喜爱的歌曲,为《五心模范秦礼顺》等精彩曲目谱词。他一面用文艺武器揭露敌人的罪行,激发鼓舞解放区军民英勇奋斗;一面深入连队,拿起刀枪和战士们一起消灭敌人。

晓峰是河北省乐亭县人。1946年秋,蒋介石撕毁停战协定,向滦东解放区猖狂进攻。晓峰毅然投笔从戎,参加中国人民解放军,到冀东十二军分区文工队工作。

晓峰同志作风朴实、诚恳热情,善于团结人,对同志说话总是面带笑容,所以大家常称他为"笑风"。目睹蒋军烧杀抢掠人民生命财产的罪行,晓峰同志满腔仇恨。文工队同志常常轮流下连队体验生活。晓峰同志总是争着抢着到连队去,到前线去。尽管文工队明确要求,队员深入连队的任务是为了"演兵像兵",做连队思想政治工作,搜集创作素材。除非遭遇战、突围战,可以猛打猛冲,进攻战、攻坚战则不要求冲锋在前,为此每人只有一支步枪十发子弹,两颗手榴弹,但晓峰同志却按捺不住对敌人的仇恨和求战心切的战斗激情。

1948年5月底6月初,文工队政指张伯安和晓峰、宗奎元、王月峰等同志,到一团各连开展活动。时逢部队奉命赴长城外,追歼平泉一带欲向华北逃逸之敌。晓峰等同志随部队,从界岭口过长城,直奔青龙西部,发现敌人已丢弃迫击炮等重武器,仓皇向秦皇岛方向逃跑。晓峰等同志又随队强行军150多里,追击到义院口东的半壁山。

敌人占据主峰,我军对敌人形成包围态势,二营在山北,一营在东侧,三营从义院口冲入敌阵的半壁山南侧,向主峰发起冲击。

敌人是蒋军张其昌部,其人员许多是热、辽山里"座山雕"式的惯匪、还乡团等,是对中国共产党与人民解放军怀有刻骨仇恨的顽固军队。

下午,正当张伯安同志所在的九连向敌主峰冲击之时,敌发现我兵力不足,欲突破我防线,逃往秦皇岛,大量的敌人蜂拥而下。面对成群突围的逃窜之敌,晓峰同志所在的一连由东侧冲入敌群,与敌肉搏。晓峰同志和战士一起,向数量上占优的敌人发起冲击。他边喊边打,开展政治攻势,在冲锋声中高呼"缴枪不杀"口号，迫使4名敌人缴械投降。他带的10发子弹打光了，又从战士手中要子弹继续拼杀。晓峰在与敌拼杀中臂部负伤，敌人正要刺向他之前，战士们急忙奔来，刺死敌人。经过英勇激战，顽敌被击退，部分被歼。敌军司令张其昌被击毙。

夜晚，我军调整部署，由东向西运动，同时转运晓峰等伤员，乘夜幕降临，由北向南突围。部队被敌穿插，各处展开战斗。运送伤员的担架队与一股敌人遭遇，敌人开枪打死抬着晓峰的老乡。在晓峰后边的伤员，有一位姓卢的排长，被隐蔽在草丛里，只听见晓峰忍着伤痛，大骂敌人打死老乡的罪行。敌人凶狠地在无抵抗能力的晓峰胳膊上刺两刀，又在胸部猛刺4刀。晓峰同志用尽生命最后一息之力，痛斥敌人的暴行，直到最后壮烈牺牲。

拂晓，张伯安找到并掩埋了晓峰的尸体，带着晓峰的步枪和自己的手枪，回到台头营宣传队驻地。十二军分区宣传队的同志们先是见到大批俘虏，知道打了胜仗，都非常高兴地要听听战斗情况，但当听到晓峰同志壮烈牺牲的消息后，欢声笑语立刻消失了。同志们都在掉眼泪，怀念这位大家都喜爱的晓峰同志。

宣传队将晓峰同志表现一贯优良，战斗中勇敢杀敌，壮烈牺牲的事迹报告给军分区领导。军分区党委决定，授予晓峰同志"模范宣传队员"称号。在追悼会上，悼词念得泣不成声，同志们面对晓峰同志遗像哭声一片。

40年后，曾在冀东十二军分区文工队工作过的老同志们最后一次在秦皇岛相聚。大家专程到抚宁台营烈士陵园祭奠晓峰同志。有人唱起晓峰创作的《五心模范秦礼顺》，所有人都不约而同地和了起来。风骤起，歌声远近悠扬，有松柏摇曳，似道别，诉衷肠。

图 11-2　模范宣传员、烈士晓峰同志

图 11-3　1947年，十二军分区文工队同志在抚宁台营烈士陵园留影

三、十二军分区文工队队长、老红军秦世杰

秦世杰 1920 年生于陕西省子长县秦家塔村。他自幼家贫,父亲秦玉江参加革命后杳无音信。9 岁的秦世杰承担了家庭的重担。忠厚善良的母亲带着他和妹妹乞讨度日,不幸的是一场重病又夺去了妹妹的生命。

从"嫩娃"到一名合格的革命战士

年仅 12 岁的秦世杰加入了共产主义青年团,参加了土地革命斗争。1935 年红军经过二万五千里长征到达陕北,当时秦世杰刚好 15 岁,在中央办事处当通信员,由于他能吃苦、肯学习,不久后就调入后方政治部当了宣传员。

1936 年,秦世杰到红军教导师宣传队任分队长、队长,开始了长达 12 年的革命文艺生涯。一年后,调入延安留守兵团政治部烽火剧社工作,由于没有知识,他认识到只有在同志们的帮助下,刻苦学习、拼命钻研,才能成为一名合格的文艺工作者。他白天完成工作任务,晚上学习文化、认字、学习乐器。他对自己要求高,吹拉弹唱样样不落。三年后,他已具备初中文化水平,学会了二胡、小提琴、月琴、扬琴、三弦、唢呐、笙以及许多打击乐器。他通过不断努力,成为文艺宣传队伍的主力队员。

日军投降后,秦世杰从延安来到冀东十三军分区海滨剧社,任政治指导员。1946 年年初带队编入冀东军区文工团,任总支书记兼音乐队队长。后带队辗转辽西,又回到滦东。迎接他的是同为老红军的老战友十二军分区政治部主任胡里光。胡里光 13 岁加入中国共产党,是苏区时期红六军团最年轻的政工干部。抗战胜利后,胡里光调任冀东十二分区政治部主任。为了保卫解放区,胡里光又率宣传队深入农村,动员青年参军支前,为保障前方物资供应和兵员补充做了大量的工作。1947 年 5 月,胡里光当选为中共冀东地区的党代表,出席了中共冀察热辽党代表大会。代表团在返回途中,住宿在赤峰市以西 45 公里的柴火栏子村,与国民党部队遭遇。战斗中,胡里光同志壮烈牺牲,时年 30 岁。

在滦东,十二军分区文工队中,秦世杰革命资历最长,从事文艺工作最久,经受锻炼最多,音乐水平也最高,因此成为文工队队长。

秦世杰重视文工队的思想、作风建设,经常组织学习毛主席《在延安文艺座谈会上的讲话》《为人民服务》《改造我们的学习》《整顿党的作风》等著作。

可能因为是老红军出身，与一般文艺工作者不同的是，他十分重视基层锻炼和对政工干部的培养。文工队刚到达滦东不久，1946年夏就派张伯安等几位同志，赴台营六十一团的一个营，到各连队教唱歌曲，培养连队骨干，帮助建立军人俱乐部。在军分区的政工会上，该团的于斯夫同志给予了很高的评价。1948年12月，张伯安同志在日记本以《回忆一年》为题写道："一年来曾去连队六次，生活在连队，工作在连队，一般地熟悉了连队的情况，而且能做些工作，如战时、战后政治工作，练兵、行军政治工作都做了一些。对宣传员下连掌握上也学到了一些办法。"《冀东子弟兵报》在1948年秋曾刊登张伯安同志写的在一团进行城市纪律培训的经验。除了培养基层文艺骨干的同时，秦世杰也向军区文工团、机关和部队培养、输送了许多干部。从1946年6月至1948年12月，原辽西纵队文工队同志，仍留在十二军分区文工队的，只有张岚等3位同志。

秦世杰是队长，在政治上每逢重大问题处理很果断，要求明确，也很严格。在日常战斗、生活中，他同普通队员一样，同大家一同演出、劳动。他敢于承担责任，注重保护同志们的积极性，每遇出头露面显露声名的机会，就把同志们推到前面，鼓励同志们大胆去闯，自己甘当配角，为同志们做后盾。

秦世杰热爱艺术，却从未主演一部戏。只是每当演员安排有困难，他就顶上一个普通角色，多是我军战士、伪军和群众角色，只有一次例外。1946年，文工队要演出尖兵剧社创作的《国军现形记》，该剧旨在教育群众，揭露蒋介石不抵抗政策。该戏的难点在于需要选一个南方口音的演员，饰演国民党军官。秦世杰虽然是领导，但在演出节目方面，服从导演艾春华同志的安排，尽力学习南方口音，饰演国民党军官，演出非常成功，效果良好。

由于秦世杰多才多艺，在歌剧、合唱等节目的伴奏中，发挥着重要的作用。由于怡明同志是指挥，秦世杰就服从他的安排和指挥，有时拉小提琴，有时拉二胡、弹三弦，演奏打击乐器。总之，什么地方缺人，就主动补上去。

正是因为秦世杰不以队长自居，尊重每一位同志的劳动付出，文工队内部非常团结，相互关系很好，而且同志们已经对这种协作与团结习以为常了。

秦世杰的滦东之"恋"

在滦东，秦世杰收获了爱情。他的妻子正是十二军分区文工团的文艺兵鲁洁茹。

那时滦东的同志都很崇拜从延安来的同志，大家都认为"延安"是"革命"的代名词，那是万里长征的终点，党中央在那里，毛主席、朱总司令也在那里。同志们都表达了对"延安"的向往。

也正因如此，同志们都很羡慕和敬重秦世杰。初到滦东，秦世杰身着在延安亲自生产的灰布军衣，打着绑腿，穿着一双旧皮鞋。上任后，秦世杰组织座谈会，他和蔼谦虚地做了自我介绍后，与剧社的同志亲切交谈，一一解答了大家心中的疑惑。

"你能经常见到毛主席吗？"

"你能听到毛主席的讲话吗？"

"延安的宝塔有多高？延河水有多深？"

大家请秦世杰介绍延安文艺工作者的情况。问的无所顾忌，答的诚恳热情。在座谈会茫茫人群之中，秦世杰与鲁洁茹相识了，很纯洁的同志间的友谊。

鲁洁茹在回忆录中记述："初识秦世杰，觉得他很善于做思想工作。一次演出前，一位同志要我顺便将三弦带到演出地点，我马上就不高兴地说，'你为什么不拿？把说书盲人用的三弦让我拿？'接着就把三弦放回桌子上。秦世杰同志在一旁看得特别清楚，但他并没有批评我，而是他拿起三弦，把他演出用的小提琴交给我，并说，'咱们一起去舞台。'边走边说，'三弦琴是我们民族古老的乐器，在民间艺人中使用比较普遍，它可以演奏优美动人的曲子，我们乐队每次演出不是都用它伴奏吗？还搞乐器合奏呢！不是很受欢迎吗！它不单是唱大鼓书的盲人用的，有的盲人弹三弦弹得很好，是民间艺人。特别是我们乐队的乐器很少，这把三弦还起了重要作用哩！'并且结合自己的经历说，'我在陕北开始学乐器，就是学弹三弦，弹了几年了还没弹好，可不能看不起三弦啊！'"这席话似乎不像批评，而鲁洁茹内心知道这实际是批评，是开导鲁洁茹对民族乐器有个正确的认识。可是当时鲁洁茹并没完全解决思想认识问题，有一段时间再没人让她拿三弦，她也不摸三弦。

时隔不久在青龙县的一次演出，秦世杰同志又一次约鲁洁茹一同去舞台，他把一个三弦琴交给鲁洁茹让其带上，鲁洁茹脸上忽然发热，意识到这是考验她对三弦琴的认识有无改变，鲁洁茹虽然不大情愿，但还是接过三弦琴。他提着小提琴边说边笑，来到一个学校的大院子里的演出现场。当晚演出大合唱、女声小合唱和乐器合奏，还演出了歌剧《担水前后》等节目。演出中三弦琴参加演奏和伴奏，受到军民的喜欢。从此以后鲁洁茹改变了对三弦琴的看法，改变对民族乐器和民族音乐的认识，鲁洁茹也很愿意听秦世杰和董大民等同志弹三弦琴。

鲁洁茹回忆："随着时间的推移，总是很自然地在一起，他常同我谈学习、谈工作，谈他的经历和家庭情况，我有什么思想也坦诚地向他诉说，就这样成为知心好友。"

就这样两人的情感在战争与工作中迅速升华。秦世杰将珍藏的《论共产党员的修养》赠予了鲁洁茹，希望她能提高无产阶级觉悟，将来成为一名光荣的共产党员。两人工作之余常谈前途、理想、抱负，他教她识谱，她教他弹风琴。有时两人目光相对，她觉得他炽热的眼光如此烫人，那样的热切，使人无法闪躲。他的容貌，结实的身体，政治上的成熟，音乐上的才能，一切的一切都令她敬重和倾慕，她知道已经深深地爱上了他。

1946年春回大地，"三八妇女节"演出前夕，两人准备了乐器，谈论着乐队。鲁洁茹称赞了秦世杰二胡独奏很动听，每场都受到欢迎，走着走着，秦世杰突然对鲁洁茹说："我个人的情况想向你谈谈，让你多了解我一些。"他述说了个人情况，又说："我的情况都向你讲了，我们交个朋友，以后可以更好地互相帮助，抗战胜利后，我们这些人活下来都不容易，今后还要努力学习、好好工作，你说对吧！"他婉转地表达了自己的心意，她面容红晕、眉眼低垂、默默不语、心中欢喜。

北方三月的夜晚，西北风带着清爽的凉意。趁着夜色，他挽着鲁洁茹走在遵化城头，情意绵绵、边走边谈。秦世杰牵着鲁洁茹的手，她的心猛然跳了起来，觉得那手丰满、厚实、滚烫，她试着将手抽出来，可是他握得更紧了。他将她拉到身边，鲁洁茹不由自主地靠在他的胸前，忽然一阵涌上心头的甜蜜，转而又心慌意乱。两个革命青年就这样深深沉浸在爱情之中。

1946年冬，形势急转直下，国民党部队向滦东八路军发动全面进攻。宣传队随军分区撤出了卢龙县燕河营，住在长城脚下的重峪口村，又重新过上了游击战的生活。党政军民生活都很困难，党中央为了减轻群众负担，号召军队节衣缩食，生产自救。为了供寄居的老乡的房子烧炕取暖，又不争夺群众的柴源，秦世杰与鲁洁茹、张艳秋组成了劳动小组，登上高山长城，去人烟稀少的青龙县地域找柴火。

远眺群山白雪皑皑，秦世杰找到了一个埋于积雪的大树根，于是脱去棉衣，挥镐破土干了起来。因为天寒地冻，必须用尽全身的力气，所以脸涨得通红，青筋暴起，不一会，就满身冒着热气。劳动是革命战士的本色，是一种乐事，越干越起劲。秦世杰手上已经起了水泡，破了皮，渗出了血，鲁洁茹用手巾将他包好，一直坚持到树根全部刨出。这场劳动胜利结束，大家都露出喜悦的笑容，兴高采烈地回到重峪口山村。

晚度川渝　魂归幽燕

　　1949年战事底定，两人跟随百万雄师南下到重庆。秦世杰离开了心爱的文艺岗位，长期从事公安工作，后来任检察长、人大常委会副主任。他仍然兢兢业业，日夜忙于工作。在重庆几十年，夫妻二人再没一起逛大街、看电影。进城后始终保持优良作风，对自己、对家庭和子女要求都十分严格，生活俭朴。当时两人有子女四人，日子并不富裕。到20世纪80年代初秦世杰同志由于劳累过度，身体患病住院，鲁洁茹知道他很喜欢毛华达呢中山装。1985年3月27日，鲁洁茹在医院同秦世杰商量："我发了奖金加存款，可以给你做一身毛料中山装，明天接你回家给你做一身衣服。"他很高兴应允，却没想到次日凌晨突然病情恶化，不幸逝世。直至65岁临终，秦世杰都没穿上心爱的毛料衣服。秦世杰去世后，鲁洁茹整理遗物发现一个信封，是秦世杰病危时留下的遗嘱。遗嘱中唯一的愿望是，希望把自己的身体献给医院，以便提高医疗水平，为更多的人解除病患。

　　十多年后，鲁洁茹应邀回到曾经与秦世杰相识、战斗、生活过的滦东。在北戴河，鲁洁茹眼含热泪回忆了秦世杰与她的点点滴滴。晚风中，鲁洁茹深眸远眺，海天之际似有故人在岸，身着灰布军装，打着绑腿，穿着那双旧皮鞋，脸上露出真诚坦率的微笑，用那炽热、温柔的语言对她说："活下来已然不易，我们要努力学习、相互帮助，革命的任务还很重，你说对吗？"

　　（编者小记：2020年7月23日，鲁洁茹于重庆逝世，魂归幽燕，享年93岁。）

第十二章 群星璀璨

——战斗在滦东的文艺工作者

一、赤崖抗日中学与大众剧社

赤崖村是昌黎县最早开展抗日武装斗争的地方。1938年夏与1940年春,先后发生了两次抗日武装暴动。这里也是滦东较早开展抗战文艺的地方,尖兵剧社东渡滦河曾在这里驻扎,周方、刘大为、管桦、韩大伟、李巨川、苏志远等文艺工作者都曾在这里开展工作。这里是昌黎县抗日民主政府所在地,1944年,昌黎抗日民主政府在这里的赤崖小学原址建立了抗日中学和大众剧社。抗日中学办有师范班、中学班,旨在适应抗战需要,快速培养小学教师和政治干部,同时也为上一级革命学校输送学员。

群英荟萃,桃李成蹊

作为昌黎党组织文化教育工作的一面旗帜,县委书记周建平亲自担任抗日中学校长,选聘思想进步,有经验、有声望的人担任老师。一时间群英毕至,桃李成蹊。教授语文的是郭述祖,中华人民共和国成立后任山海关区文物局局长、秦皇岛市委党史办公室主任等职;数学老师齐允武,中华人民共和国成立后在昌黎县一中任教;外语老师周文声,中华人民共和国成立后在天津纺织公司任职;音乐教师董鹤群,兼教语文,后任河北省戏校唐山分校副校长;数学教师朱艺文、郝荫庭、郝鹤群依然出任教职;地理老师王渐逵后于昌黎县一中任职。值得一提的是,英语教师齐守正,燕京大学毕业,1944年9月营救美国盟军飞行员时,他担任美军飞行员与《冀热辽画报》记者罗光达的翻译。

抗日中学师生生活清苦,学校初建经费全由赤崖大乡所属的几个保(包括

247

各自然村）负担，教师享受供给制待遇。1945年7月，学校经费改由联合县财政开支。师生勤工俭学也是一笔重要的经费来源，师生分成若干生产小组，有的组养兔，有的组卷纸烟。还搞了一个小型印刷厂，承包印刷业务，印出了大量的小学课本、抗日教材和政府的布告等，既增加了学校的收入，还改善了师生的生活。

抗日中学虽然生活条件差，衣物单薄，顿顿粗粮，却培养了许多栋梁之材。如学生齐玉安，中华人民共和国成立后任沈阳医大医师；齐岭于承德某单位从事财务工作；靳瑞轩中华人民共和国成立后在上庄中学任教；齐志鸿于昌黎一中任教；学生史铭堂后入白求恩军医大学三分校深造，随军南征北战，入朝作战，建立功勋，成长为名医；学生齐善志，曾任北京部队某部师职军官；马逢春，曾任兰州部队陆军医院少将级军医；学生赵景阳，曾任北京部队某部师职军官；学生胡彦祥，曾任海军某部驻大连獐子岛守备师政委等，不胜枚举。随着革命形势的发展，抗日中学还向冀东鲁艺输送了大量人才。如《冀东子弟兵》报编辑、原济南军区《前卫报》副主编纪云（李丰宝）；总政歌舞团原团长赵晋勇；广州市宣传原部长齐国骥与力军、文侠、董洁沈、王继冲、齐善至、郑善久等人。解放战争中，抗日中学又在姜各庄复设，再次为军医大学输送人才，其中有邓怀谦（后任昌黎县卫生局副局长）、劳农（北京海淀区委党校校长）、谭瑞林（某军师级干部）、齐振英（秦皇岛市某卫生所所长）、齐峻岭（承德某厂管理干部）。对于一个在动荡时局里建立的革命学校来说，抗日中学在短时间内能够培养出如此多的栋梁实属不易，困难与业绩都是有目共睹的。

文艺之蕾，大众剧社

相比尖兵、海滨、前锋等剧社，大众剧社有鲜明的特点。该剧社是1945年冬天在赤崖抗日中学的基础上建立起来的，剧社的名字是由时任昌黎县委书记的郝炳南同志起的，人员以抗日中学师生为主。大众剧社由当时的赤崖抗日中学校长魏乐华任团长，教导主任郭述祖（编导组组长）和新集小学校长刘九涛任副团长，教师样昌伶、董文玺、赵桂丹、刘质轩、建群任编导，还设戏剧组和宣传美术组。团员除抗日中学师生外，还吸收了一些小学教师，计有80多人。

大众剧社仅存在了一年多的时间，但在配合党的中心工作，宣传党的政策，鼓舞群众斗志方面起到了很大的作用。据剧社编导杨昌伶回忆："这支业余的文艺宣传队之所以成功，很大原因是大部分同志是知识分子，又多数来自农村。

自身具备高素质的同时，和广大农民有着密切的联系，他们熟悉农民生活，了解农民的疾苦，所以他们能够很好地反映和表现农民生活。他们能歌善舞，不仅会表演，还能写剧本、歌曲，有的会美术绘画、书写标语，各路人才齐全。"

大众剧社成立后，编剧、剧务、演员、伴奏和道具等主要由抗日中学承担。经过突击排练，仅用半个月时间，就排练了《白毛女》《高树勋反战起义外传》《春之歌》《一双鞋》《二流子转变》等剧目，还有合唱、独唱、相声等共十几个节目，在赤崖进行了公演。当时，演出的场面很热闹，观众超过5000人。

年逾七十的老教师孙洪滨就是赤崖人，他对大众剧社有着非常细致的描述：大众剧社请来科班出身的歇马台村人杨昌伶和他的妻子卢莎任艺术指导，编剧是郭述祖老师和刘慧池老师，场景布置和道具由河北滦师毕业的桃园人董鹤群老师负责。教师演员有大蒲河村的程兆甲。程兆甲老师因为个子高，经常扮演反面人物和特务角色。赵桂丹老师语言幽默风趣，常常扮演正面角色。刘成林老师扮演的角色是剧目《阿Q正传》中的"阿Q"。小滩村的女老师齐国云多才多艺，适合角色较多。齐国云老师在中华人民共和国成立后曾任唐山市中苏友好协会秘书、唐山卫校党委书记，罹难于1976年唐山大地震。主要学生演员有信庄村的李秀玲和化名"晓军"的另一个同学等。李秀玲毕业后留校任教。主要伴奏有北坨村的郭仰先老师和槐李庄的李润东老师。郭老师由河北滦师毕业，时任茹荷完小教导主任，弹得一手好琴。琴是广济医院雷大夫的折叠式风琴。李润东老师是在槐冯庄小学任教，二胡拉得娴熟。他腿脚有残疾，不辞劳苦，跛着圆与直线相切的步履来大众剧社伴奏。人们戏称他"李拐子"。

多年之后，当时的学生齐志鸿回忆起那段时光。明亮的教室内，音乐老师董鹤群满面春光、笑容可掬。他教唱《国民党一团糟》这首歌，虽是半哑嗓，但唱起来音量很大："国民党一团糟，贪官污吏到处有，捐杂税赛牛毛……"他双手打着拍子，声声震耳、震撼人心，创造出群情激奋、斗志昂扬的氛围。

大众剧社的演出紧跟斗争形势需要。为了配合县委减租减息、清算复仇等中心工作和防抗顽军伙会的进攻，师生利用晚间到各自然村开展宣传活动。教唱《三大纪律八项注意》《五月的鲜花》《国民党一团糟》《到敌人后方去》等歌曲，也自编些小节目演出。当县委向剧社传达高树勋将军起义的事件后，郭述祖立即编写了《高树勋将军起义》的剧本。为了配合根据地减租减息，由郭述祖编写了《血海深仇》。该剧描写农民如何受地主的剥削，启发农民的阶级觉悟，团结起来和地主展开斗争。当县抗联主任高炳清同志（从陕甘宁边区而来的干部）向剧社的同志们介绍了《白毛女》的剧情后，大家很受教育。可惜没有剧本，怎么办？杨昌伶和赵桂丹按照高主任的故事情节，自己动手写了话剧本子，最后定名《白人》，在当时演出效果很好。此外，剧社还编写了《大团圆》（杨昌伶编剧）、《两种学生》（郭述祖编剧）、《阿Q正传》（郭述祖编剧）、《白家风波》（杨昌伶编剧）、《反特》《恨绵绵》《搁在眼前》（杨昌伶、赵桂丹编剧）等十余个剧目。为配合解放区的土改工作，剧社组织学生开展社会调查、访贫问苦、搜集素材、自编自演各种小节目，有活报剧、小评剧、小歌剧、小话剧、小快板、三句半等，形式多样、丰富多彩。在群众大会上演出或分别到自然村开展宣传，颇受群众欢迎。

多地会演，培育人才

在师生不懈努力下，大众剧社逐渐完善成熟，不仅在路南的乡村演出，还多次外出会演。1945年春节前夕，剧社接到县委的命令，要求剧社带着新节目在正月十五前赶到铁道北十六军分区驻地迁安市的建昌营，为分区扩大干部会议演出。经过紧张的排练，剧社于正月初五准时由赤崖中学出发了。当时，县委书记郝炳南、县长周建平特意赶来为大众剧社的全体同志送行，并派县委常委组织部部长阎欣亲自带队。剧社的同志们身着军装，男同学配有步枪和5发子弹，县支队还派一个连的兵力护送。

经过紧张的急行军，剧社在深夜穿过了昌黎后封台车站敌人的据点，顺利地得到了卢龙县支队同志的接应。拂晓，剧社到达巩固区。此次，剧社从路南到路北连续行军200余里，于正月初十到达了迁安市建昌营。建昌营地处迁安市北40多里，北距长城冷口七八里，是沟通口里口外的商业集镇。地委、专署、军分区、抗联会、公安处都在这里，还有部队十一旅驻扎。正月十四，剧社为十六军分区扩大干部会议演出第一场，先是大合唱，歌曲有《毛泽东之歌》《没有共产党就没有新中国》《我们的旗帜到处飘扬》，随后演了《春之歌》《反特》《白家的风波》《两种学生》等节目。正月十五，又演出了《白人》《高树勋将军起义》两个节目。两场演出收到了较好的政治效果。此后，又为当地军民联欢大会进行了慰问演出，观众场场达到万人。演出结束后，分区表达了希望大众剧社留下来的意愿。

剧社圆满完成任务后，于正月十六启程，经安山（九龙山）回到靖安镇。县里的领导同志都来迎接远征执行任务的大众剧社胜利归来。县委书记郝炳南热情鼓励和表扬了剧社的全体同志，并说："应当为同志们庆功啊！"

1946年是剧社繁忙的一年。春寒料峭，剧社在五区王庄子村为昌黎县召开的选举国大代表大会举办表演。6月6日教师节，在全县教师座谈会上，进行了庆贺演出。并在全县各解放区集镇和敌人据点周围及边缘地区，甚至为沿海居民进行演出，所到之处无不受到欢迎。7月中旬，大众剧社响应县政府命令，在荒佃庄召开慰劳军队大会演出，这也是大众剧社成立一年的最后一次演出活动。这次演出十分隆重。慰问对象有昌黎县支队，县直属武装部队以及各区小队。十七分区副政委贺秉章同志亲自参加会议。剧社演出了自编的《搁在眼前》《恨绵绵》两个节目。

　　苍天可能预见这是剧社最后一次演出，泪雨涟涟。台上的席棚漏雨了，舞台上开始积水，演员们顶着雨踩着泥一丝不苟地表演着；台下的军队冒着雨观看，全场上下秩序井然，一直坚持到演出结束。冬天，正当剧社走向成熟之际，昌黎县城内的敌人向城南展开了疯狂的大扫荡。霎时间，一片和平景象的解放区变成了残酷的游击环境。大众剧社的演出虽然被迫中断了，但培育的教师和学生还在，他们有的随着部队转移走了，有的到了路北鲁艺学院，有的到医大，有的到海滨剧社，也有的仍留在本县教育岗位上，在各个战线为革命工作继续发挥着作用。

初心不改　师恩难忘

　　在抗日中学和大众剧社，有一位一生都战斗在滦东文化战线的老师。他就是郭述祖。

　　语文教师郭述祖，是北坨村人，昌黎简易师范学校毕业，博学多才，国学造诣较深，人称解放区的名师。那时，没有现成的语文教材，郭老师就转载《救国报》社论等抗日文章，在昏暗的煤油灯下，与西坨村的中华人民共和国成立后任昌黎农校党委书记的张玉林老师一起，一字一字刻板，用简陋的油印机一张一张推印，分发给学生作为读本，耐心讲授。

　　办学环境艰苦，但丝毫未影响郭述祖的热情，他回忆："这是一所从教学形式到教学内容完全崭新的抗战学校，是适应抗战需要，为革命工作培养和输送干部，为向群众进行抗战宣传工作而建立的。本着这个办学方针，在学生来源上，采取自愿入学和组织推荐相结合的办法。开始，动员了赤崖小学应届高小毕业生20名同学入学。以后便陆续从民主区、边沿区招收，有的学生是冲破重重阻碍从敌占区来的。这所处在战争环境中的学校，在敌人严重封锁的情况下，教材采取自己编写、自己油印的办法，教学方法因时因地制宜；学生上课也采取'敌扰我走''敌走我学'的游击方式。师生们学习在一起，生活在一起，战斗在一起，思想一致，面对敌人的袭击无所惧，生活艰苦无所畏，大家只有一个信念，就是提高觉悟、认清形势，为抗日救国贡献一切。随着抗战形势的发展，学生不断增加的同时，也陆续为革命队伍输送了一大批干部。到抗战胜利前夕，学生已发展到100余名，参加军政干校、医学、艺术等院校或参加地方工作的有60余名。"

后来，郭老师还兼任大众剧社的编剧、编导工作，每天除去少量的睡眠，几乎把全部时间用在了工作上。1946年12月，抗日中学不得不在拗榆树解散，郭老师转入解放区的文工团工作。中华人民共和国成立后，长期担任秦皇岛市一中校长和山海关文物保管所所长等职，后来出任了中共秦皇岛市委党史办主任。

郭述祖善于讲授古典文学。没有课本，就自己刻板油印。他的课以古喻今，弘扬爱国主义精神，揭露封建礼教的腐朽。他讲授古典文学名篇《木兰辞》时，着意交代了历史背景，阐明此诗是宋代郭茂倩所编写的《乐府诗集》中的南北朝民歌，歌咏了女英雄代父从军的故事。同时，肯定其艺术魅力和思想性，特别强调了它的现实意义，赞美了那种古代女英雄大敌当前挺身而出，勇于献身的爱国主义精神。进而指出，我们祖先尚且如此，今天的革命青年更应立大志、树雄心、投身革命、报效祖国、拥护共产党、解放全中国。

讲述《孔雀东南飞》时，郭述祖先讲文章出处，着重揭露吃人的封建社会，指出旧礼教及其包办婚姻之害，尤其是压迫妇女、残害妇女的罪恶行径。讲解课文时，老师富有表情逐字逐句地将文言文讲解清楚。如讲述"十三能织素，十四学裁衣，十五弹箜篌，十六诵诗书……鸡鸣入机织，夜夜不得息。三日断五匹，大人故嫌迟"时，郭述祖老师以形象化语言将这位豆蔻年华、博艺多能、勤奋肯干、心灵手巧的新妇勾画得活灵活现，并怀着激愤心情揭露了罪恶的封建社会造成的这一极为残酷的婚姻悲剧。郭述祖老师肯定了夫妇为了婚姻自由，双双以死抗争的叛逆性格，紧密地结合社会现实，讲时至当时，婚姻仍未解放，尤其妇女受压最深，由此说明共产党、毛主席的伟大，阐述革命的意义，指出光明的前景。

1990年，抗日中学学生齐志鸿、程祝同，一同到秦皇岛市教育局家属院登门拜访老人家。相逢之下，相互积愫，程祝同先生跪在老师膝前，热泪滚滚、千言万语、一时语塞，师生深情难以言表。郭老师虽已耄耋之年，学生诸多姓名，仍牢记心中。他很注重晨练，坚持练自编的健身操。师生三人合了影，郭老将著作《山海览胜》一书赠予学生，未曾想别后不久，郭老就与世长辞。这次拜会成为师生的最后一面。

二、滦东影社与大众影社

冀东皮影，盛行于昌黎、乐亭、滦县及周边地域，又被称为"老奤儿影"。冀东皮影戏历史悠久、源远流长、腔调优美、演技精湛，深受群众喜爱。过去，每当秋后五谷入库时，农民唱不起大戏，多是演皮影戏来庆祝丰收，或是酬神、祈福。因此，它与劳动人民保持着密切联系，是群众喜闻乐见的一种民间文艺形式。中国共产党主要创立人之一，中国最早的马克思主义者李大钊同志喜欢家乡的文化，尤爱家乡皮影，曾亲自编写了《安重根刺伊藤博文》影卷，开创了现代皮影戏的先河。

近代滦东影业的曲折发展

20世纪初，以昌黎为代表的滦东地区，名角荟萃，"皮影界的梅兰芳"高荣杰、妇孺皆知的"齐老秉"、"皮影大王"张绳武、"影匠之王"李紫兰、"花调"苗幼芝、"簧腔"李秀、"老箭杆王"赵善元、雕刻名家杨德生等享誉海内外的艺术家齐聚滦东，娱乐了民众，繁荣了地方曲艺文化。

1933年日军侵占队入侵滦东后，十分忌惮皮影戏受众广泛，与其所宣传的民族情结。在日本人看来，夜间聚集那么多人，一定是"图谋不轨"。于是下了命令：禁演影戏，抓捕艺人。此时关里、关外流民四散，皮影戏遭到非常严重的摧残，许多影箱道具被焚毁，许多影班被迫解散，造成艺人流离失所、身处绝境。部分皮影艺人，因生活所迫，流窜到山沟偏僻地方或流亡东北去唱影，以逃避敌人的捕杀。许多著名皮影戏演员流落街头以卖菜、捡破烂糊口。1941年，昌黎著名影戏演员高荣杰在沈阳唱影，当时有一个姓郎的伪警，因为没给他爹留座位，次日便拿着鞭子，进影院门见人就打，还要把高荣杰带走关起来，最后央求了半天，又给他50元钱，才算了事。

冀东抗战影社的兴起

由于日伪的迫害，许多影戏艺人无法谋生，在冀东地区的皮影戏艺人有许多进山投奔八路军，参加了共产党领导的抗日文艺团体。

1938年7月，冀东抗日大暴动胜利后，抗日联军整训受挫，部队化整为零，开展敌后斗争。此间有抗日人士揣振邦为了掩护身份，利用自己的一技之长，组织了一个小影戏班子，明着是唱影，暗地里则坚持抗日活动。

1940年秋，冀东八路军十二团政治部批准成立长城影社。当时影社的活动区域很广，因此引起敌人的注意。1942年冬和1943年4月，长城影社两次遭到汉奸告密和围剿，为了缩小目标，组织决定将影社分为几个小组分散活动。

1943年夏季，冀东特委宣传部在一个山沟里住着。夜间，见到许多人正在看影戏。台上只6个人，却吸引住那么多的观众。这种情况，引起特委宣传部部长吕光同志的重视。

受毛泽东《在延安文艺座谈会上的讲话》精神的启发，吕光意识到皮影这种在冀东有着深厚群众基础的民间艺术形式在宣传抗日上的作用，发出了成立皮影社来宣传抗战的倡议，得到冀东区党委书记李运昌的同意。李运昌高兴地为影社起名"新长城影社"。这个在党领导下的影社受到皮影艺人们的拥护和响应，苏旭、苏勉、张茂兰、巩秀波、李林、吕廷宾、侯振盈、张桐林等先后参加。1943年秋末，在迁西县东水峪村（化名"天津"），影社建成，并正式命名为新长城影社。影社归冀东特委宣传部领导，并委任陈大远同志任政治指导员，木子厚同志为社长。同年11月后，陈大远免去兼职，任命山樵为专职政治指导员。给演员发了军装、武器，和部队一起生活。并派一个连队保护影社。为部队和群众演出，配合政治宣传，鼓舞人民抗日斗志，深入敌人心脏，宣传党的政策、瓦解敌人、打击敌人是主要任务。

1944年10月17日凌晨，在杨家铺，参加冀热边特委扩大会议的干部和警卫部队800余人，被3000多名日军偷袭包围。在特委组织部长周文彬、副秘书长李杉、宣传部副部长吕光、第四地委书记丁振军、军分区卫生部部长王少奇等领导下，拼死突围、浴血奋战。但由于敌众我寡，周文彬、李杉、吕光、丁振军、王少奇、刘景余、马岭甫、魏重等430余名干部、战士壮烈牺牲。在牺牲的同志当中，就包含冀热边特委宣传部副部长、新长城影社的直接领导和创始人吕光。

新长城影社的同志也投入了这场战斗，先是射击，敌人近了投掷手榴弹，直至展开白刃战。护卫部队刘景余连长出生入死、三进三出地掩护影社同志冲出了重围。可是，这位英勇善战的连长却献出了自己的生命。

吕光副部长牺牲了，但他所倡导的宣传抗战的皮影剧社，犹如"星星之火"渐有燎原之势。很快，冀东军区又相继涌现了抗日影社、大众影社、燕南影社、长城影社、新乐民影社、湾山影社、长山影社、新慰民影社等20多个"抗日轻骑兵"。

<<< 第十二章 群星璀璨——战斗在滦东的文艺工作者

滦东抗日影社溯源

1944年春，冀东军分区十二团在卢龙县四各庄看到皮影戏演出。台上只有6个演员，却吸引很多人围着观看，这种情况引起了十二团政治部主任程乐天的重视。他和政委徐治商议，想把这个影班组织起来，作为配合对敌斗争的宣传工具。经过研究同意，由副政委曾辉找来影班的人，进行动员、启发，经过三次谈话，艺人们都欣然同意了。

1944年6月1日，根据新长城影社的经验，十二团在滦河东一带又成立了抗日影社。影社由十二团文艺主任王衍直接领导。演员有卢和、张子祥、方殿元、梅鹤龄、傅仲三、杨延盛6人（后来发展到22人），任命卢和为社长，演员全发给军人证书，按连级待遇发给生活用品，家中按军属待遇。主要任务是：随军活动，配合政治宣传。

6月18日，十二专区在冉庄召开领导干部大会，影社为大会演出。影台刚刚搭好，正要开演，突然接到紧急情报：鬼子、伪军从花台出动，向冉庄扑来。影社的同志赶紧拆台、装箱，用毛驴驮着道具，在警卫连的掩护下钻进燕山沟地里。领导干部已经安全转移进山沟后，日军随后追来，围住蛮子营，整整两天。这时影社同志每人只发给几颗手榴弹，但大家都横下一条心，鬼子冲上来，便夹在部队中间跟敌人拼斗。后来曾克林团长怕影社遭到损失，派一支队伍掩护影社同志从敌人兵力薄弱的地方冲出去，转向安全地带白土岭。以后，影社常到敌人盘踞的地方去宣传演出，也曾多次遇到危险，由于护卫部队的掩护，警备严密，及时转移，都化险为夷闯了过来。

智勇护军粮

1945年3月，影社与部队侦察排排长于治国到卢龙县大石炕村，想把存在这里的20石军粮转移出去。由于叛徒告密，盘踞在双望村的鬼子、伪军100多人倾巢出动。于治国得到情报后对大家说："要沉住气，无论如何不能丢掉一粒粮食！"说完领着大伙把粮食藏好，要走，已来不及了。

当时连影社在内共19个人，都找好了地形地势准备战斗。敌人到了，一连冲了三次，都被打了回去。影社张鹤起同志当过兵，有战斗经验，他用手榴弹炸死6个敌人，吓得敌人再也不敢往村里闯了。坚持到天黑，卢和对于治国说："敌人子弹多，咱们子弹少，若坚持下去要吃亏，我和张鹤起冲出去，找区小队来救援，怎么样？"于治国同意了他的意见，并说："我在前边加大火力，把敌人引过来，你们由村后冲出去。"

卢和、张鹤起冲出村外一商量，认为找区小队远水救不了近火，便冲着敌人后边放了一阵枪，扔几颗手榴弹。敌人以为是八路军部队到了，登时乱了套，乘此机会，于治国带着战士冲了出来。敌人没抢到粮食，倒搭上两个日军、七个伪军。

在战斗中提升艺术水平

滦东抗日影社成立后，以皮影艺术形式参加抗日活动，演出许多启发人民同仇敌忾、抗日救国的节目。影社的同志有时还拿起武器和敌人直接拼杀，活跃于滦河一带，与冀东边区军民结成血肉般的关系，成为当时宣传抗日的一支有影响的文艺队伍。

要想做好革命宣传工作，就得有相对应的革命内容的剧本，皮影戏剧目虽然很多，但都不能起到宣传抗日的作用。为此，冀东特委宣传部决定组织文艺工作者创作皮影戏剧本，并派人兼任影社的编剧，陈大远、山樵、李左之、付仲三等同志就写出不少以抗日故事为内容的剧目。如《玉田参军》《中心逃狱》《齐心杀敌》《国害家仇》《枪毙王朋》《春秋镜》《潘家峪》等，都是在战争环境中编写的。

除了艺术家与剧本，还要有与抗日影戏相对应的工具与影人。此时，原尖兵剧社美术组组长卜雨，已经调任十二团前锋剧社任美术教员兼政治指导员。画影人自然不用舍近求远，团政治部主任程陆天找到卜雨，希望给影社画新的影人：军官、战士、侦察员、老头、老太太、大姑娘、小媳妇、民兵、日本军官与士兵、我军与敌军装备等。画好后，影社同志拿到燕河营去雕刻影人。

艺术都是相通的。前锋剧社的同志也常到影社和他们座谈。该社演出的剧目有《火烧潘家峪》《凯旋之夜》《区长坐牢》《八区队歼敌》《度春荒》《国民党抓壮丁》《阎王进京》《血泪仇》。当谈起十八团三连在相公庄战斗时，立即去采访，并编成了《血战相公庄》。他们的演出，受到滦东军民的欢迎。

十二团宣传队在路南活动时，卜雨等前锋剧社与路南影社老艺人也交了朋友。路南影社除了演老戏，也演自编新戏《曾克林放粮》。至今，路南的村庄还有人能唱出影词："李运昌，司令员，领导八路他有好几个团，十一、十二，还有十三团……"

新长城影社、抗日影社成立时，正是日军投降的前夕，敌人在垂死之前集中大批兵力在冀东地区根据地疯狂扫荡。随着形势变化,影社和机关、部队常常失去联系,自己只好游击活动。两个影社,以滦河为界,一在河西,一在河东,转战冀东,同敌人周旋。他们一方面利用敌人扫荡的空隙为群众演唱,一方面还要配合地方政府发动群众,进行坚壁清野和锄奸、防特等工作。因此日军对两个影社恨得咬牙切齿,不惜出动一批又一批"讨伐队"到处追剿影社。影社利用这一点,时常在部队掩护下,到敌人的据点附近去演出。敌人一出动,影社的同志早已转移,当敌人往回走时,事先埋伏好的同志从掩体内一跃而出,把敌人消灭。有时,影社和部队在一起都被敌人包围,他们便和战士们并肩战斗、英勇冲杀。如遵化市青山口、黑石峪战斗,卢龙县蛮子营、新挪寨战斗,影社同志就是夹在部队中间作战,用手榴弹打退了敌人,冲出了包围圈。

"药捻子影社"的由来

1945年夏,十六地委专员于明涛在卢龙县下荆子村开会,影社为大会演出《陆文龙回祖国》,正演到"王佐断臂"的时候,通信员跑来说:"敌人来了,马上转移!"大伙赶紧把道具装到箱子里。正这时,一位部队的同志跑来说:"部队在村外跟鬼子干上了,团长叫你们从北边冲过去,到红花峪集合,快走!"影社的同志来不及拆台,把道具放到毛驴背上,奔着村北夹在老乡中间冲出了重围。

日军投降后,伪警备队和当地富绅地主勾结起来,组成了反动武装,盘踞在县城。迁安市县长李焕章想了个办法,让影社把敌人引出城来,进行消灭。

影社在离县城三里地的胡各庄搭好影台,晚上演出《枪毙王朋》。演员在台上高声叫骂,故意让城内的敌人听见,好"引蛇出洞"。果然,敌人出来了,却扑了个空,刚要找村里人撒气,事先埋伏好的同志从掩体内跃出,一阵猛打,打得敌人晕头转向,有的往城里跑,又被专区武装部部长王立行带领的同志猛烈阻击。170多名顽伪军有的被打死,有的被俘虏。次日,在永新庄开慰劳会,赠给影社一驮子慰劳品。从此抗日影社留下了"药捻子影社"的美称。

1945年,日本侵略者投降后,影社又以新的战斗姿态投入了反对国民党独裁专制的解放斗争。创作和改编了一些新剧目,如《大晴天》《平狗坟》《黄河蒋灾记》《清算庄阎王》《抓丁》《抢粮》《白毛女》《血泪仇》等,很受群众喜欢。1945年秋天,日军投降后,冀热辽军区第十六军分区派抗日影社指导员李云亭同志接收了日伪控制的青龙县影社,经过审查、教育,留下了白世五、朱发、马振刚等3名演员,影社扩大到22人。同年年底,冀东部队率先挺进东北,部队把文工团带走,留下影社划归专区抗联会。各地革命队伍中的影社又以新的战斗姿态投入了解放战争。

滦东大众影社的成立与发展

划归专区抗联会领导后,影社取消供给制,改为低薪制,开支以自己演出收入解决,政府不负担任何经费。

1946年6月在卢龙县燕河营召开影社扩大组织、整顿思想的大会。影社改名为"滦东大众影社",任命卢和、张子祥为副社长,李云亭为政治指导员。明确任务:把各县的影社都组织起来。会后,各县影社纷纷建成,并以本县命名统称为大众影社。计有:迁安市第一分社(社长马义臣),第二分社(社长厉景阳);卢龙县第一分社(社长陈云秀),第二分社(社长常丙昆);抚宁区第一分社(社长赵香),第二分社(社长马顺福)。各县影社成立后,由十六专署公安处发给演出证。各分社统归总社领导,如演员调配,剧目发放和审批,演出地域划分,统归总社掌握和领导。分社可以自编剧本,但必须经总社审批才能演出。在经济上,各县影社自给自足,规定每场只收演出费40至50斤小米。

1949年大军南下,冀东行署组成慰问团,由行署民政厅长高敬之、十六军分区司令员徐梦纯、政委李中权带领影社到四十五军、四十六军驻地,河北省霸州市、永清、固安等地为部队慰问演出。每营演一宿,历时三个月,4月底返回。

当时部队到南方作战,战士思想情绪很不稳定。影社演出《福顺归队》节目。内容为:战士福顺因经不起战争的艰苦考验,开小差回家,后在其家属以国恨家仇的启发下,幡然悔悟,又回到部队。这出影剧,对战士、对家属都起到了一定的教育作用。

中心任务与艺术创作

影社在不同时期创作了大量的作品。这些作品都是围绕党在当时的中心任务而创作的,包括抗日宣传、土地改革、拥军支前等内容。

建社初期,专区武装部长王立行同志以揭露日军侵略罪行为内容,写出了《合家进步》《齐心杀敌》和《国害家仇》等现代影戏剧本。影社同志以杀敌救国的实人实事为题材,写出《平林镇》《枪毙金特务》《相公庄胜利》《火烧潘家峪》《中心逃狱》等剧本。

日本投降后，影社根据于明涛专员的指示，改编出《白毛女》《血泪仇》《九件衣》等剧本。

1946年，配合土地改革运动，影社编写出《平狗坟》《大晴天》《清算庄阎王》《大团圆》。改编了《李家庄的变迁》《水泊梁山》等大小20多本剧目。还创作和改编《姑嫂俩》《懒汉回头》《改造二流子》《王秀鸾》等剧目。

解放战争年代，影社根据当时报纸刊载的资料，写出《锦州战役》《解放平、津、唐》《淮海战役》《解放徐州》《黄河蒋灾记》以及《抓丁》《抢粮》等近30个剧本。1948年年底，根据传统剧目《小翠刺秦》改编成《侠女反封》8本连台本剧。还根据《甲申三百年祭》和《明末轶事》改编一部《闯王进京》连台本剧。这些剧本，对当时的对敌斗争，配合政治宣传，起到一定的积极作用。

上述剧本，除一小部分是爱好影戏的同志所写，其余多是出自老艺人傅仲三之手。他写的剧本，语言流畅、通俗易懂，且富于地方风味的口语化。在故事结构、情节安排以及人物描写方面，也颇有艺术特色，很受群众欢迎。傅仲三一生写了100多出现代影戏剧本，可惜这些剧本在十年浩劫中被烧毁，是冀东影戏与滦东文艺工作不可弥补的损失。

三、滦东文工团的创建与发展始末

滦东文工团成立于1948年春，正值人民解放军在东北战场上与国民党军队战争的相持阶段。在地方财力十分紧张，文艺人才又极端缺乏的情况下，由滦东地委宣传部根据革命形势发展的需要，成立了文工团。

脱胎于滦东地委党校文工小组

滦东文工团是在滦东地委党校文工小组的基础上成立和发展壮大起来的。在短短的四年当中，文工团由白手起家逐渐发展成为在河北省颇有影响的，在戏剧、音乐、创作、舞台美术各方面都有一批优秀人才的文艺队伍。经历了滦东文工团的创建时期、十二地委文工团的发展时期和唐专文工团（唐山专区文工团）的艺术高峰时期。这支队伍以团结友爱和朝气蓬勃的革命精神，起着团结人民、教育人民、打击敌人的有力武器的作用，不愧是党的一支战斗队、宣传队和工作队。

滦东文工团脱胎于滦东地委党校文工小组，由李文思同志初建，共有王贵棠、陈树廷、李春圃、王化琴、李桂兰、刘淑贞、丁克明、李永泰等十几位同志。他们虽然政治素质较好，但多数文化水平较低。李文思同志一面利用他曾在青龙县任过教育领导工作之便，亲自写信给有些艺术才能的教员，动员他们参加文工团；一面利用冀东区党委文工团来滦东地委驻地卢龙县花台村演出之际，联系派员学习了小歌剧《全家忙》。那时，文工小组既无乐队又无服装道具，更不会化妆。演出时除演员外全部由区党委文工团帮助。

同年7月，滦东地委举办全区教员轮训班。知名梆子作曲家邵锡铭就是这时入行的。李文思回到青龙县，又动员来了曾任教员的关一心、马生、许育仁、崔志军（女）同志。这时曾在十二军分区宣传队工作过的韩铁英同志也来到文工小组。同时冀东区党委文工团派江纯一、肖林（女）两位同志来帮助建团，并组成由江纯一任团长、李文思任政治协理员的领导班子，至此可以独立排戏了。

9月，文工团排演了第一个中型歌剧《牛永贵负伤》。正值此时，处于北宁线上的文化重镇昌黎县第三次解放了。文工团从缴获的战利品中获得一些白布、几条枪和几套国民党军官穿的服装，从此制成了天幕、大幕，文工团具备了独立演出的条件。

经过一段紧张筹备之后，9月末在十二地委驻地花台，正式以滦东文工团的名义演出了《全家忙》《兄妹开荒》及《牛永贵负伤》等节目。从此文工小组完成了历史使命。后来滦东文工团又排演了小歌剧《当模范》、中型歌剧《如此正统军》等节目，并进行了几次较大的演出活动。

吸收了多个文工团的骨干力量

1948年秋，十三地委的贺秉章同志调任十二地委（即滦东地委）书记时，他把十三地委文工团的一半力量带来路北和滦东文工团合并。文工团的面貌大改，壮大了力量。

这次由十三地委调来的有毕胜、王乃平、陈平、熊剑飞、张琪、王汉生、宋淑英、王大华、宋淑芬、赵舜才、公锡山等20余人。他们当中的一些同志曾是十三地委文工团的艺术骨干。这次两团合并给文工团带来了蓬勃生机。

不久，江纯一、肖林同志回到了冀东区委文工团。

合并后的滦东文工团经过调整，任命毕胜为团长，李文思为政治协理员，吕新为秘书，王乃平、关一心为戏剧队正副队长，陈平、邵锡铭为音乐队正副队长，张琪为创作组长。

新的领导班子领导全团很快恢复和补齐了双方原有节目，并排演了一些新节目，经常组织在广场演出。文工团曾日行百里到迁安市建昌营进行迎接东北大军进关的演出，又到刚刚解放的昌黎、滦县县城进行慰问解放军的演出活动。1948年冬，文工团奉命随地委机关进驻了昌黎县城。

进城后，为广录人才提供了有利条件。先后从昌黎、滦县、抚宁、山海关吸收了一批人员，他们大部分是教员、学生。他（她）们中的曹抚英、张笑先、李英珠、祁乃成、张景祐、阎绍义、宋成九、高绍军、赵淑华、冯秀昌、苏秀刚等都成了文工团的业务骨干力量。不久十五分区文工团撤销，李淑琴、钟和、王武汉、齐守廉、赵振东等十几名同志也合并进来。

由于地区的合并，撤销了分区机构，滦东文工团经过数易其名，最后定名唐山专区文工团。1949年春，随着大军南下，李文思、刘开、宋淑英、韩铁英、马杏雨等同志被批准南下。陈平、张文飞等20余名同志调离文工团进入党校，另行分配工作。地委任命鲁化为政治协理员。以后又陆续任命熊剑飞为副协理员，公锡山为舞蹈队副队长，在文工团撤销前不久又任命王汉生为音乐队副队长。文工团在地委的亲切关怀下，不仅排演了大批中小型歌剧节目，还排演了《刘胡兰》《王秀鸾》《赤叶河》《白毛女》《血泪仇》《大家喜欢》等一批大型歌剧，此外还有话剧、舞蹈、杂技、独唱、合唱、独奏、合奏等。不仅排演外来节目，还自创了很多节目。不仅在唐山地区各县，而且到秦皇岛、唐山市演出。1950年春还为解放不久的天津市人民演出了大型歌剧《刘胡兰》及部分小歌剧。所到之处均收到非常好的效果。特别是在天津市工人文化宫演出，引起了轰动，受到天津市人民的爱戴与欢迎。

以"魔怔"的精神勤学苦练

滦东文工团成立初期，由于自身水平所限，除江纯一同志创作了《歌唱邵洪生》等歌曲外，剧本无人问津，文工团正处在成长时期，对学习如饥似渴。好在各文艺团体都有团结友爱、大公无私的品格，绝少保守思想。互相交流、互通有无。

1949年年初，人民解放军铁道兵文工团由东北进关，经过昌黎进行短暂演出。滦东文工团观摩了他们的铜管乐合奏及部分小歌剧，于是向他们学习了《光宗耀祖》《军民互助》《军爱民民拥军》等小歌剧，并向他们学习了东北大秧歌。至于铜管乐合奏，滦东文工团只是羡慕，因无条件学习，只有"望洋兴

261

叹"了。

此后，滦东文工团又向黄河部队文工团学习了《腰鼓舞》《乌克兰舞》《鄂伦春舞》《马车舞》《骑兵舞》等。这些从未搞过舞蹈的同志，硬是把这些难度很大的舞蹈学了下来。此后还向天津长芦文工团学习了《枣红马》，向省文工团学习了《摘棉夸婿》，向秦皇岛文工团学习了《夫妻进京》，向唐山工人学习了打腰鼓等。学了以后就加紧练习，早晨顶着星星练，晚上练到月亮上中天休息，每天只睡5小时。一天下来累得迈不开步，夜里上不去炕。

每年春节文工团都推出新的文艺形式：如1949年的秧歌舞，1950年的腰鼓队，1951年的旱船舞，1952年又向昌黎西关的周国宝、周国桢学习秧歌《跑驴》，加上街头戏的形式，进行演出，不断活跃在昌黎县城的大街小巷，给昌黎人民留下了难忘的印象。

文工团还不断派人到外地观摩学习。如去北京观摩歌剧《白毛女》，去天津观摩了《王贵与李香香》，去辽宁观摩了《星星之火》，到天津学习交谊舞等。

为了提高演员的业务素质，文工团曾发动了一次"魔怔运动"，每人根据自己的艺术门类，以"魔怔"的精神进行刻苦练习和深入钻研。动员后，全团立即轰轰烈烈地开展了起来，院里院外朗读声、笑声、哭声、提琴声、二胡声及铜管乐声此起彼伏，不绝于耳，全团同志沉浸在一片"魔怔"的活动之中。一位同志的母亲来团看闺女，眼见一位女同志正在一边号啕大哭，鼻涕一把，眼泪一把，哭得好伤心。可是旁边并没有人劝解。这位妈妈问闺女："她怎么啦？是领导批评了，还是家里出事了？"闺女向妈妈解释了"魔怔"运动的事，这位妈妈才笑了："真成了魔怔了！"

"魔怔"运动是个创举，它激起全团同志苦练业务的积极性。干任何事业没有一种"魔怔"的钻研精神，是干不好事业的。"魔怔"运动不仅带动了学习的高潮，也带动了创作高潮。几年来创作了宣传婚姻自主的《还是这么着好》（张琪编剧、右箴作曲），反映送新式财礼的《新媒人》（助民、海峰、韩光编剧，右箴、舜才作曲），反映发展生产的《小买驴》（助民编剧），反映土改后致富安排生产的《花条布》（乃平编剧，关一心、邵右箴作曲）等，并且《还是这么着她》《新媒人》《花条布》剧均由河北人民出版社出版。为了配合抗美援朝，于1951年春创作了《潘家峪的控诉》联唱歌曲（助民、海峰、刘时、九涛作词，右箴作曲），此歌以极高的热情歌颂了中华人民共和国成立后潘家峪人民的幸福生活，以极大的义愤揭露和控诉了日本军国主义在中国土地上的血腥暴行。此歌唱出，迅速在全地区普及开来，全区城乡人民家喻户晓、人人皆唱。此后若干年影响还在。1965年抚宁区的万人四清大会上有一位教员唱它，后来听说有两名北大学生在北京唱它。但他们只知道这是一首流行于冀东地区的民歌，早已不知出自何处了。

四、昌黎县文艺宣传队的活动

抗战胜利后，滦东的文艺工作逐渐活跃起来。最大的表现是，除了军队与地委，党在县区的基层政权也相继组织了文艺宣传队，文艺工作与群众结合得更紧密。昌黎县文艺宣传队就是在这样的时代背景下成立的。该宣传队由昌黎县民主政府教育科直接领导，于1947年夏初成立，1949年4月解散。虽然仅仅经历了两年多，却给昌黎县广大农村群众留下了深刻印象。

1947年麦收时，县教育科集中全县解放区的小学教师在滦河南程庄办训练班。训练班上，县教育科科长李惠林同志讲了政治形势和党的教育方针政策，还学习了老教育家陶行知的光辉事迹。当时，教育科在训练班中挑选了一部分文艺骨干，组成了一支文艺宣传队。首先学唱了几首歌曲，其中有《坚决打他不留情》《你是灯塔》《望见了北斗星》《运动战、开灭战》等；排演了一些节目，有《参军去》《八月十五》《过新年》《如此顽军》等。排练好后，先在训练班的驻地做了试演。县委政治处的同志看后予以表扬。

随后，宣传队由县教育科的李惠林科长和王庄子师范班的老师马祖光带队北上，往昌黎县城附近的村庄做巡回演出。沿途边走边宣传，每到一村，白天书写大标语、黑板报，教儿童团、民兵唱歌，晚上演出文艺节目。

宣传队是业余性质的，活动方式也灵活多样，大部时间是利用假期，县里有紧急宣传任务时，马上集中进行排练和演出。平时老师们都各自回到教学岗位上去工作，真正做到了教学、宣传两不误。宣传队的成员也在不断地充实和更新，总是保持在三四十人。要求每个人都做多面手，既会唱歌、演戏，又要会些简单的乐器，并做舞台工作，每到一村要辅导当地的村剧团。这支三四十人的队伍不论是春夏秋冬、严寒酷暑，县委一个命令招之即来、来之就演。

文宣队走遍了昌黎县的各个重要集镇（如刘台庄、荒佃庄、茹荷、新集、团林、泥井、赤洋口、大蒲河、拗榆树、槐各庄、信庄、皇后寨、靖安、崖上），乐亭县姜各庄、程庄、桥头等村，和沿海一带的偏僻村庄（如莲花池、九间房已划归乐亭县管），除在解放区演出外，文宣队还到昌黎县城附近的边缘地区演出。

队员们多是先在驻地化好妆，穿好服装，等到傍晚时分出发到演出地点。

演完之后马上转移，让城里的敌人摸不到文宣队的活动规律。每当演完之后，本应往南走返回，可是队员偏往东或者往西走，然后再拐向南走，这样来迷惑敌人，让敌人不知道文宣队的去向。

宣传队密切配合党的中心工作，如1947年配合土地复查、参军参战、送公粮工作，演出了《好汉要当兵》《参军去》《送公粮》《四姐妹夸夫》《小上坟》等。配合生产自救、自力更生、勤劳致富中心工作演出《兄妹开荒》《军民大生产》《种麦忙》等。除演出现成剧目，老师们结合中心任务和当地的英雄模范人物还临时编写些小型快板和歌曲等。当时收到了很好的效果，受到县委的多次表扬，尤其是当时任县委书记的张子明同志更为重视，每遇中心工作，张书记都亲自布置宣传工作。

文宣队在老乡们的心目中是高尚的，大概是因为知道这是由老师们组织起来的队伍。每到一个村镇，大人小孩、男女老少都出来欢迎，就像接待子弟兵那样忙着腾房子、烧热炕迎接同志们，更有的忙着接闺女、接媳妇，就像过节似的。乡亲们这么爱戴文宣队，文宣队的领导也要求队员们像八路军一样严格地遵守三大纪律、八项注意，搞好群众关系。每到一地，先把院子扫干净，再把水缸挑满，帮老乡干农活，和房东的关系都要像一家人。

昌黎县文宣队也是一支战斗队伍，和敌人针锋相对，因此也使敌人恨之入骨。文宣队刚刚成立，马上像战斗队一样展开战斗。当时正处于麦收时节，根据县委掌握情况，昌黎县城内的顽军伙会（还乡团）要出城抢粮，文宣队奉命通过文艺形式揭露敌人的丑恶行径，并提高群众护粮的警惕性。

文宣队刚刚走过泥井，就发现从唐山方向过来一架敌机。敌机飞得很低，可能是发现村南有队人在行进，也可能是发现了村北送公粮的大车队，就在天空盘旋。李惠林科长赶忙指挥队员们卧倒、就地隐蔽，他一声令下，同志们都马上趴在玉米地里隐蔽着。飞机就在队员头上嗡嗡地飞着，并不停地往下嗒嗒地扫射。队员们屏着呼吸，不敢出声，坚持到敌机飞走了，才爬起来钻出玉米地，拍打拍打身上的泥土，还都乐呵呵地继续前进。队员们走到村北，见到一辆送公粮的牛车炸坏了，牛胯骨炸碎了，牛当下死了。敌人的这一罪行，更激起队员们为革命而宣传的积极性。

1947年秋，文宣队正在五区（老五区）小滩村演出，最后的节目是韩其和、刘素心二人表演的《小上坟》。节目内容是表现一对翻身后的青年夫妻，在过新年时去给已故的父母上坟，叙述过去的苦难和翻身后分了房、分了地、分了浮财，过上了幸福生活的情景。当戏演到一半时，台下观众有些骚动，也不知是什么原因，队员们仍在台上严肃认真地演戏。当演完戏下场到后台一看，同志们个个都神情严肃，收拾好了东西准备出发，领队的马祖光老师对韩、刘两位同志说："快走！有敌情，不要卸装先转移。"两人二话没说，马上整队往滦河以南转移。天漆黑漆黑的，伸手不见五指，人们哑口无声，紧跟着马老师往前走。从小滩村到滦河河岸只有十几里路。几十个人却沿着滦河转悠，找不到过河的地方，直到东方发白，才找到路，过了滦河。赶到王庄子学校已经是上午九点多了，十几个小时滴水未进，又累又饿，队员们却一笑了之，没人抱怨、发牢骚。

事后，县教育科的同志通报情况才知道，那天在小滩演出时，台下有特务活动。村里的民兵在维持秩序时，发现人群中有两个陌生人，行动可疑，民兵同志的警觉性很高，就一直监视着，在靠近他俩时又发现这两人身上有武器。

这时台上已经开始演戏，不能惊动两人。于是几个民兵紧紧地围住了他俩，控制他们的活动。这两人进不得、退不得，真是被包围在广大人民群众的汪洋大海之中。台下观众骚动时，正是两人要反抗，由于民兵控制得严紧未能得逞。这些情景，民兵队长看在眼里，急忙跑到后台，告诉了文宣队的马老师："台下有情况，演完戏马上让老师们转移，然后再处理那俩坏蛋。"经过审问，才知道是两个国民党的便衣特务。第二天昌黎县的敌人把搭好的舞台给烧掉了。

宣传队在两年多的时间里，演出的主要剧目有《兄妹开荒》《送公粮》《当兵去》《八月十五》《过新年》《土地法大纲》《四姐妹夸夫》《小上坟》《曹大嫂得枪》《好汉要当兵》《如此中央军》等。唱过的歌曲有《毛泽东之歌》《东方红》《没有共产党就没有新中国》《坚决打他不留情》《运输队长蒋介石》《运动战、歼灭战》《还乡河小唱》《望见了北斗星》《种麦歌》《军民大生产》《英雄赞》等。

文宣队的主要成员有马祖光、张大光、宋成久、高绍军、韩其和、赵德三、唐绍民、赵淑英、刘素心、徐文侠、赵淑华、齐惠莲、蒋荣华、韩玉珍、董桂琴、齐秉贞、史玉俊、郭肖峰、林石泉、高应中、董长起、赵向山、张积善、赵元彬、邢福德、吴宝昌、母朋瑞、张书林、杨志昌、金作银、高志仁等。

昌黎县文宣队的活动一直坚持到1949年4月。这两年多培养和锻炼了一批文艺人才。1948年下半年韩其和、赵得三、刘素心三同志参加了冀东十三分区（路南）文工团；1949年4月宋成久、高绍军、徐文侠、赵淑华、董长起、邢福德、齐惠莲、蒋荣华、吴宝昌、赵向山等20多人参加了冀东十二分区（路北）文工团。从此，昌黎宣传队结束了它的历史使命。

五、不慕荣利的文艺兵刘恕

滦东文艺兵跟随大军北上、南下，多数分散在祖国各地，也有少数留在了曾战斗、生活过的滦东。多年以后，老同志们聚首畅谈，总是谈起那个不慕荣利，留在美丽的花果之乡昌黎县的刘恕。

刘恕，原名王树良，河北省玉田县人，1914年生。全面抗战期间，他在冀东游击区丰玉遵联合县从事教育工作，1945年参加了尖兵剧社以后，随八路军反攻大军，向东北挺进！他在剧社的剧作组、编辑出版股，默默地埋头写作、刻印、装订文艺作品，他还和周苏同志合写了话剧《两兄弟》。

解放战争期间，刘恕同志参加了辽沈、平津战役，又向江南进军，他先去军区文工团、九纵宣传队，后来又担任四十六军一三六师文工队队长，一直从事文艺工作。

刘恕早年读书时就热爱文艺，喜欢戏剧，他在小学教书时，宿舍的墙上就悬挂着斯坦尼斯拉夫斯基、田汉、洪深等人的照片，并搜集了大量文艺书籍，选择进步剧本，为同学们排演过话剧，宣传进步思想。他不但能编剧、导戏，还能粉墨登场，表演各类角色，多才多艺。在生活中沉默寡言、埋头工作、性格内向，但说起话来却不无幽默。

中华人民共和国成立后，刘恕同志没有到北京任职，而是转业到昌黎，他喜欢这个他年轻时任教的花果之乡和美丽的海滨。

离休后，他主动地帮助昌黎县图书馆工作，坚持他年轻时就开始的收藏文艺书籍的业余爱好。20世纪80年代末，当老同志们约他到北京编辑冀热辽抗日斗争史有关资料之时，他已年逾古稀。可是为了回忆尖兵剧社的稿件，日日夜夜，伏案执笔，他从无怨言。20世纪90年代，曾经的同事们再次要求他参与革命稿件的编辑工作。然而，他却因病去世，默默地离开了他热爱的碣石山，留下青春足迹的渤海滩，留下了许多稿件与原始资料。这些资料一部分留与时任秦皇岛市文化局局长的老战友王岳辰，另一部分给了作家董宝瑞。而今，王岳辰、董宝瑞两位先生也已作古。昔者已矣，来者可追，就用这篇文章祭奠三人的英灵吧。

六、冀东区党委文艺工作团与团长李时、连衡

冀东区党委文艺工作团成立相对较晚，此时尖兵、前锋、海滨剧社随军北上、南下，滦东地区文艺工作出现真空。冀东区党委文艺工作团的成立，一方面普及解放区新文艺运动，另一方面服务于战争、生产、支前，几乎在建团的同时，就开展了编演新戏的创作与活动，有力地配合了昌黎、北戴河、秦皇岛等地区的解放。

冀东区党委文艺工作团的创建及在滦东的活动

抗战胜利后，冀东区党委面临宣传、开展土地改革，动员群众参军、支前等任务，建立一个区党委直接领导下的文工团成为当务之急。1945年12月，冀东区建国学院成立文艺组，为组建文工团做了前期准备。次年3月，冀东区建国学院文工团正式成立，这就是冀东区党委文艺工作团的最初原型。

第二任老团长连衡在《我和冀东区党委文工团》一文中回忆："刚从延安来到冀东，我在冀东日报当记者，与文工团十分熟悉。这个团进步非常快，我第一次看他们演《引狼入室》，台词背得都很蹩脚，其他就更谈不上了。那以后不过一年多时间，真是'士别三日当刮目相看'，再看他们演出的解放区著名秧歌剧《大家喜欢》，已经和这出戏的诞生地延安时期的水平不相上下了。这使我重现了延安看这出戏时的喜悦。"

新建设的文工团进步如此神速，并非偶然。首先，团员素质高、有觉悟、有文化，都是才情横溢的知识青年。冀东建国学院是冀东解放区从知识青年中培养干部的最高学府，来到这里学习的是冀东知识青年的佼佼者，文工团员就是从这些青年中选拔出来的。其次，有一批老革命文艺工作者做骨干。正式建团时由冀东军区文工团调来一批老战士，老战士传帮带的作用是该团较快发展的原因之一。而该团之所以在艺术思想上起点比较高，是因为一开始就沿着毛主席的文艺方向前进，在艺术上逐渐形成自己的特点和风格，还与当时该团的奠基者、团长李时同志的艺术思想是分不开的。

曾参加延安文艺座谈会的第一任团长李时

李时（1906—1986）原名李祖瑞，曾用名李涤之、李实，河北定县人，戏剧家。1931年在家乡加入中国共产党后，从事地下秘密联络工作，同时参加熊佛西在定县开展的戏剧大众化农村话剧实验，扮演主要角色。

1930年3月2日，上海成立中国左翼作家联盟后，相继诞生了左翼剧联、左翼社联、左翼美联等外围组织。1934年李时到上海后，参加左翼剧联。当时左联和左翼剧联人员都一贫如洗，生活拮据。为使生活有所改善，李时参加演出田汉编剧的《名优之死》《一致》和外国名剧《禁用》《婴儿杀戮》《悭吝人》等。他还参加左联领导的艺术供应社、业余歌咏会，演出《江村小景》《残雾》《天长地久》《钦差大臣》《娜拉》等。他与沙蒙、塞克等为争取有进步思想的革命文艺"同路人"团结战斗，先后参加王惕予办的狮吼剧社、向培良主持的上海大戏院，演出反日抗日"国防戏剧"和外国名剧。并通过社会服务机构"女青年会"热情辅导工人和学生，演出《回春之曲》《压迫》《放下你的鞭子》等。在此期间，李时与进步电影结下不解之缘，继《桃李劫》后，连续在我国电影史上有重大影响的《十字街头》《马路天使》《风云儿女》《清明时节》等影片中扮演不同类型的角色，活跃于舞台与银幕间。《清明时节》导演、中国话剧的开山先驱欧阳予倩在《〈清明时节〉的演员》一文中称赞说："李君涤之（李时又名李涤之），他经历过多年军队生活，如今投入电影界，表演纯朴勇敢、富于热情的斗士，是再好没有的。"（上海《明星半月刊》1937年第三期）

除了剧目演出，李时也喜欢唱歌，他嗓音洪亮，能用英语演唱《马赛曲》，还是第一批把《义勇军进行曲》《毕业歌》等经典革命歌曲传唱社会的一员。

李时还参加了有共产国际背景的上海反帝大同盟进步团体救国会。1936年夏又经左联作家方之中的爱人范叔寒介绍，加入陶行知发起成立的国难教育社，总干事是张劲夫，李时负责戏剧工作。1936年冬，沪东日本纱厂工人举行大罢工，国难教育社派李时利用排戏和夜校的关系去沪西组织罢工支援沪东。在宣传沈钧儒等"七君子"被捕无罪等活动中，都有李时参加，显示出他很强的社会活动能力。

全面抗战爆发后，李时在皖西积极从事文艺抗战工作。1938年8月1日，在国共合作军委政治部副主任周恩来、第三厅厅长郭沫若的领导下，政治部三厅抗敌演剧三队成立，李时为队员。李时担任编导兼演员，分派去西北的第二战区。大队人马从武汉出发,沿平汉路经郑州、西安、洛川,一路演出,渡过黄河,抵达太原失守后第二战区司令部所在地山西吉县,并在晋西北隰县、灵石、汾西一带的吕梁山区开展活动。

因为延安也划在第二战区,在三队活动范围之内。1939年年初,李时受命作为先遣队人员,渡过汹涌奔腾的黄河到延安,并进入鲁迅艺术学院,任鲁艺实验剧团剧务科科长。在这期间李时与已在鲁艺音乐系任教的冼星海合作,创作了经典作品《黄河大合唱》。4月13日首场演出,由鲁艺音乐系师生伴奏,得到中央领导人和军民的喜欢和赞扬。

1939年秋,李时在故事片《老百姓万岁》中出演主要角色。这部抗战时期唯一的一部正面表现抗日民主根据地人民抗日斗争的故事片,受到周恩来同志的密切关注。之后,李时在八路军留守兵团的部队艺术学校任戏剧队教员组组长、队长、剧团书记。鲁艺演出大戏《日出》《伪君子》,李时在部队艺术学校导演了《太平天国》《悭吝人》等剧目,与鲁艺交相辉映。

1942年5月,李时(用名李实)参加了延安文艺座谈会,延安的工作和生活使他在思想上和艺术上有了大飞跃,更加坚定了为革命文艺奋斗的决心和信心。毛主席的《在延安文艺座谈会上的讲话》精神成为他在艺术活动中毕生遵循和追求的目标,从而更加明确了深入工农兵生活,走群众喜闻乐见的"民族化"与"大众化"路子,发挥文艺工作"团结人民、教育人民"与"打击敌人、消灭敌人"独特的、无可替代的重要作用。他认真学习毛主席的讲话精神,编导演《陈万福回家》、秧歌剧《白包袱》、秦腔《李闯王》等。1943年在延安保卫处导演秧歌剧受过奖,被中央总结为四大典型之一。

1945年12月,李时从延安被派到冀东解放区,着手冀东区建国学院文工团的建立,并任首任团长。那时的李时已经年逾四十,对于20世纪30年代就参加左翼戏剧电影活动的他,已经是老一辈的文艺工作者了。这些长期的艺术实践经验,如同一粒苗壮的种子,在冀东大地上破土而出。那时,许多冀东文艺工作者都看过他演出的《马路天使》《陈家福》等左翼剧作,对李时带有敬仰的心情。

作为文工团团长,李时也将这里看成施展平生抱负之处。在冀东解放区,耳闻目睹了敌伪统治给冀东人民带来的苦难,他义愤填膺,奋笔疾书,接连写了两个大型时事宣传活报剧《玉田十日》和《三个月的遵化城》,揭露了敌伪屠杀人民的残酷暴行,文工团很快排演了李时编写的话剧《三个月的遵化城》《水流千遭归大海》,同时排演的还有他从陕北带来的《兄妹开荒》《夫妻识字》《白包袱》等剧目,在冀东区军民中产生很大的反响。

李时见多识广，经过延安整风，他在政治上更加成熟。因而在用人上，心胸开阔、不拘一格。他的那些设想与实践与文工团团员、军区调进文工团的艺术骨干，完全想到了一起。加上健全的思想政治工作，在不到两年的时间里，如鱼得水、得心应手地锻炼了队伍，在艺术上开出丰硕的花朵。担任思想政治工作的政治协理员，是王学民同志。他是一名能密切联系群众，在思想上把大家联系在一起的忠厚长者。在土地复查运动中，有部分同志站在运动的前列，同贫下中农同吃同住同劳动，刘连芳、景新获得了"农民之友"的称号。而刘连芳，还是第一个冀东区党委号召学习的复查运动中的先进典型。

除了文工团内的同志，凡是在政治上追求进步，在艺术上有一技之长，有发展前途的人，一概团结在一起。冀东评剧历史源远流长，一些名宿如刘子熙、许荣贵、许向晨等，不满国统区的黑暗统治，毅然带领一个评剧团来到解放区演出，并主动定名冀东人民评剧社。冀东区党委文工团，很快和他们建立了联系。在冀东区党委宣传部的支持和指导下，文工团从政治方向上、艺术上来影响这个团，文工团使这个团以新的姿态活跃于冀东农村，为群众演出、辅导业余剧团，许多同志成为国家干部、艺术骨干，有的还加入了中国共产党。

1947年4月，建国学院文工团更名为冀东区党委文工团，改由中共冀东区党委宣传部领导，李时继任团长。土地改革运动中，排演了大型歌剧《白毛女》《血泪仇》等剧目。他率领文工团奔走在山区平原，像当年救亡抗敌演剧队一样，宣传党的政策、书写标语，辅导青少年唱歌、演戏，开展文艺活动。走一路、编一路、演一路，一路不断有爱国青年加入文工团，走向革命。文工团像播种机，把革命新文艺的种子撒遍冀东大地，种在燕山深处。解放战争期间，他和文工团全体成员，转战在长城内外的遵化、密云、兴隆、迁西、卢龙、昌黎、蓟州区等解放区。

1949年后，李时离开文工团，奉命组织成立唐山市文联，并当选为第一届主席。后调任中国青年艺术剧院编导。1956年调入青岛文联，历任青岛文联副主席、中国戏剧家协会山东省分会主席等。李时任团长的四年多时间内，冀东区党委文工团发展迅速。按李时自己的说法，就是生逢其时，英雄有了用武之地。就像旧识、第二任团长连衡同志回忆："在他筹建这个团的时候，我曾看过他，问他建团的前景如何。他高兴地告诉我，英雄不愁无用武之地，区党委让建立一个以冀东人民所喜闻乐见的艺术形式，反映解放区人民的斗争形势，反映解放区人民的斗争生活，为生产、为战争、为支前服务的文工团，这完全符合人们的心意。"

第二任团长连衡同志

李时离开文工团后，他的继任者是连衡同志。同李时一样，连衡也是从延安奔赴冀东的文艺工作者，两人也曾在延安有过短暂的交流。在陕北公学学习期间，连衡与同学们排练了许多反映现实生活的剧目，又通过学习反映全面抗战的《血的上海》《三江好》《马百计》等话剧，激发了他从事文艺工作的欲望。在陕北公学告别1937年的纪念晚会上，连衡第一次登上舞台，与中华人民共和国成立后曾担任文化和旅游部副部长的李琦同志一同演出了抗日题材的话剧。1938年春夏之交，连衡进入抗日军政大学学习，被编入由著名红军将领、中华人民共和国成立后担任化工部长的何长工同志任大队长的第五大队。在这里，他在西安公演了揭露日本法西斯强盗行径，讴歌中华民族反抗异族侵略的爱国精神和英雄气概的五幕大型话剧《突击》。当年下半年，又由五大队转到四大队继续学习，他目睹了日军的飞机对延安的狂轰滥炸与好友的牺牲。为了回应日本法西斯的野蛮暴行，连衡参加排演了话剧《保卫大武汉》。演出结束不久，这年的11月4日，连衡加入了中国共产党。

抗大毕业后，连衡被分配到中组部训练班学习。在罗瑞卿校长做毕业报告的那一天，连衡指挥了全校大合唱，给观众留下了很深的印象。在毕业后分配工作的意见中，连衡的档案上赫然写着"可以授予指挥"一行大字。在组训班学习的短暂的两个月，毛泽东主席和陈云同志都来到这里。毛泽东主席冒着冬日的严寒，在露天的山坳里，就国共两党的关系和全面抗战的前途问题，给学员们做了报告。陈云同志以怎样做一个共产党员为题，给学员们讲了一整天。又应同学们的请求，同宿于延安城北的中组部训练班驻地——不毛山村龙耳寺，并于第二天做了干部政策的报告。在党的关怀下，在真理的光辉的指引下，背负着人民的重托，连衡走上了敌后的战场——冀东。

1945年，日军投降后，连衡来到冀东解放区，在冀东日报社做记者。1947年，在冀东区党委宣传部部长张达同志的推荐与指示下，连衡调到文工团，一面开展行政工作，一面进行文艺创作。事实上，日报社与文工团是冀东区党委仅有的两个直属文化宣传机构。连衡任记者时，经常同文工团穿梭于冀东各县，与文工团的同志已经十分熟悉了。

比如江纯一（中华人民共和国成立后任中国广播艺术团党委书记），文工团每到一地，扎营甫毕，他一手提着一个汽灯，排查车辆故障。见到记者连衡，都会攀谈几句大家所关心的时事政治，从解放战争的进展谈到国统区的学生运动。

比如李丹忱（中华人民共和国成立后任秦皇岛市人大常委会副主任），当连衡在抚宁区大所庄采访一位模范干部李海信时和他相遇，两人曾畅谈延安大秧歌运动对冀东观众的影响，对艺术的理解各有见地。

再如王克光（中华人民共和国成立后任河北省文物研究所所长兼党支部书记），在一次规模较大的群众集会上，冀东区党委文工团和文艺劲旅——由劫夫、郭东俊、管桦、刘大为、黄河挑大旗的冀东军区文工团相遇，他们唱起风行解放区的杰作《反动派一团糟》，得到了群众的热烈欢迎。当对方和群众一起拉歌时，这个年轻的队伍一点也不示弱，纷纷怂恿他们的指挥起来应战。一个干练秀气的青年从队伍中站了起来，从容不迫地指挥了一首歌曲。这首歌唱得节奏整齐、强弱分明，可以看出冀东区党委文工团是一支训练有素的合唱队。这个合唱队的青年指挥就是王克光。

连衡来到文工团后，出任业务秘书，实际上是团长以下的业务行政负责人。在他的指导下，文工团排演了《贫女泪》《打渔杀家》等节目，受到了群众的欢迎。1948年11月，解放秦皇岛的前夕，连衡受命任冀东区党委文工团团长，排演了一系列剧目，为中华人民共和国成立后秦皇岛的文艺宣传打下了坚实的基础。

冀东区党委文艺工作团在滦东

冀东区党委文工团在滦东留下了光辉的足迹，为昌黎、秦皇岛等地的解放开展了众多的文艺工作。1948年8月，为配合东北野战军第十一纵队和冀东十五军分区部队作战，冀东区党委文艺工作团从遵化市杨庄子出发，途经遵化、迁西、迁安，进入卢龙县境内。沿途慰问解放军作战部队和支前群众，最后进入十二地委所在地花台村。

此时正值东北野战军发起了辽沈战役，国民党军队由"全面防御"转为"重点防御"，战局急剧变化。京、津学生举行了声势浩大的示威游行。为声援蒋管区的斗争，揭露国民党残酷镇压学生运动及必败的命运，连衡编写了活报剧《反饥饿，反内战》。

1948年9月15日，昌黎县城战事已定，冀东区党委文艺工作团随军进入昌黎开展宣传工作，沿街书写大标语，墙头漫画，到中、小学教唱革命歌曲，宣传党的政策，歌颂我军胜利。与此同时，另一部分文工团员随部队开赴北戴河北面猫儿山进行宣传鼓动。

为配合秦皇岛与唐山城市的解放，冀东区党委文艺工作团调整排练了《大家喜欢》《宝山参军》《白包袱》《全家忙》《牛永贵负伤》，新排了小歌剧《归队》，最后集中力量排练了解放区著名的大型歌剧《白毛女》。

当连衡将排练《白毛女》的意向上报后，得到了区党委的大力支持。张达同志亲自同财政厅沟通，顺利批准了预算，安排了几千斤小米的伙食经费。《白毛女》的排练一波三折，区党委又给了文工团充分的信任与从容的准备时间。同志们完成《白毛女》的彩排后，满怀豪情地携带着这部戏，向最先解放的秦皇岛市进发了。

1949年1月1日，冀东区党委文艺工作团奉命从遵化市康庄子出发开赴秦皇岛市，经7日行军，驻于秦皇岛港口吉庆里，开始宣传和演出活动。文工团一方面演出了刚刚排练的《白毛女》，另一方面也没有放弃自己的老传统，排练了由连衡编演的活报剧《和平梦》，并在秦皇岛市的街头、广场演出。该剧庆祝中国人民解放军在辽沈战役中取得的伟大胜利，揭露国民党为挽救败局玩弄假和平欺骗群众。

中华人民共和国成立后，文工团撤销了。但在党的领导和毛主席文艺思想的哺育下所形成的全心全意为工农兵服务、为工农兵创作、为工农兵演出的光荣传统，兄弟般团结、艰苦奋斗、无私奉献的优良作风，以及对人民负责、不断开拓进取，在艺术上精益求精的精神，都是留给冀东与滦东文艺工作的宝贵精神财富，在革命文艺史上永放光芒。

七、中华人民共和国成立后，滦东第一支"文艺轻骑兵"

中华人民共和国成立后，滦东诞生了一支年轻的文艺队伍——秦皇岛文工团。该团从1949年3月成立到1953年解散，存在时间较短，但在宣传党的方针政策、密切配合各项中心工作、培养造就专业人才、为党培养和输送干部等方面，做出了积极的贡献，给秦皇岛市的人民留下了深刻的印象。评剧艺术家刘象征，知名画家贾克里，秦皇岛政协领导、文艺家朱燕、沈树武，曾任秦皇岛市文化局局长、地方志主任的王岳辰，曾任山海关文物局局长、秦皇岛市委党史研究室主任的郭述祖都曾在该文工团工作过。

路南文工团溯源

秦皇岛文工团的前身是冀东十三地委直接领导的专业文艺团体——路南文工团。它始建于1947年11月,1949年3月调入秦皇岛市。

1947年年初,十三地委所辖各县,全面开展了土地改革运动。为了配合土改运动,以所属学校师生为主,成立了业余社或宣传队,自编自演了许多小型话剧、歌剧、秧歌剧及革命歌曲,以灵活多样的形式走村串户巡回演出,广泛地宣传了土改政策,鼓舞了群众斗志,颇受翻身农民的欢迎和喜爱。当时在滦南县领导土改运动的地委副书记贺秉章同志,经提请地委批准,在这些业余剧社的基础上,建立一支专业文艺团体。1947年秋末,十三地委将各区剧社邀至滦南县张仙庄会演。从4个区剧社的演员中,挑选了近30名骨干,组成了路南文工团的雏形。初由地委组织部马淑芳同志任临时团长,后从十三军分区调来朱燕同志任团长,军分区宣传队的培琪(后改名千群)同志和地委的毕胜同志先后任指导员。11月4日,路南文工团宣布正式成立。建团宗旨是:在地委领导下,为政治、为工农兵服务。

土改运动将近结束,新年春节即将来临。歌唱土改胜利,翻身农民欢度春节,是当时文艺工作的中心内容。新建设的文工团在加强组织建设的同时,抓紧春节演出节目的准备工作。很快编写了3个小节目:一是秧歌剧《小上坟》,描写一对翻身的青年夫妻,新年给已故父母上坟,述说过去的苦难和翻身后的幸福生活;二是表演唱《过新年》,有老农民、民兵、妇救会员、儿童团员,他们载歌载舞,各自表达土改后第一个春节的欢快心情;三是快板剧《人穷志不穷》,描写一个小学生拾到一笔公款,主动送交政府机关的事迹。

1948年元旦、春节期间,文工团组成了新式秧歌队,从团长到演员每人扮演一个角色,穿戴劳动人民的服饰,擎着大旗、敲起锣鼓、吹起唢呐、沿村表演。每到一村,先跳秧歌舞,然后打开场子演唱小节目。由于内容都是群众感受最深的事,形式又新颖,深受群众的欢迎。从这儿以后,旧秧歌队改造成新秧歌队,新秧歌队在路南地区普遍流行起来。

与抗战时期冀东文艺兵的一穷二白相比,秦皇岛文工团可谓生逢其时、时来运转。地委领导对文工团关怀备至。文工团初建缺少人员,地委从各县充实人员进来。没有乐器,要求各县把竹笛、月琴、三弦和锣鼓铙钹等许多乐器给文工团送来。地委还派赵革非同志,化装成商人,携带黄金,从海上乘船通过国民党重重封锁,去大连(当时苏军驻扎)购买来乐器。乐亭县城刚解放,地委又让文工团派人随接管人员去乐亭，从敌人遗弃物资中寻找布匹和各式服装。这样，演出道具问题得到解决。同时又陆续吸收了一些爱好文艺活动的知识分子，人员增至50多人。

在战斗中成长

　　1948年春节过后，文工团随地委机关迁至滦南县腹地，进行休整和开始排演大、中型歌剧。当时排演的剧目有《刘巧告状》《大家喜欢》《宝山参军》等。夏季，路南的战争形势发生了根本变化，为了扩大我军队伍，加快反攻，地委和军分区开展了保卫胜利果实，彻底打败蒋介石的扩军运动，文工团奉命到乐亭县配合这一中心工作。通过演出促进了扩军工作，一位县长说："你们演一出戏，顶我们做多少次动员报告啊！"因此，各级领导对文工团的工作十分重视，给予大力支持。有一次，文工团在乐亭县演出，到中午时土舞台（在村外野地，三面挖沟，把土叠到中间，高于平地1米左右）还未搭起来。那时17岁的刘象征负责舞台装置，因缺少办法，一急之下，贸然去见县长高纯一，并说："县长同志，误了演出由你负责。"当时专员王林同志也在场，听后他二人哈哈大笑，王专员说："小刘，你们缺什么，让高县长下命令。"

　　在高县长的亲自督促下，仅仅一小时，运来了搭舞台用的全部物资，还送来了一头宰好的肥猪和一大口袋白面。一位民兵连长风趣地说："高县长有令，误了演出军法处置。"

　　这次巡回演出历时一个多月，演出30多场，得到各级政府的大力支持和农民群众的喜爱，路南文工团的影响也随之越来越大。文工团巡回演出结束后，回到西新庄休整和排演大型歌剧《血泪仇》《白毛女》。排演《白毛女》需要有两个演员扮演"喜儿"，一个演"红喜儿"，一个演"白喜儿"。当时文工团没有适合扮演"白喜儿"的演员，地委副书记贺秉章亲自物色演员，做动员工作，没几天，用胶轮大车给文工团送来了一位15岁的小姑娘。她就是何文芝同志，后来在地方任侨办副主任。

　　1948年夏，国民党军队退却到铁路沿线，龟缩在县城和几个主要据点。这年9月，解放军第三次攻占昌黎县城，冀东形势悄然发生转折，秋季辽沈战役打响，10月中旬传来了锦州解放的胜利消息。

　　随着打虎山阻击战、围困长春、解放沈阳，胜利捷报频传，国民党在冀东大势已去。这时，十三地委按照冀东区党委的指示，积极准备接收城市。地委机关北迁，进驻离铁路较近的汀流河附近的杨庄，文工团也随之迁到地委机关附近。为了进城演出，再次整理了大型歌剧《血泪仇》《白毛女》，新排了《王秀兰》《大家喜欢》和一些小节目《曹大嫂得枪》《花兰舞》《歌唱毛主席》等。

在一个多月的进城准备工作中，文工团严明组织纪律，听从指挥、行动统一，遵守进城"约法八章"。同时要求，演技精益求精，灯光、布景完美齐全。也发生过一些有趣的片段。美工贾克里，在画《白毛女》布景时，因为瞌睡把墨汁碰洒在画布上，他顺势画了一片山石。同志们戏称他是"克里空"，他也默认，并以"克里"做了他的笔名。后来他成为画家，和他20世纪40年代就善于"挥毫""泼墨"不无关系。

随着冀东战事的进展，路南文工团先后进驻滦南、唐山市区、马家沟等地。1948年深秋，十三地委副书记贺秉章调任十二分区地委书记，并抽调了以毕胜为首的12名骨干支援驻滦东的十二地委文工团。这是文工团首次向兄弟部队输送文艺骨干。从此，两团的关系非常密切，有"姊妹团"之说。

秦皇岛市委文工团的建立与逸闻趣事

1949年3月，路南文工团调至秦皇岛市，命名为秦皇岛市委文工团。团部设在开滦路4号和6号南北两院。文工团一进入秦皇岛便投入紧张的演出活动。开始在开滦广场、开滦煤场露天演出，直接和广大群众见面。演出的剧目有《白毛女》《血泪仇》《刘胡兰》《刘巧告状》《大家喜欢》等。白天，文工团组成小型演出队到街头巷尾演出小型歌舞剧《歌唱毛主席》《兄妹开荒》《八月十五》等节目。每次演出都是人山人海。

某次在开滦煤场露天演出时观众达2万人。由于没有扩音器，后边的观众听不清楚，发生了拥挤现象，险些把舞台挤倒。露天演出后，文工团又到大中华电影院、开滦劳工俱乐部、员司俱乐部、耀华俱乐部等处演出。不论在哪里演出，总是场场爆满，受到热烈欢迎。文工团的活动，吸引了许多业余文艺爱好者主动走访，文工团也主动与他们联欢。港务局京班的寇大夫和工会的孙克星、耀华玻璃厂的老工人马忠义等同志，就是那时结识的朋友。秋后，文工团背着服装道具步行到郊区各村慰问演出。每到一处，三里五村的农民扶老携幼，接朋唤友前来观看。

文工团演出的节目是秦皇岛城乡群众从来没见过的，他们感到清新、亲切，说秦皇岛来了个"新戏班"。由于文工团活动的影响，工人、学生唱解放歌曲，业余文艺爱好者排演新戏，秦皇岛的文艺活动，展现了一派生机勃勃的新景象。

在文工团到来之前，秦皇岛除开滦、耀华等大企业有职工俱乐部外，市区仅有破旧不堪的天乐戏院和大中华电影院,老天桥下有一座小型曲艺场,道北有"雨来散"茶座书场。这些场所演出的节目多为传统剧目和封建、低级、色情的节目。在文工团的影响下,剧场、曲艺场都开始编演说唱一些新节目、新段子、清唱等。大部分老艺人接受了新文艺思想。1949年下半年,市委调文工团的李捷民等同志筹建秦皇岛市文学艺术联合会。不久召开了全市首届文艺座谈会,文工团的主要领导同志在会上宣传贯彻了党的文艺方针和毛主席的文艺思想,对秦皇岛的旧文艺进行了初步改造,开辟了全市文艺活动的新局面。

文工团排演了反映工人生活的话剧《败子回头》,去长城煤矿井下和工人一起劳动。工人们仰卧着采煤,文工团的同志们,在腰带上系一条绳牵着一个小筐,爬进爬出,把煤运出去。这样的经历改造了同志们的思想,也提升了剧社的演出技艺。刘象征扮演的角色马存保,有这样一句台词:"四块石头夹着一块肉,不是人干的活。"刘象征回忆:"以前说这句台词时,表达不出工人内在的感情,经过这次体验生活,懂得了这句台词的深沉含义。"

在学习普通话时,文工团也发生过许多趣事。文工团大部分同志来自昌、滦、乐三县,乡土音浓重。为演好戏,必须过好语言关,尤其在排大型话剧《红旗歌》《枪弹是怎样做成的》时,全团掀起了学习普通话的热潮。

从北京来参加文工团工作的4位同志充当老师,大家学得很认真,在不到半年的时间,基本上学会了说普通话,但是个别年岁较大的同志口音不易改,也留下了至今难忘的笑柄。比如,在《血泪仇》剧中扮演匪兵的老管理员王兴伍同志,在说"这饭连猪食都不如,还给我们吃,还不如死了好"的台词时,他像老学究朗读五经四书那样,一字一板、抑扬顿挫。把"这"读作"只",把"都"读作"督",把"还"读作"环",把"给"读作"记",把"我"读作"俄",把"了"读作"辽",连续起来说就像滑稽台词一样,听了使人笑得肚皮疼。王兴伍同志虽然早已离开人世,但在世的老同志想起这些趣事,都觉得他的音容笑貌犹在眼前。

既是文艺宣传队,也是政治工作队。凡是中心工作,文工团都会积极参与。如派出工作组到"华电"(秦皇岛电业局)去建党。赵瑞新、郭述祖两位同志抽调当政治教员,以培训开滦骨干工人。郭述祖同志还编写了记述工校生活的小册子《工校一月记》,被天津的一家出版社出版发行。这是中华人民共和国成立后秦皇岛市出版的第一本书。镇压反革命、取缔反动会道门、抗美援朝、"三反""五反"、增产节约、发行胜利公债等,文工团都派人下厂下乡去开展工作,既配合了中心工作,又锻炼了队伍。

1953年根据中央关于军队师一级和地方地委一级文工团一律撤销的指示,

秦皇岛文工团撤销建制。从进城到撤销仅仅四年多，却走过了一段不平凡的岁月，受到了滦东群众的爱戴。文工团虽然撤销了，但它却为党培养了一批专业人才和各行业的骨干力量。当年分配到京、津和河北省文艺部门的一部分同志，有的成为著名作家、导演和领导干部；调到南京、武汉的同志，成了大企业的主要领导干部；大部分同志留在秦皇岛市改做其他工作，在党的培养下，先后都成了各条战线、各个部门的领导，有的已成为市级领导。从事专业学术研究的同志，后来成了学者、名家，著书立说，成为全国和省级专业协会的会员。特别应当提出的是已故画家贾克里，他从旧社会一名潦倒画工发展成为秦皇岛第一名全国美术家协会会员，是经过几十年的潜心研究，拜师访友，而逐步成名的。他给秦皇岛许多重要场所留下了宝贵的丹青墨迹，而且还和著名画家关山月合作，创作了《北戴河》巨幅画卷，悬挂在毛主席纪念堂里。

八、秦皇岛革命诗歌拓荒人王长清、李晋泽

　　1946—1948年，国民党军队发动大规模内战，秦皇岛地区作为中原通向东北的战略走廊战火纷飞。当时，北部山区共产党领导的土地改革正热火朝天，京津等地"反饥饿、反迫害、反内战"的民主运动日益高涨。在此影响下，秦皇岛地区的知识分子中的一些有识之士，思想进步比较活跃。当时，秦皇岛中学教师王长清、秦中附小教师李晋泽首先在秦市创办了文艺刊物《青年呼声》，以文艺为武器，对国民党反动派进行了直接、有力的揭露和抨击，使秦皇岛荒芜的文艺园地开始出现了生机。

　　王长清，1922年生，曾用笔名海笛、红藻、芦燕、灵姜。1940年开始在南京《新东方》发表诗作，1943年同北师大同学出版《蓬艾集》诗集，和甫光主编《时言报》副刊，后在《古黄河》《吾友》等很多报刊上发表诗作，离休前为天津师范专科学校副教授。

　　李晋泽，1928年生，留用笔名溪曼、李路、壮丁。其诗作1947年首见于上海《铁兵营》诗刊，名为《谁剥夺了工人的血汗》，后在青岛的《青岛文艺》（刘燕及编）、北平的《诗学习》（梅春编）、《益世报》《诗与文》（沈从文编）等报刊上发表诗作。离休前为秦皇岛市教委成人教育科科长。

　　1946年2—6月，王长清、李晋泽克服重重困难，冒着风险，创办了《青年呼声》。这是一本偏重文艺、16开本的铅印的综合性月刊，旨在激发青年的爱国热情，反映青年的愿望和呼声。其中很多作品文笔犀利，矛头直指国民党反

动统治。内容有评论、论著、散文（随笔）、诗歌，共出版4期，其中一期为《北平文艺特辑》。主要销售于京、津、唐一带。当时，东北流亡学生途经秦皇岛市，争相购买借阅，从而更增强了反帝反封建的爱国热情。《青年呼声》第一期"编后"中说："我们不抱过大希望，但我们很愿做一名拓荒者，为社会开垦一片新的园地，在新的乐园中，唱一些大众的调子。"当时，《青年呼声》的内容虽不尽有力，但都是对"中华民族自觉与自救"的探索，都不是无意中提出的。为这一刊物撰稿的虽多是青年朋友，但大多是"反饥饿、反迫害、反内战"民主运动第一线的有为之士。他们的作品，正是唱出了"大众的调子"，发出了时代的强音。这是《青年呼声》受到很多青年朋友欢迎的主要原因。

后来，《青年呼声》因经费困难停刊。停刊以后，他们又积极筹措创办了《文联》油印诗刊。1947年11月出版，共印出17期，直到秦皇岛解放。

《文联》是联合各地文友，为"迎接黎明"更加自觉地向国民党反动派进行战斗的武器。当时，《文联》和上海的《铁兵营》、青岛的《青岛文艺》、天津的《海河》、山西的《北风》形成了一个相互呼应地向国民党黑暗统治进行战斗的联合阵线。

这一时期，王长清、李晋泽写了大量的诗作，发表在全国各地的报刊上，对国民党反动派进行了辛辣的讽刺和无情的攻击。例如，王长清于1948年6月在青岛《杂志联合刊》发表的《军人、流氓、强盗》，有力地揭露了国民党反动军队的腐败和强盗的本性。李晋泽于1947年在《文联》诗刊上发表的《十月初一》，辛辣地讽刺和揭露了国民党欺骗人民的所谓救济。

为此，国民党的军统特务，曾很长时间对他们进行跟踪、盯梢。1948年11月，王长清、李晋泽以无比激动的心情迎来了解放，他们从1946年到1948年的诗作中选编了《黑的统治》一文，作为三年来向国民党黑暗统治进行斗争的总结。

中华人民共和国成立以后，王长清、李晋泽均被收入《中国现代文学作者笔名录》中。王长清还被收入《中国现代文学辞典·诗歌卷》和《中国新文学大系·诗歌卷》中。

那时，曾为《青年呼声》和《文联》两个刊物写稿的文友有李瑛、闻杰、尔梅、林雨、马奔、孟肇、歌黎、李放、步星夜、刘燕及、田凤等近百人，其中很多人已成为知名的诗人。他们曾为"迎接黎明"用笔战斗，也曾为浇灌秦市革命诗歌文艺园地做出了贡献。

第十三章　新民主主义革命时期，滦东文化工作大事记

1921年7月，党的一大代表、工人运动领袖王尽美来到秦皇岛，通过建立夜校等方式组织工人学习文化，开展文化教育活动。亲自向工人宣传革命理论，使工人的思想觉悟有了明显提高。为山海关京奉铁路工人大罢工、秦皇岛开滦五矿同盟大罢工的成功奠定了思想与群众基础。

1926年5月，天津地委派遣于方舟、秦霁清同志到山海关指导工作。同年7月，又派徐桂森到山海关加强这一地区的工作。组成了以秦霁清为主、徐桂森等为副的临榆临时县委。临榆县委在较短的时间内，向工人、农民和学生宣传了党的主张，宣传了北伐战争的历史意义，使他们继续受到党的教育，培养了他们的革命积极性，为革命工作积蓄了力量。

1931年9月，日本帝国主义侵占沈阳。"九一八"事变后，全国人民反对蒋介石的不抵抗主义，抗日救亡运动蓬勃兴起。昌黎青年学生打出抗日救亡的旗帜，开展了多形式的抗日宣传活动。昌黎汇文中学和县立高级小学的学生演出了《卧薪尝胆》等激发爱国复仇思想的戏剧。

1938年7—10月，冀东大暴动期间，暴动部队因没有适合当时形势的歌曲，曾唱《三国战将勇》《满江红》以及《射击军纪》等旧军歌。有的暴动部队因有红军骨干，也教授《三大纪律，八项注意》等红军歌曲。参加暴动的学生则唱《在松花江上》等救亡歌曲。

1938年，冀东大暴动期间，在冀东抗日联军第五总队开展政治工作的山海关人阮务德，带领抗日联军文艺宣传队，在燕山深处、滦河两岸抗日联军队伍中教唱他编写的《扩军歌》《嘴巴仗》《工人当主人》，深受抗联广大指战员们的欢迎。

1939年冬，十三团总支书记娄平，在长城外的"无人区"，目睹人民群众无家可归的惨状，悲愤难当而写下《寒夜曲》。

1939年年底至1940年年初，冀东军分区第十二团、十三团先后组建宣传

队。每队编制 12 人，以青年学生为主。宣传队广泛活动于迁（安）青（龙）兴（隆）、昌（黎）滦（县）乐（亭）等广大地区，播撒着革命文艺的种子。

1939 年 2 月，中共昌（黎）乐（亭）办事处成立，出版 3 期《前进》刊物。这是红色刊物首次在秦皇岛乡村出版。

1940 年秋，在冀东军分区政治部主任刘诚光的主持下，从第十二团、十三团宣传队选调了王梅津、佟木舟、王维汉、贾如山、金某 5 人，至平西挺进剧社学习。

1941 年 3 月，挺进军政治部派来挺进剧社指导员张茵青同志，任晋察冀十三军分区（冀东）政治部文娱股长。

1941 年秋，调往挺进剧社学习的 5 名同志回到冀东。年底，挺进军政治部派朱宝仓、花宝书、张景福、张月仿、马万增、聂某等文艺干部到冀东开展文艺工作。

1941 年，著名摄影家雷烨来到冀东，任分区政治部宣传科科长，后又任组织科长。两年间，拍摄了《驰骋滦河挺进热南》《滦河晓渡》《熊熊篝火》《塞外宿营》《山岗晚炊》等众多反映滦东、热南抗日斗争的照片，并刊登于《晋察冀画报》。

1942 年，晋察冀十三地委成立路南评剧宣传队。该队聚集了许多评剧第一代艺人，有张采亭、任善庆、金菊花、夏文元、李玉花、张桂生等，还有部分青年演员郑云亮、郑云台、夏复芝、任佩玉、花月霞等。该团实力雄厚，艺术上的表演水平较高。在抗战期间，宣传队不仅演出了许多传统戏，而且还创作了《枪毙姜鹏飞》《送子参军》《不给敌人一粒米》等优秀的现代戏，激发了群众的抗战热情，增强了战士的士气。

1942 年 4 月，日军开展"第五次强化治安"，赵刚、佟木舟、贾如山、冯广泰、何贵友、孟庆海等文艺骨干先后牺牲。遵化市铁厂战斗中，冀东军分区政治部主任刘诚光和张月仿、马万增等文艺干部光荣牺牲，冀东文艺部队损失严重。

1942 年 7 月，冀东区党委制发《关于开展抗日宣传工作的指示》，提出"编演小戏"，宣传抗日。

1942 年年底，张茵青、邓子如、刘大为、张景福、王维汉等晋察冀文艺骨干来到冀东。张茵青、邓子如奉命筹备军分区新的文艺团体，也就是后来的尖兵剧社。

1942 年秋，昌（黎）乐（亭）联合县成立后，县委召开第一次会议，决定创办期刊。

1943年，中共迁（安）卢（龙）抚（宁）昌（黎）联合县委创办了《前进报》（后改名《长城报》）。

1943年4月，经晋察冀军区政治部抗敌剧社朱良才主任批准，调来郭东俊、黄河、尤飞虹，以及抗大二分校文工团的田篱、卜雨、韩大伟等文艺工作者到冀东筹建尖兵剧社。

1943年夏，昌（黎）乐（亭）联合县成立七月剧社。参与者多为何新庄小学、小滩小学、抗日中学等中小学师生和一些在乡知识分子。七月剧社隶属于昌乐联合县知识界抗日救国会。该会于同期成立。李晓光兼主任，兢存（张彤）为副主任，常安、李德雨为常委，朱燕（石仙舟）为组织部副部长，昨非（郝文烈）为宣传部副部长。知救会成立后，兢存、朱燕、昨非、白村（王树元）成为剧社骨干，一边举办演出，一边出版《七月》杂志。

剧社人员最多时达30多人，社长由兢存担任，傅敏之（侯辅廷）任指导员，朱燕负责宣传、美术，昨非负责戏剧，白村负责音乐，千群是昌黎县委派到学校开展党的工作兼读书的唯一共产党员，负责党的工作，后来成为指导员、协理员、党支部书记。社员还包括张琪、王健宇、黎明、苑凌云、鲁洁如、君直、王文博、常安、郑静、今生、赵锡珍、齐芳、若愚、韩冰心、李敏、杨春燕等。除了领导骨干具有文艺工作经验与专长，多数成员没开展过文艺创作。当时所谓知识分子，其实文化水平多是中学、小学毕业程度。

1943年7月，中共冀东第三地委宣告成立。刚成立不久就创办起本地区（滦河以东迁安、卢龙、抚宁、昌黎、临榆及长城以外青龙县部分地区）的抗战报刊《救国报滦东版》。和冀东《救国报》一样，报纸也是以《救国报》为名的8开两版油印小报。每期200~300份。报社总人数20人，领导人是郝仁（陆光）。

另有一个以《前进》为名的32开的油印刊物。内容均以新华社的电讯为主，迅速传播党中央的指示和抗战救国的好消息，用以鼓舞本地区抗日军民的战斗意志。每期200~300份，负责人郝仁，重点服务对象是部队指战员。

1943年，卢龙县新华书店正式建立，但没有固定店址，由马车拉着革命书刊流动出售，宣传党的方针政策。新华书店作为重要的革命文化团体，在滦东最早出现在卢龙县，对当时革命文化的普及与发展起到巨大作用。

1943年7月1日，尖兵剧社成立，张茵青为社长、王舒为副社长；郭东俊为指导员；田篱为戏剧队长；黄河为音乐队长；安靖为文美组长。

1943年7月中旬，尖兵剧社随部队挺进滦东地区，投入恢复基本区、开辟新区的斗争。在北宁路沿线的昌黎、滦县、乐亭、抚宁一带，配合部队的政治攻势，召开群众大会，演出文艺节目，帮助建立区、县政权，开展大规模的宣传活动。

在建昌营，尖兵剧社搭建露天舞台，庆祝迁（安）卢（龙）抚（宁）昌（黎）联合县成立。剧社演出了王舒编导的《长城线上》。

此后，在抚宁、昌黎县山区的多场演出中，剧社在原有节目的基础上，增加了王舒编导的话剧《长城线上》，耿介的二胡独奏《光明行》、琵琶独奏《十面埋伏》。演出话剧《凯旋之夜》，编导为田篱（田力），演员李巨川、林野。

尖兵剧社在巡回演出中，在多地举办画展。随时搜集材料，画成漫画、连环画、宣传画。如《牛拉汽车》是真实事例改编，讲的是伪县长下乡检查工作，向日军要汽车坐，日军给了他汽车却没有汽油，于是派伪军抓了群众的两头牛拉汽车，让伪军赶牛。黄河同志负责画展的讲解工作。

尖兵剧社在滦东的巡演影响极大。群众相互宣传，说两万八路掩护大剧团，到处唱歌、演出、举行画展，此事成为一时美谈。

1943年中秋，尖兵剧社于滦东桥头村举行诗歌朗诵晚会。管桦、刘大为、卜雨筹备了诗配画展览，挂在街头。

1943年秋，中共滦（县）卢（龙）县委宣传部部长武文华在组建真理剧社后提出"没神没鬼没迷信的老戏可以唱"。

1943年，《晋察冀画报》报社先后派齐观山、申曙、于舒、钱义等前往冀东，以扩大冀东的摄影队伍，加强新闻摄影工作。该社摄影师先后到滦东开展工作。

1943年9月由于庄稼收割，尖兵剧社赖以活动的青纱帐消失了，敌人开始扫荡并扬言要寻找尖兵剧社。为与敌人周旋，剧社由整化零，开始游击生活。韩大伟、刘大为、管桦、王维汉、张鸿斌、王世昌随八区队二连，突过北宁铁路，到铁路以南昌黎、乐亭县新开辟地区去拓荒。初次形成武工队和文艺组一起配合的形式。郭东俊、耿介、林野、罗明、李景春随十二团活动。

1943年10月6日，《救国报》报社与冀东特委在迁西东水峪与黄槐峪一带被围困，经过三昼夜的周旋，才脱离了敌人宽达30里的包围圈，从下营北面迁回奔向长城，顺长城内侧经过建昌营、燕河营一带，穿过卢龙、抚宁两县之间，安全转移到昌黎北部柳河圈东边碣石山西麓的山沟各村庄。

由迁卢抚昌联合县精心安排，《救国报》报社和电台潜伏在昌黎北山的山沟村庄里，报社负责人陈大光、孔祥均带领《救国报》报社人员在此度过两个半月的时间。

1943年12月，冀热辽特委指示《救国报》报社西进丰滦迁。报社的两个单位收报台与印刷所从相隔高山大岭的焦家山、半壁店集合到冯家山，在高庆部队41名战士的护送下，经凤凰山、滦河岸边的鸡公村，然后与特委会合。正当报社的同志们要从冯家山启行，日伪军围村突袭。为了掩护撤退，护送部队的21名战士牺牲了。《救国报》报社无人伤亡。

1943年秋末冬初，中共滦卢县委宣传部组建真理剧社。主要活动于滦县、卢龙、昌黎乡村。受该剧社影响，许多农村业余剧社开始演出现代评剧。

1943年12月，晋察冀军区政治部派黄天、今歌到尖兵剧社工作。军分区政治部任命黄天为社长、张茵青为副社长、郭东俊为指导员、今歌为音乐队长、黄河为副队长。

1943年冬，《救国报滦东版》报社在抚宁区苏官营村时遇到险情，被敌人重兵包围，李墨林同志牺牲。

1943年12月7日，《救国报滦东版》报社实地报道了滦东十二团抚宁曹西庄大捷。

1943年12月末至1944年年初，尖兵剧社第一次去路南招生。韩大伟领队，有刘大为、管桦、王世昌、张鸿斌、李碧冰等。招王非、鲁凤岐、黄兵、吕黎等。

1944年1月24日，尖兵剧社在昌黎王官营准备演出，突遭日军围攻，连夜行军百里，从敌人空隙中突围。为应付紧急情况，剧社抽调有战斗经验的李巨川、高凤官、朱春祥、张怀平、刘润甫等组成战斗班，集中全社所有的马枪、步枪、手枪由战斗班使用。

1944年3月，尖兵剧社管桦、刘大为、李碧冰、王世昌4人，去北宁路南昌黎、滦县、乐亭一带活动，受地方领导委托，为小学校编写课本，在当地各小学中开展工作，并撰写《告知识分子公开信》。这些活动，在当地知识分子中影响很大。

管桦负责为小学校编写语文课本，该课本是著名的红色小说《小英雄雨来》的最初蓝本，经典爱国名言"我是中国人，我爱自己的祖国"即源出于此。

同月，刘大为在昌黎靖安镇南边一带学校教授学生演唱《狼牙山五壮士》《王禾小唱》和《中华民族》等歌曲。

文工组到昌黎县城南的荒佃庄附近的槐各李庄的高等小学开展工作，给全校师生讲《论持久战》，宣传抗战必胜、日军必败的道理。王世昌同志教唱抗日歌曲。年轻女教师董淑寅，化名"千里草"加入尖兵剧社。

1944年4月，李树仁在抚宁区花台参加剧社。尖兵剧社全社集中，第二次去滦东十二团演出。为配合分区开展大扩军，尖兵剧社组织群众性创作歌曲

《好男儿要当兵》。正值开辟第二战场,剧社组织全体人员进行创作,每人至少交一件作品,由黄天作词、今歌作曲的《庆祝第二战场开辟》传唱很久,同时,黄天同志还组织了创作评奖活动、鼓励全体进行创作。

1944年5月,按照十二团政治部主任程陆天的请示要求与尖兵剧社社长黄天的安排,有丰富美术工作经验的卜雨同志赴十二团宣传队工作,任美术教员兼政治指导员。

1944年6—7月,尖兵剧社由滦东回到遵化南偏西凉子河一带。

1944年7月1日,昌(黎)乐(亭)联合县成立文化界抗日救国会,由文救会创办理论性刊物《知识界》。竞存为总编辑,长安、李德雨、李晓光任编辑。

1944年7月,《冀热边特委宣传工作会议报告提纲》提出:"提倡与指导""落子"等民间艺术,"改造其内容,使之成为工作动员、政治宣传与社会教育的工具"。

1944年7月,十二团护送尖兵剧社回滦东,回到滦东后,被日军包围。清晨突围后,部队宣传队在路南转战,每到一村都进行美术展览,作品有《蛮子营战斗胜利》(水彩画)和《新民主主义社会是什么》(水彩连环画)等。展览的同时,召开绅士座谈会,宣传抗战形势和揭露国民党不抵抗政策。

1944年7月下旬,《晋察冀画报》报社冀热分社成立,并任命罗光达为分社主任,编辑兼摄影记者周郁文,照片制版技师刘博芳,石印技术人员董寿诞、李志书、马小锁,石印缮写武耀强,装订人员张学琴等。画报社一行来到冀东,分散行动。

罗光达来到昌黎路南海滨村落,拍摄了《日出—渔民归来》《八路军在渤海之滨的沙丘进行海上训练》《沙坨塔上的哨兵》等照片,并作为随军记者采访了被民兵救下的美军飞行员。

齐观山进入热南青龙县,跟随凌(源)青(龙)绥(中)联合县的干部,在山沟里架起单棚,一同工作、生活。拍摄了《战斗在冀东古长城一带的八路军战士靠吃炒米、野菜坚持抗日斗争》《冀东抗战最艰苦的年月,战士们喝冷水,吃炒米,过着艰苦的生活》《坚持在长城外青龙县内"无人区"工作的县区政权干部》等照片。

1944年暑假期间,昌乐联合县委第一次召开从京、津、唐等沦陷区回家度假的学生大会,七月剧社演出话剧《英雄与奴才》,并教学生们唱抗日歌曲和扭新秧歌。

1944年6月1日,冀东军分区十二团根据新长城影社的经验,在滦河东卢龙县冉庄成立抗日影社。影社由十二团文艺主任王衍直接领导,社长为卢和。有6名演员,全发给军人证章,按连级待遇,除供给生活必需品外,家中还按军属待遇。

滦东抗日影社成立后,卢龙、抚宁、迁安三县也相继成立以本县命名的大众影社。抗日影社领导各县分社,在剧本和演员上给予支持。

冀东特委宣传部决定组织文艺工作者创作皮影戏剧本,并派人兼任影社的编剧,陈大远、山樵、李左之、付仲三等编写了《玉田参军》《中心逃狱》《齐心杀敌》《国害家仇》《枪毙王朋》《春秋镜》《潘家峪》等剧目。十二团前锋剧社美术教员兼政治指导员卜雨为影社画影人。

先后演出揭露日军侵略罪行的《合家进步》《齐心杀敌》《国害家仇》《平林镇》《枪毙金特务》《相公庄胜利》《火烧潘家峪》《中心逃狱》。1945年年底,滦东部队挺进东北,抗日影社交归地方领导。

1944年秋,成立冀热辽军区第十七军分区(后改为冀东军区第十三军分区)。按照军分区一级的建制,在政治部内应有一个专业文艺团体,海滨剧社应运而生。该剧社广泛活动于昌黎、乐亭、滦县三县,是京山路南第一个专业文艺团体。

第一批到海滨剧社的人员包括鲁洁茹、仲先、刘玉环、董晓华、黎明、郭华杰、怡明、左林、史忠、健愚、昨非等。

海滨剧社社名是尖兵剧社的刘大为同志推荐命名的。剧社定名后,又迎来了李铁辉、振芳、杨树森、王志石等。剧社编成了音乐队、文艺创作队、戏剧队、美术队。怡明、振芳等同志在音乐队,把宣传科送来的一把小提琴,三把二胡,两只口琴交给了音乐队。健愚、史忠、黎明等同志在文艺创作队,李铁辉、左林、鲁洁茹、董晓华等同志在戏剧队,刘玉环、伍志石同志在美术队。

1944年夏秋之际,汉奸姜鹏飞的"天字治安军",对京山铁路以南的几个县进行大扫荡,并欺骗群众说:天字治安军是人民的军队,是搞曲线救国的,企图用这种手段麻痹人民。在昌乐联合县委的统一部署下,七月剧社一部分骨干,到各村召开群众大会,揭露姜鹏飞的反动本质和他的阴谋诡计。同年秋冬,为提高群众文化水平,县委号召各村都要办冬学。七月剧社一部分骨干投身到大办冬学的热潮。剧社成员,白天教小学,晚上教冬学,没有教材就自己编印,做到人人有书本,出现了许多夫妻同桌、父子同学的佳话。剧社傅敏之还为宣传上冬学编写了一首歌:"不怕雪、不怕风,我要做个好学生。有了知识能做事,没有知识是糊涂虫。"敏之和朱燕一起围绕办冬学创作了一首《母亲摇篮曲》,有的学校把这首歌曲改编成舞蹈,为群众演出。

<<< 第十三章　新民主主义革命时期，滦东文化工作大事记

1944年秋至1945年1月，十二团宣传队时而分散，时而会合。战事放缓，宣传队文艺战士聚在一起，一同练音、识谱、唱歌。主要剧目有吴宝光（前锋剧社编剧，后于抗美援朝牺牲）根据苏联小说改编的《第四十一个》（此剧曾于尖兵剧社演出，在冀东有一定影响力）、《亲家母探亲》（歌剧）、《打倒汉奸姜鹏飞》等。敌人扫荡时，宣传队化整为零，有的到连队继续开展宣传工作，有的随区政府行动，有的潜伏到秦皇岛，新队员回家待命，年底再集中起来排练、演出。1944年秋，反扫荡还未结束，政治指导员卜雨和区队长黄宾从区政府转回侦察排，又返回十二团机炮连教歌、上党课，并以十二团政治处名义，出版《群众画报》（路南版）。画报题材多取自本地抗日活动，容易引起战士与群众的共鸣。第一期，有卜雨创作的《如此王道乐土》和连环画《哭哭哭！糊涂的婆婆》，黄宾刻好蜡版，油印出版。第二期刊载了卜雨刻板的版画《一个日特的下场》与黄宾刻板的《民兵击毙坦克手》。12月，宣传队集中在一起，队员们共同拓印版画。第三期专刊主要揭露日军集家并村、建立人圈等罪行。《群众画报》于1945年1月停刊。

1944年9月，冀东军区第十七军分区政治部创办了《海滨战火》，油印，8开2版，每周3期，每期300份左右，赠阅。宣传科科长杨明负责。1945年11月19日，冀东十七军分区改为第十三军分区，军分区机关报《海滨战火》改为《海滨战士》。

1944年秋，冀东十二团政治处创办了《群众画报》，油印，4开1张，每期1000份，不定期，赠阅，卜雨任主编，黄宾任编辑，地址在昌黎县姜各庄村。画报主要内容是反映我军抗战胜利的消息。是年12月，出版了套色刊头《群众画报》第三期之后，于1945年1月终刊。

1944年10月，尖兵剧社文艺队（创作组）和戏剧队的刘大为、管桦、李碧冰、王世昌、张鸿斌等合编为前线文工组，离开部队去昌黎、乐亭一带敌占区开展工作。具体任务是宣传群众扩军、组织群众、建立政权、筹备出版《大众报》。在昌黎县城南乐亭城北、滦河由北向南流到此向东入海的拐弯处的一个小村庄荀家套，建立《大众报》编辑部。

《大众报》（大型16开本、封面为木刻、用油墨套红）创刊号发表了新华社社论，解释我党政策，介绍解放区军民合作抗日，并辟有专栏《尖兵剧社一日》。出版后，又亲自送到群众手中，受到知识分子和广大群众欢迎，也震动了敌人。日军特务机关搜集到《大众报》与前线文工组编辑出版的一些刊物宣传品，从敌特汉奸口中了解到前线文工组的活动情况后，认为"这支文化八路的活动，大大地厉害"。

昌黎、乐亭两县敌人组织扫荡，兵分两路，从南北两个方向，夜半突击崖上、苟家套一带，妄图一举歼灭前线文工组和《大众报》报社。而此时我文工组和武工队早已转移到昌黎城东南靠近渤海湾边的后马坨，敌人扑了空。

1944年冬，面对日伪军的反复"清乡、扫荡"，为了提高抗日军民的民族气节和发扬坚决斗争精神，七月剧社排演了程力群编写的话剧《英雄与奴才》（又名《两种人》）。

1944年冬，中共冀热边特委属下的第四区委创办《路南画报》，石印，8开2版，半月刊，每期1000~2000份，朱秋任主编。1945年8月《路南画报》停刊。

1945年年初，昌黎县妇救会组织大众剧社，演出《春之歌》《兄妹开荒》《白毛女》等节目。

1945年1月，前锋剧社成立，首演于曹家柳河村。该剧社脱胎于冀东十二团宣传队，承担了冀热辽十六军分区的文艺演出、政策宣传、群众动员等主要工作，主要活动范围是滦东地区。

1945年5月，冀东军区第十六军分区政治部在卢龙县曹家柳河创办《前锋报》（油印），后改为铅印，周刊，每期2000份。同年8月，部队出关后，编辑、文印人员到部队任职。10月，调新参军的大学生王树荣任编辑，前锋剧社王飞龙、肖云专抄收新华社新闻。王树荣向前锋剧社社长卜雨约稿，把东西寨家山的战斗、部队尊干爱兵运动的事迹整理成故事，登上《前锋报》，取得良好的宣传效果。十二团的一位指导员看报后，也在连队开展了尊干爱兵活动，各排也组成了通信组，向《前锋报》报社投稿。该报1946年11月停刊。

1945年4—5月，黄河带领康占元、周苏、张君如、张晓韵、贾淑琴、高凤官等为一个小组，到十六分区（滦东）与前锋剧社陈自新、秦兴汉等一起在昌黎、滦县、乐亭、抚宁一带开展演出宣传活动。

刘大为、韩大伟、李巨川、苏志远、管桦等为一个小组，到十七分区（北宁铁路以南之昌黎、乐亭、丰润南部等地）开展活动。他们一方面为扩大队伍，招考学员，一方面搜集材料进行文艺创作、开展文艺活动。派人从北京、保定找来了在燕京大学音乐系学习小提琴的周方和方怡同志，在路南招收了刘北鲁、小北鲁、秦英、白伦、李源、张洛、詹真辉、谷莹、刘茵河、苗淑云等同志先后到剧社工作。

1945年5月，进行反扫荡斗争后期，七月剧社的许多成员调动工作，剧社也就随之解散，偶尔聚集开展演出任务。

1945年5月，在滦东活动的十八团部调各连文化教员和部分优秀班长、文书组成艺术训练队。高凤官与卜雨负责教导写美术字，用锅底黑、红土、白灰调色，书写"开展春耕生产"等标语。还教唱抗战歌曲和一些文音字符简单常识，得到了基层官兵的积极响应。

1945年7月，尖兵剧社社长黄天、音乐队长今歌等同志在杨家峪牺牲，滦东文艺战士有组织或自发地祭奠英烈。

1945年8月，昨非率领海滨剧社随出关部队到了路北。海滨剧社留下朱燕和白村（王树元）二人，计划再建海滨剧社。经动员，原知救会、七月剧社和抗日中学30多人，加入海滨剧社。1946年1月初，第二个海滨剧社组建起来了。杨明兼任社长，朱燕任副社长，下分三个组，白村、崔亚洲、苑凌云分任组长。社员有非琪、华园、董丰田、董明启、王联原、王克非、李雪花、李小舫、常季祥、朱景舟、赵镛等同志，女社员有林明、齐芳、王秀山、亚军、金若愚、侯金华、何玲、丽华等同志。

1945年夏，《救国报滦东版》报社在昌黎五峰山被敌伪包围，突围过程中，杨玉环同志（启政）中弹牺牲。

1945年8月，前锋剧社随冀热辽十二团、十八团出关，先后参与解放山海关、大连、沈阳、本溪、临江、安东等地的战斗，并起到重要作用。一同出关的还有冀热辽军区尖兵剧社、十四军分区胜利剧社。

十六军分区出关前夕，驻扎在昌黎县和卢龙县交界处九百户村的前锋剧社奉命赶到昌黎凤凰山与十六军分区机关会合。随后来到抚宁区台头营召开挺进东北的动员大会。按照会议要求，前锋剧社兵分四路，一是由宣传干事申曙带着黄宾、孙志诚两位区队长去铁路南招生；卜雨带天明、王善济两位社员到十八团帮助工作；陈自新社长带李显廷、张志文两位社员到十二团帮助工作；秦兴汉区队长（时任前锋剧社音乐队长，离休前任军事博物馆馆长）带领剧社随分区行动。按部署，前锋剧社随十六军分区部队越过山海关绕道九门口跨越长城。

1945年8月28日上午，冀东十六军分区与苏联红军先遣小分队在前所会师，前锋剧社发挥奇效。由于日军刚刚投降，各地日伪军摇身一变成为国民党部队，还有大量土匪武装。中苏语言不通，苏军不相信眼前的部队是中国共产党领导的八路军，双方形成僵持。唐凯副政委令前锋剧社带领全体官兵高声唱《国际歌》。虽然苏联红军听不明白中文歌词，但这熟悉的旋律显然消除了语言的隔阂，知道彼此都是布尔什维克的同志，激动地拥抱在了一起。

1945年8月30日，前锋剧社参加了解放山海关的战斗。陈自新社长带领着卜雨、秦兴汉、天明、王善济、李显廷、严林、毓敏、肖云等同志在山海关张贴我军布告。在天下第一关城墙上书写"发展工商业，改善职工生活""提高工人福利待遇""发展新民主主义经济""庆祝我国抗战胜利""建立独立自由民主繁荣富强昌盛的新中国"等标语。

1945年8月30日，摄影家张进学拍摄了抗战经典照片《解放山海关》，被沙飞刊录放在《晋察冀画报》最醒目的封面。

1945年9月，尖兵剧社部分同志在昌黎、乐亭、滦县一带活动数月，完成了预定任务后，接到军区命令，筹备召开全军战斗英雄大会，并为大会演出。剧社的同志由县支队二连护送过路北，准备与剧社会师，在昌黎县港心村夜宿，与军分区支队率领的两个连相会。拂晓被日军分八路包围。前线文工组与我军武工队依托院墙、房上的掩体和敌人展开激烈战斗。剧社的同志和区小队负责把守南角，刘大为、李臣川、管桦、王世昌、张鸿斌、苏志远等同志上房，蹬墙进行战斗。打退了敌人三次冲锋后，上级命令剧社撤离港心村北上，过铁路到达了目的地。在武工队的掩护下，文工组突围撤出后马坨，冒着风雪从后封台车站东面越过铁路，回到根据地参加整训。

1945年10月，尖兵剧社全体进驻山海关，剧社进城后，马上贴出演出海报，公演四幕歌剧《地狱与人间》、独幕讽刺话剧《合流》、独幕话剧《一双鞋》、一幕二场活报剧《参加八路军》等。受国民党操控的山海关艺术剧社，为了抵消共产党的宣传威力，减少尖兵剧社的演出影响，贴出演出话剧《雷雨》的海报，与剧社唱对台戏。《雷雨》主要演员马力本来就和我党地下工作者有联系，秘密进行了一些工作，这次又看了尖兵剧社的演出后毅然脱离了"山艺"，参加了尖兵剧社。

尖兵剧社在山海关下面的田氏中学操场搭起了舞台进行演出。这天晚会的节目有大合唱《国际歌》《八路军进行曲》《我们的国旗到处飘扬》《朱总司令下命令》《子弟兵进行曲》《丈夫去当兵》《歌唱二小放牛郎》；歌剧表演《八月十五》《八路军》《霸王鞭》；讽刺话剧《合流》。

尖兵剧社在当地政府支持下，同"山艺"全体演员举行座谈联欢，尖兵方面出席的有社长张茵青、指导员郭东俊，还有黄河、管桦、刘大为、田力、周苏、周方、李巨川、邓子如、耿介、纪良、苏志远、林野、罗明、真辉、张君如、张洛、张晓韵等20余人。在山海关，尖兵剧社还和从延安飞赴沈阳的苏联空军飞行员联欢。

同月，尖兵剧社从山海关挺进东北。

1945年12月，冀东区建国学院成立文艺组，为组建文工团做准备工作。

1945年年底，七月剧社奉命到路南演出，恰值分区海滨剧社调往路北充实军文工团,于是就以七月剧社为基础成立新的海滨剧社。

1946年2月,大众剧社遵照昌黎县委命令,于正月初十赶到迁安市建昌营,并于正月十四、十五两日为冀热辽十六军分区演出。节目分别有歌曲《毛泽东之歌》《没有共产党就没有新中国》《我们的旗帜到处飘扬》《春之歌》《反特》《白家的风波》《两种学生》等节目;《白人》《高树勋将军起义》等剧目。

1946年2月,劫夫来到尖兵剧社,在昌黎、乐亭间的村庄学习皮影调。其创作的《歌唱二小放牛郎》唱遍滦河两岸、长城内外。

1946年2—6月,秦皇岛中学教师王长清、秦中附小教师李晋泽在秦市创办了文艺刊物《青年呼声》,内容包括评论、论著、散文(随笔)、诗歌。

1946年3月,冀东军区政治部任命劫夫为军区文工团团长;姚铁为协理员;张茵青为副团长;郭东俊为副协理员。

劫夫创作了由管桦、刘大为写词的《悼念四八烈士》歌曲,融入了冀东皮影戏腔调。刘大为、管桦合写的《出关进口》,介绍尖兵剧社反攻情况,发表于《冀东日报》。

1946年3月,冀东区建国学院文工团正式成立。该文工团重视学习有关党的文艺方针政策,先后组织学习了毛泽东主席《在延安文艺座谈会上的讲话》《反对自由主义》等文章,进行了文艺思想和组织纪律的整顿。

1946年春,大众剧社在昌黎王庄子村为选举国大代表大会演出。

1946年5月,劫夫创作歌曲《五月的歌》,刘大为作词。

刘大为、朱希明,写出了配合土改的话剧《阴谋》,受到群众好评,得到政治部表扬。

刘大为、管桦写出歌曲《老百姓大翻身》,劫夫作曲后演出。

1946年6月,耿介创作歌曲《歌唱赵庆兰》(中华人民共和国成立后流传的《太阳一出满天红》)。

劫夫吸收冀东皮影调,重新谱曲,改编了原眉户曲调《大家喜欢》,这是最早以皮影曲调谱写的歌剧。

1946年,在滦东活动的多个剧团与文艺工作者都去往东北战场。春末夏初,冀东军区奉命由詹才芳司令员率部组建辽西纵队。为活跃部队文艺生活,开展战时宣传,从冀东军区文工团抽调人员组建辽西纵队文工队,下设戏剧分队、音乐分队、文艺创作分队。军区文工团原音乐队队长秦世杰调任队长,文工团原戏剧队副队长冯树奎调任副队长。率领文工团赴辽西的,还有军区文工团副团长、原尖兵剧社第一任社长、老艺术家张茵青同志。

辽西纵队文工队从遵化经建昌,出冷口过青龙,奔赴辽西途中,张茵青同志导演了小歌剧《担水前后》。

1946年6月，原冀热辽第十六军分区改为冀东十二军分区，因前锋剧社挺进东北，急需组建新的文工队。辽西纵队文工队由建昌营到达燕河营十二军分区机关驻地，与新扩充力量一起组成了冀东军区十二军分区政治部文艺工作队。

十二军分区政治部文艺工作队出版文艺期刊《滦东歌声》（《我们的歌》）。

1946年6月，滦东大众皮影社成立，卢和、张子祥分别任正、副社长，李云亭任政治指导员，并分设卢龙县第一分社，抚宁区第一分社。

同月，冀东新华书店抚宁分店成立。

1946年6月6日，大众剧社为昌黎全县教师座谈会进行庆贺表演。

1946年7月中旬，大众剧社在荒佃庄为慰劳军队大会演出，这也是大众剧社成立一年的最后一次演出活动。慰问对象有昌黎县支队、县直属武装部队以及各区小队。

1946年8月，路南地区的冀热辽军区第十七军分区改为冀东军区第十三军分区。海滨剧社改为冀东军区第十三军分区宣传队，朱燕和白村分任正副队长，千群同志负责党的工作。8个月里剧社共演出十多场。剧目《锁着的箱子》受到昌滦乐观众的喜爱。随着剧社的壮大，后来演出的大型歌剧《白毛女》、大型话剧《进攻》、小话剧《蔡哑巴捉顽军》等，都受到观众的喜爱。

1946年9月，冀东军区十二军分区张书祥副司令员指挥部队，在红花峪迎击从昌黎向我解放区进犯之敌，旗开得胜。文工团李业同志参加了红花峪战斗，并报道了战斗中的英雄事迹。

1946年秋，十二军分区文工队于滦东创作歌剧《赵庆兰班》和歌曲演唱《歌唱赵庆兰班》。该作品原型即驻抚宁台头营六十一团八连赵庆兰班。该班赵庆兰班长，以身作则，善于做深入细致的思想工作，既严格管理又耐心说服。使一个涣散落后的班，成为团结战斗的战斗班。张实同志写了长篇报道，在《冀东子弟兵报》和东北《自卫报》上都以头版整篇刊载。纪实歌剧《赵庆兰班》，剧作者李业、史忠、王健宇同志，怡明作曲。歌曲《歌唱赵庆兰班》，史忠作词，怡明作曲。该作品得到军区的嘉奖。

1946年冬，昌黎县内国民党开始扫荡，大众剧社的活动被迫中断，大部分教师和学生都随部队转移。

1946年11月14日，中共冀东十二地委社会部创办了《锄保工作参考材料》，油印，32开，秘密刊物，第一期，共13页。

1946年，新华社滦东支社创办了《通讯工作通报》，油印，32开本，共11期。

1947年1月，冀东十二军分区文工队随军分区机关由重峪口、燕河营一带转移到台头营一带。

1947年1月11日，海滨剧社的建设者，原十七军分区副政委曾辉于滦县牺牲。

同月，为了悼念曾辉同志，十三军分区（原冀热辽十七军分区）宣传队，编演了《在渤海湾上》，演员唱，战士、群众也唱；演出多幕剧《拭泪杀敌》。军民感伤久久不能退场。

1947年，冀东十二军分区文工团团长秦世杰同志，调分区独立一团政治处任领导职务。曾任十八军分区、十三旅宣传队队长的刘健夫同志，任十二军分区文工队第二任队长，王健宇为副队长，张伯安为副政治指导员代理政指。文工队改为十二军分区政治部宣传队。

1947年3月13日，冀东区党委成立冀东文学艺术界联合会筹备委员会。筹委会委员共15人，他们是纪之、王心高、吴明、邓启修、劫夫、娄平、李时、邵清华（女）、陈继祖、陈大远、高继先、高元、戈厚、袁渤、扈献。劫夫、陈大远任正、副主任。这个团体曾活动于卢龙县山区。文联筹委会是冀东地区最早的文学艺术组织，筹办的《冀东文化》是冀东最早的革命文化刊物。

1947年4月，冀东区建国学院文工团改称冀东区党委文艺工作团。

1947年5月，滦东战役，十二军分区文工队参加战斗。张伯安同志参加掩埋烈士的工作，冀东第一届的战斗英雄冯林同志在攻打上庄坨牺牲后，由其掩埋。文工团分为若干小组，深入游击区连队，开展文娱活动，参加打埋伏。一些同志还参加了卸道钉、拆夹板、掀铁轨等破坏北宁铁路的破交任务。战斗间歇，十二军分区文工队与连队文艺骨干一起，组织小型演出，还编写《破交歌》等歌曲。

1947年7月，我军集中优势兵力，配合东北解放战场，第一次攻打昌黎。刘大为、管桦两位同志奉命跟随攻城部队进行报道，战斗中，管桦为攻城部队拍照。刘大为跟突击队一起第六个登上城头。第二天，二人合写了《二十分钟——攻克昌黎目击记》和《昌黎新中国成立以后》两篇报道，及时登在《冀东子弟兵》和《冀东日报》上。攻克昌黎，刘大为、管桦又奉令为被我军保护到城外的数千名中学生以及汇文中学校长和教员刘清芬，还有美国传教士等讲话，受到极大欢迎。

吴群同志拍摄了《冀东军区独十旅进军昌黎城》《架梯登城》等一系列照片，记录了指战员解放昌黎的英勇作战。

十二军区文工团参加了解放昌黎的战斗，开展宣传工作，接收俘虏等，如

293

张岚同志参加了救护、转运伤员的工作。

1947年9月，冀东军区部队（九纵）开赴东北作战，九纵文工团随军作战，行军150里出冷口到达干沟，又日夜兼程向杨杖子与锦西之间前进，每天行军百里。在行军途中，文工团走在大部队前，在部队必经之路的山坡上，设鼓动棚、扯起标语，当部队走近时，锣鼓齐鸣、管弦乐齐奏、扭秧歌、数快板，宣扬英雄事迹，沿途做宣传鼓动工作。

战斗间隙，劫夫、管桦创作《归队立功》，并选择有小山头的地形搭台，演出到最后冲锋时，将天幕打开，显示出真实的地形，全体人员受到好评。

1947年夏，昌黎县文艺宣传队成立。

1947年10月，九纵文工团到干沟休整、发棉衣。劫夫、管桦受到冀热辽军区的通令嘉奖。

1947年11月，秦皇岛中学教师王长清、秦中附小教师李晋泽首先在秦市创办文艺刊物《文联》。

1947年年底，十二军分区宣传队印制了杂志《战士之歌》。

1948年春，唐山专署（驻昌黎）接收原昌黎城内旧戏班，建立胜利剧社。

1948年春，滦东文工团成立，该团是在滦东地委党校文工小组的基础上成立和发展壮大起来的。

1948年1月26日，冀东十二军分区宣传委员会出版《平分通讯》，油印，32开本，创刊号共6页。

1948年4月，冀东军区十三军分区宣传队（原海滨剧社）在昨非率领下编入东北野战军十一纵队文工团。白村、华园在路南又新组建宣传队，大量的教师、中学生涌进军分区宣传队。5月，昨非率宣传队返回路南，与新的宣传队合并。

1948年7月，中共冀东十二地委出版了《工作通讯》。

1948年8月，冀东军区十三军分区宣传队（原冀热辽军区第十七军分区）一分为二，昨非带领30多人奉命北上编入野战军，调往冀热辽前线指挥部，成立了文工团。后改名为东北野战军第二兵团政治部文工团，黄河任团长、昨非任副团长，参加了辽沈战役。攻克锦州后，随东野先遣兵团即刻入关，参加平津战役。1948年12月，易名为中国人民解放军第十三兵团文工团。留在路南的有20多人。白村任队长、华园任副指导员。宣传队又陆续招收一批新队员，很快充实到30多人，经过短期整训，即投入了新的任务，为部队巡回演出，下连队开展群众性文娱活动。

1948年8月，为配合东北野战军第十一纵队和冀东十五军分区部队作战，冀东区党委文艺工作团从遵化市杨庄子出发，途经遵化、迁西、迁安，进入卢龙县境内。沿途慰问解放军作战部队和支前群众，最后进入严头村与十二地委所在地花台村。

正值东北野战军发起了辽沈战役，国民党军队由"全面防御"转为"重点防御"，战局急剧变化。京、津学生举行了声势浩大的示威游行。为声援蒋管区的斗争，揭露国民党残酷镇压学生运动及必败的命运，连衡编写了活报剧《反饥饿，反内战》。

1948年9月15日，昌黎县城重新回到人民的怀抱，冀东区党委文艺工作团随军进入昌黎开展宣传工作，沿街书写大标语、墙头漫画，到中、小学教唱革命歌曲，宣传党的政策，歌颂我军胜利。与此同时，另一部分同志随部队开赴北戴河北面猫儿山进行宣传鼓动。

为配合秦皇岛与唐山城市的解放，冀东区党委文艺工作团调整排练了《大家喜欢》《宝山参军》《白包袱》《全家忙》《牛永贵负伤》，新排了小歌剧《归队》，最后集中力量排练了解放区著名大型歌剧《白毛女》。

1948年9月，十二军分区文工团政指张伯安与晓峰、宗奎元、王月桥等人，到一团各连队，阻击辽沈战役期间南窜华北之敌。部队过界岭口到青龙县一带，敌又欲逃往秦皇岛，部队强行军追至义院口半壁山，与敌四个团遭遇。晓峰同志壮烈牺牲，被军分区党委授予"模范宣传员"称号。

1948年9月，滦东文工团排演了第一个中型歌剧《牛永贵负伤》。正值此时，处于北宁线上的文化重镇昌黎县第三次解放了。文工团从缴获的战利品中获得一些白布、几条枪和几套国民党军官穿的服装，从此制成了天幕、大幕，可以独立演出了。

1948年9月，十二军分区宣传队出版专辑《唱英模》。

1948年10月，团长李时调离冀东区党委文工团，连衡任团长，江春一任副团长。

1948年秋，十三地委的贺秉章同志调任十二地委（即滦东地委）书记时，他把十三地委文工团的一半力量带来路北和滦东文工团合并。这是十三文工团首次向兄弟部队输送文艺骨干。从此，两团的关系非常密切，有"姊妹团"之说。

1948年11月，中央军委命令九纵队改编为中国人民解放军第四野战军第四十六军。九纵宣传队改称四十六军政治部宣传队。

1948年11月27日，秦皇岛解放，冀东十三军分区部队进驻秦皇岛市，根据当时的形势需要，立即建立了秦榆市，并建立秦榆市军事管理委员会。军管会设宣传组、文教组。白村任秦榆市警备区政治部宣传队队长。在军管会领导下，组建了道北文化馆和新华书店等。

1948年12月，四十六军政治部宣传队（原尖兵剧社、九纵宣传队）从冷口、桃林越长城，返回冀东。一三六师宣传队队长周苏、一三七师宣传队队长王世泽、一三八师宣传队队长邓子如、李巨川、林野。

1948年冬，滦东文工团奉命随地委机关进驻昌黎县城。进城后，文工团广录人才。先后从昌黎、滦县、抚宁、山海关吸收了一批人员，他们大部分是教员、学生。

1948年，冀东军区文工团把《歌唱赵庆兰班》曲子重新填词，改为《歌唱毛主席》，先在唐山电台播出，后发表在《唐山歌声》，南下后传入上海，上海乐团女声合唱队灌制了唱片，从此流行全国各地。此后，又先后被收入河北省《国庆十周年献礼歌曲集》及《毛泽东颂》中。

1949年1月1日，冀东区党委文艺工作团奉命从遵化市康庄子出发开赴秦皇岛市，经7日行军，驻于港口吉庆里，并开始宣传和演出活动。为庆祝中国人民解放军取得辽沈战役的伟大胜利，揭露国民党为挽救败局玩弄假和平欺骗群众，文艺工作团团长连衡同志编写了大型活报剧《和平梦》，并在秦皇岛街头、广场演出。

1949年年初，秦皇岛市政府组建教育科，设专管文化的干部。

1949年年初，人民解放军铁道兵文工团由东北进关，经过昌黎做短暂演出。滦东文工团观摩了他们的铜管乐合奏及部分小歌剧，向他们学习了《光宗耀祖》《军民互助》《军爱民民拥军》等小歌剧，并向他们学习了东北大秧歌。

3月，卢龙县建立人民文化馆。

4月，冀东十三地委文工团（路南文工团）进驻秦皇岛，全团41人，男27人，女14人，团长朱燕，政治指导员千群（后任河北省群众艺术馆馆长，中国戏曲艺术家协会会员）。后调毕胜任政治指导员，千群改任文美队长。

5月，冀东十三地委文工团更名为秦皇岛市委文工团，朱燕任团长（该团1952年撤销建制）。该团从成立到撤销，创作演出了大型歌剧《地主心》，中、小型歌剧《曹大嫂得枪》《送粮》《分粮》，秧歌剧《人穷志不穷》，小话剧《盲人开荒》，歌曲、舞蹈、表演唱《歌唱毛主席》《解放区像天堂》《送年灯》《翻身年》《花篮舞》《送军粮》《过新年》《小上坟》等。其中《歌唱毛主席》歌曲，于1949年由中国唱片公司灌制成唱片，后又将此作品收入《毛泽东颂歌集》。演出节目除自编的外，还有《血泪仇》《白毛女》《刘胡兰》《大家欢喜》《宝山参军》《如此中央军》等戏。

6月6日，秦皇岛建立道南人民文化馆。

7月1日，昌黎县建立人民文化馆；临榆县建立人民文化馆。

7月17日，青龙县建立新华书店。

10月1日，抚宁区建立人民文化馆。

10月，卢龙县陈官屯新华书店迁入卢龙县城，改称卢龙县新华书店。

参考书目

［1］李中权. 李中权论文篇暨纪事文集［M］. 北京：蓝天出版社，2005.

［2］李中权. 李中权征程记［M］. 北京：华夏出版社，1995.

［3］云献智. 李运昌［M］. 沈阳：春风文艺出版社，1991.

［4］中共秦皇岛市委宣传部、秦皇岛市地方志办公室. 秦皇岛地区全面抗战志［M］. 北京：中共党史出版社，2005.

［5］刘大为. 刘大为文集［M］. 北京：解放军文艺出版社，2004.

［6］管桦. 管桦文集［M］. 北京：中国青年出版社，1995.

［7］管桦. 生命的呐喊与爱［M］. 北京：中国青年出版社，1983.

［8］张同乐. 华北全面抗战史［M］. 石家庄：河北人民出版社，2012.

［9］中共秦皇岛市委党史研究室、中共秦皇岛市委组织部. 秦皇岛红色记忆［M］. 秦皇岛：燕山大学出版社，2016.

［10］中共秦皇岛市委党史研究室. 滦东抗日根据地［M］. 北京：中共党史出版社，2018.

［11］北京抗大光荣传统研究会. 抗大精神　永放光芒［M］. 北京：长征出版社，2003.

［12］晋察冀文艺研究会. 文艺战士话当年［M］. 北京：文化艺术出版社，2001.

［13］河北省政协文史资料委员会. 河北文史资料全书［M］. 北京：中国文史出版社，2012.

［14］滕云涛，燕小锟. 昌黎皮影戏［M］. 北京：中国戏剧出版社，2014.

跋

乔树荣

2022年是毛泽东同志在延安文艺座谈会讲话80周年，也是滦东抗日根据地创建80周年。这本书的出版，是很好的纪念。

有历史学家说，历史孕育了真理，它能和时间抗衡，把遗闻旧事保藏下来，它是古往的迹象，当代的鉴戒，后世的教训。全面抗战的悲壮岁月是滦东历史长河中永远不可消磨的印痕，是世世代代滦东人民永远不能忘记的历史！在中国共产党领导下，广大文化工作者在文艺战线上的呐喊与抗争，密切地配合着滦东人民在政治战线和军事战线的抗日与解放斗争，对号召全民抗战，争取民族独立与解放做出了不可磨灭的贡献。

《滦东壮歌》一书以图文并茂的形式再现了滦东文化工作者不屈不挠、不懈创作、艰苦奋斗的历史画卷。从文艺团体、文艺工作者、文艺作品3方面叙述了革命战争时期中国共产党领导滦东文化工作取得的历史成就与经验。从专业门类上看，本书涵盖了文学艺术、表演艺术、摄影艺术等多个领域，为秦皇岛地区习近平新时代中国特色社会主义文化建设增添了浓墨重彩的一笔，提供颇有价值的文字及图片资料。

本书记述了滦东地区文艺队伍的创建和在全面抗战、解放战争中的发展历程。在2021年之前已有雏形，又经过一年多的补充修改，共囊括了10余个文艺团体的沿革和序列、30余位文艺老兵的回忆和滦东文艺工作大事记等。这些材料都是由亲历者口述或参与编写、校对的，内容翔实，对于研究滦东地区的文艺工作、抗战历史有一定的参考价值，对于进行革命传统教育与党史教育也是一部生动的参考教材。2021年7月1日，为了更好地弘扬这段历史，契合建党百年主题，秦皇岛市旅游文广局、秦皇岛市委党史研究室、秦皇岛市委宣传部三部门联合，在秦皇岛市玻璃博物馆筹办了"时代潮头，引吭高歌，秦皇岛新民主主义革命时期红色文化展"。展览受到一致赞誉，并荣获河北省十大红色题材展览优秀展，被河北省委网络安全和信息化委员会评为2021年新媒体"千优作品"。展示内容即是本书框架与精华，展品多为老同志的赠予与手迹。

本书的编写，受益于七八十年前战斗在滦东土地上的文艺老兵。他们多是全面抗战参加革命，解放战争随大军出关、南下，中华人民共和国成立后寓居在北至黑龙江、南至海南的辽阔大地上。但是，天南地北绕一轮，最亲莫过故乡人。战争年代，文艺兵和滦东人民一起开展革命文艺工作，为滦东的解放创作出璀璨的文艺作品，应该受到家乡人民的热情关注与新时代文化工作者的崇敬爱戴。

陈厉辞同志、曹明迪同志编写《滦东壮歌》一书历时4年，走访了30余位在滦东开展抗日文化工作的老战士、老领导。他们提供了大量的资料与帮助。78年前，尖兵剧社出版的《一年》纪念专刊，像革命文物般在修水库的工地上被挖掘出来，油印的字迹模糊得已经无法辨认。许多老同志，手持放大镜，轮流"考证"，终于将黄天、今歌两位烈士78年前的遗作整理出来，重新发表，再现当年的文采，鼓励生者，慰藉英灵。

发表在本书上的一些作品（诗歌、歌曲）也是从当年油印出版物上摘编的，有些字迹同样看不清。邀请了当年的老同志亲自演唱，然后记谱校正，应该说这是一项艰巨的文艺工程。至于节假日，夜以继日地编稿、校对、写作更是家常便饭了。

写作期间，得到了中国人民革命军事博物馆原馆长秦兴汉同志、馆长刘中刚同志、中共秦皇岛市委党史研究室二级调研员吕洪文同志、秦皇岛市政府地方志办公室主任孙继胜同志以及东北大学秦皇岛分校社科院院长董劭伟同志、教授王莲英同志的大力帮助，在此一并表示感谢。

2021年12月1日